U1019004

中国古代名著全本译注丛书

诗经译注

程俊英　译注

图书在版编目(CIP)数据

诗经译注／程俊英译注. —上海：上海古籍出版社，2016.5 (2025.5重印)
(中国古代名著全本译注丛书)
ISBN 978-7-5325-7863-4

Ⅰ.①诗… Ⅱ.①程… Ⅲ.①古体诗—诗集—中国—春秋时代②《诗经》—译文③《诗经》—注释 Ⅳ.①I222.2

中国版本图书馆 CIP 数据核字(2015)第 251104 号

中国古代名著全本译注丛书
诗经译注
程俊英　译注
上 海 古 籍 出 版 社出版发行
(上海市闵行区号景路 159 弄 1-5 号 A 座 5F　邮政编码 201101)
(1) 网址:www.guji.com.cn
(2) E-mail:guji1@guji.com.cn
(3) 易文网网址:www.ewen.co
江阴市机关印刷服务有限公司印刷
开本 890×1240　1/32　印张 21.5　插页 5　字数 413,000
2016 年 5 月第 1 版　2025 年 5 月第 11 次印刷
印数:56,801—59,900
ISBN 978-7-5325-7863-4
I·2990　定价:52.00 元
如有质量问题,请与承印公司联系

前　　言

一

《诗经》是我国最早的一部诗歌总集。它在孔子时称为“诗”或“诗三百”；到了汉代，武帝罢黜百家，独尊儒术，将孔子所整理过的书称为“经”，才确定《诗经》的名称。秦火以后，汉时保存研究《诗经》的有四家：鲁人申培的鲁诗，齐人辕固的齐诗，燕人韩婴的韩诗（现存《韩诗外传》），这三家诗都先后失传；我们现在所读的《诗经》，是毛亨、毛苌传下来的。毛亨作《毛诗故训传》，所以后人又称《诗经》为“毛诗”。

《诗经》分为风、雅、颂三大类，共三百零五篇。《诗经》都是周诗，它产生的年代，大约上起西周初年，下至春秋中叶，历时五百多年。它产生的地域，约在现今的陕西、山西、河南、河北、山东和湖北北部一带地方。至于它的作者，我们只能根据诗的内容推测他们的身份和社会地位，具体的姓名，除古书上有记载或在诗篇中自书姓名者外，其余绝大多数是无法考知的了。

在这样漫长的时间里，在这样广阔的地区中，产生了这么多的诗篇，是谁、又是怎样把它们搜集、编订成为一本诗集的呢？根据古代文献，说周代设有采诗的专官，官名叫做“酋人”或“行人”，到民间去采诗。《国语》又有公卿列士献诗、太师陈诗的说法，他们所献陈的诗，据说也在《诗经》内。当时大量的民歌和贵族的诗篇，就是依靠采诗献诗制度而保存下来的。那么，又是谁将这些诗篇加工整理成为诗集的呢？《周礼》说：“太师教六诗：曰风，曰赋，曰比，曰兴，曰雅，曰颂。”又说：“大司乐以乐语教国子。”可见周代乐官不但保管《诗经》，且负担着教授诗、乐的任务。三百篇都是有乐调的，诗乐不分，进行加工编辑工作的，可能就是乐官太师。到了春秋时代，诸侯间交际频繁，一般外交家为了锻炼自己的口才，加强外交辞令，常常引用诗歌的章句，来表达本国或自己的态度和希望，使其语言含蓄婉转而又生动，这就形成当时上层人物学诗的风气。所以孔子说：“不学诗，无以言。”周诗可能即在春秋士大夫“赋诗言志”的普遍要求下，乐工不断地加工配乐，逐渐地结集成为一本教科书。孔子一直称“诗三百”，《左传》引诗百分之九十五都见于《诗经》，可见在春秋时代，已经有固定的教本了。《史记》有孔子删诗说，经过千百年学者的考证，孔子只是对“三百篇”做了校正乐调的工作，并没有删诗。

《诗经》分为风、雅、颂三大类，古人按什么标准来分的？后世学者对这也有不同的看法，其中最有力者约有三说：（一）认为按诗的作用分，以《毛诗大序》为代表。（二）认为按作者的身份及诗的内容分，以朱熹《诗集传》为代表。（三）认为按音乐分，以郑樵《六经奥论》为代表。我个人同意第三说。郑樵说：“风土之音曰风，朝廷之音曰雅，宗庙之音曰颂。”古人所谓“风”，即指声调而言。《郑风》，就是郑国的调儿，《齐风》，就是齐国的调儿，都是用地方乐调歌唱的诗歌。好像现在的申曲、昆腔、绍兴调一样，它们都是带有地方色彩的声调。十五国风，就是十五个不同地方的乐调。雅是秦地的乐调，周秦同地，在今陕西。西周的都城在今陕西省西安西南，古代叫做“镐”；这地方的乐调，被称为中原正音。“雅”字《说文》作“鸦”，鸦和乌同声，乌乌是秦调的特殊声音，所以称周首都的乐调为雅，也就是《左传》说的“天子之乐曰雅”，又好像现在人称北京的乐调为京调一样。雅有大小之分，孔颖达说：“诗体既异，音乐亦殊。”惠周惕《诗说》认为大、小雅就像后代音乐的大吕、小吕一样，都是乐调的区别。颂即古代的“容”字，阮元译作“样子”，就是表演的意思。颂不但配合乐器，用皇家声调歌唱，而且是带有扮演、舞蹈的艺术。据王国维考证，风雅只清唱，歌辞有韵，声音短促，叠章复唱。颂诗多数无韵，由于配合舞步，所以声音缓慢，且大多不分章，这就是颂乐的特点。从上面说的看来，周诗既保存于官府，太师又负着编订、加工、讲授《诗经》的工作，他们根据乐调给诗分类，那是很可能的事。古人将风、雅、颂和《诗经》的表现手法赋、比、兴连在一起，称为“诗之六义”。

二

《诗经》大体上反映了周代的社会面貌和人民的思想感情。读它就好像读了一部周族从后稷到春秋中叶的发展史。

《国风》里有一些反映人民劳动生产的诗歌。如《芣苢》，它再现了活泼健康的古代劳动妇女的形象，语言的反复，篇章的重叠，表现了这些妇女对劳动的热爱。再如《七月》，叙述了豳地农民一年四季无休止的劳动过程和劳动生活的各个方面，形象地反映了周代剥削者与劳动者之间的对立。雅、颂里也有一部分反映农业劳动的诗歌，如《甫田》、《大田》、《载芟》、《良耜》。这些诗篇多经贵族文人的修改，用于祭祖祭神等活动，和民歌有很大区别。但是，从这里可以看出农民知道制造农具，知道选种、除草、施肥、灭虫，可以看出当时农业生产的高度发达。

风诗里还有一些反剥削反压迫的诗歌，《伐檀》、《硕鼠》是其代表作。《伐檀》是一群伐木者在河边砍伐檀木，替统治者造车发出的呼声，谴责了统治者不劳而获的罪行和剥削制度的不合理。《硕鼠》的作者将剥削者比作贪吃的大耗子，并发誓要离开那里，到没有耗子的理想国去。可是，那个没有剥削而能安居的乐土，只是诗人的幻想，所以他最后只能失望地长叹说："乐郊乐郊，谁之永号！"这两首诗，反映了我国人民在二千五百年前就有消灭剥削制度的理想和愿望，具有高度的思想意义。

周代初年，大小诸侯原有一千八百国，到春秋时代只剩三十几国了，诸侯间大鱼吃小鱼的兼并战争的剧烈，可想而知。此外，周族常常受到四夷的侵扰，抵抗外侮的战争便时有发生。《无衣》是秦襄公时的军中战歌。"岂曰无衣，与子同袍"，充满了慷慨激昂热情互助的气氛。后三句"王于兴师，修我戈矛，与子同仇"，又表现了人民勇敢从军，团结友爱，共同御侮的决心。可见，正义的战争，人民是拥护的。但是，非正义的战争，就必然遭到人民的反对。《击鼓》写一位兵士被迫服役南行，他想起临别时和妻子的誓约："死生契阔，与子成说，执子之手，与子偕老。"现在都成了空话，他不禁沉痛地诉说："于嗟阔兮，不我活兮！于嗟洵兮，不我信兮！"这种委曲怨恨的典型情绪，正反映了人民对非正义战争的反抗。无休止的服役制度，也是压在人民身上惨重的负担。《鸨羽》写怨恨自己服役，家中缺乏劳动力，无人赡养父母的忧虑和痛苦。《君子于役》写主妇傍晚看见牛羊归家，而想到征人还未归来，即景生情，语淡意浓。这一类诗，都说明了战争和徭役破坏农业生产和家庭生活，也是阶级矛盾的一种反映。

《国风》中有不少揭露统治者丑行的讽刺诗。《新台》揭露劫夺儿媳为妻的卫宣公的丑恶行为，把他比作癞虾蟆。《相鼠》痛骂那些荒淫无耻的统治者连老鼠都不如。《南山》斥责齐襄公禽兽之行，竟和胞妹私通。《株林》嘲讽陈灵公和夏姬的淫乱。《墙有茨》讥刺了卫国宫廷的丑事。《君子偕老》鞭挞了卫宣姜这个位尊貌美而淫乱的"国母"。如果把这些诗合在一起读，真是一幅绝妙的百丑图。

风诗中特别多的，是人们抒写关于恋爱、婚姻、家庭生活的诗。《南山》诗说："取妻如之何？必告父母。""取妻如之何？匪媒不得。"《周礼·媒氏》说："中春之月，令会男女，于是时也，奔者不禁。"这说明了周代人民在国定的仲春开放月里，恋爱结婚是比较自由的。其他时间就必须经过"父母之命、媒妁之言"，始能正式结婚；否则，社会上就认为是违礼犯法的事。反映在诗篇里，有的表现着恋爱结婚非常自由，有的又表现着受礼教的束缚。如《野有蔓草》、《木瓜》、《萚兮》等都表现了男女情投意合的爱情。《静女》、《溱洧》等反映了青年男女自由自在地过着合理幸福的生活。但是，另一种诗，却表现着恋爱婚姻受种种的限制和破坏。《将仲子》写一个少女虽然深爱仲子，但她害怕父母、诸兄、国人之言，不得不沉痛地牺牲她的爱情，请求仲子不要再来找她。她那"可怀"与"可畏"的心理矛盾，正反映了当时男女爱情与礼教之间的矛盾。《诗经》情歌中还有一种值得我们注意的，即弃妇之辞，可以《氓》为代表。这首诗叙述一个女子和男方从恋爱、定约、结婚到受虐、被弃的过程，倾诉她悔恨交加的心情，反映了妇女被玩弄虐待，婚姻没有保障的悲惨命运和她们的不平。

西周传至厉王，暴虐无道，任用巫祝控制人民的言论，残酷地剥削人民，致使社会矛盾激化，引起了国人的反抗，厉王逃亡而死。宣王即位，修内政，定边患，史称中兴。幽王继立，增赋税，宠褒姒，任小人，也是一个暴虐昏庸的统治者，终被犬戎所杀。厉王幽王时代，产生了一些反映统治阶级内部矛盾的诗和讽刺诗，都编在二雅里。其中有反映因贵族间争田夺地的，如《节南山》、《何人斯》；有反映争夺政权的，如《桑柔》；有对劳役不均的怨恨，如《北山》；有对贫富悬殊的不平，如《正月》。这些矛盾，几乎达到很尖锐的程度，《巷伯》中说："取彼谮人，投畀豺虎！豺虎不食，投畀有北！有北不受，投畀有昊！"对于那些造谣诽谤的当权者，真可说是恨到了咬牙切齿的地步了。这些谴责，出于切身利益受损害、政治上受压抑的人物之手，他们最熟悉周王朝的内部情况，又有一定的文化教养，所作的政治讽刺诗比较真实地反映了当时的社会面貌，在艺术上也有较高的价值。

雅诗中还有反映贵族生活的诗，如《小弁》写父子矛盾，《白华》写夫妻矛盾，《鹿鸣》、《常棣》、《伐木》写朋友兄弟宴会之乐，《宾之初筵》写饮酒无度、失仪败德等，这些诗，结构完密，形象生动，是《诗经》中的佳作。

雅诗中还有叙述周人开国和宣王征伐四夷而中兴的诗篇，后人称之为"史诗"。如《生民》、《公刘》、《绵》、《皇矣》、《大明》，以及《六月》、《采芑》、《常武》、《出车》、《江汉》等都是。《生民》歌颂周始祖后稷，他是氏族社会女酋长姜嫄的儿子，由于发明种植五谷，中国社会由母系制向父系制转化，并奠定中华以农立国的始基。读《公刘》，不觉眼前浮现一位带领周族由邰迁豳的英雄形象；读《绵》，如见人民由豳迁岐开辟田地，建筑房屋的业绩；读《大明》，如见武王伐纣，在牧野鏖战的伟大场面；读《六月》等诗，如见宣王率军讨伐四夷的战功。这些，都是历史家最宝贵的资料。

《小雅》里有一小部分诗歌，从内容到形式都很类似风诗，如《黄鸟》、《我行其野》等十二篇(龚橙《诗本谊》说)。《苕之华》的"人可以食，鲜可以饱"，"知我如此，不如无生"，不是在饥饿线上挣扎的劳苦人民，恐怕反映不出这样的生活和感情。而且这些诗重章叠句，篇幅也不长，很像民歌。可见雅诗和《国风》之间并不存在不可逾越的鸿沟。

至于颂，都是歌功颂德的作品，它和雅诗中歌颂统治阶级和祭神祭祖的诗一样，其思想内容无甚可取。但如《载芟》、《良耜》描写农业生产，具体而生动。《閟宫》赞美鲁僖公能恢复疆土，修建宫庙，长达一百二十句，是《诗经》中最长的诗。《駉》、《潜》描绘畜牧和渔业生产。这些都含有人民的创造因素，在艺术上也不是毫无借鉴之处。

《诗经》中还有一些没落贵族厌世颓唐的诗，如《蜉蝣》、《蟋蟀》；礼俗诗，如《桃夭》、《螽斯》；别诗，如《燕燕》、《渭阳》；悼亡诗，如《葛生》、《素冠》。最后，必须提一下《载驰》，作者许穆夫人，是一位有见识、有斗争性的爱国诗人，也是世界上最早的女诗人。

三

《诗经》出色的艺术手法，韩愈称之为“葩”，王士祯比它“如画工之肖物”，也就是说诗人善于塑造众多逼真的人物形象，就像花一样生动美丽。这种艺术境界，是与其语言艺术的高度成就分不开的。其中经前人总结的常用表现手法为赋、比、兴。

朱熹说：“赋者，敷陈其事而直言之者也。”换句话说，赋就是叙述和描写，它是诗人常用的一种表现手法。谢榛《四溟诗话》对赋、比、兴曾经做过一番统计工作，他说：“予尝考之《三百篇》：赋，七百二十；兴，三百七十；比，一百一十。”他的统计可能有出入，但结合诗篇实际情况来看，赋句确实占多数。由于赋比较直截、明显，不像兴那样复杂、隐约，所以后人对它的研究比较少。《诗经》运用赋的形式是多种多样的：（一）全诗均用赋体者，如《静女》、《七月》等。《七月》全诗八章，将农民一年十二月的劳动项目铺叙出来，议论抒情虽少，但农夫被领主剥削的道理自明，不必再费什么唇舌了。（二）全诗均用设问叙述的，如《采蘋》、《河广》等。《河广》是春秋时宋人侨居卫国者思乡之作。这位游子，虽极思返乡，但终无法如愿以偿，于是唱出了这首诗。全诗二章，每章四句，都用设问的赋式，杂以排比、夸张、复叠的修辞；于是宋国虽近而至今不得归去的思想感情，便委婉尽致地表达出来了。(三) 每章章首起兴，下皆叙述者，如《燕燕》、《兔爰》等。《兔爰》全诗三章，章首一二句都是起兴，“有兔爰爰，雉离于罗。”下两章只换一个字而意义相同，由此而引起下面的叙述，抒写“我生之初”和“我生之后”的苦乐悬殊。这诗应以赋为主，而兴是为叙述抒写服务的。(四) 全诗仅首章或一二章起兴，余皆叙述者，如《节南山》、《谷风》等。《谷风》首章的“习习谷风，以阴以雨”二句是起兴，兴句中所写的丈夫的暴怒，引出下面叙述诗中女主角当初治家的勤劳，被弃的痛苦等等，都是以赋的形式来表达的。(五) 杂比句的描写叙事诗，如《君子偕老》、《斯干》等。《斯干》全诗九章，第四章的“如跂斯翼，如矢斯棘，如鸟斯革，如翚斯飞，君子攸跻。”运用四个比喻，形容殿堂的宏伟华丽。其余都纯用赋法，描写生动，是一首较好的叙事写景诗。(六) 采取对话形式的赋体诗，如《东门之墠》、《女曰鸡鸣》等。《女曰鸡鸣》是夫妻早起的对话，叙述他们二人一问一答，最后丈夫解下身上的佩玉相赠，表示对妻子的深情厚爱的报答。诗人运用赋的手法，速写了一幅幸福家庭的图画。总之，赋可以是叙事、描绘，可以是设问、对话，也可以是抒情或者发议论。议论诗以二雅为最多，不胜枚举。

朱熹说：“比者，以彼物比此物也。”换句话说，比就是比喻，在《诗经》中用得很广泛。它的形式，可分为明喻、隐喻、借喻、博喻、对喻等。明喻是正文和比喻两个成分中间用一个“如”字(或意义同“如”的他字)作媒介，如“有女如玉”，这是用玉洁白柔润的属性，刻画诗中人物的美丽温柔。又如“有力如虎”，抽象的“力”的概念，通过比喻，就从具体的“虎”字而形象化了。隐喻是将正文和比喻合为一体，如果说明喻的形式是“甲如乙”，那么隐喻的形式可以说是“甲是乙”。《正月》的“哀今之人，胡为虺蜴?”《节南山》的“尹氏大师，维周之氐”，“为”和“维”都解做“是”。说当时人是蛇虫，把他们形容得很透彻。说姓尹的太师是宗周的根柢，一个“氐”字也道出了尹氏对于周王朝的重要性。至于借喻，是正文全部隐去，以比喻代表正文，其中带有讽刺意味的，亦称讽喻。如“硕鼠硕鼠，无食我黍”，是借田间的大老鼠，来比贪婪的剥削者。《新台》诗说：“燕婉之求，得此戚施。”诗人借丑陋的癞蛤蟆，来比丑恶的卫宣公。这样一借用，更足以引起读者的共鸣。博喻顾名思义即用多种比喻来形容正文。如《淇奥》的“有匪君子，如切如磋，如琢如磨”，诗人以切磋琢磨等方法，比有才华的君子精益求精地修养自己的才德，对诗中的形象起了精雕细刻的作用。对喻是正文和比喻上下相符的一种形式，它的实质及作用和明喻一样，但在形式上却省去“如”、“若”等字，是明喻的略式。如《衡门》的“岂其食鱼，必河之鲂！岂其取妻，必齐之姜”，前两句是比喻，后两句是正文。《巧言》的“他人有心，予忖度之。跃跃毚兔，遇犬获之”，前二句是正文，后二句是比喻。宋陈骙《文则》称它为“对喻”，因为在句式上是两两相对的。从上看来，比和赋一样，性质很明显，后人对这也没有什么争论。

最复杂的问题是兴。兴是启发，也称起兴。它是诗人先见一种景物，触动了他心中潜伏的本事和思想感情而发出的歌唱，所以兴句多在诗的开头，又称“发端”。有些学者对兴和比、赋的差别感到有些混淆，不易辨别；有些人干脆否定兴的存在。我以为结合诗的内容和形式作具体的分析，还是可以指出它和比、赋的区别的。第一，兴多在发端，它在诗篇的地位，总是在所咏事物的前面，极少在篇中，即朱熹所谓“兴者，先言他物以引起所咏之词也”。而赋、比无此特点。第二，比的运用，是以彼物比此物，总是以好比好，以不好比不好。但兴含比义时，有时也可起反衬作用，如以好反衬不好等。《凯风》末二章说：“爰有寒泉，在浚之下。有子七人，母氏劳苦。”“睍睆黄鸟，载好其音。有子七人，莫慰母心。”陈奂《诗毛氏传疏》说：“后二章以寒泉之益于浚，黄鸟之好其音，喻七子不能事悦其母，枭鸟之不如也。”这样反衬诗中形象的特点，是比的手法所没有的。第三，兴是诗人先见一种景物，触动了他心中潜伏的本事和思想感情而发出的歌唱，比是先有本事和思想感情，然后找一个事物来作比喻。如“有女如玉”，玉这个东西，不是诗人当前接触到的，而是诗人依据过去的经验，认为玉是漂亮温柔的。当见到女时，便联想到玉，故意取它的特性来刻画女。兴就不是这样，是触物起情。所以兴句多在诗的开头，而比句多在章中。第四，比仅联系局部，在一句或两句中起作用，如《硕人》的“手如柔荑，肤如凝脂……”每个用来作比的东西，仅仅联系句中被比的东西，不能互相移易。兴则不然，诗的开头两句往往为全章甚至全篇烘托了主题，渲染了气氛。如《关雎》的作者，看见雎鸠关关地叫，在河洲追求它的伴侣，诗人便联想到君子所追求的那位德貌兼美的好姑娘，就把最近夜里翻来覆去失眠的痛苦，同她谈情结婚的幻想，写成一首诗篇。而“关关雎鸠，在河之洲”的兴句，便标示了本诗的主要内容，就是君子追求淑女的主题。从上看来，兴和比的差别，不但搞得清楚，而且是比较明显的。至于兴和赋的区别，也是能搞清楚的。赋是直述法，诗人将本事或思想感情平铺直叙地表达出来。如《狡童》是把狡童不和诗中的“我”说话、同食，因而“不能餐”、“不能息”的情绪直率地表达出来。兴诗就不是这样，如《汝坟》的“遵彼汝坟，伐其条枚”，这是诗人本身正在做的事。由于当前所作之事，触动了诗人的思夫之情，她就将当前伐条枚的事如实地叙述下来，所以很像赋。下面接着说：“未见君子，惄如调饥。”她由伐条枚而联想久别的君子。所以上二句是兴不是赋。《泽陂》的“彼泽之陂，有蒲与荷”是写景，形式上很像赋。诗人看见湖水的堤旁有菖蒲和荷花作伴，因而触动了诗人失恋之感，唱出了“有美一人，伤如之何”等诗句。所以上二句也是兴不是赋。《泽陂》的写景和《汝坟》的叙事，并不是单纯的，而是由这种景或事而触动起来的一种思想感情，是和全诗的主要内容有紧密的有机联系的。由此可见，兴和赋的差别也是很明显的。

《诗经》兴的手法，到底有哪几种形式？在诗中起了什么作用呢？它的形式：有各章都用同样的事物起兴的，如《萚兮》；有各章用不同的事物起兴的，如《南山》；有一章之中完全用兴的，如《葛覃》的第一章；有全诗都用兴法来歌唱的，如《鸱鸮》。这四种形式，它可以起比喻衬托的作用，如“关关雎鸠，在河之洲”是比喻衬托君子追求淑女之情。它又可以兼有写景叙事的作用，如《风雨》每章均以风雨、鸡鸣起兴，渲染出一幅风雨凄其，鸡声四起的背景，生动地刻画了思妇“既见君子”后的喜悦心情。它还可以起塑造诗中主要人物形象的作用，如《摽有梅》，三章分别以“摽有梅，其实三兮”、“摽有梅，其实七兮”、“摽有梅，顷筐塈之”起兴。三章兴句的层次，与诗中人物心理活动的变化相适应，刻画了一位直率真诚渴望爱情的女子形象。它又可以突出诗篇主要内容的作用，如《绸缪》开头就唱“绸缪束薪，三星在天”，这在当时人一听，就马上理解他唱的是结婚诗。因为周代的风俗习惯是这样的：结婚必定在黄昏时候，必定束薪做火把，束草喂马，迎接新娘，举行婚礼。它又能增强作品的思想感情作用，如《相鼠》的兴句说“相鼠有皮”，诗人以最讨厌的老鼠尚且有皮，反比卫宣公人不如鼠，表现了诗人对统治者的谴责反抗的思想感情。它又能起调节音律、唤起感情的作用，当我们读到“伐木丁丁(音争)，鸟鸣嘤嘤”、“桃之夭夭，灼灼其华”的时候，就会引起一种音响抑扬的美感。有的诗人运用民间习语作为开端，它和诗的下文意义多不连贯，但唱起来音节悠扬合拍，流利顺口，如《扬之水》。由上看来，《诗经》中兴的艺术形式是多种多样的，它的作用也是多方面的，较赋和比复杂多了。

赋、比、兴是《诗经》最基本的艺术特点，但它的艺术魅力，并不止于此。还有一些修辞手法，如复叠、对偶、夸张、示现、呼告、设问、顶真、排比、拟人、借代等等。限于篇幅，只得从略。

《诗经》所使用的语言，既丰富而又多彩，用来绘景塑形、叙事表情，愈觉诗篇鲜明生动。有些词汇，经过几千年，一直到今天还在使用，如“中央”、“休息”、“婚姻”、“艰难”等，而“尸位素餐”、“秋水伊人”、“高高在上”、“惩前毖后”等，也成为常用的成语了。这不但说明《诗经》的语言丰富精炼，且对我国民族语言发展有较大的贡献，成为研究古汉语者必读之书。

《诗经》的句法，主要是四言的，这可能受原始劳动诗歌一反一复的制约。但到诗人情绪激昂时，也会突破常用的句式，如《伐檀》五、六、七、八言都有，《缁衣》中有一言句，《祈父》中有二言句，《君子于役》中有三言句，可见《诗经》的句法，有从一言到八言的变化。

《诗经》的韵律，是比较和谐悦耳的。在声调方面，有双声、叠韵、叠词、复句之妙，有顶真、排比之变，有兮、矣、只、思、斯、也之声。这些，都加强了诗的音乐性。在用韵方面，也是比较复杂而又自由的。好在王力同志的《诗经韵读》已经问世，读者可按古音去读《诗经》，一定是音节铿锵，和谐优美的。

四

这本《诗经译注》是把诗三百零五篇全部介绍给读者。除原诗外，每首诗包括题解、注释和译文三部分。关于诗篇的主题，是众说纷纭的。我们既不能跟在前人后面亦步亦趋地转，也不能完全抛弃旧说，一空依傍。因此，写每篇题解时，我主要采取“就诗论诗”的态度，注意剔除经生们牵强附会的解释。如《国风》中一些清新可喜的爱情歌曲，被挂上“后妃之德”等牌号，歪曲原诗的意义，是需要予以纠正的。另一方面，也避免刻意求新之弊，对于一些主题不明显又无从考证的诗，则付之阙疑，不强作解说。

注释尽量做到浅显易懂。对于某句的古注有好几种解释的，则选择一种较为合理的注释。对于二说可以并存的，则将另一说也附在注后，以便读者有所选择。比较生疏的字都加上注音，只注今音，不注古音。

关于译文，《诗经》时代距今已有二千五百多年，要将当时的诗歌准确而流畅地翻成新诗，而又不失其诗味，实在是一件极其困难的事。但对于读者，尤其是对青年同志来说，在原诗旁附一篇译诗，确是很必要的，我努力地作了一番尝试。译诗的原则，是尽可能逐句扣紧原诗，但不是逐字硬译。因为同时还有注释，所以有的译文便多考虑传达一些原诗的风味情调，使注释和译文可以相得益彰地配合起来。《诗经》的译文工作，甚至新诗的创作，毕竟还在摸索之中，我很希望同广大读者、学者和有志于此的同志们一起来修改这些译诗，在反复推敲中提高。

本书承汪贤度、王维堤同志审阅，承蒋见元、刘永翔同志帮助，特此志谢！

程俊英

于华东师大古籍整理研究室

一九八二年春

目　录

二　雅

颂

国　风

周南　召南

《周南》、《召南》是《国风》中编次在最先的。《周南》十一篇，《召南》十四篇，二南合计二十五篇。

关于二南产生的年代，《毛诗》说它是西周初年的作品；郑玄的《诗笺》和后来崇毛派多这么说。但经后人考证，认为它大约是西周末东周初的制作。崔述《读风偶识》说："此(《汝坟》)乃东迁后诗，'王室如毁'，指骊山乱亡之事。"《何彼秾矣》中有"平王之孙，齐侯之子"二句，《毛传》和《郑笺》以文王释平王。魏源《诗古微》认为这是指周室东迁后的平王宜臼。章潢《诗经原体》提出文王时候吕尚还没有封齐，诗的"齐侯之子"不是指他。冯沅君《诗史》说《甘棠》诗中的"召伯"，指的是宣王末年征伐淮夷有功的召穆公虎，和《大雅·召旻》中称召公奭为"召公"的不同。《甘棠》是歌颂召虎的诗，与召公奭无关。《野有死麇》据《旧唐书·礼仪志》，说它是平王东迁后的诗。而且二南的写作技巧远胜于《周颂》，周初不可能产生这样成熟的作品。因此，今人多认为二南可能是东迁前后的诗。

旧说二南的产生地在陕西岐山一带地方。后人据诗的内容去分析，如《关雎》说"在河之洲"，指的是黄河。《汉广》说"江之永矣"，指的是长江。黄河和长江之间有汉水、汝水，这就是《汉广》所说的"汉有游女"，《汝坟》所说的"遵彼汝坟"。在黄河和长江地区，二南诗中简称为"南"，即《樛木》所说的"南有樛木"，《汉广》所说的"南有乔木"。《草虫》的"陟彼南山"，《殷其靁》的"在南山之阳"，南山指的是它北面的终南山。这和《韩诗序》（郦道元《水经注》引）所说的"二南其地在南郡南阳之间”相同。按南阳即今河南省西南部，湖北省北部。南郡即今湖北省江陵县一带地方。由此可见，二南的产生地，包括河南的临汝、南阳，湖北的襄阳、宜昌、江陵等一带地方。它是国风中最南的地区。

据马瑞辰《毛氏传笺通释》考证，南是古代国名，在今陕西。周王把这些地分给周公旦和召公奭作采邑。采邑不得名为国风，编诗的人称之为周南、召南。方玉润《诗经原始》则认为周是地名，在雍州岐山之阳。南是周以南之地。召也是地名，召以南的诗叫做召南。周的西边是犬戎，北边是豳，东为列国，唯南最广，而及乎江汉之间。方说似较正确。

二南的作者有好些可能是妇女，诗的内容反映了她们的劳动、恋爱、归宁、思夫等生活与思想感情。还有一些礼俗诗，如贺婚、祝多子诗等。

周　南

关　雎

【题解】

这是一个青年热恋采集荇菜女子的诗。诗中所说的“君子”，是当时对贵族男子的称呼；琴瑟、钟鼓是当时贵族用的乐器：可见诗的原作者可能是一位贵族青年。闻一多《风诗类钞》说：“关雎，女子采荇于河滨，君子见而悦之。”这是正确的。全诗集中描写他“求之不得”的痛苦，只能在想象中和她亲近、结婚。

关关雎鸠〔1〕，	雎鸠关关相对唱，
在河之洲〔2〕；	双栖河里小岛上；
窈窕淑女〔3〕，	纯洁美丽好姑娘，
君子好逑〔4〕。	真是我的好对象。
参差荇菜〔5〕，	长长短短鲜荇菜，
左右流之〔6〕；	顺着水流左右采；
窈窕淑女，	纯洁美丽好姑娘，
寤寐求之〔7〕。	白天想她梦里爱。
求之不得，	追求姑娘难实现，
寤寐思服〔8〕；	醒来梦里意常牵；

悠哉悠哉[9]，	相思深情无限长，
辗转反侧[10]。	翻来覆去难成眠。
参差荇菜，	长长短短荇菜鲜，
左右采之；	采了左边采右边；
窈窕淑女，	纯洁美丽好姑娘，
琴瑟友之[11]。	弹琴奏瑟亲无间。
参差荇菜，	长长短短鲜荇菜，
左右芼之[12]；	左采右采拣拣开；
窈窕淑女，	纯洁美丽好姑娘，
钟鼓乐之。	敲钟打鼓娶过来。

【注释】

〔1〕关关：水鸟相和的叫声。《玉篇》、《广韵》作喧，是后起字。雎(jū)鸠：水鸟。《尔雅·释鸟》："雎鸠，王鴡。"郭璞注："雕类，今江东呼之为鹗，好在江渚山边食鱼。"按鸠在国风中见过四次，都是比喻女性的。相传这种鸟雌雄情意专一，和常鸟不同。《淮南子·泰族训》："《关雎》兴于鸟，而君子美之，为其雌雄之不乖居也。"王先谦："不乖居，言不乱耦。"《毛传》："雎鸠，王雎也。鸟挚而有别。"

〔2〕河：黄河。　洲：水里的陆地。《说文》作州，洲是俗字。

〔3〕窈窕(yǎo tiǎo)：纯洁美丽。马瑞辰《毛诗传笺通释》："《方言》：秦晋之间，美心为窈，美状为窕。"是窈窕一词，古人兼指内心与外貌两方面而言。　淑：善，好。

〔4〕君子：当时贵族男子的通称。　好逑：好的配偶。逑，仇的假借字，配偶。

〔5〕参差(cēn cī)：长短不齐。　荇(xìng)菜：生在水上的一种植物，形状很像莼菜，可以吃。李时珍《本草纲目》："叶径一二寸，有一缺口而形圆如马蹄者，莼也。叶似莼而稍锐长者，荇也。"

〔6〕流：顺着水势去采。朱熹："流，顺水之流而取之也。"按《毛传》训流为"求"，《鲁诗》训流为"择"，亦可通。

〔7〕寤寐：寤，睡醒；寐，睡着。

〔8〕思服：二字同义，思念。胡承珙《毛诗后笺》："《康诰》曰：'要囚，服念五六日'。服念连文，服即念也，念即思也。"

〔9〕悠哉：形容思念深长的样子。

〔10〕辗转反侧：翻来覆去。指在床上不能安眠。

〔11〕琴瑟：古代弦乐器。琴有五弦或七弦，瑟有二十五弦。　友：亲爱。《广雅·释诂》："友，亲也。"

〔12〕芼（mào）：选择。

葛　覃

【题解】

这是一首描写女子准备回家探望爹娘的诗。诗人叙述在采葛制衣的时候，看见黄雀聚鸣，引起了她和父母团聚的希望。她得到公婆、丈夫的应允，就告诉了家里的保姆，开始洗衣，整理行装，准备回娘家。

葛之覃兮〔1〕，	葛藤枝儿长又长，
施于中谷〔2〕；	蔓延到，谷中央；
维叶萋萋〔3〕。	叶子青青盛又旺。
黄鸟于飞〔4〕，	黄雀飞，来回忙，
集于灌木；	歇在丛生小树上；
其鸣喈喈〔5〕。	叫喳喳，在歌唱。
葛之覃兮，	葛藤枝儿长又长，
施于中谷；	蔓延到，谷中央；

维叶莫莫[6]。	叶子青青密又旺。
是刈是濩[7]，	割了煮，自家纺，
为絺为绤[8]；	细布粗布制新装；
服之无斁[9]。	穿不厌，旧衣裳。
言告师氏[10]，	告诉我的老保姆，
言告言归[11]。	回娘家，去望望。
薄污我私[12]，	搓呀揉呀洗衣裳，
薄澣我衣[13]。	脏衣衫，洗清爽。
害澣害否[14]，	别把衣服全泡上，
归宁父母[15]。	要回家，看爹娘。

【注释】

〔1〕葛：葛藤。是一种蔓生纤维科植物，其皮可以制成纤维织布，现在叫做夏布。　覃：延长。　兮：语气词，相当于现代汉语的“啊”。

〔2〕施(yì)：蔓延。　中谷：就是谷中。

〔3〕维：句首语气词，含有“其”义。　萋萋：茂盛的样子。马瑞辰《毛诗传笺通释》：“诗以葛之生此而延彼，兴女之自母家而适夫家。”

〔4〕黄鸟：黄雀。　于：助词，也有人认为是动词词头。有时含有“往”的意思。

〔5〕喈喈(jiē)：黄鸟相和的叫声。摹声词。

〔6〕莫莫：茂密的样子。

〔7〕刈(yì)：割。　濩(huò)：煮。将葛煮后取其纤维，用来织布。

〔8〕絺(chī)：细夏布。　绤(xì)：粗夏布。

〔9〕斁(yì)：厌弃。朱熹《诗集传》：“盖亲执其劳，而知其成之不易，所以心诚爱之，虽极垢弊而不忍厌弃也。”

〔10〕言：助词，无义。下同。　师氏：保姆。闻一多《诗经通义》：“姆，即师氏。……论其性质，直今佣妇之事耳。”

〔11〕告：告诉公婆和丈夫。　归：回父母家。

〔12〕薄：语首助词，有时含有勉力的意思。　污：搓揉着洗。　私：

内衣。《释名》:“私，近身衣。”

〔13〕澣(huàn):洗。　衣:罩衫。姚际恒《诗经通论》:“衣，蒙服。”

〔14〕害:音义同“曷”，何，哪些。　否:不要。

〔15〕归宁:古代称女子回娘家探亲叫做归宁。这句是全诗的主旨。

卷　耳

【题解】

这是一位妇女想念她远行的丈夫的诗。她想象他登山喝酒，马疲仆病，思家忧伤的情景。

采采卷耳〔1〕，	采呀采呀卷耳菜，
不盈顷筐〔2〕。	不满小小一浅筐。
嗟我怀人〔3〕，	心中想念我丈夫，
寘彼周行〔4〕:	浅筐丢在大道旁:
陟彼崔嵬〔5〕，	登上高高土石山，
我马虺隤〔6〕。	我马跑得腿发软。
我姑酌彼金罍〔7〕，	且把金杯斟满酒，
维以不永怀〔8〕!	好浇心中长思恋!
陟彼高冈，	登上高高山脊梁，
我马玄黄〔9〕。	我马病得眼玄黄。
我姑酌彼兕觥〔10〕，	且把大杯斟满酒，
维以不永伤!	不让心里老悲伤!

陟彼砠矣[11]，	登上那个乱石冈，
我马瘏矣[12]，	马儿病倒躺一旁，
我仆痡矣[13]，	仆人累得走不动，
云何吁矣[14]！	怎么解脱这忧伤！

【注释】

〔1〕采采：采了又采。　卷耳：植物名，今名苍耳，嫩苗可吃，也可作药用。

〔2〕盈：满。　顷筐：浅的筐子，前低后高，犹今之畚箕。

〔3〕嗟：语助词，不是叹词。马瑞辰：“嗟，为语词。嗟我怀人，犹言我怀人。”

〔4〕寘：同置，放下。　彼：指示代词，那。　周行（háng）：大道。

〔5〕陟（zhì）：登。　崔嵬：高而不平的土石山。

〔6〕虺隤（huī tuí）：腿软的病。虺，瘣的假借字。《说文》：“瘣，病也。”隤与颓通，蔡邕《述行赋》：“我马虺颓以玄黄。”

〔7〕姑：姑且、只好。　酌：斟酒喝。　金罍：当时贵族用的酒器。金，指青铜。

〔8〕维：发语词。　以：藉此。　永：长。　怀：思念。

〔9〕玄黄：马病的样子。

〔10〕兕觥（sì gōng）：用犀牛角制的大型酒杯。

〔11〕砠（qū）：多石的山。

〔12〕瘏（tú）：《孔疏》引孙炎曰：“瘏，马疲不能前进之病。”

〔13〕痡（pū）：人疲病不能前进。

〔14〕云：语助词，无义。　何：多么。　吁：忏的假借字，忧愁。

樛　木

【题解】

这是一首祝贺新郎的诗。诗中以葛藟附樛木，比喻女子嫁给“君子”。

南有樛木[1]，	南边弯弯树枝桠，
葛藟累之[2]。	野葡萄藤攀缘它。
乐只君子[3]，	先生结婚真快乐，
福履绥之[4]！	上天降福赐给他！
南有樛木，	南边弯弯树枝桠，
葛藟荒之[5]。	野葡萄藤掩盖它。
乐只君子，	先生结婚真快乐，
福履将之[6]！	上天降福保佑他！
南有樛木，	南边弯弯树枝桠，
葛藟萦之[7]。	野葡萄藤旋绕它。
乐只君子，	先生结婚真快乐，
福履成之[8]！	上天降福成全他！

【注释】

〔1〕樛(jiū)木：弯曲的树枝。

〔2〕葛藟(lěi)：野葡萄，蔓生植物，枝形似葛，故称葛藟(从马瑞辰《通释》说)。有人说，葛和藟是两种草名，亦通。　累：攀缘。

〔3〕只：语助词。

〔4〕福履：福禄、幸福。《尔雅·释诂》："履，福也。"　绥：与妥通，下降的意思。《礼记·曲礼》："大夫则绥之。"《疏》："绥，下也。"《毛传》："绥，安也。"亦通。

〔5〕荒：掩盖。《说文》："荒，草掩地也。"

〔6〕将：扶助。《郑笺》："将，犹扶助也。"

〔7〕萦，旋绕。

〔8〕成：成就。陈奂："《尔雅》：'就，成也。'成、就二字互训。"

螽 斯

【题解】

这是一首祝人多子多孙的诗。诗人用蝗虫多子，比人的多子，表示对多子者的祝贺。

螽斯羽[1]，	蝗虫展翅膀，
诜诜兮[2]。	群集在一方。
宜尔子孙[3]，	你们多子又多孙，
振振兮[4]。	繁茂兴盛聚一堂。
螽斯羽，	蝗虫展翅膀，
薨薨兮[5]。	嗡嗡飞得忙。
宜尔子孙，	你们多子又多孙，
绳绳兮[6]。	谨慎群处在一堂。
螽斯羽，	蝗虫展翅膀，
揖揖兮[7]。	紧聚在一方。
宜尔子孙，	你们多子又多孙，
蛰蛰兮[8]。	安静和睦在一堂。

【注释】

〔1〕螽(zhōng)斯：蝗一类的虫。亦名蚣蝑、斯螽，是多子的虫。有人说，“斯”为语词，亦通。　羽：指翼。

〔2〕诜诜（xīn）：形容众多群集的样子。

〔3〕宜：多。马瑞辰《通释》："古文宜作宜，宜从多声，即有多义。宜尔子孙，犹云多尔子孙也。" 尔：指诗人所祝的人。有人以为指蝗虫，恐非诗意。

〔4〕振振：繁盛振奋的样子。《毛传》训为"仁厚"或"信厚"，恐非诗意。

〔5〕薨薨（hōng）：昆虫群飞的声音。

〔6〕绳绳：多而谨慎的样子。

〔7〕揖揖：音义同"集"，《鲁诗》、《韩诗》均作"集"，群聚的样子。

〔8〕蛰蛰（zhé）：和集安静的样子。

桃　夭

【题解】

这是一首贺新娘的诗。诗人看见农村春天柔嫩的桃枝和鲜艳的桃花，联想到新娘的年青貌美。诗反映了当时人民生活的片断。

桃之夭夭〔1〕，	茂盛桃树嫩枝丫，
灼灼其华〔2〕。	开着鲜艳粉红花。
之子于归〔3〕，	这位姑娘要出嫁，
宜其室家〔4〕。	和顺对待您夫家。
桃之夭夭，	茂盛桃树嫩枝丫，
有蕡其实〔5〕。	桃子结得肥又大。
之子于归，	这位姑娘要出嫁，
宜其家室〔6〕。	和顺对待您夫家。

桃之夭夭，	茂盛桃树嫩枝丫，
其叶蓁蓁[7]。	叶子浓密有光华。
之子于归，	这位姑娘要出嫁，
宜其家人。	和顺对待您全家。

【注释】

〔1〕夭夭：茂盛的样子。

〔2〕灼灼：花鲜艳盛开的样子。　华：同花。

〔3〕之子：这位姑娘。　于归：古代称女子出嫁叫“于归”，或单称“归”，是往归夫家的意思。《毛传》：“于，往也。”有人认为“于”和“曰”、“聿”通，是语助词。亦通。

〔4〕宜：善。马瑞辰《通释》：“宜与仪通。《尔雅》：‘仪，善也。’凡诗言宜其室家，宜其家人者，皆谓善处其室家与家人耳。”朱熹《诗集传》：“宜者，和顺之意。”

〔5〕蕡（fén）：肥大。　有：用于形容词之前的语助词，和叠词的作用相似。　有蕡：即蕡蕡。　实：果实，指桃子。

〔6〕家室：即室家；倒文协韵。

〔7〕蓁蓁（zhēn）：叶子茂盛的样子。

兔　罝

【题解】

这是赞美猎人的诗。诗人在路上看见英姿威武的猎人，正在打桩张网捕兔，联想这些猎人的才力，是可以选拔为保卫国家的武士的。

肃肃兔罝[1]，	繁密整齐大兔网，
椓之丁丁[2]。	丁丁打桩张地上。

赳赳武夫[3]，　　武士英姿雄赳赳，
公侯干城[4]。　　公侯卫国好屏障。

肃肃兔罝，　　繁密整齐大兔网，
施于中逵[5]。　　四通八达道上放。
赳赳武夫，　　武士英姿雄赳赳，
公侯好仇[6]。　　公侯助手真好样。

肃肃兔罝，　　繁密整齐大兔网，
施于中林[7]。　　郊野林中多布放。
赳赳武夫，　　武士英姿雄赳赳，
公侯腹心[8]。　　公侯心腹保国防。

【注释】

〔1〕肃肃：兔网繁密整齐的样子。　兔罝(jiē)：兔网。有人说“兔”同“䖘”，是捕老虎的网，亦通。

〔2〕椓(zhuó)：打。《说文》：“椓，击也。”　丁丁(zhēng)：伐木声。

〔3〕赳赳：威武有才力的样子。《说文》：“赳，轻劲有才力也。赳赳，武也。”

〔4〕公侯：周代统治阶级的爵位，周天子下面，有公、侯、伯、子、男(子、男同等)四等爵位。　干城：干，盾；盾和城都作防卫用。这里借喻能御外卫内的人才。

〔5〕中逵(kuí)：即逵中，多叉路口。逵同“馗”，《韩诗》作“中馗”。《说文》：“馗，九达道也。”

〔6〕好仇：好助手。仇，同“逑”，匹偶的意思。

〔7〕中林：即林中。马瑞辰《通释》：“林，犹野也。”

〔8〕腹心：即心腹，能尽忠的亲信。

芣 苢

【题解】

这是一群妇女采集车前子时随口唱的短歌。方玉润《诗经原始》说："读者试平心静气，涵咏此诗。恍听田家妇女，三三五五，于平原绣野、风和日丽中，群歌互答，余音袅袅，若远若近，忽断忽续，不知其情之何以移，而神之何以旷，则此诗可不必细绎而自得其妙焉。……今世南方妇女登山采茶，结伴讴歌，犹有此遗风焉。"

采采芣苢〔1〕，	车前子哟采呀采，
薄言采之〔2〕。	快点把它采些来。
采采芣苢，	车前子哟采呀采，
薄言有之〔3〕。	快点把它采得来。
采采芣苢，	车前子哟采呀采，
薄言掇之〔4〕。	快点把它拾起来。
采采芣苢，	车前子哟采呀采，
薄言捋之〔5〕。	快点把它抹下来。
采采芣苢，	车前子哟采呀采，
薄言袺之〔6〕。	快点把它揣起来。
采采芣苢，	车前子哟采呀采，
薄言襭之〔7〕。	快点把它兜回来。

【注释】

〔1〕芣苢(fú yǐ)：车前草，药名。所结之子古人以为可治妇人不孕和难产。

〔2〕薄：发语词，亦有勉力之意。

〔3〕有：采得。朱熹《诗集传》："采，始求之也。有，既得之也。"

〔4〕掇(duó)：拾。《说文》：掇，"拾取也。拾，掇也"。胡承珙《毛诗后笺》："掇是拾其子之既落者。捋是捋其子之未落者。"

〔5〕捋(luō)：从茎上成把的抹下来。《说文》："捋，取易也。寽，五指捋也。"

〔6〕袺(jié)：用手捏着衣襟。《说文》："执衽谓之袺。"衽即衣襟。

〔7〕襭(xié)：用衣襟兜起来。朱骏声《说文通训定声》："兜而扱于带间曰襭，手执之曰袺。"

汉 广

【题解】

这是一位男子爱慕女子不能如愿以偿的民间情歌。

南有乔木〔1〕，	南方有树高又长，
不可休思〔2〕。	不可歇息少荫凉。
汉有游女〔3〕，	汉水有位游泳女，
不可求思。	我要追求没希望。
汉之广矣，	好比汉水宽又宽，
不可泳思。	不能游过登那方。
江之永矣〔4〕，	好比江水长又长，
不可方思〔5〕。	划着筏子难来往。

翘翘错薪[6]，	杂柴乱草长得高，
言刈其楚[7]。	砍下荆条当烛烧。
之子于归，	有朝这人要嫁我，
言秣其马[8]。	接她把马喂喂饱。
汉之广矣，	好比汉水宽又宽，
不可泳思。	不能游过登那方。
江之永矣，	好比江水长又长，
不可方思。	划着筏子难来往。

翘翘错薪，	杂柴乱草长得高，
言刈其蒌[9]。	割下蒌蒿当烛烧。
之子于归，	有朝这人要嫁我，
言秣其驹[10]。	先把骏马喂喂饱。
汉之广矣，	好比汉水宽又宽，
不可泳思。	不能游过登那方。
江之永矣，	好比江水长又长，
不可方思。	划着筏子难来往。

【注释】

〔1〕乔木：高耸的树。《毛传》："南方之木美，乔，上竦也。"上竦则下少枝叶。所以《淮南子·原道训》说："乔木上竦，少阴之木。"

〔2〕休思：《毛诗》作"休息"，据《韩诗》改。思，语助词。下同。

〔3〕汉：水名。源出陕西省西南宁羌县，东流至湖北省汉阳入长江。　游女：潜行水中的女子。鲁、韩二家释游女，都说是指汉水的女神（见刘向《列女传》及昭明太子《文选·嵇康〈琴赋〉》注引薛君说）。

〔4〕江：长江。　永：亦作羕或漾，长。

〔5〕方：同“舫”，用竹或木编成的筏子，这里作动词用。

〔6〕翘翘：高高的样子。　错薪：杂乱的柴草。错，杂乱。

〔7〕刈：割。　楚：植物名，又名荆。魏源《诗古微》说：“《三百篇》言取妻者，皆以析薪取兴。盖古者嫁娶必以燎炬为烛，故《南山》之析薪，《车舝》之析柞，《绸缪》之束薪，《豳风》之《伐柯》，皆与此错薪、刈楚同兴。”

〔8〕秣马：喂马。

〔9〕蒌：生在水中的草，叶像艾，青白色，今名蒌蒿。

〔10〕驹：少壮的骏马。

汝　坟

【题解】

这是一首思妇的诗。她在汝水旁边砍柴的时候，思念她远役的丈夫。她想象已经见到他，预想相见后的愉快和对丈夫亲昵的埋怨。这是反映当时人们乱离的诗。

遵彼汝坟〔1〕，	沿着汝堤走一遭，
伐其条枚〔2〕。	砍下树枝当柴烧。
未见君子〔3〕，	好久没见我丈夫，
惄如调饥〔4〕。	就像早饥心里焦。
遵彼汝坟，	沿着汝堤走一遭，
伐其条肄〔5〕。	砍下嫩枝当柴烧。
既见君子，	好像已见我丈夫，
不我遐弃〔6〕。	幸而没有把我抛。

鲂鱼赪尾[7]，	鳊鱼红尾为疲劳，
王室如毁[8]。	官家虐政像火烧。
虽则如毁，	虽然虐政像火烧，
父母孔迩[9]。	爹娘很近莫忘掉。

【注释】

〔1〕遵：沿着。　汝：汝水，源出河南天息山，东南流入淮河。坟：濆的假借字，堤岸。《说文》："濆，水厓也。"《毛传》："坟，大防也。"

〔2〕条：树枝。　枚：树干。《毛传》："枝曰条，干曰枚。"

〔3〕君子：这里指妇女对丈夫的尊称。

〔4〕惄(nì)：《韩诗》作"愵"，思念发愁。《说文》："愵，忧貌。"《郑笺》："惄，思也。未见君子之时，如朝饥之思食。"　调饥：早上饥饿。调，同"朝"，《鲁诗》作"朝"。

〔5〕肄(yì)：砍而又生的小树枝。

〔6〕遐弃：疏远遗弃。这句是倒文，即"不遐弃我"。《孔疏》："不我遐弃，犹云不遐弃我。古之人语多倒，诗之此类众矣。"这二句是诗人设想相见后的愉快。

〔7〕鲂(fáng)：鳊鱼。陆玑《毛诗草木鸟兽虫鱼疏》："鲂一名魾，江东呼为鳊。"　赪(chēng)：红。《孔疏》："鲂鱼之尾不赤，故知劳则尾赤。"用鲂鱼劳则尾赤，形容服役者的劳累。

〔8〕毁：亦作焜，烈火。形容王政暴虐。

〔9〕孔：甚、很。　迩：近。马瑞辰《通释》："言虽畏王室而远从行役，独不念父母之甚迩乎？"

麟之趾

【题解】

这是一首阿谀统治者子孙繁盛多贤的诗。

麟之趾[1]。　　麒麟的蹄儿不踢人。
振振公子[2]，　　振奋有为的公子，
于嗟麟兮[3]！　　哎呀你们是麒麟啊！

麟之定[4]。　　麒麟的额头不撞人。
振振公姓[5]，　　振奋有为的公孙，
于嗟麟兮！　　哎呀你们是麒麟啊！

麟之角。　　麒麟的角儿不触人。
振振公族[6]，　　振奋有为的公族，
于嗟麟兮！　　哎呀你们是麒麟啊！

【注释】

〔1〕麟：麒麟，我国古代传说中的动物，被描写为鹿身、牛尾、马蹄、头上一角，古人认为是一种仁兽。后人或以为即长颈鹿。所谓“仁兽”，即严粲《诗缉》所说：“有足者宜踶(踢)，唯麟之足，可以踶而不踶。有额者宜抵，唯麟之额，可以抵而不抵。有角者宜触，唯麟之角，可以触而不触。”

〔2〕振振：振奋的样子。

〔3〕于嗟：感叹词，有时用作伤叹，这里是赞美的叹词。

〔4〕定：顶的假借字，额。

〔5〕公姓：指诸侯的孙子。《仪礼·特牲馈食礼》“子姓兄弟”郑玄注：“所祭者之子孙。言子姓者，子之所生。”贾公彦疏：“姓之言生也，云子之所生，则孙是也。”

〔6〕公族：诸侯曾孙以下称公族。公孙之子，支系旁生，各自成族，总括名之公族。

召　南

鹊　巢

【题解】

这是一首颂新娘的诗。诗人看见鸠居鹊巢，联想到女子出嫁、住进男家，就拿来作比。

维鹊有巢〔1〕， 维鸠居之〔2〕。 之子于归， 百两御之〔3〕。	喜鹊树上把窝搭， 八哥来住它的家。 这位姑娘要出嫁， 百辆车子来接她。
维鹊有巢， 维鸠方之〔4〕。 之子于归， 百两将之〔5〕。	喜鹊树上把窝搭， 八哥同住这个家。 这位姑娘要出嫁， 百辆车子保卫她。
维鹊有巢， 维鸠盈之〔6〕。 之子于归， 百两成之〔7〕。	喜鹊树上窝搭成， 住满八哥喜盈门。 这位姑娘要出嫁， 车队迎来好成婚。

【注释】

〔1〕维：语首助词。 鹊：喜鹊。

〔2〕鸠：鸤鸠，今名八哥。有人说鸠即布谷，王先谦谓布谷不居鹊巢，只有八哥住鹊巢。李时珍《本草纲目》：“八哥居鹊巢。”可证。

〔3〕百：虚数，即“许多”的意思。 两：今作“辆”，一辆车。御：音义同“迓”，迎接。

〔4〕方：占有。《毛传》：“方，有之也。”

〔5〕将：保卫。马瑞辰《通释》：“诗百两皆指迎者而言，将者，奉也，卫也。首章往迎，则曰御之。二章在途，则曰将之。三章既至，则曰成之。此诗之次也。”

〔6〕盈：满，指陪嫁的人非常多。

〔7〕成：指结婚礼成。

采 蘩

【题解】

这是一首描写蚕妇为公侯养蚕的诗。

于以采蘩〔1〕？	要采白蒿到哪方？
于沼于沚〔2〕。	在那池里在那塘。
于以用之？	什么地方要用它？
公侯之事〔3〕。	为替公侯养蚕忙。
于以采蘩？	要采白蒿到哪里？
于涧之中。	山间潺潺溪流里。
于以用之？	什么地方要用它？
公侯之宫〔4〕。	送到公侯蚕室里。

被之僮僮[5]，　　蚕妇发髻高高耸，
夙夜在公[6]。　　日夜养蚕无闲空。
被之祁祁[7]，　　蚕妇发髻像云霞，
薄言还归[8]。　　蚕事完毕快回家。

【注释】

〔1〕于以：在何、在什么地方。　蘩：白蒿，用来制养蚕的工具“箔”。朱熹：“蘩所以生蚕。”

〔2〕沼：池。　沚：水塘。

〔3〕事：指蚕事。

〔4〕宫：蚕室。朱熹《诗集传》：“或曰：即《记》所谓公桑蚕室也。”

〔5〕被：当时妇女的一种首饰，用头发编成的假髻。　僮僮(tóng)：形容蚕妇假髻高耸的样子。王先谦《诗三家义集疏》：“三家僮僮作童童，鲁韩说曰，童童，盛也。”

〔6〕夙夜：早晚。　公：指公桑。即为公侯采蒿养蚕。朱熹《诗集传》：“或曰：公，即所谓公桑也。”

〔7〕祁祁(qí)：本义是形容云多的样子，这里用它形容蚕妇回去，簇拥如云的样子。马瑞辰《通释》：“《大雅》‘祁祁如云’，祁祁，盛貌。僮僮、祁祁，皆状首饰之盛。”

〔8〕薄言：有急迫之意。

草　虫

【题解】

这是一首思妇的诗。诗中的主人是一位采菜的劳动妇女。诗通过物候的变易和内心变化的描写，衬托出别离之苦。

喓喓草虫[1]，　　秋来蝈蝈喓喓叫，

趯趯阜螽[2]。	蚱蜢蹦蹦又跳跳。
未见君子，	长久不见夫君面，
忧心忡忡[3]。	忧思愁绪心头搅。
亦既见止，	我们已经相见了，
亦既觏止[4]，	我们已经相聚了，
我心则降[5]。	心儿放下再不焦。
陟彼南山，	登到那座南山上，
言采其蕨[6]。	采集蕨菜春日长。
未见君子，	长久不见夫君面，
忧心惙惙[7]。	忧思愁绪心发慌。
亦既见止，	我们已经相见了，
亦既觏止，	我们已经相聚了，
我心则说[8]。	心儿欢欣又舒畅。
陟彼南山，	登到那座南山上，
言采其薇[9]。	采集薇菜春日长。
未见君子，	长久不见夫君面，
我心伤悲。	忧思愁绪心悲伤。
亦既见止，	我们已经相见了，
亦既觏止，	我们已经相聚了，
我心则夷[10]。	心儿平静又安详。

【注释】

〔1〕喓喓(yāo)：虫叫声。　草虫：指蝈蝈。

〔2〕趯趯（tì）：虫跳的样子。　阜螽：蚱蜢。
〔3〕忡忡（chōng）：心神不安的样子。
〔4〕觏（gòu）：与遘、媾通用，是夫妇相聚的意思。　止：语尾助词，作用与“矣”、“了”相同。
〔5〕降：放下。
〔6〕蕨：山菜，初生像蒜，可食。
〔7〕惙惙（chuò）：心慌气短的样子。《众经音义》：“惙，短气貌也。”
〔8〕说：即悦，欢喜。
〔9〕薇：山菜，亦名野豌豆苗。
〔10〕夷：平，这里指心安。

采　蘋

【题解】

这是一首叙述女子祭祖的诗。诗里描写了当时的风俗习尚。

于以采蘋〔1〕？	哪儿采蘋菜？
南涧之滨。	南山溪水边。
于以采藻〔2〕？	哪儿采水藻？
于彼行潦〔3〕。	沟水、积水间。
于以盛之？	盛它用什么？
维筐及筥〔4〕。	方筐和圆箩。
于以湘之〔5〕？	煮它用什么？
维锜及釜〔6〕。	没脚、三脚锅。
于以奠之〔7〕？	祭品放哪儿？

宗室牖下[8]。　　宗庙天窗下。
谁其尸之[9]？　　是谁在主祭？
有齐季女[10]。　　虔诚女娇娃。

【注释】

〔1〕蘋：浮萍，生在水上，形似莼菜，可食。

〔2〕藻：聚藻，生水底，叶像蒿，可食。

〔3〕行：洐的假借字，沟水。　潦（lǎo）：雨后的积水。马瑞辰《通释》："沟水之流曰洐，雨水之大曰潦。行与潦为二。"

〔4〕筐、筥：都是竹器，方的叫筐，圆的叫筥。

〔5〕湘：《韩诗》作"鬺"，湘是鬺的假借字，煮。

〔6〕锜（qí）：三脚的锅。　釜（fǔ）：没脚的锅。

〔7〕奠：置，放；指置放祭物。

〔8〕宗室：宗庙。　牖（yǒu）：天窗。

〔9〕尸：主持祭祀。

〔10〕齐：亦作齋。《玉篇》引《诗》作齋，美而恭敬的样子。《广雅》："齋，好也。"《毛传》："齐，敬。"是齐含有美好与恭敬二义。季女：少女。《毛传》："季，少也。"

甘　棠

【题解】

周宣王时的召虎，辅助宣王征伐南方的淮夷，颇有功劳。人民作《甘棠》一诗怀念他。

蔽芾甘棠[1]，　　棠梨茂密又高大，
勿翦勿伐[2]，　　不要剪它别砍它，
召伯所茇[3]。　　召伯曾住这树下。

蔽芾甘棠，	棠梨茂密又高大，
勿翦勿败[4]，	不要剪它别毁它，
召伯所憩[5]。	召伯曾息这树下。
蔽芾甘棠，	棠梨茂密又高大，
勿翦勿拜[6]，	不要剪它别拔它，
召伯所说[7]。	召伯曾歇这树下。

【注释】

〔1〕蔽芾(fèi)：形容树高大茂密的样子。《韩诗》作“蔽茀”。王先谦《诗三家义集疏》：“其本字当为蔽茀，借作蔽芾。茀之为言蔽也。《说文》：‘茀，道多草不可行。’《国语》韦注：‘茀，草秽塞路也。’是茀有蔽义。”

〔2〕翦：同剪。　伐：砍。

〔3〕召伯：名虎，姬姓，周宣王时封在“召”的地方，伯爵。　茇(bá)：废的借字，本义是草房，这里作动词用，住。《说文》：“废，舍也。”引《诗》作“召伯所废”。《郑笺》：“茇，草舍也。……止舍小棠之下。”

〔4〕败：毁坏。《说文》：“败，毁也。”

〔5〕憩(qì)：休息。

〔6〕拜：扒的假借字(《广韵》引《诗》作“勿翦勿扒”)，拔掉。《郑笺》：“拜之言拔也。”

〔7〕说：音义同“税”，歇下。王质《诗总闻》：“说或为税，止。《诗》‘税’意多通用‘说’字。”

行　露

【题解】

这是一首女子拒婚的诗。一个已有妻室、曾经欺骗她的强暴男子，以打官司要挟她成婚。她严词拒绝。

厌浥行露[1]，	道上露水湿漉漉，
岂不夙夜[2]？	难道不愿赶夜路？
谓行多露[3]！	实怕道上沾满露！
谁谓雀无角[4]，	谁说麻雀没有嘴，
何以穿我屋？	凭啥啄穿我的堂？
谁谓女无家[5]，	谁说你家没婆娘，
何以速我狱[6]？	凭啥逼我坐牢房？
虽速我狱，	即使真的坐牢房，
室家不足[7]！	逼婚理由太荒唐！
谁谓鼠无牙，	谁说老鼠没有牙，
何以穿我墉[8]？	凭啥打洞穿我墙？
谁谓女无家，	谁说你家没婆娘，
何以速我讼？	凭啥逼我上公堂？
虽速我讼，	即使真的上公堂，
亦不女从[9]！	也不嫁你黑心狼！

【注释】

〔1〕厌：湆(qì)的假借字，《韩诗》作“湆”。厌浥(yì)，形容露水潮湿的样子。《广雅》：“湆浥，湿也。”　行：道路。

〔2〕夙夜：夙和“早”同义，在这里夙夜指早夜，即天未明时。含有早起的意思。

〔3〕谓：同畏，与下文的“谁谓”的“谓”意义不同。马瑞辰《通释》：“谓，疑‘畏’之假借。凡诗上言‘岂不’、‘岂敢’者，下句多

言‘畏’。《大车》诗：‘岂不尔思？畏子不敢。’‘岂不尔思，畏子不奔。’《小明》诗：‘岂不怀归？畏此谴怒。’‘岂不怀归？畏此反覆。’……僖二十年《左传》引此诗，杜注：‘言岂不欲早暮而行，惧多露之濡己。’以惧释‘谓’，似亦训谓为‘畏’。”

〔4〕角：鸟嘴。本作“噣”或“咮”，亦作“角”。

〔5〕女：《韩诗》作“尔”。女与尔古通，今作汝。　家：成家；无家，没有妻子。屈原《离骚》：“及少康之未家兮，留有虞之二姚。”未家，未娶妻。

〔6〕速：招致。速我狱，使我吃官司。

〔7〕室家不足：要求结婚的理由不够充足。古代男子有妻叫作有室，女子有夫叫作有家。混言室家，男女可以通用，故以室家代表结婚。

〔8〕墉（yōng）：墙。

〔9〕女从：即从汝，嫁你。

羔　羊

【题解】

统治阶级的官吏们过着衣裘公食，吸吮人民血汗的奢侈生活，诗人写了此诗予以讽刺。

羔羊之皮，	穿了一身羔皮袍，
素丝五紽〔1〕。	白丝交叉缝又绕。
退食自公〔2〕，	吃饱喝足下朝来，
委蛇委蛇〔3〕。	摇摇摆摆多逍遥。
羔羊之革〔4〕，	穿了一身羔皮袍，
素丝五緎。	白丝交叉缝又绕。
委蛇委蛇，	大摇大摆下朝来，

自公退食。　　吃饱喝足往家跑。

羔羊之缝，　　穿了一身羔皮袍，
素丝五总。　　白丝交叉缝又绕。
委蛇委蛇，　　吃饱喝足摇又摆，
退食自公。　　下得朝来往家跑。

【注释】

〔1〕素丝：白丝。　五：古文作㐅，象交叉之义，不是数名。　纥（tuó）：缝。下文的“緎”（yù）和“总”（zōng），都是缝的意思。

〔2〕公：公门。退食自公，从公家吃饱饭回家。《左传》：“公膳日双鸡。”杜预注：“卿大夫之膳食。”

〔3〕委蛇（wēi yí）：亦作逶迤，形容悠闲得意、摇摆慢步的样子。《郑笺》：“委蛇，委曲自得之貌。”

〔4〕革：皮袍里。马瑞辰《通释》：“古者裘皆表其毛而为之里以附于革。”

殷其靁

【题解】

这是一位妇女思夫的诗。

殷其靁[1]，　　雷声雷声响轰轰，
在南山之阳[2]。　　响在南山向阳峰。
何斯违斯[3]？　　为啥这时离开家？
莫敢或遑[4]。　　忙得不敢有些空。
振振君子[5]，　　我的丈夫真勤奋，

归哉归哉！	快快回来乐相逢。
殷其靁，	雷声轰轰震四方，
在南山之侧。	响在南边大山旁。
何斯违斯？	为啥这时离家走？
莫敢遑息[6]。	不敢稍停实在忙。
振振君子，	我的丈夫真勤奋，
归哉归哉！	快快回来聚一堂。
殷其靁，	雷声轰轰震耳响，
在南山之下。	响在南山山下方。
何斯违斯？	为啥这时离家门？
莫或遑处[7]。	不敢稍住那样忙。
振振君子，	我的丈夫真勤奋，
归哉归哉！	快快回来乐而康。

【注释】

〔1〕殷：雷声。殷其，等于叠字殷殷。　靁：古雷字。

〔2〕阳：山的南边。

〔3〕斯：这；上斯字指时间，下斯字指地点。　违：《说文》：“违，离也。”

〔4〕或：《广雅·释诂》：“或，有也。”　遑：《韩诗》作“皇”，闲暇。

〔5〕振振：勤奋的样子。《毛传》训振振为“信厚”，亦通。　君子：这里指她的丈夫。

〔6〕息：喘息。《说文》：“息，喘也。”

〔7〕处：读上声，居住。

摽有梅

【题解】

这是一位待嫁女子的诗。她望见梅子落地，引起青春将逝的伤感，希望马上有人来求婚。

摽有梅〔1〕，	梅子渐渐落了地，
其实七兮〔2〕。	树上十成还有七。
求我庶士〔3〕，	追求我吧年青人，
迨其吉兮〔4〕。	趁着吉日快来娶。
摽有梅，	梅子纷纷落了地，
其实三兮。	树上只有三成稀。
求我庶士，	追求我吧年青人，
迨其今兮〔5〕。	趁着今儿定婚期。
摽有梅，	梅子完全落了地，
顷筐塈之〔6〕。	拿着浅筐来拾取。
求我庶士，	追求我吧年青人，
迨其谓之〔7〕。	趁着仲春好同居。

【注释】

〔1〕摽(biào)：《鲁诗》、《韩诗》作“莩”，《齐诗》作“蔈”，《毛传》：“摽，落也。” 有：词头。

〔2〕实：指梅的果实。　七：七成。《左传》杜注：“梅盛极则落，诗人以兴女色盛则有衰，众士求之，宜及其时。”

〔3〕庶：众。　士：未结婚的男子。《荀子·非相篇》：“处女莫不愿得以为士。”杨注：“士者，未娶妻之称。”

〔4〕迨(dài)：《毛传》：“迨，及。”即“趁”的意思。《韩诗》解作“愿”，亦通。　吉：好日子。

〔5〕今：现在。朱熹《诗集传》：“今，今日也。盖不待吉矣。”《毛传》：“今，急辞也。”

〔6〕顷筐：犹今之畚箕。　塈(xì)：摡的借字，取。《玉篇》引这句诗作“顷筐摡之”。

〔7〕谓：会的借字(从马瑞辰《通释》说)。当时有在仲春之月会男女的规定，凡男到三十岁未娶，女到二十岁未嫁的，都可借这机会选择对象，不必举行正式婚礼，就可同居。见《周礼·媒氏》。

小　星

【题解】

这是一个小官吏出差赶路，怨恨自己不幸的诗。王先谦《诗三家义集疏》引《韩诗外传》、洪迈《容斋随笔》、程大昌《考古编》等均持此说。《毛序》从“衾裯”二字出发，认为这是贱妾进御于君的诗，朱熹《诗集传》亦沿其说。因此，后世竟将“小星”一词，作为小老婆的代称。

嘒彼小星〔1〕，	小小星星闪微光，
三五在东。	三三五五在东方。
肃肃宵征〔2〕，	急急匆匆赶夜路，
夙夜在公〔3〕。	早早晚晚为公忙。
寔命不同〔4〕！	命运不同徒自伤！
嘒彼小星，	小小星星闪微光，

维参与昴〔5〕。	参星昴星挂天上。
肃肃宵征，	急急匆匆赶夜路，
抱衾与裯〔6〕。	抱着棉被和床帐。
寔命不犹〔7〕！	人家命运比我强！

【注释】

〔1〕嘒(huì)：亦作“嚖”，小星微光的样子。嘒彼，等于叠字嘒嘒。

〔2〕肃肃：走路很快的样子。《尔雅·释诂》：“肃，疾也。” 宵：夜。 征：行。

〔3〕夙夜：早晚。

〔4〕寔：《韩诗》作“实”，是，这。 命：命运。

〔5〕参(shēn)、昴(mǎo)：都是星名，即指上章“三五在东”的星。王引之《经义述闻》：“三五，举其数也。参昴，著其名也。”

〔6〕衾：被。 裯(chóu)：床帐。《郑笺》：“裯，床帐也。”

〔7〕不犹：不如。

江有汜

【题解】

这是一位弃妇哀怨自慰的诗。在一夫多妻的制度下，她用长江尚有支流原谅丈夫另有新欢，幻想将来他会回心转意。

江有汜〔1〕，	江水长长有支流，
之子归〔2〕，	新人嫁来分两头，
不我以〔3〕。	你不要我使人愁。
不我以，	今日虽然不要我，

其后也悔。	将来后悔又来求。
江有渚[4]，	江水宽宽有沙洲，
之子归，	新人嫁来分两头，
不我与[5]。	你不爱我使人愁。
不我与，	今日虽然不爱我，
其后也处[6]。	将来想聚又来求。
江有沱[7]，	江水长长有沱流，
之子归，	新人嫁来分两头，
不我过[8]。	你不找我使人愁。
不我过，	不找我呀心烦闷，
其啸也歌[9]。	唱着哭着消我忧。

【注释】

〔1〕汜(sì)：长江的支流。方玉润："江决复入为汜。"

〔2〕之子：指丈夫的新欢。　归：嫁来。

〔3〕以：用。"不我以"是倒文，即不用我，不需要我了。

〔4〕渚：江水分而又合，江心中出现的小洲叫渚。《毛传》："水枝成渚。"

〔5〕与：同。不我与，不和我同居。

〔6〕处：居住。

〔7〕沱：长江的支流。《说文》："沱，江别流也。出嶓山，东别为沱。"

〔8〕过：到。不我过，不到我这里来。《汉书·陆贾传》注："过，至也。"

〔9〕啸歌：号哭。闻一多《诗经通义》："啸歌者，即号哭。谓哭而有言，其言又有节调也。"

野有死麇

【题解】

这是描写一对青年男女恋爱的诗。男的是一位猎人，他在郊外丛林里遇见了一位似花如玉的少女，即以小鹿为赠，终于获得爱情。

野有死麇[1]，	打死小鹿撂荒郊，
白茅包之。	洁白茅草把它包。
有女怀春，	有位姑娘春心动，
吉士诱之[2]。	小伙上前把话挑。
林有朴樕[3]，	砍下小木当烛烧，
野有死鹿。	拾起死鹿在荒郊。
白茅纯束[4]，	白茅捆扎当礼物，
有女如玉。	如玉姑娘接受了。
“舒而脱脱兮[5]！	“轻轻慢慢别着忙！
无感我帨兮[6]！	别动围裙别鲁莽！
无使尨也吠[7]！”	别惹狗儿叫汪汪！”

【注释】

〔1〕麇(jūn)：小獐，鹿一类的兽。《说文》：“麇，麞也。籀文作麇。”《文选》李善注：“今江东人呼鹿为麇。”按古代多以鹿皮作为送女的礼物。

〔2〕吉士：好青年，指打鹿的那位猎人。王先谦：“吉士，犹言善士，男子之美称。”

〔3〕朴樕(sù)：小木。古代人结婚时用为烛。

〔4〕纯(tún)束：捆绑。马瑞辰《通释》：“纯、屯古通用。……纯束二字同义。……纯屯皆‘稛’之假借。”稛同“捆”。

〔5〕舒而：舒然，慢慢地。古“而”、“如”、“然”三字通用。 脱脱(tuì)：舒缓的样子。《毛传》：“脱脱，舒迟也。”

〔6〕感(hàn)：同“撼”，动。 帨(shuì)：佩巾，女子系在腹前的一块巾，又名蔽膝，犹如今之围裙。

〔7〕尨(máng)：多毛而凶猛的狗，现在叫做狮子狗。《说文》：“尨，犬之多毛者。”《穆天子传》郭注：“尨，尨茸，谓猛狗。”

何彼襛矣

【题解】

齐侯的女儿出嫁，车辆服饰侈丽。这首诗隐约地讽刺了贵族王姬德色的不相称。

何彼襛矣〔1〕？	怎么那样地秾艳漂亮？
唐棣之华〔2〕。	像唐棣花儿一样。
曷不肃雝〔3〕？	怎么气氛欠肃穆安详？
王姬之车〔4〕。	王姬出嫁的车辆。
何彼襛矣？	怎么那样地秾艳漂亮？
华如桃李。	像桃李花开一样。
平王之孙〔5〕，	天子平王的外孙，
齐侯之子〔6〕。	齐侯的女儿做新娘。

其钓维何[7]？	钓鱼是用什么绳？
维丝伊缗[8]。	是用丝线来做成。
齐侯之子，	她是齐侯的女儿，
平王之孙。	天子平王的外孙。

【注释】

〔1〕秾(nóng)：艳盛的样子。

〔2〕唐棣：植物名，结实形如李，可食。　华：古花字。

〔3〕曷不：何不，怎么没有。　肃雝(yōng)：严肃和睦的气象。《毛传》："肃，敬。雝，和。"

〔4〕王姬：周王姓姬，他的女儿或孙女称王姬。

〔5〕平王之孙：东周平王宜臼的外孙女。

〔6〕齐侯之子：齐侯的女儿。

〔7〕维：古与"惟"通。《玉篇》："惟，为也。""做"的意思。

〔8〕维：语助词，含有"是"意。　伊：同"维"。　缗(mín)：钓鱼的绳，亦称为"纶"。

驺　虞

【题解】

这是一首赞美猎人的诗。

彼茁者葭[1]，	密密一片芦苇丛，
壹发五豝[2]。	一群母猪被射中。
于嗟乎驺虞[3]！	哎呀这位猎手真神勇！
彼茁者蓬[4]，	密密一片蓬蒿草，

壹发五豵[5]。　　一群小猪被射倒。
于嗟乎驺虞！　　哎呀这位猎手本领高！

【注释】

〔1〕茁：草初生出地的样子。　葭（jiā）：芦苇。

〔2〕壹：发语词，无义。马瑞辰《通释》："壹发五豝，壹发五豵，二壹字，皆发语词。"　发：发箭，指发箭射中。　五：虚数，这里指多。如三、九，都不是实数。　豝（bā）：母猪。小猪也叫豝。《说文》："豝，牝豕也。一曰二岁。"

〔3〕于嗟乎：赞美的叹词。于，同"吁"。陈奂："于嗟乎，美叹也。"　驺（zōu）虞：当时兽官名，指猎手（用《鲁诗》《韩诗》之说）。

〔4〕蓬：草名，形状很像白蒿。

〔5〕豵（zōng）：小猪。《广雅》："兽一岁为豵，二岁为豝，三岁为肩，四岁为特。"

邶风　鄘风　卫风

邶、鄘、卫都是卫地，春秋时人已经把它们看作是一组诗，如《左传》鲁襄公二十九年记载吴公子季札到鲁国参观周乐，“使工为之歌《邶》、《鄘》、《卫》，曰：‘美哉！……其为卫风乎！’”又三十一年，卫北宫文子引《邶风》称为卫诗。三家诗也以邶、鄘、卫为一卷。只有毛诗才把它分为三卷。现在仍旧将它们合在一起。

《邶风》十九篇，《鄘风》十篇，《卫风》十篇，这一组诗共三十九篇。

这组诗可考而最早的是《硕人》，《左传》鲁隐公三年：“卫庄公娶于齐，东宫得臣之妹曰庄姜，美而无子，卫人所为赋《硕人》也。”卫庄公是公元前750年左右的人，《硕人》当产生于此时。后来卫国被狄人灭了，《左传》鲁闵公二年：“狄入卫……许穆夫人赋《载驰》。”接着卫戴公迁漕，文公迁楚丘，产生了《定之方中》一诗，它与《载驰》都是卫国最晚的诗。这样看来，《卫风》都是卫被狄人灭亡(公元前660年)以前的作品。

卫地原来是殷商的故地，武王灭殷，占领殷都朝歌一带地方，三分其地。朝歌北边是邶，东边是鄘，南边是卫。卫都朝歌，在今河南省淇县，故诗多称淇水。《卫风》的产生地，大体在今河北的磁县、东明，河南省的濮阳、安阳、淇县、滑县、汲县、开封、中牟等地。

卫国昏君特别多，人民负担重。北方受狄人的侵略，南方苦齐、晋的争霸。卫都是一个商业发达的较大的城市，为商人必经之路。魏源说：“商旅集则货财盛，货财盛则声色辏。”他概括了卫地当时的经济形势。这些都给《卫风》以较大的影响。卫诗的特点：第一，产生了中国第一位女诗人许穆夫人，她的作品《载驰》（有人说，《竹竿》、《泉水》也是她的作品），表现着强烈的爱国主义精神。第二，人民对政治不满，大胆揭露、反抗统治阶级的诗比较多，如《北风》、《相鼠》、《墙有茨》、《新台》、《鹑之奔奔》等，斗争性之强，在《诗经》中除《魏风》外，是少见的。第三，在恋爱婚姻方面的诗，如《柏舟》、《桑中》、《氓》、《谷风》等，表现了当时妇女的命运及她们大胆反抗封建礼教的精神。这和当时卫国的政治、经济、地理形势是分不开的。

邶　风

柏　舟

【题解】

这是一位妇女自伤不得于夫、见侮于众妾的诗。诗中表露了无可告诉的委曲忧伤，也反映了她坚贞不屈的性格。

泛彼柏舟[1]，	飘飘荡荡柏木舟，
亦泛其流[2]。	随着河水到处流。
耿耿不寐[3]，	忧心焦灼不成眠，
如有隐忧[4]。	多少烦恼积心头。
微我无酒[5]，	不是无酒来消愁，
以敖以游。	不是无处可遨游。
我心匪鉴[6]，	我心不是青铜镜，
不可以茹[7]。	不能任谁都来照。
亦有兄弟，	娘家也有亲弟兄，
不可以据[8]。	谁知他们难依靠。
薄言往愬[9]，	赶到他家去诉苦，
逢彼之怒。	对我发怒脾气躁。

我心匪石，	我心不像石一块，
不可转也。	哪能任人去转移。
我心匪席，	我心不是席一条，
不可卷也。	哪能打开又卷起。
威仪棣棣〔10〕，	仪容闲静品行端，
不可选也〔11〕。	哪能退让任人欺。
忧心悄悄〔12〕，	愁思重重心头绕，
愠于群小〔13〕。	群小怨我众口咬。
觏闵既多〔14〕，	横遭陷害已多次，
受侮不少。	身受侮辱更不少。
静言思之〔15〕，	审慎考虑仔细想，
寤辟有摽〔16〕。	梦醒捶胸心更焦。
日居月诸〔17〕！	叫声太阳叫月亮！
胡迭而微〔18〕？	为啥变得没光芒？
心之忧矣，	心头烦恼洗不净，
如匪澣衣〔19〕。	就像一件脏衣裳。
静言思之，	审慎考虑仔细想，
不能奋飞。	没法高飞展翅翔。

【注释】

〔1〕柏舟：用柏树制的船。

〔2〕亦：语助词。

〔3〕耿耿：心中焦灼不安的样子。

〔4〕如：同“而”。　隐：通“慇”，痛。隐忧，痛心的忧愁。有人

解作“深忧”，亦通。

〔5〕微：非，不是。

〔6〕匪：同“非”，不是。　鉴：镜子。

〔7〕茹(rú)：容纳。

〔8〕据：依靠。

〔9〕薄：语助词，此处含有勉强的意思。王夫之《诗经稗疏》：“‘薄言往愬’者，心知其不可据而勉往也。”　愬：同“诉”，诉苦。

〔10〕威仪：仪容，态度容貌。　棣棣：安和的样子。

〔11〕选(xùn)：同“巽”，退让。三家诗“选”作“算”，不可选，言自己的仪容美备，是不可胜数的。说亦可通。

〔12〕悄悄：忧愁的样子。

〔13〕愠：怨，言自己被一群小人所怨。《说文》：“愠，怨也。”群小，朱熹《诗集传》：“众妾也。”

〔14〕觏(gòu)：同“遘”，遇，碰到。　闵：愍的借字，指中伤陷害的事。

〔15〕静：审，仔细。

〔16〕寤：睡醒。　辟：《韩诗》作擗，用手拍胸。　有摽：即摽摽，捶打胸脯的样子。

〔17〕日，月：指丈夫。　居，诸：都是语尾助词。

〔18〕迭：更迭，轮流。　微：昏暗不明。这是诗人用日月无光比丈夫的昏暗不明。

〔19〕澣：洗。匪澣衣，没有洗过的脏衣服。

绿　衣

【题解】

这是诗人睹物怀人思念过去妻子的诗。这位妻子，到底是死亡或离异，则不得而知。

绿兮衣兮，	绿色衣啊绿色衣，
绿衣黄里〔1〕。	外面绿色黄夹里。

心之忧矣，	见到此衣心忧伤，
曷维其已〔2〕！	不知何时才能已！
绿兮衣兮，	绿色衣啊绿色衣，
绿衣黄裳〔3〕。	上穿绿衣下黄裳。
心之忧矣，	穿上衣裳心忧伤，
曷维其亡〔4〕！	旧情深深怎能忘！
绿兮丝兮，	绿色丝啊绿色丝，
女所治兮〔5〕。	丝丝是你亲手织。
我思古人〔6〕，	想起我的亡妻啊，
俾无訧兮〔7〕。	遇事劝我无差失。
絺兮绤兮〔8〕，	夏布粗啊夏布细，
凄其以风〔9〕。	穿上风凉又爽气。
我思古人，	想起我的亡妻啊，
实获我心。	样样都合我心意。

【注释】

〔1〕里：衣服的衬里。

〔2〕曷：何。　维：助词。　已：止，停。

〔3〕裳：下衣，形状像现在的裙。当时人不穿裤子，男女都穿裳。

〔4〕亡：同“忘”，忘记。

〔5〕女：同“汝”。　治：整理纺织。

〔6〕古人：故人，古与“故”通。这里指作者的妻子。

〔7〕俾：使。　訧(yóu)：过，错误。

〔8〕絺(chī)：细葛布。　绤(xì)：粗葛布。

〔9〕凄：凉爽。凄其，即凄凄。　以：通假作“似”，像。

燕　燕

【题解】

这是一首送远嫁的诗。诗中的寡人是古代国君的自称，当是卫国的君主。“于归”的“仲氏”，是卫君的二妹。

燕燕于飞〔1〕，	燕子双双飞天上，
差池其羽〔2〕。	参差不齐展翅膀。
之子于归〔3〕，	这位姑娘要出嫁，
远送于野〔4〕。	送到郊外远地方。
瞻望弗及，	遥望背影渐消失，
泣涕如雨！	泪珠滚滚雨一样！
燕燕于飞，	燕子双双飞天上，
颉之颃之〔5〕。	忽高忽低追随忙。
之子于归，	这位姑娘要出嫁，
远于将之〔6〕。	送她不嫌路途长。
瞻望弗及，	遥望背影渐消失，
伫立以泣！	凝神久立泪汪汪！
燕燕于飞，	燕子双双飞天上，
下上其音。	上上下下呢喃唱。
之子于归，	这位姑娘要出嫁，

远送于南〔7〕。	送她向南路茫茫。
瞻望弗及，	遥望背影渐消失，
实劳我心〔8〕！	苦苦思念欲断肠！
仲氏任只〔9〕，	二妹为人可信任，
其心塞渊〔10〕。	心地诚实虑事深。
终温且惠〔11〕，	脾气温柔性和顺，
淑慎其身。	修身善良又谨慎。
“先君之思”〔12〕，	常说“别忘先君爱”，
以勖寡人〔13〕！	她的劝勉感我心！

【注释】

〔1〕燕燕：一对燕子。

〔2〕差（cī）池：参差不齐的样子。

〔3〕之子：指被送的女子。　于归：出嫁。

〔4〕于：往。　野：郊外。

〔5〕颉（jié）：向下飞。　颃（háng）：向上飞（从《毛传》）。

〔6〕将：送。

〔7〕南：指卫国的南边。有人说南同“林”，指郊外。亦通。

〔8〕实：同“寔”，是。　劳：指思念之劳。

〔9〕仲氏：老二，二妹。古人多用伯、仲、叔、季为兄弟姊妹的行次。　任：信任的意思（从朱熹说）。　只：语助词。

〔10〕塞：寋的假借字，诚实。　渊：深。《孔疏》：“其心诚实而深渊也。”

〔11〕终：既。王引之《经义述闻》：“终，犹既也。”　惠：和顺。

〔12〕先君：指死去的国君。

〔13〕勖（xù）：勉励。　寡人：古代君主的自称，《礼记·曲礼》疏：“寡人者，言己是寡德之人。”

日　月

【题解】

这是一位弃妇申诉怨愤的诗。古代学者认为是卫庄姜被庄公遗弃后之作，未知确否。

日居月诸[1]！	叫声太阳叫月亮！
照临下土。	光辉普照大地上。
乃如之人兮[2]，	天下竟有这种人，
逝不古处[3]。	会把故居全相忘。
胡能有定[4]？	夫妻关系全不顾，
宁不我顾[5]？	为何不想进我房？
日居月诸！	叫声太阳叫月亮！
下土是冒[6]。	光辉普照大地上。
乃如之人兮，	天下竟有这种人，
逝不相好。	忘恩不和我来往。
胡能有定？	夫妻关系全不顾，
宁不我报[7]？	为何使我守空房？
日居月诸！	叫声太阳叫月亮！
出自东方。	日月光辉出东方。
乃如之人兮，	天下竟有这种人，

德音无良[8]。	名誉扫地丧天良。
胡能有定？	夫妻关系全不顾，
俾也可忘[9]。	使我真该把他忘。
日居月诸！	叫声太阳叫月亮！
东方自出。	东方升起亮堂堂。
父兮母兮！	我的爹啊我的娘！
畜我不卒[10]。	丈夫爱我不久长。
胡能有定？	夫妻关系全不顾，
报我不述[11]！	我也不愿诉衷肠！

【注释】

〔1〕日居月诸：见《柏舟》注〔17〕。朱熹《诗集传》："日居月诸，呼而诉之也。"

〔2〕乃：竟。　如：像。　之人：这个人。

〔3〕逝：及。逝不，倒文，即不逝。或云，逝是发语词，亦通。古处：故居。

〔4〕定：正，指夫妇正常的关系。马瑞辰《通释》："窃谓此诗'胡能有定'，即胡能有正也。……夫妇有定份，嫡妾有定位，皆正也。"

〔5〕宁：何。有人说"宁"即"乃"，亦通。　我顾：倒文，即顾我。《郑笺》："顾，念也。"

〔6〕冒：覆盖，笼罩。

〔7〕报：答。古代称夫不理妻为"不见答"，不我报，即不见答的意思。

〔8〕德音：好名誉。

〔9〕俾：使。　也：助词。

〔10〕畜：同"慉"，爱。《孟子》："畜君者，好君也。"　卒：终。不卒，指丈夫爱我不终。也有人认为是指"父母养我之不终"，似不及前说。

〔11〕述：说。

终　风

【题解】

这是一位妇女写她被丈夫玩弄嘲笑后遭遗弃的诗。

终风且暴[1]，	大风既起狂又暴，
顾我则笑[2]。	对我侮弄又调笑。
谑浪笑敖[3]，	调戏取笑太放荡，
中心是悼[4]！	想想悲伤又烦恼！
终风且霾[5]，	大风既起尘飞扬，
惠然肯来[6]？	他可顺心来我房？
莫往莫来[7]，	如今竟然不来往，
悠悠我思！	绵绵相思不能忘！
终风且曀[8]，	大风既起日无光，
不日有曀[9]。	顷刻又阴晴无望。
寤言不寐[10]，	夜半独语难入梦，
愿言则嚏[11]。	愿他喷嚏知我想。
曀曀其阴[12]，	天色阴沉暗无光，
虺虺其靁[13]。	雷声隐隐天边响。
寤言不寐，	夜半独语难入梦，

愿言则怀[14]。　　愿他悔悟将我想。

【注释】

〔1〕终：既。　暴：疾风。

〔2〕则：而。

〔3〕谑：调戏。　浪：放荡。　敖：放纵。　谑浪：放荡地调戏。笑敖：放纵地取笑。王先谦《诗三家义集疏》：“谑浪，谑之貌；笑敖，笑之貌。……盖谑非不可谑，而浪则狂；笑非不可笑，而敖则纵。”

〔4〕悼：伤心。

〔5〕霾（mái）：大风刮得尘土飞扬。

〔6〕惠：顺。　然：语助词。

〔7〕莫：不。下“莫”字是增文足句。

〔8〕曀：天阴而又有风。

〔9〕不日：不到一天。　有：同“又”。

〔10〕寤言：醒着说话。

〔11〕言：助词，无义。　嚏：打喷嚏。旧时民间有“打喷嚏，有人想”的谚语。

〔12〕曀曀：天阴暗的样子。

〔13〕虺虺（huǐ）：雷始发之声。

〔14〕怀：思念。严粲《诗缉》：“愿汝思怀我而悔悟也。”

击　鼓

【题解】

这是卫国戍卒思归不得的诗。关于诗的时代背景，古来说法不一。方玉润《诗经原始》认为“此戍卒思归不得诗也”，今从方说。

击鼓其镗[1]，　　战鼓擂得镗镗响，
踊跃用兵[2]。　　官兵踊跃练刀枪。

土国城漕[3]，	别人修路筑城墙，
我独南行。	我独从军到南方。
从孙子仲[4]，	跟随将军孙子仲，
平陈与宋[5]。	调停纠纷陈与宋。
不我以归[6]，	常驻边地不能归，
忧心有忡[7]！	留守南方真苦痛！
爰居爰处[8]？	住哪儿啊歇何方？
爰丧其马[9]？	马儿丢失何处藏？
于以求之[10]？	到哪儿啊找我马？
于林之下。	丛林深处大树旁。
“死生契阔”[11]，	“死生永远不分离”，
与子成说[12]。	对你誓言记心里。
执子之手，	我曾紧紧握你手，
与子偕老。	和你到老在一起。
于嗟阔兮[13]，	可叹相隔太遥远，
不我活兮[14]！	不让我们重相见！
于嗟洵兮[15]，	可叹别离太长久，
不我信兮[16]！	不让我们守誓言！

【注释】

〔1〕镗：击鼓声。

〔2〕兵：指兵器。

〔3〕土国：在国内服役土工。 城漕：在漕邑修筑城墙。“土”和“城”这里都是动词，土当“役”用，城当“筑”用。漕，卫邑名，在今河南省滑县东南。

〔4〕孙子仲：当时卫国南征的将领。孙氏是卫国的世卿。

〔5〕平陈与宋：调解陈国和宋国的不睦。《左传》隐公六年杜注：“和而不盟曰平。”

〔6〕不我以归：这句是倒文，即“不以我归”，不让我回来。

〔7〕有忡：即忡忡，心神不安的样子。

〔8〕爰：与“于何”“于以”同义，就是“在何处”。

〔9〕丧：读去声，失，丢。

〔10〕以：何。

〔11〕契：合。 阔：离。契阔是偏义复词，偏用“契”义，指结合，犹言不分离。

〔12〕子：指作者的妻。 成说：定约，结誓。

〔13〕于：同“吁”。 吁嗟：感叹词。 阔：道路辽远。

〔14〕活：聚会。马瑞辰《通释》：“活，当读为‘曷其有佸’之佸。《毛传》：‘佸，会也。’佸为会至之会，又为聚会之会。承上‘阔兮’为言，故云不我会耳。”

〔15〕洵：敻的假借字，《韩诗》作“敻”，久远；指别离已久。

〔16〕信：守约。

凯　风

【题解】

这是一首儿子颂母并自责的诗。三家诗认为写的是事继母，可作参考。

凯风自南[1]，	和风吹来自南方，
吹彼棘心[2]。	吹在枣树红心上。

棘心夭夭[3]，	枣树红心嫩又壮，
母氏劬劳[4]。	我娘辛苦善教养。
凯风自南，	和风南方吹过来，
吹彼棘薪[5]。	枣树成长好当柴。
母氏圣善[6]，	我娘人好又明理，
我无令人[7]。	我们兄弟不成材。
爰有寒泉[8]，	寒泉清冷把暑消，
在浚之下[9]。	源头出自浚县郊。
有子七人，	儿子七个不算少，
母氏劳苦。	却累我娘独辛劳。
睍睆黄鸟[10]，	宛转黄雀清和音，
载好其音。	歌声间关真好听。
有子七人，	我娘儿子有七个，
莫慰母心。	不能安慰亲娘心。

【注释】

〔1〕凯风：南风。《孔疏》引李巡曰："南风长养，万物喜乐，故曰凯风。"

〔2〕棘心：棘，酸枣树，初发芽时心赤。"凯风"喻母，"棘"，子自喻。

〔3〕夭夭：树木嫩壮的样子。

〔4〕劬(qú)劳：即劳苦之意。

〔5〕棘薪：酸枣树长到可以当柴烧。比喻子已成长。

〔6〕圣善：明理而有美德。

〔7〕令：善。

〔8〕爰：发语词，无义。　寒泉：在卫地浚邑，水冬夏常冷，故名寒泉。

〔9〕浚：卫邑名，在卫楚丘东。

〔10〕睍睆(xiàn huǎn)：清和宛转的鸣声。有人认为是形容黄鸟颜色美，亦通。朱熹《诗集传》："言黄鸟犹能好其音以悦人，而我七子，独不能慰悦母心哉。"

雄雉

【题解】

这是一位妇女思念远出的丈夫的诗。旧说多认为这是妇女之作，方玉润《诗经原始》则认为是朋友互勉，"期友不归，思而共勖"的诗，此说可供参考。

雄雉于飞〔1〕，	雄雉起飞向远方，
泄泄其羽〔2〕。	拍拍翅膀真舒畅。
我之怀矣，	心中怀念我夫君，
自诒伊阻〔3〕！	自找离愁空忧伤！
雄雉于飞，	雄雉起飞向远方，
下上其音。	忽高忽低咯咯唱。
展矣君子〔4〕，	一心悬念我夫君，
实劳我心！	苦思苦想心难放。
瞻彼日月〔5〕，	远望太阳和月亮，
悠悠我思！	我的相思长又长！

道之云远〔6〕，	相隔道路太遥远，
曷云能来？	何时回到我身旁？
百尔君子〔7〕，	天下“君子”一个样，
不知德行〔8〕。	不知道德和修养。
不忮不求〔9〕，	你不损人又不贪，
何用不臧〔10〕？	走到哪里不顺当？

【注释】

〔1〕雉：野鸡。诗中的雄雉比喻丈夫。

〔2〕泄泄（yì）：同“洩洩”，鼓羽舒畅的样子。《左传》隐公元年“其乐也洩洩”，杜注：“洩洩，舒散也。”

〔3〕诒：同“遗”，遗留。自诒，自找、自取之意。　伊：同“繄”，此，这。《郑笺》：“伊，当作繄，繄，犹‘是’也。”　阻：忧。《玉篇》：“阻，忧也。”朱熹《诗集传》训“阻”为“隔”，亦通。

〔4〕展：诚，确实。　君子：这里指丈夫。

〔5〕瞻彼日月：马瑞辰《通释》：“以日月之迭往迭来，兴君子之久役不来。”

〔6〕云：语助词。下句同。

〔7〕百：凡，所有。　君子：这里指在朝的统治者，也包括她的丈夫在内。

〔8〕德行：道德品行。

〔9〕忮（zhì）：忌恨。

〔10〕臧：善，好。王先谦《诗三家义集疏》：“何用不臧，犹言无往而不利。”

匏有苦叶

【题解】

这是一位女子在济水岸边等待未婚夫时所唱的诗。旧说刺卫宣公淫乱，也有以为“刺世礼义澌灭”或“贤者不遇时而作”。余冠英先生《诗经选》一扫旧说，还它以民歌本来面目：“一个女子正在岸边徘徊，她惦着住在河那边的未婚夫，心想：他如果没忘了结婚的事，该趁着河里还不曾结冰，赶快过来迎娶才是。再迟怕来不及了。”（余先生对“迨冰未泮”一句的理解和我们不同。）

匏有苦叶[1]，	葫芦叶枯葫芦收，
济有深涉[2]。	济水渡口深水流。
深则厉[3]，	水深腰系葫芦过，
浅则揭[4]。	水浅挑着葫芦走。
有瀰济盈[5]，	济水一片白茫茫，
有鷕雉鸣[6]。	水边野鸡吆吆唱。
济盈不濡轨[7]，	水满不湿半车轮，
雉鸣求其牡[8]。	野鸡唱歌求对象。
雝雝鸣雁[9]，	大雁嘎嘎相对唱，
旭日始旦[10]。	初升太阳放光芒。
士如归妻[11]，	你若有心娶新娘，
迨冰未泮[12]。	要趁今冬冰没烊。
招招舟子[13]，	船夫招呼我上船，
人涉卬否[14]。	别人渡河我在岸。
人涉卬否，	别人渡河我在岸，
卬须我友[15]。	我等朋友来结伴。

【注释】

〔1〕匏(páo)：葫芦。古人常腰拴葫芦以渡水。《国语·鲁语》韦昭注："佩匏可以渡水也。"闻一多《诗经通义》："古人早已知道抱着葫芦浮水能使身体容易漂起来，所以葫芦是他们常备的旅行工具，而有'腰舟'之称。叶子枯了，葫芦也干了，可以摘来作腰舟用了。" 苦：枯的通用字。王先谦："齐读苦为枯，枯、苦字通。"

〔2〕济：水名，本作沵。源出河南省济源县西王屋山。 涉：步行过河叫作涉，涉水的渡口也叫作涉，这里指渡口。

〔3〕厉：连衣徒步渡水。

〔4〕揭(qì)：提起下衣渡水。

〔5〕有瀰：瀰瀰，水满的样子。

〔6〕有鷕(yǎo)：鷕鷕，雌雉的叫声。

〔7〕濡：沾湿。 轨：车轴的两端。

〔8〕牡：指雄雉。

〔9〕雝雝：雁相和的鸣声。

〔10〕旭日：初升的太阳。 旦：明。

〔11〕归妻：娶妻。王先谦《诗三家义集疏》："妇人谓嫁曰'归'，自士言之，则娶妻是来归其妻，故曰归妻。"

〔12〕迨：及，趁。 泮(pàn)：融解。古代人结婚多在秋冬两个季节举行，《荀子·大略》："霜降迎女，冰泮杀止。"姚际恒《诗经通论》："古人行嫁娶必于秋冬农隙之际，故云'迨冰未泮'。"

〔13〕招招：摆手相招。

〔14〕卬(áng)：我。

〔15〕须：等待。

谷 风

【题解】

这是一首弃妇诉苦的诗。她的丈夫原也是一个贫穷的农民。由于两口子努力劳动，生活慢慢好起来，男的却变心了。

习习谷风[1]，	飒飒山谷刮大风，
以阴以雨[2]。	天阴雨暴来半空。
黾勉同心[3]，	夫妻勉力结同心，
不宜有怒。	不该怒骂不相容。
采葑采菲[4]，	蔓菁萝卜收进门，
无以下体[5]。	难道要叶不要根？
德音莫违[6]：	甜言蜜语别忘记：
“及尔同死。”	“和你到死永不分。”
行道迟迟[7]，	走出家门慢吞吞，
中心有违[8]。	脚儿向前心不忍。
不远伊迩[9]，	不求远送望近送，
薄送我畿[10]。	谁知只送到房门。
谁谓荼苦[11]？	谁说荼菜苦无比？
其甘如荠。	在我吃来甜似荠。
宴尔新昏[12]，	你们新婚多快乐，
如兄如弟。	两口亲热像兄弟。
泾以渭浊[13]，	渭水入泾泾水浑，
湜湜其沚[14]。	泾水虽浑底下清。
宴尔新昏，	你们新婚多快乐，
不我屑以[15]。	诬我不洁伤我心。
毋逝我梁[16]，	别到我的鱼坝来，
毋发我笱[17]。	别把鱼篓再乱开。
我躬不阅[18]，	既然对我不见容，

遑恤我后[19]。	谁还顾到我后代。
就其深矣，	好比河水深悠悠，
方之舟之[20]。	那就撑筏划小舟。
就其浅矣，	好比河水浅清清，
泳之游之。	那就游泳把水泅。
何有何亡[21]，	家里有这没有那，
黾勉求之。	尽心尽力为你求。
凡民有丧[22]，	邻居出了灾难事，
匍匐救之[23]。	就是爬着也去救。
不我能慉[24]，	你不爱我倒也罢，
反以我为雠[25]。	不该把我当冤仇。
既阻我德[26]，	一片好意遭拒绝，
贾用不售[27]。	好像货物难脱手。
昔育恐育鞫[28]，	从前生活怕困穷，
及尔颠覆[29]。	共渡难关苦重重。
既生既育，	如今生计有好转，
比予于毒[30]。	嫌我比我像毒虫。
我有旨蓄[31]，	好比我腌干咸菜，
亦以御冬[32]。	贮藏起来好过冬。
宴尔新昏，	你们新婚多快乐，
以我御穷。	拿我旧人来挡穷。
有洸有溃[33]，	粗声恶气打又骂，

既诒我肄[34]。	还要逼我做苦工。
不念昔者，	当初情意全不念，
伊余来塈[35]！	你恩我爱一场空。

【注释】

〔1〕习习：犹飒飒，风声。　谷风：来自山谷的大风。

〔2〕以：又。

〔3〕黾(mǐn)勉：勉力。

〔4〕葑：蔓菁，今名大头菜。　菲：萝卜。

〔5〕以：用。　下体：指根。

〔6〕德音：本义是“善闻令名”，这里似指她丈夫曾对她说过的“好话”。

〔7〕迟迟：缓慢。

〔8〕中心：即心中。　有违：指行动和心意相违背。有人训违为“怨”，亦通。

〔9〕伊：是。　迩：近。

〔10〕薄：助词，含有勉强的意思。　畿：门槛。

〔11〕荼：苦菜。

〔12〕宴：快乐。　昏：即婚。

〔13〕泾、渭：都是水名，源出甘肃，在陕西高陵县合流。

〔14〕湜湜(shí)：水清的样子。《说文》：“湜，水清见底也。”沚：即“底”的意思。马瑞辰《通释》：“《说文》，沚，下基也。湜湜即状水止之貌，故以为清可见底。”

〔15〕屑：洁。不我屑以，即不以我为洁。

〔16〕逝：往，去。　梁：鱼坝；用石头拦阻水流，中空而留缺口，以便捕鱼。

〔17〕发：拨的假借字，搞乱。有人训“开”，亦通。　笱(gǒu)：捕鱼的竹篓。

〔18〕躬：自身。　阅：容。

〔19〕遑：犹言“哪儿来得及”。　恤：顾到。

〔20〕方：筏子。方、舟二字这里都作动词用。

〔21〕亡：同“无”。

〔22〕民：人，指邻人。　丧：指凶祸。

〔23〕匍匐：本义是手足伏地走，这里是尽力的意思。

〔24〕不我能慉：三家诗作“能不我慉”。能，乃。慉(xù)，爱。

〔25〕雠：通“仇”。

〔26〕阻：拒绝。

〔27〕贾(gǔ)：卖。　用：货物。　不售：卖不出去。

〔28〕育恐：生活恐慌。　育鞠：生活困穷。朱熹《诗集传》引张子曰：“育恐，谓生于恐惧之中，育鞠，谓生于困穷之际。”

〔29〕颠覆：指患难。

〔30〕于毒：如毒虫。

〔31〕旨：美。　蓄：腌的干菜。有人说，蓄是菜名，亦通。

〔32〕御：同“禦”，抵挡。

〔33〕有洸(guāng)有溃：即洸洸溃溃，本义都是形容水激流的样子，这里是借用，形容人动武和发怒的样子。《毛传》：“洸洸，武也。溃溃，怒也。”

〔34〕诒：同“遗”，留给。　肄(yì)：劳苦的工作。

〔35〕伊：惟。　来：语助词，无义。　塈(jì)：爱。马瑞辰《通释》：“爱，正字作㤅。《说文》：‘㤅，惠也。㤅，古文。’是‘㤅’即古文‘爱’字。此诗塈，疑㤅之假借。伊余来塈，犹言维予是爱也，仍承昔者言之。”

式　微

【题解】

这是人民苦于劳役，对君主发出的怨词。诗用简短的几句话，表达了劳动人民对统治者压迫奴役的极端憎恨。

式微式微〔1〕，	日光渐暗天色灰，
胡不归？	为啥有家去不回？
微君之故〔2〕，	不是君主差事苦，
胡为乎中露〔3〕？	哪会夜露湿我腿？

式微式微，	日光渐暗天色灰，
胡不归？	为啥有家去不回？
微君之躬〔4〕，	不是君主养贵体，
胡为乎泥中〔5〕？	哪会夜间踩泥水？

【注释】

〔1〕式：发语词，无义。 微：幽暗，指天黑。郝懿行《尔雅义疏·释诂》："'微'有幽隐蒌昧之意。"

〔2〕微：非，不是。 故：事。

〔3〕中露：即露中。《鲁诗》"露"作"路"。

〔4〕躬：身体。

〔5〕泥中：泥水路里。方玉润《诗经原始》："犹言泥涂也。毛氏苌曰：'中露、泥中，卫邑也。'此或后人因经而附会其说耳，不可从。"

旄　丘

【题解】

这是一些流亡到卫国的人，盼望贵族救济而不得的诗。那时人民因为受不了本国统治者的残酷剥削、压迫，或因战争的缘故，纷纷逃亡别国。但到处都是一样，想向他国贵族乞求同情、救济，当然仍是一种梦想。

旄丘之葛兮〔1〕，	葛藤长在山坡上，
何诞之节兮〔2〕？	枝节怎么那样长？
叔兮伯兮〔3〕！	叔叔啊，伯伯啊！
何多日也？	为啥好久不帮忙？

何其处也[4]？	安心躲在家里边，
必有与也[5]。	定要等谁才露面？
何其久也？	拖拖拉拉这么久，
必有以也[6]。	定有原因在其间。
狐裘蒙戎[7]，	身穿狐裘毛蓬松，
匪车不东[8]。	坐着车子不向东。
叔兮伯兮！	叔叔啊，伯伯啊！
靡所与同[9]。	你我感情不相通。
琐兮尾兮[10]！	我们渺小又卑贱，
流离之子[11]。	我们流亡望人怜。
叔兮伯兮！	叔叔啊，伯伯啊！
褎如充耳[12]。	趾高气扬听不见。

【注释】

〔1〕旄丘：前高后低的土山。

〔2〕诞：同“覃”，延长。　之：其，它的。　节：指葛藤的枝节。

〔3〕叔、伯：当时人对贵族的尊称。

〔4〕处：安居不出。

〔5〕与：指同伴或盟国。

〔6〕以：原因。

〔7〕狐裘：狐皮袍。当时大夫以上的官穿的冬服。　蒙戎：亦作“尨茸”，蓬蓬乱的样子。这句疑指卫大夫。

〔8〕匪：彼。指大夫。疑东方是流亡者居住的地方，故大夫之车不来。

〔9〕靡：无。　同：同心。朱熹《诗集传》：“不与我同心。”

〔10〕琐：细小。　尾：与“微”通，卑贱。

〔11〕流离：漂散流亡。方玉润《诗经原始》：“流离，漂散也。”

《毛传》训流离为“鸟名”，恐非诗的原意。

〔12〕褎(yòu)：盛服。褎如，即褎然，态度傲慢妄自尊大的样子。充耳：《郑笺》：“充耳，塞耳也。”即“充耳不闻”的意思。充耳又是一种挂在耳旁的首饰，这里有双关的意义。

简　兮

【题解】

这是一个女子观看舞师表演万舞并对他产生爱慕之情的诗。

简兮简兮〔1〕，	敲起鼓来咚咚响，
方将万舞〔2〕。	万舞演出就开场。
日之方中，	太阳高高正中央，
在前上处〔3〕。	舞师排在最前行。
硕人俣俣〔4〕，	身材高大又魁梧，
公庭万舞〔5〕。	公庭前面演万舞。
有力如虎，	扮成武士力如虎，
执辔如组〔6〕。	手拿缰绳赛丝组。
左手执籥〔7〕，	左手握着笛儿吹，
右手秉翟〔8〕。	右手挥起野鸡尾。
赫如渥赭〔9〕，	脸儿通红像染色，
公言锡爵〔10〕。	卫公教赏酒满杯。

山有榛[11]，	榛树生在高山顶，
隰有苓[12]。	低洼地里有草苓。
云谁之思？	是谁占领我的心？
西方美人[13]。	是那健美西方人。
彼美人兮，	美人美人难忘怀，
西方之人兮！	他是西方周邑人！

【注释】

〔1〕简：鼓声。有人说，“简”是形容武师武勇之貌，亦通。

〔2〕方将：即“将要”的意思。马瑞辰《通释》：“方将二字连文，方，犹云将也。将，且也。”有人训“方”为“四方”，似不可从。 万舞：周天子宗庙舞名，是一种大规模的舞，内容分文舞、武舞两部分。朱熹《诗集传》：“万者，舞之总名。武用干戚（盾和板斧），文用羽籥（雉羽和籥）也。”

〔3〕处：指位置。

〔4〕硕人：身材高大的人，指舞师。 俣俣（yǔ）：形容身体魁梧的样子。

〔5〕公庭：庙堂的庭前。《孔疏》：“于祭祀之时，亲在宗庙公庭而万舞。”

〔6〕辔（pèi）：马缰绳。 组：编织的一排排丝线。

〔7〕籥（yuè）：古代乐器名。《礼记》郑注：“籥，如笛，三孔。舞者所吹也。”

〔8〕秉：拿。 翟（dí）：野鸡尾，舞师执以指挥。

〔9〕赫：指舞师脸色红而有光。 渥：涂抹。 赭（zhě）：红土。

〔10〕公：指卫国的君主。 锡：赐。 爵：古代酒器名，这里用它代酒。

〔11〕榛：树名；它结的实似栗而小。 隰：低湿的地。

〔12〕苓：甘草，亦名大苦，药名。以上两句是《诗经》中常用的起兴句式，余冠英以为是一种隐语：以树代男，以草代女。

〔13〕西方：指周。周在卫西。 美人：指舞师，即上文的硕人。硕人和美人，都是当时赞美男女形体外貌通用的词。

泉 水

【题解】

这是嫁到别国的卫女思归不得的诗。王先谦《诗三家义集疏》认为是思父母、忧家国的作品。有人说，这首诗和《竹竿》都是《载驰》作者许穆夫人所作，也有人说是许穆夫人媵妾所作，但均无确证。

毖彼泉水〔1〕，	泉水涌涌流不息，
亦流于淇。	最后流入淇水里。
有怀于卫，	想起卫国我故乡，
靡日不思。	没有一天不惦记。
娈彼诸姬〔2〕，	同来姊妹多美好，
聊与之谋〔3〕。	姑且和她共商议。
出宿于泲〔4〕，	想起当初宿在泲，
饮饯于祢〔5〕。	喝酒饯行在祢邑。
女子有行〔6〕，	姑娘出嫁到别国，
远父母兄弟。	远离父母和兄弟。
问我诸姑〔7〕，	临行问候姑姑们，
遂及伯姊〔8〕。	还有大姊别忘记。
出宿于干〔9〕，	如能回家宿干地，
饮饯于言。	喝酒饯行在言邑。
载脂载舝〔10〕，	涂好轴油上好键，

还车言迈[11]。	掉车回家走得快。
遄臻于卫[12]，	只想快回卫国去，
不瑕有害[13]？	回去看看有何害？
我思肥泉[14]，	心儿飞到肥泉头，
兹之永叹[15]。	声声长叹阵阵忧。
思须与漕[16]，	心儿飞向沬和漕，
我心悠悠。	绵绵相思盼重游。
驾言出游，	驾起车子出外兜，
以写我忧[17]。	借这消我心中愁。

【注释】

〔1〕毖(bì)：泌的假借字，《说文》引诗作泌，“泌，侠流也”，“侠流”即涌流的意思。　泉水：亦名泉源水，即末章的“肥泉”，卫地水名。马瑞辰《通释》：“诗意以泉水之得流于淇，兴己之欲归于卫。”

〔2〕娈：美好的样子。娈彼，等于娈娈。　诸姬：一些姬姓的女子。卫君姓姬，卫女嫁于诸侯，以同姓之女陪嫁。《毛传》：“诸姬，同姓之女。”

〔3〕聊：姑且。　谋：商量。

〔4〕泲(jǐ)：卫地名。有人说，泲即济水，亦通。

〔5〕饯：饯行，《郑笺》：“饯，送行饮酒也。”　祢(nǐ)：亦作“泥”或“坭”，卫地名。

〔6〕行：嫁。《左传》桓公九年：“凡诸侯之女行。”杜预注：“行，嫁也。”按“女子有行”二句，亦见于他诗，可能是当时常用的谚语。

〔7〕问：告别的意思。　诸姑：姑母们。

〔8〕伯姊：大姊。

〔9〕干：和下句的言，都是作者所居国的地名，今在何地，不可考。有人说，干在河南省濮阳县北干城村；即《后汉书·郡国志》及《水经注》所说的“竿城”。

〔10〕载：发语词，无义。　脂：用油涂车轴。　舝(xiá)：车轴两头的金属键。按脂、舝这里都用如动词。朱熹《诗集传》：“脂，以脂膏涂

其舝，使滑泽也。舝，车轴也。不驾则脱之，设之而后行也。”

〔11〕还：音义同“旋”。《郑笺》：“还车者，嫁时乘来，今思乘以归。” 言：助词。 迈：行。

〔12〕遄(chuán)：疾，快。 臻：到。

〔13〕瑕：无。马瑞辰《通释》：“瑕、遐古通用。遐之言胡，胡、无一声之转。……凡诗言不遐有害，不遐有愆；不遐犹云‘不无’，疑之之词也。”

〔14〕肥泉：在卫境内，即首章的“泉水”。

〔15〕兹：同“滋”，益，更加。 永叹：长叹。

〔16〕须和漕都是卫地名。须是“湏”之讹，即沬，是卫的旧都。漕，亦作曹，在今河南省滑县东二十里。是卫国被狄人侵略，戴公带人民渡河迁徙的地方。

〔17〕写：通“泻”，宣泄，消除。《毛传》：“写，除也。”

北 门

【题解】

这是一个小官吏诉苦的诗。这个小官吏，政事繁忙，工作劳苦，生活困穷，回到家里还要受家人的责备讥刺。无可奈何，只得归之于天命。

出自北门，	一路走出城北门，
忧心殷殷〔1〕。	心里隐隐忧虑深。
终窭且贫〔2〕，	既无排场又穷酸，
莫知我艰。	有谁了解我艰难。
已焉哉〔3〕，	算了罢，
天实为之，	老天让我这么干，
谓之何哉〔4〕！	叫我怎么办！
王事适我〔5〕，	王室差事扔给我，

政事一埤益我[6]。	政事全都推给我。
我入自外，	忙了一天回家来，
室人交遍谪我[7]。	家人个个骂我呆。
已焉哉，	算了罢，
天实为之，	这是老天的安排，
谓之何哉！	叫我也无奈！
王事敦我[8]，	王室差事逼着我，
政事一埤遗我[9]。	政事全盘压着我。
我入自外，	忙了一天回到家，
室人交遍摧我[10]。	家人个个骂我傻。
已焉哉，	算了罢，
天实为之，	老天这样安排下，
谓之何哉！	我有啥办法！

【注释】

〔1〕殷殷：亦作“慇慇”、“隐隐”，深忧的样子。

〔2〕终：既。　窭(jù)：房屋简陋无法讲求礼节排场。陆德明《经典释文》：“窭，谓贫无以为礼。”

〔3〕已焉哉：既然这样了，有“算了吧”的意思。

〔4〕谓：马瑞辰《通释》：“按‘谓’犹‘奈’也。‘谓之何哉’，犹云‘奈之何哉’。”

〔5〕王事：有关王室的差事。　适：同“擿”，即“掷”字。擿我，犹云扔给我。

〔6〕政事：指卫国国内的差事。　一：皆，完全。　埤(pí)益：堆积、增加的意思。

〔7〕室人：家人。　交：更迭，轮流。　谪(zhé)：责备。《毛传》：“谪，责也。”

〔8〕敦：《韩诗》训敦为“迫”，敦我，即逼我。

〔9〕埤遗：犹埤益。《毛传》："遗，加也。"
〔10〕摧：讽刺。《郑笺》："摧者，刺讥之言。"

北　风

【题解】

这是人民不堪卫国虐政，号召友朋共同逃亡的诗。据方玉润《诗经原始》的说法，这首诗是反映邶亡前统治阶级的暴虐腐败、社会混乱和人民纷纷逃亡的情况。可备一说。

北风其凉，	北风刮来冰冰凉，
雨雪其雱[1]。	漫天雪花纷纷扬。
惠而好我[2]，	赞成我的好伙伴，
携手同行[3]。	同路携手齐逃荒。
其虚其邪[4]？	岂能犹豫慢慢走？
既亟只且[5]！	事已紧急国将亡！
北风其喈[6]，	北风刮来呼呼响，
雨雪其霏[7]。	雪花纷纷漫天扬。
惠而好我，	赞成我的好伙伴，
携手同归[8]。	携手同去安乐乡。
其虚其邪？	岂能犹豫慢慢走？
既亟只且！	事已紧急国将亡！
莫赤匪狐，	天下赤狐尽狡狯，

莫黑匪乌〔9〕。	天下乌鸦一般黑。
惠而好我，	赞成我的好伙伴，
携手同车〔10〕。	携手同车结成队。
其虚其邪？	岂能犹豫慢慢走？
既亟只且！	事已紧急莫后悔！

【注释】

〔1〕雨雪：下雪。　其雱(páng)：即雱雱，雪盛的样子。

〔2〕惠而：即惠然；顺从、赞成的意思。

〔3〕同行(háng)：同道。《郑笺》："与我相携持同道而去，疾时政也。"

〔4〕虚：舒的假借字。　邪：徐的假借字。其虚其邪，即舒舒徐徐，缓慢犹豫不决的样子。

〔5〕亟：同"急"。既亟，事已紧急。　只且(jū)：语尾助词，其作用与"也哉"相同。

〔6〕其喈：即喈喈，北风刮得快而有声的样子。朱熹《诗集传》："喈，疾声也。"

〔7〕其霏(fēi)：即霏霏。《列女传》引诗作"雨雪霏霏"。霏霏即"纷纷"的意思。

〔8〕同归：同到较好的别国去。《毛传》："归有德也。"

〔9〕莫：无。　匪：非。莫匪，即无非，应连用。　狐是妖兽(见《说文》)，乌啼不祥(唐韩愈有"鸦啼岂是凶"之句)，这是古代民间的传说，诗人以狐、乌象征妖异不祥的统治者。

〔10〕同车：朱熹《诗集传》："同车，则贵者亦去矣。"当时人民不能坐车，所以朱熹认为这句是指贵者。

静　女

【题解】

这是一首男女约会的诗。欧阳修《诗本义》："《静女》一诗，本是情诗。”诗以男子口吻写幽期密约，既有焦急的等候，又有欢乐的会面，还有幸福的回味。

静女其姝[1]，	善良姑娘真美丽，
俟我于城隅[2]。	等我城门角楼里。
爱而不见[3]，	故意藏着不露面，
搔首踟蹰。	来回着急抓头皮，
静女其娈[4]，	善良姑娘真漂亮，
贻我彤管[5]。	送我红管情意长。
彤管有炜[6]，	细看红管光闪闪，
说怿女美[7]。	我爱红管为姑娘，
自牧归荑[8]，	郊外送茅表她爱，
洵美且异[9]。	嫩茅确实美得怪。
匪女之为美[10]，	不是嫩茅有多美，
美人之贻。	只因美人送得来。

【注释】

〔1〕静：靖的假借字，善。马瑞辰《通释》：“郑诗‘莫不静好’，《大雅》‘笾豆静嘉’，皆以静为靖之假借。此诗静女亦当读‘靖’，谓‘善女’。” 姝：美丽的样子。

〔2〕城隅：城上的角楼。

〔3〕爱：薆、僾的省借，隐藏的意思。 而：同然、如。陈乔枞《三家诗遗说考》：“《离骚》，‘众薆然而蔽之’，薆而，犹薆然也。” 不见：朱熹《诗集传》：“不见者，期而不至也。”

〔4〕娈：美好貌。

〔5〕贻：赠送。 彤(tóng)：红色。彤管，有人说是赤管的笔，有

人说是一种像笛的乐器，有人说是红管草，都可通。

〔6〕炜（wěi）：红而有光的样子。有炜，等于炜炜。

〔7〕说（悦）怿：喜爱。　女：同“汝”，指彤管。

〔8〕牧：郊外。　归：同“馈”，归、馈古通用，赠送。　荑（tí）：初生的柔嫩白茅。有人说，荑，即上文所说的彤管，未知确否。

〔9〕洵：确实。　异：奇异。

〔10〕匪：非。　女：同“汝”，指荑草。

新　台

【题解】

这是人民讽刺卫宣公劫夺儿媳的诗。卫宣公和他的后母夷姜发生关系，生子名伋。后替伋迎娶齐女，听说齐女很美，便在河上筑台把她拦截下来占为己有。人民对这件事极为憎恨，就作这首诗讽刺他。

新台有泚〔1〕，	新台新台真辉煌，
河水瀰瀰〔2〕。	河水一片白茫茫。
燕婉之求〔3〕，	本想嫁个如意郎，
籧篨不鲜〔4〕。	碰上个丑汉虾蟆样。
新台有洒〔5〕，	新台新台真高敞，
河水浼浼〔6〕。	河水一片平荡荡。
燕婉之求，	本想嫁个如意郎，
籧篨不殄〔7〕。	碰上个虾蟆没好相。
鱼网之设，	想得大鱼把网张，
鸿则离之〔8〕。	谁知虾蟆进了网。

燕婉之求，	本想嫁个如意郎，
得此戚施[9]。	碰上个虾蟆四不像。

【注释】

〔1〕新台：台名。旧址在今河南临漳县西黄河旁。　泚（cǐ）：玼的假借字，《说文》引《诗》作“新台有玼”。有玼，即玼玼，形容新台新而鲜明的样子。《说文》：“玼，玉色鲜也。”段玉裁注：“《说文》玉上当有‘新’字，玼本新玉色。”

〔2〕河：指黄河。　瀰瀰：水盛大的样子。

〔3〕燕婉：亦作宴娩或嬿婉，安和美好的样子。

〔4〕籧篨（qú chú）：癞虾蟆、蟾蜍一类的东西（从闻一多说，见《闻一多全集·天问·释天》）。有人说，籧篨和下文的“戚施”，都是象征丑恶的人的通称。亦通。　鲜：《尔雅·释诂》：“鲜，善也。”《郑笺》：“伋之妻齐女来嫁于卫，其心本求燕婉之人，谓伋也。反得籧篨不善，谓宣公也。”

〔5〕洒（cuǐ）：亦作“漼”。有洒，即洒洒，高峻的样子。有人训“鲜貌”，亦通。

〔6〕浼浼（měi）：水平的样子。亦作“浘浘”，水盛的样子。均可通。

〔7〕殄（tiǎn）：同“腆”，善。《郑笺》：“殄当作腆，腆，善也。”

〔8〕鸿：旧解为鸟名，雁之大者。闻一多在《〈诗·新台〉鸿字说》一文中，考证鸿就是虾蟆。　离（lí）：通“罹”，附着，获得。

〔9〕戚施：虾蟆。《太平御览·虫豸部》引《薛君章句》云：戚施，蟾蜍，喻丑恶。蟾蜍即癞虾蟆。

二子乘舟

【题解】

这是诗人挂念乘舟远行者的诗。卫国政治腐败，民不聊生，多逃亡国外，《北风》即其一例。《二子乘舟》，当是挂念流亡异国者的作品。旧说颇多，各有歧异，不一一具列。

二子乘舟，	两人同坐小船上，
泛泛其景[1]。	飘飘荡荡向远方。
愿言思子[2]，	每当想起你们俩，
中心养养[3]。	心里不安很忧伤。
二子乘舟，	两人同坐小船上，
泛泛其逝[4]。	飘飘荡荡往远方。
愿言思子，	每当想起你们俩，
不瑕有害[5]？	此行是否遭祸殃？

【注释】

〔1〕泛泛：飘浮的样子。《广雅》：“泛泛，浮也。” 景：古与“憬”通，远行。王引之《经义述闻》：“景读如憬……憬，远行貌。”

〔2〕愿：每。

〔3〕中心：即心中。 养养，恙恙的借字，忧思心神不定的样子。

〔4〕逝：往。

〔5〕不瑕：不无。

鄘　风

柏　舟

【题解】

这是一位少女要求婚姻自由，向“父母之命”公开违抗的诗，歌颂了爱情的真挚和专一。

泛彼柏舟[1]，	柏木小船飘荡荡，
在彼中河[2]。	一飘飘到河中央。
髧彼两髦[3]，	额前垂发年少郎，
实维我仪[4]；	是我追求好对象；
之死矢靡它[5]。	誓死不会变心肠。
母也天只[6]！	叫声天呀叫声娘！
不谅人只[7]！	为何对我不体谅！
泛彼柏舟，	柏木小船飘荡荡，
在彼河侧。	一飘飘到河岸旁。
髧彼两髦，	额前垂发年少郎，
实维我特[8]；	才能和我配得上；
之死矢靡慝[9]。	誓死不会变主张。
母也天只！	叫声天呀叫声娘！

不谅人只！　　为何对我不体谅！

【注释】

〔1〕泛：即泛泛，飘浮的样子。

〔2〕中河：即河中。

〔3〕髧(dàn)：发下垂的样子。　两髦：古代男子未成年时头发的式样，前额头发分向两边披着，长齐眉毛；额后则扎成两绺，左右各一，叫做两髦。

〔4〕实：是。　维：为。　仪：偶的假借字，即配偶的意思。

〔5〕之：到。　矢：发誓。　靡：无。

〔6〕也、只：都是语气词。

〔7〕谅：体谅的意思。

〔8〕特：匹偶。马瑞辰《通释》："《方言》：'物无偶曰特。'《广雅》：'特，独也。'皆训特为独。……匹为一，又为双为偶，皆以相反为义也。"

〔9〕慝：音义同"忒"（tè），更改。

墙有茨

【题解】

这是一首人民揭露、讽刺卫国统治阶级淫乱无耻的诗。卫宣公劫娶儿子的聘妻齐女宣姜，宣公死后，他的庶长子公子顽又与宣姜私通，生下了齐子、戴公、文公、宋桓夫人和许穆夫人。这些宫廷秽闻，真是"不可道""不可详""不可读"的。

墙有茨〔1〕，　　墙上蒺藜爬，
不可埽也〔2〕。　　不可扫掉它。
中冓之言〔3〕，　　宫廷秘密话，
不可道也〔4〕。　　不可乱拉呱。

所可道也[5]？	还能说什么？
言之丑也。	丑话污了牙。
墙有茨，	蒺藜爬满墙，
不可襄也[6]。	难以一扫光。
中冓之言，	宫廷秘密话，
不可详也[7]。	不可仔细讲。
所可详也？	还能说什么？
言之长也。	说来话太长。
墙有茨，	墙上蒺藜生，
不可束也[8]。	除也除不净。
中冓之言，	宫廷秘密话，
不可读也[9]。	宣扬可不行。
所可读也？	还能说什么？
言之辱也。	说来难为情。

【注释】

〔1〕茨(cí)：蒺藜，亦名爬墙草。

〔2〕埽：同“扫”，扫除。墙上种茨，是为了防闲内外的。不可埽，有内丑不可外扬之意。

〔3〕中冓(gòu)：宫闱，宫廷内部。《韩诗》训“中冓”为“中夜”，亦通。

〔4〕道：说。

〔5〕所：尚。

〔6〕襄：通“攘”，除去。

〔7〕详：细说。朱熹《诗集传》：“详，详言之也。”《韩诗》作“扬”，是宣扬之意，亦通。

〔8〕束：打扫干净。

〔9〕读：宣扬。《毛传》："读，抽也。"《郑笺》："抽，出也。"引申为宣扬之意。

君子偕老

【题解】

这是卫国人民讽刺宣姜的诗。诗中极力渲染她的服饰、尊严、美丽，衬托出她"国母"的地位，目的是讥刺她的地位和丑陋的行为很不相称，这是用丽辞写丑行的艺术手法。

君子偕老〔1〕，	贵族老婆真显赫，
副笄六珈〔2〕。	玉簪步摇珠颗颗。
委委佗佗〔3〕，	体态从容又自得，
如山如河〔4〕，	静像高山动像河，
象服是宜〔5〕。	穿上画袍很适合。
子之不淑〔6〕，	可是行为太丑恶，
云如之何〔7〕！	对她还能说什么！
玼兮玼兮〔8〕，	文采翟衣真鲜艳，
其之翟也〔9〕。	画羽礼服耀人眼。
鬒发如云〔10〕，	黑发密密像乌云，
不屑髢也〔11〕。	不用假发更天然。
玉之瑱也〔12〕，	美玉充耳垂两边，
象之揥也〔13〕，	象牙簪子插发间，

扬且之皙也[14]。	俏俊白皙好脸面。
胡然而天也[15]？	莫非尘世出天仙？
胡然而帝也？	莫非帝子降人间？
瑳兮瑳兮[16]，	文采展衣真艳丽，
其之展也[17]。	轻薄细纱会客衣。
蒙彼绉絺[18]，	罩上绉罗如蝉翼，
是绁袢也[19]。	透明内衣世所希。
子之清扬[20]，	看她眉目多清秀，
扬且之颜也。	看她容颜多美丽。
展如之人兮[21]，	但是如此盛装女，
邦之媛也[22]？	天香国色差淑仪。

【注释】

〔1〕君子：是当时统治阶级的代称。这里的君子，指卫宣公。 偕老：本是夫妻相偕至老相亲相爱的意思，这里诗人用它代君子的妻，即卫宣姜。

〔2〕副：亦作“髶”，古代首饰名。《毛传》：“副者，后夫人之首饰，编发为之。”《释名》：“王后首饰曰副。副，覆也，以覆首也。” 笄(jī)：首饰名。《说文》：“笄，簪也。” 珈(jiā)：首饰名。加在笄下，垂以玉，走路时会摇动，汉时饰以垂珠，称为“步摇”，其数有六，故名六珈。

〔3〕委委佗佗(tuó)：步行庄重美丽、举止自得的样子。《孔疏》：“《释训》：‘委委佗佗，美也。’李巡曰：‘宽容之美也。’孙炎曰：‘委委，行之美；佗佗，长之美。’郭璞曰：‘皆佳丽美艳之貌。’谓宣姜自佳丽美艳，行步有仪，长大而美。”

〔4〕如山如河：王先谦《诗三家义集疏》：“如山凝然而重，如河渊然而深，皆以状德容之美。言夫人必有委委佗佗，如山如河之德容，乃于象服是宜也。反言以明宣姜之不宜，与末句相应。”

〔5〕象服：亦名袆衣，即画袍。《孔疏》：“象鸟羽而画之，故谓之象服也。”《说文》袆字注引《周礼》曰：“王后之服。”

〔6〕子：你，指宣姜。　淑：善。

〔7〕云：语首助词。如之何，即“奈之何”。

〔8〕玼：玉色鲜明貌。这里用玼形容翟衣鲜艳的样子。

〔9〕翟(dí)：翟衣。朱熹《诗集传》：“翟衣，祭服。刻绘为翟雉之形而彩画之以为饰也。”

〔10〕鬒(zhěn)：形容发黑而密。

〔11〕不屑：不用。　髢(dì)：假发制的髻。

〔12〕瑱(tiàn)：古人冠冕上垂在两侧以塞耳的玉饰。

〔13〕象揥(tì)：象牙制的簪。《毛传》：“揥，所以摘发也。”后来叫做搔首、搔头。

〔14〕扬：形容脸色之美。　且(jū)：句中助词。　皙(xī)：白。

〔15〕胡：何，为什么。　然：这样。　而：用作如。

〔16〕瑳(cuō)：与玼通。

〔17〕展：展衣，亦作襢衣。白纱制的单衣，是夏天见君主或宾客的衣服。

〔18〕蒙：覆，罩。　彼：指绉絺。　绉絺(chī)：细夏布，今名绉纱。

〔19〕绁袢(xiè pàn)：亦称亵衣，内衣。

〔20〕子：你，指宣姜。　清扬：犹今言眉目清秀。

〔21〕展：乃，可是。王先谦《诗三家义集疏》：“展，是语之转也。”《毛传》训展为“诚”（确实），亦通。

〔22〕邦：国。　媛：美女。姚际恒《诗经通论》：“邦之媛，犹后世言国色。”

桑　中

【题解】

这是一个劳动者抒写他和想象中的情人幽期密约的诗。他在采菜摘麦的时候，兴之所至，一边劳动，一边顺口唱起歌来。这种形式，被后人尊为“无题”诗之祖。诗用一问一答的句式，表达诗人的柔情。末用复唱形式，抒发想象；音节铿锵，耐人寻味。

爰采唐矣[1]？　　采集女萝去哪方？
沬之乡矣[2]。　　在那卫国朝歌乡。
云谁之思[3]？　　猜猜我心在想谁？
美孟姜矣[4]。　　漂亮大姊本姓姜。
期我乎桑中[5]，　　约我等待在桑中，
要我乎上宫[6]，　　邀我相会在上宫，
送我乎淇之上矣[7]。　　淇水口上远相送。

爰采麦矣？　　采集麦子去哪里？
沬之北矣[8]。　　卫国朝歌北边地。
云谁之思？　　猜猜我心在想谁？
美孟弋矣[9]。　　漂亮大姊本姓弋。
期我乎桑中，　　约我等待在桑中，
要我乎上宫，　　邀我相会在上宫，
送我乎淇之上矣。　　淇水口上远相送。

爰采葑矣[10]？　　采集芜菁去哪垅？
沬之东矣[11]。　　在那卫国朝歌东。
云谁之思？　　猜猜我心在想谁？
美孟庸矣[12]。　　漂亮大姊本姓鄘。
期我乎桑中，　　约我等待在桑中，
要我乎上宫，　　邀我相会在上宫，
送我乎淇之上矣。　　淇水口上远相送。

【注释】

〔1〕爰：在什么地方。　唐：女萝，蔓生植物。有人说，唐与“棠”通，结实名沙棠。亦通。

〔2〕沬：亦作“湏”，卫都朝歌。商代称妹邦、牧野。在今河南省淇县北。

〔3〕云：语首助词。

〔4〕孟：排行居长。　姜：姓。　孟姜：姜家大姑娘。按卫国无姜姓，这里用贵族姓氏代表美人，是泛指。

〔5〕期：约会。　桑中：卫地名，亦名桑间，在今河南省滑县东北。有人说，是泛指桑树林中，亦通。

〔6〕要：通“邀”。　上宫：楼名。

〔7〕淇：卫水名。淇之上，就是指淇水口。淇水在今河南濬县东北。

〔8〕沬北：即邶地旧址。

〔9〕弋(yì)：姓。

〔10〕葑：芜菁。

〔11〕沬东：即古鄘地。鄘在沬东。

〔12〕庸：姓。古与“鄘”通。方玉润《诗经原始》引傅氏曰：“孟庸，当是鄘国之姓，鄘为卫所灭，其后有仕于卫者。”

鹑之奔奔

【题解】

这是一首人民讽刺、责骂卫国君主的诗。诗人看见鹌鹑、喜鹊都有自己固定的匹偶，联想卫国君主过着荒淫无耻的乱伦生活，政治腐败，激起了心头的愤怒，责骂他不是好东西，连禽兽都不如，根本不配当君长。

鹑之奔奔[1]，	鹌鹑尚且双双飞，
鹊之彊彊[2]。	喜鹊也知对对配。
人之无良[3]，	这人鸟鹊都不如，

我以为兄[4]。	我还把他当长辈。
鹊之彊彊，	喜鹊尚且对对配，
鹑之奔奔。	鹌鹑也知双双飞。
人之无良，	这人鸟鹊都不如，
我以为君[5]。	反而占着国君位。

【注释】

〔1〕鹑(chún)：鹌鹑，鸟名。　奔奔：《左传》作“贲贲”，同音通假。飞貌。《郑笺》：“言其居有常匹，飞则相随之貌。”

〔2〕彊彊：《礼记》作“姜姜”。义同奔奔。

〔3〕人：指下文的兄或君，即诗讽刺的对象。　之：《韩诗外传》作“而”。　良：善。无良，谓无善行。

〔4〕兄：泛指长辈，不作兄弟的“兄”解。奴隶制、封建制社会都以嫡长传位，所以诗中以人兄代指人君。

〔5〕君：君主。

定之方中

【题解】

这是一首人民赞美、歌颂卫文公从漕邑迁到楚丘重建卫国的诗。公元前660年，狄人侵卫，卫戴公率众渡河东徙，野处漕邑。戴公死，卫文公在楚丘重造城市宫室。《左传》写文公“务材训农，通商惠工，敬教劝学，授方任能”，使卫国重新有了起色。

定之方中[1]，	冬月定星照天中，
作于楚宫[2]。	建设楚丘筑新宫。

揆之以日〔3〕，	按照日影测方向，
作于楚室〔4〕。	营造住宅兴土功。
树之榛栗〔5〕，	房前屋后种榛栗，
椅桐梓漆〔6〕，	加上梓漆和椅桐，
爰伐琴瑟〔7〕。	成材伐作琴瑟用。
升彼虚矣〔8〕，	登上漕邑废墟望，
以望楚矣。	楚丘地势细端详。
望楚与堂〔9〕，	看好楚丘和堂邑，
景山与京〔10〕，	遍历高丘和山冈，
降观于桑〔11〕。	下到田里看蚕桑。
卜云其吉〔12〕，	占卜征兆很吉祥，
终然允臧〔13〕。	结果良好真妥当。
灵雨既零〔14〕，	好雨落过乌云散，
命彼倌人〔15〕。	叫起管车小马倌。
星言夙驾〔16〕，	天晴早早把车赶，
说于桑田〔17〕。	歇在桑田查生产。
匪直也人〔18〕，	既为百姓也为国，
秉心塞渊〔19〕，	用心踏实又深远，
騋牝三千〔20〕。	良马三千可备战。

【注释】

〔1〕定：星名，亦名营室，二十八宿之一。方中，当正中的位置。大约在每年十月十五后至十一月初的时候，定星在黄昏时出现于正南天空。古人在这时兴建宫室。

〔2〕于：音义同“为”。下文的“作于楚室”的“于”字亦训“为”。按古“为”、“于”通用，古书引此二句诗多作“为”。王引之《经义述闻》：“两‘于’字当读曰‘为’。” 楚宫：楚丘的宫庙。《郑笺》：“楚宫，谓宗庙也。”楚丘在今河南省滑县东。

〔3〕揆：度，测量。 日：日影。《孔疏》：“度日，谓度其影。”

〔4〕楚室：楚丘居住的房屋。《郑笺》：“楚室，居室也。”

〔5〕树：种植。 榛、栗：树名。古人建国，在庙朝官府皆植名木，榛栗的果实可供祭祀。

〔6〕椅：梧桐一类的树，青色。 桐：梧桐。 梓(zǐ)：楸一类的树，似桐而叶小。 漆：漆树。这四种树木，都是制琴瑟的原料。

〔7〕爰：于是。

〔8〕虚：亦作“墟”，丘。这里指漕墟。漕邑与楚丘邻近，亦在今河南滑县东。

〔9〕堂：地名，楚丘的旁邑。

〔10〕景：同“憬”，远行。按上句的“望”和这句的“景”，都是动词。 京：高丘。

〔11〕降：自上而下。

〔12〕卜：古人欲预知后事的吉凶，烧龟甲以取兆。《毛传》：“建国必卜之。”这是古代迷信的风俗。

〔13〕终然：《唐石经》及古书引《诗》均作“终然”，《毛诗》误作“焉”。 允：信，确实。 臧：善，好。按“其吉”至“允臧”都是卜辞。

〔14〕灵雨：好雨。 零：落。

〔15〕倌人：管驾车的小官。《毛传》：“倌人，主驾者。”

〔16〕星：亦作“暒”，晴。王先谦《诗三家义集疏》：“韩说曰：‘星，精也。’精与晴同。”姚际恒《诗经通论》认为星言犹今人言“星夜”，亦通。 夙驾：清早驾车出行。

〔17〕说：通“税”，休息。

〔18〕匪直：不仅。王先谦《诗三家义集疏》：“匪，非。直，特也。”

〔19〕秉心：操心，用心。 塞渊：踏实深远。

〔20〕骒(lái)：七尺以上的马，大马。 牝：母马。按诗用骒牝代良马，三千言其约数。古代战车用马，这句应指国防力量强大。据《国语·齐语》记载，文公初到楚丘时，只有齐桓公给他的三百匹马。在多年经营下，国防力量已发展到十倍以上。

蝃　蝀

【题解】

一个女子争取婚姻自由，受到当时舆论的指责。这首诗讽刺了这个女子，从反面反映了当时妇女婚姻不自由的情况和这个女子反抗的精神。

蝃蝀在东[1]，	东方出现美人虹，
莫之敢指[2]。	没人敢指怕遭凶。
女子有行[3]，	这位女子要出嫁，
远父母兄弟。	远离父母和弟兄。
朝隮于西，	清晨西方彩虹长，
崇朝其雨[4]。	阴雨不停一早上。
女子有行，	女子自己找丈夫，
远兄弟父母。	远离兄弟父母乡。
乃如之人也[5]，	就是这样一个人，
怀昏姻也[6]。	破坏礼教乱婚姻。
大无信也[7]，	什么贞洁全不讲，
不知命也[8]。	父母之命也不听。

【注释】

〔1〕蝃蝀（dì dòng）：虹。《释名》“虹”下云：“虹又曰美人。阴阳

不和，昏姻错乱，淫风流行，男美于女，女美于男，互相奔随之时，则此气盛。”

〔2〕指：用手指点。古人对虹有所忌讳，所以不敢去指它。《毛传》：“夫妇过礼则虹气盛，君子见戒而惧，讳之莫之敢指。”

〔3〕女子有行：王先谦《诗三家义集疏》：“女子，谓奔(私奔)者。行，嫁也。奔而曰‘有行’者，先奔而后嫁。”按这二句亦见《泉水》、《竹竿》，钱澄之《田间诗学》说：“女子有行二句，似是当时陈语，故多引用之。”

〔4〕朝脐二句：朝，早上。脐(jī)，即虹。陈启源《毛诗稽古编》：“蝃蝀在东，暮虹也。朝脐于西，朝虹也。暮虹截雨，朝虹行雨，屡验皆然。虽儿童妇女皆知也。”　崇：终的假借字。终朝，整个早上。

〔5〕乃如之人也：可像这样一个人啊。“也”字，《韩诗外传》、《列女传》引《诗》均作“兮”。古也、兮通用。

〔6〕怀：坏的借字，败坏，破坏。王先谦《诗三家义集疏》引苏舆云：“怀盖坏之借字。怀、坏并从怀声，故字得相通。《左》襄十四年《传》：‘王室之不坏。’《释文》：‘坏本作怀’。”一释“思”，亦通。

〔7〕信：指贞洁。有人说指“诚信专一”，也可通。

〔8〕命：指父母之命。《郑笺》：“不知昏姻当待父母之命。”他说甚多，有释寿命、命运、正理等等的，可供参考。

相　鼠

【题解】

这是人民斥责卫国统治阶级偷食苟得、暗昧无耻的诗。在周代，统治阶级定了一套“礼”，去欺骗、统治劳动人民，借此炫耀自己的权威，巩固政权。他们嘴里说礼，实际上他们的行为是最无耻、最无礼的。人民看透了他们的欺骗性，忍不住满腔怒火，大胆诅咒他们。

相鼠有皮[1]，	请看老鼠还有皮，
人而无仪[2]。	这人行为没威仪。

人而无仪，	既然行为没威仪，
不死何为[3]？	为何还不死掉呢？
相鼠有齿，	请看老鼠还有齿，
人而无止[4]。	这人行为没节止。
人而无止，	既然行为没节止，
不死何俟[5]？	还等什么不去死？
相鼠有体[6]，	请看老鼠还有体，
人而无礼。	这人行为不守礼。
人而无礼，	既然行为不守礼，
胡不遄死[7]？	那就快死何迟疑？

【注释】

〔1〕相：看。

〔2〕仪：威仪，指可以供他人取法的端庄严肃的态度、行为。

〔3〕何为：即“为何”的倒文。

〔4〕止：节止，控制嗜欲，使行为合乎礼。《礼记·大学》：“在止于至善。”注：“止，犹自处也。”

〔5〕俟：等。

〔6〕体：身体。《广雅·释诂》：“体，身也。”

〔7〕遄（chuán）：速，快。

干旄

【题解】

这是赞美卫文公招致贤士、复兴卫国的诗。诗人叙述卫国官吏带着良马礼物，树起招贤的旗子，到浚邑去访问贤士，征聘人才。

孑孑干旄[1]，	招贤旗子高高飘，
在浚之郊[2]。	插在车后到浚郊。
素丝纰之[3]，	旗边镶着白丝线，
良马四之[4]。	好马四匹礼不少。
彼姝者子[5]，	那位忠顺贤才士，
何以畀之[6]？	用啥才能去应招？
孑孑干旟[7]，	招贤旗子高高飘，
在浚之都[8]。	驾车浚邑近郊跑。
素丝组之，	旗边镶着白丝线，
良马五之。	好马五匹礼不少。
彼姝者子，	那位忠顺贤才士，
何以予之？	用啥办法去应招？
孑孑干旌[9]，	招贤旗子高高飘，
在浚之城[10]。	车马向着浚城跑。
素丝祝之[11]，	旗边镶着白丝线，
良马六之。	好马六匹礼不少。
彼姝者子，	那位忠顺贤才士，
何以告之[12]？	用啥建议去应招？

【注释】

〔1〕孑孑(jié)：形容干旄独立的样子。　干：同“竿”，竹竿。　旄

(máo)：一种顶端用牦牛尾为饰的旗子。按干旄当时用于招致贤士。

〔2〕浚：卫邑名。郦道元《水经注》："浚城距楚丘只二十里。"

〔3〕素丝：白丝。　纰(pí)：在衣冠或旗帜上镶边。这里指用白丝线缝旗，作为装饰。下二章的"组"、"祝"，也都是缝旗法。闻一多《诗经新义》："纰、组、祝，皆束丝之法。"《孔疏》："谓以缕缝之，使相连或以维持之者。"

〔4〕良马四之：指用好马赠送贤士。王念孙《广雅疏证》："四马，大夫以备赠遗者。下文或五或六，随所见言之，不专是自乘。《左》昭十六年《传》：'郑六卿饯韩宣子于郊，宣子皆献马焉。'是以马赠遗，古有是礼。"

〔5〕姝：顺从的样子。《毛传》："姝，顺貌。"　子：古代对人的尊称，这里指贤者。

〔6〕畀(bì)：给予。

〔7〕干旟(yú)：也是招贤的旗子，上面画着疾飞的鸟隼形状。

〔8〕都：近郊。陈奂："周制，乡、遂之外置都、鄙。都，为畿疆之境名。"

〔9〕干旌：竿顶加五彩翟鸟羽毛为饰的旗。

〔10〕城：都城。

〔11〕祝：属的假借字，编连。《郑笺》："祝，当作属。"

〔12〕告(gǔ)：建议。

载　驰

【题解】

这是许穆夫人回漕吊唁卫侯，对许大夫表明救卫主张的诗。许穆夫人是一位有识有胆的爱国诗人，也是世界历史上最早的一位女诗人。

许穆夫人是卫宣公的儿子公子顽与后母宣姜私通所生的女儿。有两个哥哥，戴公和文公。有两个姊姊，齐子和宋桓夫人。经后人考证，她大约生在公元前690年，即周庄王七年左右。她幼年即闻名于诸侯，许国(许穆公)和齐国(齐桓公)都向卫国求婚。汉刘向《列女传·仁智篇》说："……初，许求之，齐亦求之。懿公将与许，女因其傅母而言曰：'……今者许小而远，齐大而近。若今之世，强者为雄。如使边境有寇戎之事，惟是四方之故，赴告大国，妾在，不犹愈乎?’……卫侯不听，而嫁之于许。”可见她从小就有爱国思想。她嫁许以后约十年，卫国亡于狄。懿公战死，国人分散。她的姊夫宋桓公迎接卫国的遗民渡河，住在漕邑，立戴公。戴公立一月而死，文公即位。她听到卫亡的消息，立刻奔到漕邑吊唁，提出联齐抗狄的主张，得到齐桓公的帮助而复国于楚丘。《载驰》即作于她抵达漕邑的时候。据魏源《诗古微》考证，《泉水》和《竹竿》两首诗也是她的作品。公元前656年，她的丈夫许穆公随齐桓公伐楚，病死在军队里。儿子名业继位，她这时大约三十多岁了。死年不详。

关于《载驰》一诗是许穆夫人的作品，《左传》闵公二年有明确的记载。这首诗表现了诗人强烈的爱国思想。她听到祖国被狄所灭的消息，快马加鞭地赶到漕邑吊唁，目的在于为卫国策划向大国求援。可是许国的大夫，对她这一行动极为反对，竟赶到漕邑拦阻。这引起了她的愤怒和忧伤，就写了这首诗。本诗写成的时间，当在卫文公元年(公元前659)春夏之交。

载驰载驱〔1〕，	驾起马车快奔走，
归唁卫侯〔2〕。	回国慰问我卫侯。
驱马悠悠〔3〕，	赶马经过漫长路，
言至于漕〔4〕。	望到祖国漕城头。
大夫跋涉〔5〕，	许国大夫来追我，
我心则忧。	知他来意我心忧。
既不我嘉〔6〕，	大家虽然不赞成，
不能旋反〔7〕。	我可不能就回头。
视尔不臧〔8〕，	比起你们没良策，
我思不远〔9〕。	我的计划近可求。
既不我嘉，	大家虽然不赞成，
不能旋济〔10〕。	决不渡河再回头。

视尔不臧，　　　　比起你们没良策，
我思不閟〔11〕。　　　我计可行效可收。

陟彼阿丘〔12〕，　　　登上那边高山冈，
言采其蝱〔13〕。　　　采些贝母治忧伤。
女子善怀〔14〕，　　　女子虽然多想家，
亦各有行〔15〕。　　　自有道理和主张。
许人尤之〔16〕，　　　许国大夫反对我，
众稚且狂〔17〕。　　　既是幼稚又愚妄。

我行其野〔18〕，　　　走在祖国田野上，
芃芃其麦〔19〕。　　　蓬蓬勃勃麦如浪。
控于大邦〔20〕，　　　赶快讣告求大国，
谁因谁极〔21〕！　　　依靠大国来救亡！

大夫君子〔22〕，　　　许国大夫众高官，
无我有尤〔23〕。　　　不要反对我主张。
百尔所思〔24〕，　　　你们纵有百条计，
不如我所之〔25〕！　　不如我跑这一趟！

【注释】

〔1〕载：发语词，犹乃。　驰、驱：快马加鞭的意思。《孔疏》：“走(跑)马谓之驰，策(鞭)马谓之驱。”

〔2〕唁：向死者家属慰问。吊人失国也叫作唁。王先谦《诗三家义集疏》：“韩说曰：吊生曰唁，吊失国亦曰唁。”卫侯，旧说指卫戴公，据胡承珙《毛诗后笺》说，应指文公。因为戴公立仅一月就死了。

〔3〕悠悠：形容道路悠远的样子。

〔4〕言：助词，无义。　漕：卫邑名。

〔5〕大夫：指追到卫国劝阻许穆夫人的诸臣。　跋涉：犹言不管山隔水阻，远道急急奔走而来。

〔6〕既：尽，都。　嘉：善，赞同。　我嘉：即嘉我。

〔7〕反：同“返”。

〔8〕视：比。　尔：汝，指许大夫。　臧：善。

〔9〕我思：我所考虑的计谋。　远：迂远，“不远”有切实可行之意。

〔10〕济：渡。

〔11〕閟(bì)：闭塞，不通。

〔12〕阿丘：山丘。也有人说是丘名。

〔13〕蝱(méng)：通“莔”。药名，即贝母。朱熹《诗集传》：“蝱，贝母。主疗郁结之疾。”

〔14〕善怀：《郑笺》：“善，犹多也。怀，思也。”

〔15〕行：道，道理。

〔16〕许人：指许大夫们。　尤：怨恨，反对。

〔17〕众：古与“终”通用，“既”的意思(从王引之《经传述闻》说)。有人说，众，指许人。亦通。

〔18〕野：指卫国的郊外田野。

〔19〕芃芃(péng)：茂盛的样子。

〔20〕控：赴告，走告。马瑞辰《通释》引《韩诗》曰：“控，赴也。”　大邦：大国，指齐国。

〔21〕因：依靠。　极：至，带兵到别国救难叫做“至”。

〔22〕大夫君子：指许国一批当权者。

〔23〕无：同“毋”。　有：同“又”。

〔24〕百尔所思：即尔百所思，指主意众多。

〔25〕之：往。有人训“之”为“思”，亦通。

卫　风

淇　奥

【题解】

这是赞美卫国一位有才华的君子的诗。古书上都说是赞美卫武公的，说武公品质好，学问好，有才华。这比起《新台》、《相鼠》尖锐批评、咒骂卫宣公的诗来，就大不相同了。

瞻彼淇奥〔1〕，	河湾头淇水流过，
绿竹猗猗〔2〕。	看绿竹多么婀娜。
有匪君子〔3〕，	美君子文采风流，
如切如磋，	似象牙经过切磋，
如琢如磨〔4〕。	似美玉经过琢磨。
瑟兮僩兮〔5〕，	你看他庄严威武，
赫兮咺兮〔6〕。	你看他光明磊落。
有匪君子，	美君子文采风流，
终不可谖兮〔7〕。	常记住永不泯没。

瞻彼淇奥，	河湾头淇水流清，
绿竹青青〔8〕。	看绿竹一片菁菁。
有匪君子，	美君子文采风流，
充耳琇莹〔9〕，	充耳垂宝石晶莹，

会弁如星[10]。	帽上玉亮如明星。
瑟兮僩兮，	你看他威武庄严，
赫兮咺兮。	你看他磊落光明。
有匪君子，	美君子文采风流，
终不可谖兮。	我永远牢记心铭。
瞻彼淇奥，	河湾头淇水流急，
绿竹如箦[11]。	看绿竹层层密密。
有匪君子，	美君子文采风流，
如金如锡，	论才学精如金锡，
如圭如璧[12]。	论德行洁如圭璧。
宽兮绰兮[13]，	你看他宽厚温柔，
猗重较兮[14]。	你看他登车凭倚。
善戏谑兮[15]，	爱谈笑说话风趣，
不为虐兮[16]。	不刻薄待人平易。

【注释】

〔1〕瞻：看。　淇：淇水。　奥：澳或隩的借字，水岸深曲处。

〔2〕猗猗：美盛的样子。陈奂《毛诗传疏》："诗以绿竹之美盛，喻武公之质美德盛。"

〔3〕匪：斐的借字，古书如《礼记》、《尔雅》引此句诗均作"有斐君子"。有斐，即斐斐，形容才华。　君子：朱熹《诗集传》："指武公也。"

〔4〕切、磋、琢、磨：古代治玉石器、骨器等的不同工艺。《尔雅·释器》："骨谓之切，象谓之瑳，玉谓之琢，石谓之磨。"这里用它比人的研究学问和锻炼品德精益求精。

〔5〕瑟：璱的假借字，矜持庄严的样子。《毛传》："瑟，矜庄貌。"僩(xiàn)：威武的样子。《说文》："僩，武貌。"

〔6〕赫：光明的样子。　咺(xuān)：宣的假借字，坦白的样子。方玉润《诗经原始》："喧，宣著貌。"按古书或作煊、愃，《韩诗》作"宣"，是正字，其他都是假借字。

〔7〕终：永久。　谖(xuān)：蕿、蘐、萱的假借字，忘记。马瑞辰《通释》："《说文》：'蕿，令人忘忧之草也。'或从煖作蘐，或从宣作萱，引《诗》'安得蕿草'。今《毛诗》作'谖草'，谖即蕿及蘐、萱之假借。是知凡诗作'谖'训'忘'者，皆当为蕿及蘐、萱之假借。若'谖'之本义，自为'诈'耳。"

〔8〕青青(jīng)：茂盛的样子。一作菁。

〔9〕充耳：古人冠冕上垂在两侧以塞耳的玉，是一种装饰品，亦名瑱。　琇：宝石。　莹：玉色光润晶莹。

〔10〕会(kuài)：亦作髻。皮帽两缝相合的地方。　弁(biàn)：皮帽。　如星：指玉石装饰像天上星星一样光亮。

〔11〕箦：音义同"积"，襀的假借字。《毛传》："箦，积也。"有人训箦为"栈"，指用竹片或苇荻编成的床垫。亦通。

〔12〕金、锡、圭、璧：《孔疏》："武公器德已百练成精如金锡，道业既就，琢磨如圭璧。"

〔13〕宽：宽宏。　绰：亦作婥，温柔的样子。王先谦："韩'绰'亦作'婥'，云：柔貌也。"

〔14〕猗：倚的假借字。《荀子·非相篇》、《文选·西京赋》注、《礼记·曲礼》疏、《论语·乡党》疏并引作"倚"。倚，依靠。《经典释文》："猗，于绮反，依也。"　重较：古代车上的横木，供人扶着、靠着的。《论语·乡党》疏："古人乘路车，皆于车中倚立。倚立难久，故于车箱上安一横木，以手隐凭之也，谓之为较。诗云'倚重较兮'是也。"马瑞辰《通释》："较上更饰以曲钩，若重起者然，是为重较。"

〔15〕戏谑：开玩笑。

〔16〕虐：刻薄伤人。

考　槃

【题解】

这是一首描写独善其身生活的诗。它给后人的影响较大，可能是隐逸诗之宗。

考槃在涧[1]，	架成木屋溪谷旁，
硕人之宽[2]。	贤人觉得很宽敞。
独寐寤言[3]，	独睡独醒独说话，
永矢弗谖[4]。	这种乐趣誓不忘。
考槃在阿[5]，	架成木屋在山坡，
硕人之薖[6]。	贤人当它安乐窝。
独寐寤歌，	独睡独醒独唱歌，
永矢弗过[7]。	发誓跟人不结伙。
考槃在陆[8]，	架成木屋在高原，
硕人之轴[9]。	兜兜圈子真悠闲。
独寐寤宿，	独睡独醒独自躺，
永矢弗告[10]。	此中乐趣不能言。

【注释】

〔1〕考：筑成。姚际恒《诗经通论》引《左传》"考仲子之宫"句，说明这个"考"字，是"筑成"的意思。　槃：木屋。方玉润《诗经原始》引黄一正曰："槃者，架木为室，槃结之义也。"《毛传》训"考槃"为"成乐"，亦通。　涧：山夹水之处。

〔2〕硕人：大人、美人、贤人。王先谦《诗三家义集疏》："《简兮》咏贤者称'硕人'又称'美人'。"　宽：宽敞。

〔3〕独寐寤言：独睡、独醒、独说话。严粲《诗缉》："既寐而寤，既寤而言，皆独自耳。"

〔4〕永：永久。　矢：发誓。　弗谖：不忘。

〔5〕阿：山坡。

〔6〕莲：窠的假借字。马瑞辰《通释》："莲音又近窠，《说文》：'窠，空也。'"

〔7〕弗过：不和外人来往。

〔8〕陆：高平之地。

〔9〕轴：本义是车轴，引申为盘旋的地方。

〔10〕弗告：朱熹《诗集传》释曰："不以此乐告人也。"

硕　人

【题解】

这是卫人赞美卫庄公夫人庄姜的诗。《左传》隐公三年："卫庄公娶于齐，东宫得臣之妹，曰庄姜。美而无子，卫人所为赋《硕人》也。"这首诗大约产生在公元前750年左右。

硕人其颀〔1〕，	高高身材一美女，
衣锦褧衣〔2〕。	身穿锦服罩单衣。
齐侯之子〔3〕，	齐侯的女儿，
卫侯之妻〔4〕。	卫侯的娇妻。
东宫之妹〔5〕，	太子的胞妹，
邢侯之姨〔6〕，	邢侯的小姨，
谭公维私〔7〕。	谭公原是她妹婿。
手如柔荑〔8〕，	手指纤纤像嫩荑，
肤如凝脂〔9〕。	皮肤白润像冻脂。
领如蝤蛴〔10〕，	美丽脖颈像蝤蛴，
齿如瓠犀〔11〕。	牙比瓠子还整齐。

螓首蛾眉[12]，　　额角方正蛾眉细，
巧笑倩兮[13]，　　一笑酒窝更多姿，
美目盼兮[14]。　　秋水一泓转眼时。

硕人敖敖[15]，　　美人身材长得高，
说于农郊[16]。　　停车休息在近郊。
四牡有骄[17]，　　四匹雄马多肥膘，
朱幩镳镳[18]，　　马嚼边上飘红绡，
翟茀以朝[19]。　　雉羽饰车来上朝。
大夫夙退[20]，　　大夫朝毕该早退，
无使君劳。　　别教卫君太辛劳。

河水洋洋[21]，　　河水一片白茫茫，
北流活活[22]。　　哗哗奔流向北方。
施罛涉涉[23]，　　撒开鱼网呼呼响，
鳣鲔发发[24]，　　鳣鲔泼泼跳进网，
葭菼揭揭[25]。　　芦荻高高排成行。
庶姜孽孽[26]，　　陪嫁姑娘个子长，
庶士有朅[27]。　　随从媵臣真雄壮。

【注释】

〔1〕硕人：见《邶风·简兮》注〔4〕及《考槃》注〔2〕。这里指庄姜。　颀(qí)：身长貌。其颀，即颀颀。《齐风·猗嗟》有“颀而长兮”之句，在古代不论男女，皆以高大修长为美。

〔2〕第一个“衣”字读去声，是动词，当“穿”字解。　锦：指锦制的衣服。　褧(jiǒng)：亦作䌹，罩衫；用枲麻植物一类的纤维织成布，

制成单罩衫，女子在嫁时途中所穿，以蔽尘土。

〔3〕齐侯：指齐庄公。　子：这里指女儿。《礼·丧服传》注：“凡言子者，可以兼男女。”

〔4〕卫侯：指卫庄公。

〔5〕东宫：这里指齐太子得臣。东宫是太子住的宫名，因称太子为东宫。

〔6〕邢：国名，在今河北省邢台县。　姨：指妻的姊妹。

〔7〕谭：国名，亦作鄿、覃，在今山东省历城县。　私：女子称她姊妹的丈夫为私，见《尔雅·释亲》。

〔8〕荑：初生白茅的嫩芽。

〔9〕凝脂：冻结的脂油。

〔10〕领：颈。　蝤蛴(qiú qí)：天牛的幼虫，色白身长。

〔11〕瓠(hù)犀：葫芦的子。犀，栖的假借字。《尔雅·释草》注引《诗》作“瓠栖”，栖，齐的意思。葫芦的子，白而整齐。

〔12〕螓(qín)：虫名，似蝉而小。《孔疏》：“此虫额广而且方。”蛾：蚕蛾，其触须细长而弯。三家诗螓作“頱”，蛾作“娥”，都是“美好”的意思，亦通。

〔13〕倩：笑时两颊现出酒涡的样子。

〔14〕盼：眼睛黑白分明的样子。《论语·八佾》引此句诗，马注：“盼，动目貌。”《毛传》：“盼，黑白分。”

〔15〕敖敖：身材高大的样子。敖是赘的省字，《说文》：“赘，颣，高也。”

〔16〕说：通“税”，停驾休息。《文选·上林赋》张揖注引此句诗作“税于农郊”。农郊，近郊。

〔17〕四牡：驾车的四匹雄马。　有骄：即骄骄，健壮的样子。

〔18〕朱幩(fén)：马嚼两旁用红绸缠绕做装饰。朱熹：“幩，镳饰也。镳者，马衔外铁，人君以朱缠之也。”　镳镳：盛美的样子。这里用名词“镳”作形容词，因为四匹马都有镳。

〔19〕翟(dí)：长尾的野鸡。　茀(fú)：三家诗作“蔽”，遮蔽女车的竹席或苇席。古代贵族常用彩色雉毛饰车茀。　朝：朝见，指庄姜出嫁到卫国和庄公相见。

〔20〕夙退：早点退朝。

〔21〕河水：指黄河。　洋洋：水盛大的样子。

〔22〕北流：黄河在齐西卫东，北流入海。由齐至卫，必须渡河。活活(guō)：水流声。

〔23〕施：设，张。 罛(gū)：鱼网。 涉涉(huò)：撒网入水声。

〔24〕鳣(zhān)：大鲤鱼。崔豹《古今注》："鲤大者为鳣。"也有人说是黄鱼。 鲔(wěi)：有人说像鳣而小的一种鱼，也有人说是鳝鱼。 发发(bō)：亦作"泼泼"，鱼尾动声。

〔25〕葭：芦苇。 菼(tǎn)：荻草。 揭揭(jiē)：长得长长的样子。

〔26〕庶：众。庶姜，陪嫁的一批姜姓女子。齐国姓姜，陪庄姜出嫁的，都是同姓的女子，古人称之为"姪娣"。 孽孽：和颀颀、敖敖同义，都是形容女子高长美丽的样子。

〔27〕庶士：指随从庄姜到卫的诸臣，古人称为"媵臣"。 朅(qiè)：《韩诗》作"桀"。桀，同"傑"。有朅，即朅朅，威武壮健的样子。

氓

【题解】

这是一首弃妇的诗。诗中的女主人悔恨地叙述自己恋爱、结婚的经过和婚后被虐待被遗弃的遭遇。但她并不徘徊留恋，抱着"亦已焉哉"的决绝态度，表现她性格的刚强和反抗的精神。诗中反映了当时的社会制度造成的妇女的不幸命运。

氓之蚩蚩〔1〕，	农家小伙笑嘻嘻，
抱布贸丝〔2〕。	抱着布匹来换丝。
匪来贸丝〔3〕，	原来不是来换丝，
来即我谋〔4〕。	找我商量婚姻事。
送子涉淇，	我会送你渡淇水，
至于顿丘〔5〕。	直到顿丘才告辞。
匪我愆期〔6〕，	并非我要拖日子，
子无良媒。	你无良媒来联系。
将子无怒〔7〕，	请你不要生我气，

秋以为期[8]。	重订秋天作婚期。
乘彼垝垣[9]，	登上那边缺墙上，
以望复关[10]。	遥向复关盼情郎。
不见复关[11]，	望穿秋水不见人，
泣涕涟涟[12]。	心中焦急泪汪汪。
既见复关，	既见郎从复关来，
载笑载言[13]。	有笑有说心欢畅。
尔卜尔筮[14]，	你快回去占个卦，
体无咎言[15]。	卦没凶兆望神帮。
以尔车来，	拉着你的车子来，
以我贿迁[16]。	快用车子搬嫁妆。
桑之未落，	桑叶未落密又繁，
其叶沃若[17]。	又嫩又润真好看。
于嗟鸠兮[18]，	唉呀斑鸠小鸟儿，
无食桑葚[19]。	见了桑葚别嘴馋。
于嗟女兮，	唉呀年青姑娘们，
无与士耽[20]。	见了男人别胡缠。
士之耽兮，	男人要把女人缠，
犹可说也[21]。	说甩就甩他不管。
女之耽兮，	女人若是恋男人，
不可说也。	撒手摆脱难上难。
桑之落矣，	桑树萎谢叶落净，

其黄而陨[22]。	枯黄憔悴任飘零。
自我徂尔[23]，	自从我到你家来，
三岁食贫[24]。	多年吃苦受寒贫。
淇水汤汤[25]，	淇水滔滔送我回，
渐车帷裳[26]。	溅湿车帘冷冰冰。
女也不爽[27]，	我做妻子没过错，
士贰其行[28]。	是你男人太无情。
士也罔极[29]，	真真假假没定准，
二三其德[30]。	前后不一坏德行。
三岁为妇，	结婚多年守妇道，
靡室劳矣[31]。	我把家事一肩挑。
夙兴夜寐[32]，	起早睡晚勤操作，
靡有朝矣[33]。	累死累活非一朝。
言既遂矣[34]，	家业有成已安定，
至于暴矣[35]。	面目渐改施残暴。
兄弟不知，	兄弟不知我处境，
咥其笑矣[36]。	见我回家哈哈笑。
静言思之，	静思默想苦难言，
躬自悼矣[37]。	只有独自暗伤悼。
及尔偕老[38]，	“与你偕老”当年话，
老使我怨。	如今老了我怨他。
淇则有岸，	淇水虽宽有堤岸，
隰则有泮[39]。	沼泽虽阔有边涯。

总角之宴[40]，	回顾少年未嫁时，
言笑晏晏[41]。	想你言笑多温雅。
信誓旦旦[42]，	海誓山盟还在耳，
不思其反[43]。	谁料翻脸变冤家。
反是不思[44]，	违背誓言你不顾，
亦已焉哉[45]！	那就从此算了吧！

【注释】

〔1〕氓：农民。马瑞辰《通释》："氓，唐石经作'甿'。《方言》、《说文》并云：'氓，民也。'《说文》又云：'甿，田民也。'"魏源《诗古微》释为流亡之民，亦通。　蚩：音义同"嗤"。嗤嗤，笑嘻嘻的样子。《毛传》训为"敦厚之貌"，《韩诗》训为"意态和悦貌"，均可通。

〔2〕贸：交易，交换。

〔3〕匪：非，不是。

〔4〕即：就，接近。　谋：指商量婚事。

〔5〕顿丘：地名，在今河南省清丰县。

〔6〕愆期：过期。

〔7〕将(qiāng)：请。

〔8〕秋以为期：即以秋为期。

〔9〕乘：登。　垝(guǐ)：毁。　垣(yuán)：土墙。

〔10〕复关：地名，男子所住的地方。王应麟《诗地理考》引《寰宇记》："澶州临河县复关城在南，黄河北阜也。复关堤在南三百步。"澶州在今河南省清丰县西南。也有人说复关是关名，在近郊地方设重门，以防异常，复关即重关的意思。亦通。

〔11〕此复关指氓。

〔12〕涟涟：涕泪下流的样子。

〔13〕载：则，就。

〔14〕尔：你，指氓。　卜：卜卦，用火灼龟甲，看甲上的裂纹来判断吉凶。　筮(shì)：用蓍(shī)草排比推算来占卦。

〔15〕体：卦体，就是用龟蓍占卜所显示的现象。　咎言：不吉利的话。按古代男女结婚，事先必占卜，以问吉凶，这是当时迷信的一种习俗。

〔16〕贿：财物，指嫁妆。

〔17〕沃若：犹沃然，润泽柔嫩的样子。

〔18〕于：同“吁”，《韩诗》作“吁”，叹词。　鸠：斑鸠，鸟名。

〔19〕桑葚：桑树的果实。《毛传》：“鸠，鹘鸠也。食桑葚过则醉，而伤其性。”这可能是古代的民间传说。

〔20〕耽：通“酖”，指过分地沉溺于欢乐，这里当“迷恋”解。

〔21〕说：音义同“脱”，摆脱或解脱的意思(用林义光《诗经通解》说)。

〔22〕陨(yǔn)：落下。

〔23〕徂(cú)：往，到。　徂尔：到你家以来。

〔24〕三岁：多年。按“三”是虚数，言其多，不是实指三年。

〔25〕汤汤(shāng)：水盛大的样子。

〔26〕渐(jiān)：沾湿。　帷裳：车箱两旁的围布，形状像现在车两旁的帘子。

〔27〕爽：差错。

〔28〕贰：是贲的错字。贲同“忒”，偏差，和爽同义(据王引之、陈奂等考证)。　行(xíng)：行为。

〔29〕罔：无。　极：准则。罔极即无常，没有定准。

〔30〕二三其德：即变心，前后行为不一致的意思。

〔31〕靡：无，没有。　室劳：家务劳动。此句谓男人无家务之劳，意为全由妻子承担。

〔32〕夙兴夜寐：起早睡晚。

〔33〕靡有朝矣：指不是某一天是这样，而是天天如此。

〔34〕言：助词。　既：已经。　遂：安，指生活安定。

〔35〕暴：暴虐。

〔36〕咥(xì)：哈哈大笑的样子。

〔37〕躬：自身，自己。　悼：伤心。

〔38〕及：与，和。　偕老：夫妻共同生活到老。这句可能是从前氓对女的誓言。

〔39〕隰：低湿的地。　泮：通“畔”，涯，岸。

〔40〕总：扎。总角，古代男女未成年时把头发扎成两角的样子。这里用它代童年。　宴：安乐。

〔41〕晏晏：和悦温柔的样子。

〔42〕信誓：真挚的誓言，似即指“及尔偕老”句。　旦旦：即怛怛，诚恳的样子。

〔43〕不思：想不到。　反：反复，违反，变心。

〔44〕是：这，指誓言。

〔45〕已：止。已焉哉，算了吧。

竹　竿

【题解】

这是一位卫国女子出嫁别国，思归不得的诗。何楷《毛诗世本古义》和魏源《诗古微》认为本诗和《泉水》都是《载驰》作者许穆夫人的作品。方玉润《诗经原始》则认为根据不足，很难断定作者是谁。

籊籊竹竿[1]，	竹竿竹竿细又长，
以钓于淇。	当年钓鱼淇水上。
岂不尔思[2]？	难道旧游我不想？
远莫致之[3]。	路途遥远难还乡。
泉源在左[4]，	左边呀，泉源头，
淇水在右。	右边呀，淇水流。
女子有行，	姑娘出嫁别故国，
远兄弟父母。	远离家人怎不愁。
淇水在右，	右边呀，淇水流，
泉源在左。	左边呀，泉源头。
巧笑之瑳[5]，	巧笑露齿少年游，
佩玉之傩[6]。	行动佩玉有节奏。
淇水滺滺[7]，	淇水悠悠照样流，

桧楫松舟[8]。	桧桨松船也依旧。
驾言出游，	只好驾车且出游，
以写我忧[9]。	聊除心里思乡愁。

【注释】

〔1〕籊籊(tì)：长而细的样子。《毛传》："籊籊，长而杀也。"陈奂《毛诗传疏》："杀者，纤小之称。"

〔2〕不尔思：即不思尔。尔，你，指故乡淇水。

〔3〕致：达到。

〔4〕泉源：水名，在朝歌城西北，东南流与淇水合。陈奂《毛诗传疏》："水以北为左，南为右。泉源在朝歌北，故曰在左。淇水则屈转于朝歌之南，故曰在右。"

〔5〕瑳(cuō)：何楷《毛诗世本古义》说："瑳，《说文》云：'玉色鲜白也。'笑而见齿，其色似之。"

〔6〕傩(nuó)：女子身上挂着佩玉，走起路来，腰身婀娜而有节奏。《毛传》："傩，行有节度。"这四句系作者回忆过去。

〔7〕滺滺(yóu)：《经典释文》作"浟"，《玉篇》作"攸"。滺是借字，水流的样子。

〔8〕桧：木名，柏科。桧楫，桧木做的桨。　松舟：松木做的船。

〔9〕写：通"泻"，宣泄，消除。

芄　兰

【题解】

这是人民讽刺贵族童子的诗。这位童子，徒有佩觿、佩韘的外表装饰，惯于摆出贵族的架势，实际是一个幼稚无能的纨绔子弟。过去有人说此诗是讽刺卫惠公的，可备一说。

芄兰之支[1]，	芄兰枝上尖荚垂，

童子佩觿[2]。	儿童挂着解结锥。
虽则佩觿，	虽然挂着解结锥，
能不我知[3]。	可他不解我是谁。
容兮遂兮[4]，	大摇大摆佩玉响，
垂带悸兮[5]。	东晃西荡大带垂。
芄兰之叶[6]，	芄兰枝上叶弯弯，
童子佩韘[7]。	儿童佩韘不像样。
虽则佩韘，	虽然佩带玉扳指，
能不我甲[8]。	不愿亲我把话讲。
容兮遂兮，	大摇大摆佩玉响，
垂带悸兮。	垂带晃荡真装腔。

【注释】

〔1〕芄(wán)兰：蔓生植物，亦名萝藦。枝上结的荚子尖形，折断有白汁，可食。　支：通“枝”。

〔2〕觿(xī)：用象骨制成的小锥。古代贵族成年人的佩饰，用它来解衣带的结，所以也叫做“解结锥”。沈括《梦溪笔谈》：“觿，解结锥。芄兰荚枝出于叶间，垂垂正如解结锥。疑古人为韘之制，亦当与芄兰之叶相似。”

〔3〕能：乃，而。《郑笺》训为“才能”，恐非诗意。不我知，即不知我。

〔4〕容：容仪可观，形容成年贵族走路摇摆的架势。　遂：同“遂遂”，形容走路摇摆使佩玉摇动的样子。《毛传》：“佩玉遂遂然。”

〔5〕悸：形容走路时大带下垂摇动有节度的样子。陈奂《毛诗传疏》：“悸，犹悸悸也。悸悸然有节度。”

〔6〕芄兰之叶：芄兰叶像长心脏形，下垂略向后弯，它的样子很像韘。

〔7〕韘(shè)：古代射箭时套在右手大拇指上以钩弦的一种用具，用

骨或玉制成，亦称“抉拾”，俗称“扳指”。佩韘：也是已经成年的表征。

〔8〕甲：同“狎”，亲近。《韩诗》作“狎”。《毛传》：“甲，狎也。”

河　广

【题解】

这是住在卫国的一位宋人思归不得的诗。卫国在戴公未迁漕以前，都城在朝歌，和宋国只隔一条黄河。诗里极言黄河不广，宋国不远，回去很为容易，却因某种限制而不能如愿。旧说此诗与宋桓夫人（卫戴公、文公、许穆夫人的姊妹，她嫁给宋桓公，生下襄公后，就被桓公离弃，回归卫国）有关，后人对这问题多有争论，未可遽信。

谁谓河广〔1〕？	谁说黄河宽又广？
一苇杭之〔2〕。	一条苇筏就能航。
谁谓宋远？	谁说宋国遥又远？
跂予望之〔3〕。	踮起脚跟就在望。
谁谓河广？	谁说黄河广又宽？
曾不容刀〔4〕。	一条小船容纳难。
谁谓宋远？	谁说宋国远又遥？
曾不崇朝〔5〕。	不用一早到对岸。

【注释】

〔1〕河：黄河。

〔2〕苇：用芦苇编的筏子。　杭：通“航”。

〔3〕跂：企的借字，踮起脚跟。王逸《楚辞·九歌》注引诗作企。《说文》："企，举踵也。""跂，足多指也。"是企和跂本义不同。予：我。

〔4〕曾：乃，而。刀：通"舠"，小船。这句极言黄河之狭而易渡。

〔5〕崇朝：终朝，一个早上。

伯　兮

【题解】

这是一位女子思念她远征的丈夫而作的诗。诗的艺术特点，是层层递进，集中写一个"思"字。

伯兮朅兮〔1〕，	阿哥壮健又威风，
邦之桀兮〔2〕。	保卫邦国是英雄。
伯也执殳〔3〕，	阿哥手执丈二殳，
为王前驱〔4〕。	为着国王打先锋。
自伯之东〔5〕，	自从哥哥去征东，
首如飞蓬〔6〕。	无心梳洗发蓬松。
岂无膏沐〔7〕？	难道没有润发油？
谁适为容〔8〕！	讨谁欢心去美容！
其雨其雨〔9〕，	好比久旱把雨盼，
杲杲出日〔10〕。	偏偏老是大晴天。
愿言思伯〔11〕，	一心思念阿哥回，

甘心首疾[12]！	想得头痛也心甘！
焉得谖草[13]？	哪儿找到忘忧草？
言树之背[14]。	找来种到后院中。
愿言思伯，	魂牵梦萦想哥回，
使我心痗[15]！	心病难治意难通！

【注释】

〔1〕伯：女子称她的丈夫。　朅(qiè)：偈的假借字，《玉篇》引作“偈”，威武壮健的样子。

〔2〕邦：国。　桀：通“杰”，才智出众的人。

〔3〕殳(shū)：古代兵器，形如竿，竹制，长一丈二尺。

〔4〕前驱：先锋。马瑞辰《通释》：“执殳先驱，为旅贲之职。”王先谦《诗三家义集疏》：“其执殳前驱者，当为中士。”

〔5〕之：往。

〔6〕飞蓬：蓬草遇风四散，喻不常梳洗的乱发。

〔7〕膏：润发的油。　沐：洗头。膏沐连用是偏义复词，主要指发油。

〔8〕适：悦(从马瑞辰说)。　容：修饰容貌。

〔9〕其：语助词，这里表示一种祈求的语气。

〔10〕杲杲(gǎo)：光明的样子。

〔11〕愿言：念念不忘的样子。闻一多《风诗类钞》注“愿言”为“睠然”。即眷眷的意思。

〔12〕甘心：情愿。　首疾：头痛。

〔13〕焉：何。这里指什么地方。　谖草：亦名萱草。古人以为此草可以忘忧，故又名忘忧草。今名黄花菜、金针菜。

〔14〕言：而，乃。　树：种植。　背：古与“北”通用，这里指北房的阶下。姚际恒《诗经通论》：“背，堂背也。堂面向南，堂背向北，故背为北堂。”

〔15〕痗(mèi)：病。

有　狐

【题解】

这是一首女子忧念她流离失所的丈夫无衣无裳而作的诗。旧说诗的主题是写失时未嫁的女子爱上一个男子。细玩诗意，实在看不出失时相爱的意思。

有狐绥绥[1]，	狐狸缓缓走，
在彼淇梁[2]。	淇水石桥上。
心之忧矣，	心里真忧愁，
之子无裳[3]！	这人没衣裳！
有狐绥绥，	狐狸缓缓走，
在彼淇厉[4]。	淇水岸边濑。
心之忧矣，	心里真忧愁，
之子无带[5]！	这人没腰带！
有狐绥绥，	狐狸缓缓走，
在彼淇侧。	在那淇水边。
心之忧矣，	心里真忧愁，
之子无服！	这人没衣衫！

【注释】

〔1〕绥绥：慢吞吞走的样子。

〔2〕梁：桥。古代的桥，用石砌成。
〔3〕裳：下衣，形如现在的裙；古代男女都穿裳。
〔4〕厉：濑的借字，水边有沙石的浅滩。
〔5〕带：指衣带。

木瓜

【题解】

这是一首男女互相赠答的定情诗。旧说齐桓公救卫，卫人思报而作此诗，全系穿凿，毫无根据的。

投我以木瓜〔1〕，	送我一只大木瓜，
报之以琼琚〔2〕。	我拿佩玉报答她。
匪报也〔3〕，	不是仅仅为报答，
永以为好也。	表示永远爱着她。
投我以木桃〔4〕，	送我一只大木桃，
报之以琼瑶〔5〕。	我拿美玉来还报。
匪报也，	不是仅仅为还报，
永以为好也。	表示和她永相好。
投我以木李〔6〕，	送我一只大木李，
报之以琼玖〔7〕。	我拿宝石还报你。
匪报也，	不是仅仅为还礼，
永以为好也。	表示爱你爱到底。

【注释】

〔1〕投：赠送。　木瓜：植物名，落叶灌木，果实形如黄金瓜，亦可供赏玩。

〔2〕报：报答，回礼。　琼：本义为赤玉，后来引申为形容玉美，除本诗的琼琚、琼瑶、琼玖三词外，其他诗篇如琼华、琼莹、琼英、琼瑰都是形容玉美。当时贵族男女都在衣带上挂一装饰物，用好几种玉石组成，称为佩玉、玉佩或杂佩。风诗中，凡男女两性定情之后，男的多以佩玉赠女。如《女曰鸡鸣》："杂佩以赠之。"《丘中有麻》："贻我佩玖。"都是。　琚：杂佩中的一种玉名。

〔3〕匪：通"非"。

〔4〕木桃：植物名，落叶灌木，又名樝（zhā）子。果实圆形或卵形，具芳香。

〔5〕琼瑶：美玉。《说文》："瑶，玉之美者。"

〔6〕木李：植物名，落叶灌木，又名木梨，果实圆形或洋梨形。

〔7〕玖：黑色次等的玉。《说文》："石之次玉，黑色。"琼玖，泛指宝石。

王　风

“王”即王都的简称。平王东迁洛邑，周室衰微，无力驾驭诸侯，其地位等于列国，所以称为“王风”。《王风》共计十篇。

《王风》全部都是平王东迁以后的作品。它的产生地，在今河南省洛阳、孟县、沁阳、偃师、巩县、温县一带地方。

崔述说：“幽王昏暴，戎狄侵陵；平王播迁，家室飘荡。”(《读风偶识》)这正是《王风》的历史背景。表现在诗中，如《黍离》、《扬之水》、《兔爰》、《葛藟》、《君子于役》等，多带有乱离悲凉的气氛。

黍　离

【题解】

这是诗人抒写自己在迁都时难舍家园的诗。《毛诗序》认为是周大夫慨叹西周沦亡之作，但诗中并无凭吊故国之意，似不可信。

彼黍离离[1]，	看那小米满田畴，
彼稷之苗[2]。	高粱抽苗绿油油。
行迈靡靡[3]，	远行在即难迈步，
中心摇摇[4]。	无尽愁思闷心头。

知我者谓我心忧，	知心人说我心烦忧，
不知我者谓我何求。	局外人当我啥要求。
悠悠苍天[5]，	高高在上的老天爷，
此何人哉！	是谁害我离家走！
彼黍离离，	看那小米满田畴，
彼稷之穗。	高粱穗儿垂下头。
行迈靡靡，	远行在即难迈步，
中心如醉。	心中难受像醉酒。
知我者谓我心忧，	知心人说我心烦忧，
不知我者谓我何求。	局外人当我啥要求。
悠悠苍天，	高高在上的老天爷，
此何人哉！	是谁害我离家走！
彼黍离离，	看那小米满田畴，
彼稷之实。	高粱结实不胜收。
行迈靡靡，	远行在即难迈步，
中心如噎[6]。	心如噎住真难受。
知我者谓我心忧，	知心人说我心烦忧，
不知我者谓我何求。	局外人当我啥要求。
悠悠苍天，	高高在上的老天爷，
此何人哉！	是谁害我离家走！

【注释】

〔1〕黍：糜子，其种子称小米。　离离：茂盛的样子。

〔2〕稷：高粱。马瑞辰《通释》："按诸家说黍稷者不一。程瑶田《九谷考》谓黍今之黄米，稷今之高粱。其说是也。"

〔3〕行迈：即远行的意思。 靡靡：迟迟。

〔4〕摇摇：同"愮愮"。《尔雅》："愮愮，忧无告也。"犹言愁闷得难受。

〔5〕悠悠：遥远的意思。

〔6〕噎：食物塞住咽喉。

君子于役

【题解】

这是一位妇女思念她久役于外的丈夫的诗。这位农村妇女，在暮色苍茫之中，看到牛羊等禽畜回来休息，而自己的丈夫则归家无期，就更觉寂寞、孤独，不禁唱出了这首情景交融的动人诗篇。

君子于役〔1〕，	丈夫服役在远方，
不知其期。	没年没月心忧伤。
曷至哉〔2〕？	不知何时回家乡？
鸡栖于埘〔3〕，	鸡儿纷纷回窠来，
日之夕矣，	西天暮霭遮夕阳，
羊牛下来。	牛羊下坡进栏忙。
君子于役，	丈夫服役在远方，
如之何勿思！	叫我怎不把他想！
君子于役，	丈夫服役在远方，
不日不月〔4〕。	没日没月别离长。
曷其有佸〔5〕？	几时团圆聚一堂？

鸡栖于桀[6]，	鸡儿纷纷上木椿，
日之夕矣，	西天暮霭遮夕阳，
羊牛下括[7]。	牛羊下坡进栏忙。
君子于役，	丈夫服役在远方，
苟无饥渴[8]？	会否忍饥饿肚肠？

【注释】

〔1〕君子：古时妻对夫的敬称。　于：往。

〔2〕曷：何，指何时。　至：至家。

〔3〕埘(shí)：挖墙成洞的鸡窝。《毛传》：“凿墙而栖曰埘。”

〔4〕不日不月：指没有归期。

〔5〕有：又。　佸(huó)：聚会。

〔6〕桀：亦作榤、橛，系鸡的木椿。

〔7〕括：通“佸”。《释文》：“括，本亦作佸。”陈乔枞《三家诗遗说考》：“佸、括，会。古声义并同。”

〔8〕苟：且，或许。带有疑问口气的希望之词。

君子阳阳

【题解】

这是描写舞师和乐工共同歌舞的诗。东周王国衰微，苟安在洛阳周围五六百里的地方，但照样设有专职的乐工和歌舞伎，以供统治阶级的享乐。

君子阳阳[1]，	舞师得意喜洋洋，
左执簧[2]，	左手握着大笙簧，
右招我由房[3]。	右手招我奏“由房”。

其乐只且[4]！	快快乐乐舞一场！
君子陶陶[5]，	舞师得意乐陶陶，
左执翿[6]，	左手举起鸟羽摇，
右招我由敖[7]。	右手招我奏“由敖”。
其乐只且！	快快乐乐共舞蹈！

【注释】

〔1〕君子：这里指舞师。　阳阳：扬扬的假借字，即洋洋，快乐得意的样子。

〔2〕簧：指笙类乐器。

〔3〕我：本诗的作者，从诗意看，似是一个乐工。　由房：可能是“由庚”、“由仪”一类的笙乐、房中之乐。胡承珙《毛诗后笺》：“由房者，房中，对庙朝言之。人君燕息时所奏之乐，非庙朝之乐，故曰房中。”

〔4〕其乐只且(jū)：《韩诗》作“其乐旨且”。王先谦《诗三家义集疏》：“盖以‘旨’本训‘美’，乐旨，犹言乐之美者，意谓乐甚。”“只且”亦可作语尾助词，义同“也哉”。

〔5〕陶陶：和乐舒畅的样子。

〔6〕翿(dào)：用五彩野鸡羽毛做的扇形舞具，亦名翳。

〔7〕敖：舞曲名，即骜夏。马瑞辰《通释》：“敖，疑当读为骜夏之骜，《周官·钟师》：奏九夏，其九为骜夏。”

扬之水

【题解】

这是一首戍卒思归的诗。平王东迁洛阳，南方楚国强大，有并吞小国的野心。申、吕、许三国距王畿甚近，齿唇相依，平王派兵戍守。可是，王都地小人稀，派去的兵士，没有一定期限调换；人民怨恨思归，就作了这首诗。

扬之水[1]，	河水慢慢流过来，
不流束薪[2]。	水小难漂一捆柴。
彼其之子[3]，	想起我那意中人，
不与我戍申[4]。	我守申国她难来。
怀哉怀哉！	日思夜想丢不开，
曷月予还归哉[5]？	哪月回家没法猜。
扬之水，	小河浅水缓缓流，
不流束楚[6]。	一捆荆条漂不走。
彼其之子，	想起我那意中人，
不与我戍甫[7]。	不能同我把甫守。
怀哉怀哉！	日思夜想丢不开，
曷月予还归哉？	何时回家相聚首？
扬之水，	河水缓缓流向东，
不流束蒲[8]。	一束蒲柳漂不动。
彼其之子，	想起我那意中人，
不与我戍许[9]。	不能来许意难通。
怀哉怀哉！	日思夜想丢不开，
曷月予还归哉？	何时我能回家中？

【注释】

〔1〕扬：悠扬，水缓流无力的样子（用朱熹《诗集传》说）。

〔2〕束薪：一捆柴。古代用这个词代表新婚。见《周南·汉广》注〔7〕。

〔3〕其(jì)：语助词。“彼”和“之”都是第三人称的代名词，古语往往有这种重复。 之子：指作者所怀念的人。

〔4〕戍：守。 申：古国名，在今河南省唐河县南。

〔5〕曷：何。 还：音义同“旋”。

〔6〕楚：荆条。

〔7〕甫：古国名，亦作吕。在今河南省南阳县西。

〔8〕蒲：蒲柳。

〔9〕许：古国名，在今河南省许昌市。

中谷有蓷

【题解】

这是描写一位弃妇悲伤无告的诗。这位弃妇于荒年中，被丈夫遗弃了。她在天灾人祸走投无路的处境中，毫无办法，只好慨叹、呼号、哭泣了。诗歌反映了东周时代下层妇女悲惨生活的断片。

中谷有蓷〔1〕，	山谷长着益母草，
暵其干矣〔2〕。	天旱不雨草枯焦。
有女仳离〔3〕，	有位女子被遗弃，
嘅其叹矣〔4〕。	抚胸长叹心苦恼。
嘅其叹矣，	抚胸长叹心苦恼，
遇人之艰难矣〔5〕！	嫁人嫁得太糟糕！
中谷有蓷，	益母草长山谷间，
暵其修矣〔6〕。	天旱不雨草晒干。

有女仳离，	有位女子被遗弃，
条其啸矣[7]。	唉声长叹心里酸。
条其啸矣，	唉声长叹心里酸，
遇人之不淑矣[8]！	不幸嫁个负心汉！

中谷有蓷，	益母草长山谷中，
暵其湿矣[9]。	天旱草枯地裂缝。
有女仳离，	有位女子被遗弃，
啜其泣矣[10]。	呜咽悲泣心伤痛。
啜其泣矣，	呜咽悲泣心伤痛，
何嗟及矣[11]！	后悔莫及叹也空！

【注释】

〔1〕中谷：即谷中。　蓷（tuī）：植物名，益母草，通常长在湿润之处。

〔2〕暵（hàn）：干燥的样子。　暵其：即暵暵。诗以蓷草生于谷中湿地而干枯比喻女子被遗弃而憔悴。

〔3〕仳（pǐ）离：分离，这里指被离弃。

〔4〕嘅：同“慨”。嘅其，即嘅嘅，感叹的样子。

〔5〕艰难：指所嫁之夫不好。

〔6〕修：本义为干肉，引申为干枯。

〔7〕条：长。　条其：即条条，形容长啸。陈奂：“条条然者，歗声也。”　歗：同“啸”，长嘘出声。这里也指长叹。

〔8〕不淑：不善。

〔9〕湿：暩（qī）的假借字，晒干。《广雅》：“暩，曝也。”

〔10〕啜：哭泣时的抽噎。

〔11〕何嗟及矣：据胡承珙《毛诗后笺》考证，这句是后人传写误倒，应作“嗟何及矣”。

兔　爰

【题解】

这是一首反映没落贵族厌世思想的诗。这个没落贵族留恋西周宣王时代所谓盛世，那时虽有天灾，但无人祸，贵族的地位和利益尚未动摇。东迁以后，有些贵族失去了土地和人民，阶级地位起了变化，甚至还要服役。这就是诗人所谓“逢此百罹”的社会背景。他在前后生活对比之下，引起了厌世思想，作了这首诗。崔述《读风偶识》：“其人当生于宣王之末年，王室未骚，是以谓之‘无为’。既而幽王昏暴，戎狄侵陵；平王播迁，家室飘荡，是以谓之‘逢此百罹’。”

有兔爰爰[1]，	狡兔自由又自在，
雉离于罗[2]。	野鸡落进网里来。
我生之初，	当我初生那时候，
尚无为[3]。	没有战争没有灾。
我生之后，	偏偏在我出生后，
逢此百罹[4]。	倒霉事儿成了堆。
尚寐无吪[5]！	但愿长睡口不开！
有兔爰爰，	狡兔自由又自在，
雉离于罦[6]。	野鸡落进网里来。
我生之初，	当我初生那时候，
尚无造[7]。	没有迁都没有灾。
我生之后，	偏偏在我出生后，
逢此百忧。	百般晦气连着来。

尚寐无觉[8]！	但愿长睡眼不开！
有兔爰爰，	狡兔自由又自在，
雉离于罿[9]。	野鸡落进网里来。
我生之初，	当我初生那时候，
尚无庸[10]。	没有劳役没有灾。
我生之后，	偏偏在我出生后，
逢此百凶。	百样坏事上门来。
尚寐无聪[11]！	但愿长睡两耳塞！

【注释】

〔1〕爰爰：自由自在的样子。

〔2〕离：遭。　罗：网。

〔3〕尚：犹，还。　为：事，指军役之事。

〔4〕罹(lí)：忧。

〔5〕尚：庶几，带有希望的意思。　寐：睡。　无吪(é)：不想说话。

〔6〕罦(fú)：一种装设机关的网，能自动掩捕鸟兽，亦名覆车网。

〔7〕造：与上章“为”字同义。《尔雅·释言》：“作，造，为也。”

〔8〕觉：醒，指眼睁开。　无觉：即不想看见的意思。

〔9〕罿(tóng)，捕鸟网。

〔10〕庸：用，指劳役。《郑笺》：“庸，劳也。”

〔11〕聪：朱熹：“聪，闻也。”无聪，不想听见。

葛　藟

【题解】

这是流亡他乡者求助不得的怨诗，同《旄丘》描写的情况相似。

春秋时代，战争频繁，统治者生活奢侈，人民无法生存，只得纷纷逃亡。这首诗的作者，可能是从洛阳附近逃亡到王都的。但到处都是一样，即使你称别人为父母兄弟，乞求一点同情和救济，也是无济于事。诗深刻地反映了富人们冷酷无情的嘴脸。

绵绵葛藟[1]，	野葡萄藤长又长，
在河之浒[2]。	蔓延河边湿地上。
终远兄弟[3]，	离别亲人到外地，
谓他人父[4]。	喊人阿爸求帮忙。
谓他人父，	阿爸喊得连声响，
亦莫我顾[5]！	没人理睬独彷徨！
绵绵葛藟，	野葡萄藤长又长，
在河之涘[6]。	蔓延河滨湿地上。
终远兄弟，	离别亲人到外地，
谓他人母。	喊人阿妈求帮忙。
谓他人母，	阿妈喊得连声响，
亦莫我有[7]！	没人亲近独悲伤！
绵绵葛藟，	野葡萄藤长又长，
在河之漘[8]。	蔓延河旁湿地上。
终远兄弟，	离别亲人到外地，
谓他人昆[9]。	喊人阿哥求帮忙。
谓他人昆，	阿哥喊得连声响，
亦莫我闻[10]！	没人救助独流亡！

【注释】

〔1〕绵绵：连绵不断的样子。　葛藟：蔓生植物名，野葡萄。

〔2〕浒：水边。

〔3〕终：既。　远：弃。　兄弟：指家人。

〔4〕谓：称，喊。

〔5〕莫我顾：即“莫顾我”的倒文。　顾：理睬。有人解作“眷顾”或“照顾”，亦通。

〔6〕涘（sì）：水边。

〔7〕有：同“友”，亲近、亲爱之意。陈奂《诗毛氏传疏》：“有，犹友也。”《左传》杜注：“有，相亲有也。”是“有”古与“友”通。

〔8〕漘（chún）：深水边。

〔9〕昆：《毛传》：“昆，兄也。”

〔10〕闻：同“问”，救助慰问的意思。王引之《经传述闻》说：“家大人（王念孙）曰：闻，犹问也，谓相恤问也。古字‘闻’与‘问’通。”

采　葛

【题解】

这是一首思念情人的诗。一个男子，对采葛织夏布、采蒿供祭祀、采艾治病的勤劳的姑娘无限爱慕，就唱出这首诗，表达了他的深情。

彼采葛兮[1]，	那位姑娘去采葛，
一日不见，	只有一天没见着，
如三月兮。	好像三月久相隔。
彼采萧兮[2]，	那位姑娘去采蒿，
一日不见，	只有一天没见到，
如三秋兮。	像隔三秋受煎熬。

彼采艾兮[3]，	姑娘采艾去田间，
一日不见，	只有一天没会面，
如三岁兮。	好像隔了整三年。

【注释】

〔1〕葛：葛藤，其皮可制纤维织夏布。

〔2〕萧：植物名，蒿类，有香气。古人祭祀时所用。《毛传》："萧所以供祭祀。"

〔3〕艾：植物名，艾叶可供药用和针灸用。朱熹《诗集传》："艾，蒿属，干之可灸，故采之。"

大　车

【题解】

这是一首女子热恋情人的诗。她很想和情人同居，但不知情人心里究竟如何，所以不敢私奔。但是她对情人发出誓词，表示她的爱是始终不渝的。这比风诗中的其他恋歌，较为大胆而又矜持。

大车槛槛[1]，	大车驶过声坎坎，
毳衣如菼[2]。	身穿毛衣青色淡。
岂不尔思[3]？	难道是我不想你？
畏子不敢。	怕你犹豫我不敢。
大车哼哼[4]，	大车驶过慢吞吞，
毳衣如璊[5]。	身穿毛衣红殷殷。
岂不尔思？	难道是我不想你？

畏子不奔[6]。	怕你犹豫我不奔。
“穀则异室[7]，	“活着各住各的房，
死则同穴[8]。	死后同埋一个圹。
谓予不信，	别说我话难凭信，
有如皦日[9]！”	天上见证是太阳！”

【注释】

〔1〕大车：大夫坐的车子。陈奂《诗毛氏传疏》：“大车，大夫之车。” 槛槛（kǎn）：车行声。

〔2〕毳（cuì）衣：用兽毛织的衣服。《毛传》：“毳衣，大夫之服。” 菼（tǎn）：初生的芦荻，青白色。

〔3〕尔：指坐在大车上穿着毛衣的男子，与下句的“子”是一个人，都是指她所恋的男子。

〔4〕啍啍（tūn）：走得又重又慢的样子。《毛传》：“啍啍，重迟貌。”

〔5〕璊（mén）：红色的玉。

〔6〕奔：私奔。

〔7〕穀：活着。和下句的“死”字对文。

〔8〕穴：墓穴，也叫圹。

〔9〕如：此，这（从裴学海《古书虚字集释》说）。 皦：同“皎”，光明。本章四句是女子对情人的誓言。

丘中有麻

【题解】

这是一位女子叙述她和情人定情过程的诗。历来学者对这首诗的解释，很不相同。有说是思贤之作的，有说是写私奔的，也有说是招贤偕隐的。诸说均未尽妥。

丘中有麻，	山坡上面种着麻，
彼留子嗟[1]。	刘家小伙名子嗟。
彼留子嗟，	刘家小伙名子嗟，
将其来施[2]。	请他帮忙来我家。
丘中有麦，	山坡上面种着麦，
彼留子国[3]。	那位子国是他爸。
彼留子国，	那位子国是他爸，
将其来食。	请他吃饭来我家。
丘中有李，	山坡上面种着李，
彼留之子[4]。	刘家小伙就是他。
彼留之子，	刘家小伙就是他，
贻我佩玖[5]。	送我佩玉想成家。

【注释】

〔1〕留：古与“刘”通用。马瑞辰《通释》：“留、刘古通用，薛尚功《钟鼎款识》有刘公簠，《积古斋钟鼎款识》作留公簠。”

〔2〕将：请。　施：帮助。

〔3〕子国：《毛传》：“子国，子嗟父。”

〔4〕之子：指子嗟。

〔5〕贻：赠送。　玖：似玉的浅黑色石，可以制成佩带的饰物。

郑　风

周幽王的时候，郑桓公作周司徒的官。犬戎杀幽王和桓公，桓公的儿子武公继位，仍称郑。桓公的郑，在今陕西西安附近，和武公的新郑不同地。

郑风共二十一篇。其本事可考者仅《清人》一首。《左传》闵公二年："郑人恶高克，使帅师次于河上，久而弗召，师溃而归，高克奔陈。郑人为之赋《清人》。"此事约发生于公元前660年左右。郑桓公死后，武公继位，迁至新郑。可见《郑风》是东周至春秋之间的作品。

郑国的都城在新郑（今河南新郑），新郑是一个大都会，民间一直流行着男女在溱洧等地游春的习俗，故诗多言情之作。《论语》说："郑声淫。"这不仅指声调而言，其内容大多也是恋爱诗歌。这就是《郑风》的特点。

缁　衣

【题解】

这是一首赠衣的诗。缁衣是当时卿大夫私朝穿的衣服。诗中的改衣、授粲都是较亲密的家人口气。看来，诗里的"予"就是这个穿缁衣的人的妻妾。旧说附会它是赞美郑武公的诗，后人多不相信。

缁衣之宜兮[1]，	黑色朝服多合样，
敝，予又改为兮[2]。	破了，我再做衣裳。
适子之馆兮[3]，	你去官署把事办，
还，予授子之粲兮[4]。	回来，给你试新装。
缁衣之好兮，	黑色朝服多美好，
敝，予又改造兮。	破了，我再缝一套。
适子之馆兮，	你去官署把公干，
还，予授子之粲兮。	回来，给你穿新袍。
缁衣之席兮[5]，	黑色朝服大又宽，
敝，予又改作兮。	破了，我再做一番。
适子之馆兮，	你到官署去办事，
还，予授子之粲兮。	回来，给你新衣穿。

【注释】

〔1〕缁衣：黑色的衣。古代卿大夫官吏到官署（古称私朝，即第三句的“馆”）所穿的衣服。《孔疏》：“卿士旦朝于王，服皮弁，不服缁衣。退适治事之馆，释皮弁而服（缁衣），以听其所朝之政也。” 宜：称身，合身。

〔2〕敝：破。 为：制。下二章的造、作，与此同义。

〔3〕适：往。 馆：官舍。《郑笺》：“卿士所之之馆，在天子之宫。”

〔4〕还：音义同“旋”，回来。 授：给予。 粲：鲜明，指新衣。《小雅·大东》：“粲粲衣服。”《毛传》：“粲，鲜盛貌。”闻一多《风诗类钞》：“粲，新也，谓新衣。”

〔5〕席：宽大。

将仲子

【题解】

这是一首女子拒绝情人的诗。她拒绝情人的原因，是怕家庭反对、舆论指责，可是她内心是极爱他的。这种爱和礼教的矛盾，使她痛苦不安，不得不向情人叮嘱，请他不要再来。诗歌透露了当时婚姻不自由的社会现象。

将仲子兮[1]！	二哥请你听我讲！
无逾我里[2]，	不要翻过我院墙，
无折我树杞[3]。	别把杞树来碰伤。
岂敢爱之[4]？	不是珍惜这些树，
畏我父母。	是怕我的爹和娘。
仲可怀也，	二哥二哥我记挂，
父母之言，	只是爹娘要责骂，
亦可畏也！	想想心里有点怕！
将仲子兮！	二哥请你听我讲！
无逾我墙，	不要翻过我围墙，
无折我树桑[5]。	别伤墙边种的桑。
岂敢爱之？	不是珍惜这些树，
畏我诸兄。	怕我兄长要张扬。
仲可怀也，	二哥二哥我记挂，
诸兄之言，	只是兄长要责骂，

亦可畏也！	想想心里有点怕！
将仲子兮！	二哥请你听我讲！
无逾我园，	不要翻我后园墙，
无折我树檀〔6〕。	别让檀树受了伤。
岂敢爱之？	不是珍惜这些树，
畏人之多言。	怕人多嘴舌头长。
仲可怀也，	二哥二哥我记挂，
人之多言，	只是别人要多话，
亦可畏也！	想想心里有点怕！

【注释】

〔1〕将(qiāng)：请。　仲子：男子的字，犹言“老二”。

〔2〕逾：越，翻过。　里：古代二十五家为一里。

〔3〕折：伤害，折断。　杞：柳一类的树。

〔4〕爱：吝惜，舍不得。　之：指树。

〔5〕树桑：古代墙边种桑，园中种檀。马瑞辰《通释》：“古者桑种于墙，檀树于园。《孟子》‘树墙下以桑’，《鹤鸣》诗‘乐彼之园，爰有树檀’是也。”

〔6〕檀：树名，皮青，质坚硬，可以造器具和车。

叔于田

【题解】

这是一首赞美猎人的诗。《诗经》中常用伯、仲、叔、季的表字；特别是女子，多半用它称其情人或丈夫。这是当时的习俗。这首诗，可能出自女子的口吻。诗中用了夸张的艺术手法，塑造了“叔”的美好形象。旧说此诗和《大叔于田》都是写郑庄公之弟太叔段，未必可信。

叔于田[1]，	三哥打猎出了门，
巷无居人[2]。	巷里空空不见人。
岂无居人？	并非真的没住人，
不如叔也，	能比三哥有几人？
洵美且仁[3]。	他真漂亮又谦逊。
叔于狩[4]，	三哥出去冬猎了，
巷无饮酒。	巷里不见喝酒佬。
岂无饮酒？	并非没有喝酒佬，
不如叔也，	三哥样样比人高，
洵美且好[5]。	他真漂亮又和好。
叔适野[6]，	三哥打猎到田野，
巷无服马[7]。	巷里不见人驾马。
岂无服马？	并非别人不会驾，
不如叔也，	而是技术不如他，
洵美且武[8]。	英俊威武人人夸。

【注释】

〔1〕于：往。　田：打猎。

〔2〕巷：犹今天的里弄。王先谦《诗三家义集疏》："古者居必同里，里门之内，家门之外，则巷道也。"

〔3〕洵：确实。　仁：仁爱谦让。

〔4〕狩：《毛传》："冬猎曰狩。"

〔5〕好：和好团结。
〔6〕适：往。　野：郊外。
〔7〕服马：驾马。《毛传》："服马，乘马也。"
〔8〕武：勇敢英武。

大叔于田[1]

【题解】

这是赞美一位青年猎手的诗。他是贵族，也是一位壮勇善于射御的猎手。诗描写打猎的生动场面，使人如见其人，如临其事。这种铺张手法，给汉赋的影响很大。

叔于田，	三哥打猎登征途，
乘乘马[2]。	驾着四马真英武。
执辔如组[3]，	手拿缰绳像丝组，
两骖如舞[4]。	骖马整齐像跳舞。
叔在薮[5]，	三哥驾车在林薮，
火烈具举[6]。	猎火齐起截兽路。
袒裼暴虎[7]，	赤膊空拳打老虎，
献于公所。	打来献到郑公府。
"将叔无狃[8]，	"三哥请勿太大意，
戒其伤女[9]。"	提防老虎伤肌肤。"
叔于田，	三哥出猎真雄壮，
乘乘黄[10]。	驾着四马毛色黄。
两服上襄[11]，	两匹服马首高昂，

两骖雁行。	骖马整齐像雁行。
叔在薮，	三哥驾车草地上，
火烈具扬[12]。	猎火熊熊把兽挡。
叔善射忌[13]，	拉弓能穿百步杨，
又良御忌。	驾起车来最擅长。
抑磬控忌[14]，	忽儿勒马急停车，
抑纵送忌[15]。	忽儿纵马任遨翔。
叔于田，	三哥打猎郊外走，
乘乘鸨[16]。	四匹花马跑不休。
两服齐首[17]，	中央服马头并头，
两骖如手[18]。	两旁骖马像双手。
叔在薮，	草深林密风飕飕，
火烈具阜[19]。	猎火熊熊烧个够。
叔马慢忌，	马儿走得慢悠悠，
叔发罕忌[20]。	箭儿少发无禽兽。
抑释掤忌[21]，	解下箭筒揭开盖，
抑鬯弓忌[22]。	弓儿装进袋里头。

【注释】

〔1〕本篇的诗题，据他篇的惯例，应该作《叔于田》。后人加一“大”字，大是“长”的意思，以区别于前面短篇的《叔于田》（从严粲《诗缉》和马瑞辰《毛诗传笺通释》说）。

〔2〕前“乘”（chéng）：驾，作动词用。后“乘”（shèng）：古时四马一车叫做一乘。

〔3〕执辔如组：手执马缰整齐如丝带。

〔4〕两骖：一车四马的两旁两匹。　如舞：像跳舞行列一样整齐。

〔5〕薮：地低湿而多草木之处。

〔6〕烈：借为“迾”，遮。打猎时放火烧草，断绝群兽逃走的路，叫火烈。　具：通“俱”。具举，齐起。

〔7〕袒裼(tǎn xī)：脱衣露体，赤膊。　暴虎：空手打虎。

〔8〕将(qiāng)：请。　狃(niǔ)：习，熟练。　无狃：不要因为熟练而麻痹大意。

〔9〕戒：警惕。　女：通“汝”，指叔。

〔10〕乘黄：四匹黄马。

〔11〕两服：一车四马当中的两匹。《孔疏》：“中央夹辕者名服马。”襄：同“驤”，马头昂起。

〔12〕扬：飞起。

〔13〕忌：语尾助词。

〔14〕抑：发语词，含有“忽”意。　磬(qìng)控：止马，控制马不让它前进。　磬：本来是一种乐器名，后来用它的形状形容人的弯腰前曲。这里用“磬”形容御者止马的姿态。

〔15〕纵送：纵马快跑。

〔16〕鸨(bǎo)：通“駂”，黑白杂色的马。

〔17〕齐首：两匹服马并驾齐驱。有人说，齐同“如”，与下文“如手”相对，都是用人体作比喻。亦通。

〔18〕如手：两匹骖马在旁而稍后，像人的双手那样整齐。

〔19〕阜：旺盛。

〔20〕发：发箭。　罕：少。

〔21〕掤(bīng)：箭筒盖。释掤，打开箭筒的盖，准备将箭收起。

〔22〕鬯(chàng)：韔的假借字，弓袋。这里用如动词。鬯弓，将弓放进弓袋里。

清　人

【题解】

这是一首讽刺郑国高克的诗。《春秋》闵公二年：“冬，十有二月，狄入卫，郑弃其师。”《左传》：“郑人恶高克，使帅师次于河上，久而弗召，师溃而归，高克奔陈。郑人为之赋《清人》。”这里所说赋

《清人》的郑人，据《毛序》说是公子素。《清人》的主题和作者，史有确证，大概是不错的。诗极力渲染战马的强壮和武器的精美。每章的末句，都含着辛辣的讽刺味道。

清人在彭[1]，	清邑军队守彭庄，
驷介旁旁[2]。	驷马披甲真强壮。
二矛重英[3]，	两矛装饰重缨络，
河上乎翱翔[4]，	河边闲游多欢畅。
清人在消[5]，	清邑军队守在消，
驷介麃麃[6]。	驷马披甲威风骄。
二矛重乔[7]，	两矛装饰野鸡毛，
河上乎逍遥。	河边闲逛多逍遥。
清人在轴[8]，	清邑军队守在轴，
驷介陶陶[9]。	驷马披甲如风跑。
左旋右抽[10]，	身子左转右抽刀，
中军作好[11]。	将军练武姿态好。

【注释】

〔1〕清人：清邑的人，指高克及其所带领的兵士。“清”在今河南中牟县西。郦道元《水经注》：“清池水出清阳亭西南平地，东北流经清阳亭，东南流即清人城也。诗所谓‘清人在彭’。”王先谦《诗三家义集疏》：“据《易林》‘清人高子’，知克亦清邑之人。故率其同邑之众，屯于卫邑彭地。” 彭：黄河边上郑国地名。《毛传》：“彭，卫之河上，郑之郊也。”《孔疏》：“卫在河北，郑在河南，恐狄渡河侵郑，故使高克将兵于河上御之。”

〔2〕驷：一车驾四马。 介：甲。马身披甲以防受伤。 旁旁：马强

壮的样子。

〔3〕英：毛制的缨络，装在矛头之下以为饰。重英，两层缨络。古代每辆战车上都树两支矛，一支用它攻打敌人，另一支备用。

〔4〕翱翔：指驾着战车遨游。

〔5〕消：黄河边上郑国地名。

〔6〕麃麃（biāo）：威武的样子。

〔7〕重乔：乔亦作鷮，长尾野鸡。此指以鷮羽为矛缨。

〔8〕轴：黄河边上郑国地名。

〔9〕陶陶：即駋駋的假借。《说文》："駋，马行貌。"

〔10〕左旋右抽：指身体向左边旋转用右手抽出刀剑，形容练习击刺的样子。《说文》："抽，拔兵刃以习击刺也。《诗》曰'左旋右抽'。"

〔11〕中军：古代军队分为三军，即上军、中军、下军。中军的将官是主帅，这里指高克。有人说中军即军中的倒文，指高克，亦通。 作好：做好表面工作。说高克仅仅养马、练习武器，做好表面工作，不是真在抗拒敌人。故《毛传》释好为"容好"。

羔　裘

【题解】

这是赞美郑国一位正直官吏的诗。《左传》昭公十六年："郑六卿饯韩宣子于郊，子产赋郑之《羔裘》。宣子曰：'起不堪也。'"可见这首诗在当时已广泛地流行于郑国的朝野。它可能是赞美子产的前任子皮一类的人物的。

羔裘如濡〔1〕，	身穿柔滑羊皮袄，
洵直且侯〔2〕。	为人正直又美好。
彼其之子，	他是这样一个人，
舍命不渝〔3〕。	肯舍生命保节操。

羔裘豹饰[4]，	羔裘袖口饰豹皮，
孔武有力[5]。	为人威武有毅力。
彼其之子，	他是这样一个人，
邦之司直[6]。	国家司直有名气。
羔裘晏兮[7]，	羔羊皮袄光又鲜，
三英粲兮[8]。	三道豹皮色更妍。
彼其之子，	他是这样一个人，
邦之彦兮[9]。	国之模范正华年。

【注释】

〔1〕如：同“而”。　濡（rú）：柔而有光泽。

〔2〕洵：确实。　直：正直。　侯：美。

〔3〕不渝：不变。

〔4〕豹饰：用豹皮作羔裘袖子边缘的装饰。《管子·揆度》：“卿大夫豹饰。”

〔5〕孔：甚，很。

〔6〕司直：官名。掌管劝谏君主过失。马瑞辰《通释》：“司，主也。直，正也。正其过阙也。”

〔7〕晏：鲜艳。

〔8〕三英：即上章的豹饰，豹皮镶在袖口上，有三排装饰。　粲：鲜明。

〔9〕彦：美士，模范。

遵大路

【题解】

这是一首弃妇的诗。这一对男女，可能不是正式的夫妻，但同居的时间比较长，而男子终于喜新厌旧，遗弃了女方。

遵大路兮[1]，	沿着大路跟你走，
掺执子之袪兮[2]！	手儿拉住你衣袖！
无我恶兮[3]，	求你不要讨厌我，
不寁故也[4]！	多年相伴别分手！
遵大路兮，	沿着大路跟你走，
掺执子之手兮！	手儿拉住你的手！
无我魗兮[5]，	求你不要嫌我丑，
不寁好也[6]！	多年相好别弃丢！

【注释】

〔1〕遵：循，沿。

〔2〕掺：拉住。　袪(qū)：袖口。

〔3〕恶：厌恶。　无我恶：无恶我的倒文。

〔4〕寁(zǎn)：速离。　故：故人，老伴。

〔5〕魗：即丑，古今字。

〔6〕好：相好，爱人。

女曰鸡鸣

【题解】

这是一首新婚夫妇的联句诗。诗用对话、联句的形式，表现了一对新婚夫妇情投意合、欢乐和好的家庭生活。诗的对话和联句形式，给后世诗歌影响很大，可尊为联句诗之祖。

女曰："鸡鸣。"	女说："雄鸡叫得欢。"
士曰："昧旦[1]。"	男说："黎明天还暗。"

“子兴视夜[2]，	“你快起来看夜色，
明星有烂[3]。”	启明星儿光闪闪。”
“将翱将翔[4]，	“我要出去走一转，
弋凫与雁[5]。”	射点野鸭和飞雁。”
“弋言加之[6]，	“射中鸭雁野味香，
与子宜之[7]。	为你做菜给你尝。
宜言饮酒，	就菜下酒相对饮，
与子偕老。	白头到老百年长。
琴瑟在御[8]，	你弹琴来我鼓瑟，
莫不静好[9]。”	美满和好心欢畅！”
“知子之来之[10]，	“你的体贴我知道，
杂佩以赠之[11]！	送你杂佩志不忘！
知子之顺之[12]，	你的温顺我知道，
杂佩以问之[13]！	送你杂佩慰情长！
知子之好之[14]，	你的爱恋我知道，
杂佩以报之！”	送你杂佩表衷肠！”

【注释】

〔1〕昧：黑。　旦：亮。昧旦，天快亮未亮的时候。

〔2〕兴：起。　视夜：观察夜色。

〔3〕明星：指启明星，据后人考证，天将明时，只有启明星发亮。有烂：即烂烂，明亮。

〔4〕翱翔：本是形容鸟飞的样子，这里借作人出外游逛。

〔5〕弋（yì）：射。古用生丝作绳，系在箭上来射鸟，叫做“弋”。凫（fú）：野鸭。

〔6〕言：助词，下同。　加：射中。

〔7〕宜：烹调菜肴。

〔8〕御：用，弹奏的意思。古代常用琴瑟乐器的合奏，象征夫妇的和好，如《关雎》篇："窈窕淑女，琴瑟友之。"《小雅·常棣》："妻子好合，如鼓瑟琴。"这句诗也是用琴瑟象征夫妇的同心和好。

〔9〕静好：美满和好。

〔10〕子：指妻。　来：慰勉。

〔11〕杂佩：古人身上佩带的珠玉等饰物。

〔12〕顺：柔顺。

〔13〕问：馈赠。《毛传》："问，遗也。"

〔14〕好：爱。

有女同车

【题解】

这是一首贵族男女的恋歌。男方看中的姜家大姑娘，不但容貌美丽，更使他难忘的是品德好、内心美。

有女同车，　　姑娘和我同乘车，
颜如舜华〔1〕。　　脸儿好像木槿花。
将翱将翔，　　我们在外同遨游，
佩玉琼琚。　　美玉佩环身上挂。
彼美孟姜，　　姜家美丽大姑娘，
洵美且都〔2〕！　　确实漂亮又文雅！

有女同行〔3〕，　　姑娘和我同路行，
颜如舜英〔4〕。　　脸像槿花红莹莹。

将翱将翔，　　我们在外同游玩，
佩玉将将[5]。　　身上佩玉响叮叮。
彼美孟姜，　　姜家美丽大姑娘，
德音不忘[6]！　　美好品德永光明！

【注释】

〔1〕舜：木槿，落叶灌木，开紫红或白色花。　华：同“花”。
〔2〕都：娴雅大方。
〔3〕行(háng)：道路。
〔4〕英：花。
〔5〕将将：同“锵锵”，象声词。此指佩玉相击的声音。
〔6〕德音：好声誉，即品德好的意思。　不忘：不尽。

山有扶苏

【题解】

这是写一位女子找不到如意对象而发牢骚的诗。也有人说，是女子对爱人的俏骂。

山有扶苏[1]，　　山顶大树多枝丫，
隰有荷华[2]。　　低洼地里开荷花。
不见子都[3]，　　不见子都美男子，
乃见狂且[4]。　　遇见个疯癫大傻瓜。

山有桥松[5]，　　山顶松树高又大，
隰有游龙[6]。　　低洼地里开茏花。

不见子充[7]，	不见子充好男儿，
乃见狡童。	遇见个滑头小冤家。

【注释】

〔1〕扶苏：亦作扶疏，大树枝叶茂盛分披的样子。

〔2〕隰(xí)：低洼的湿地。　荷华：即荷花。

〔3〕子都：古代著名的美男子。《孟子》："至于子都，天下莫不知其姣者也。"这里用子都代表标准的美男子。

〔4〕狂且(jū)：疯癫愚蠢。马瑞辰《通释》："且，当为'伹'字之省借……狂且，谓狂行拙钝之人。"有人将"且"当作语助词。闻一多则注为"者"，即"狂者"的意思。均可通。

〔5〕桥：通"乔"，高。

〔6〕游：枝叶舒展的样子。　龙：茏的假借字，即水荭，一年生草本，夏秋开白色或淡红色花。

〔7〕子充：人名，不可考。《毛传》："子充，良人也。"这里用他代表好人。

萚　兮

【题解】

这是一首民间集体歌舞诗，描写一群男女欢乐歌舞的场面，女子先带头唱起来，男子接着参加合唱。

萚兮萚兮[1]，	枯叶枯叶往下掉，
风其吹女[2]！	风儿吹你轻飘飘！
叔兮伯兮，	叔呀伯呀大家来，
倡予和女[3]！	我先唱来你和调！

萚兮萚兮，　　　　枯叶枯叶往下掉，
风其漂女[4]！　　　风儿吹你舞飘飘！
叔兮伯兮，　　　　叔呀伯呀大家来，
倡予要女[5]！　　　我唱你和约明朝！

【注释】

〔1〕萚(tuò)：草木脱落的皮叶。

〔2〕女：汝，指萚。

〔3〕倡：带头唱。　女：即汝，这里指男子。按这句是倒文，即“予倡汝和”。

〔4〕漂：通“飘”。《释文》：“漂，本亦作飘。”

〔5〕要(yāo)：相约。

狡　童

【题解】

这是一首女子失恋的诗歌。这首诗所写的女子和下一首《褰裳》所写的女子，性格很不相同，对失恋的态度也不相同。《狡童》比较缠绵，依恋旧情，竟至废寝忘餐。《褰裳》比较泼辣，想得开，不为失恋而苦恼。对比之下，两首诗的形象都非常鲜明。

彼狡童兮[1]，　　　小伙子啊太狡猾，
不与我言兮。　　　不肯和我再说话。
维子之故[2]，　　　为了你啊为了你，
使我不能餐兮！　　害我饭都吃不下！

彼狡童兮，　　　　小伙子啊耍手腕，

不与我食兮。　　不肯和我同吃饭。
维子之故，　　为了你啊为了你，
使我不能息兮〔3〕！　　害我觉都睡不安！

【注释】

〔1〕狡童：犹小滑头。有人说狡与“姣”古通，即姣好的青少年，亦通。

〔2〕维：为。

〔3〕息：安息。

褰　裳

【题解】

这是一位女子责备情人变心的诗。这位女子的性格，爽朗而干脆，富于斗争性。朱熹认为这是淫女戏谑所私者的诗，把“褰裳涉溱”说成女子涉水去找男子(《诗集传》)。这种看法反映了封建士大夫轻视妇女的偏见。

子惠思我〔1〕，　　你若爱我想念我，
褰裳涉溱〔2〕。　　提起衣裳过溱河。
子不我思〔3〕，　　你若变心不想我，
岂无他人。　　难道再没多情哥。
狂童之狂也且〔4〕！　　看你那疯癫样儿傻呵呵！

子惠思我，　　你若爱我想念我，
褰裳涉洧〔5〕。　　提起衣裳过洧河。

子不我思，　　　　你若变心不想我，
岂无他士[6]。　　　难道再没年少哥。
狂童之狂也且！　　看你那疯癫样儿傻呵呵！

【注释】

〔1〕惠：爱。

〔2〕褰（qiān）：提起。　裳：裙。　溱（zhēn）：郑国河名，在今河南省密县。

〔3〕不我思：是“不思我”的倒文。

〔4〕童：愚昧无知。贾谊《新书·道术》：“反慧为童。”陈奂《诗毛氏传疏》：“童即狂也，童昏即狂行之状。……单言狂，累言狂童，无二义也。……以童为幼童解之者，皆延其误。”　也且：语气词。

〔5〕洧（wěi）：郑国河名，在今河南省密县。

〔6〕士：青年男子。朱熹《诗集传》：“士，未娶者之称。”

丰

【题解】

这是一首女子后悔没有和未婚夫结婚的诗。她希望未婚夫能重申旧好再来接她。

子之丰兮[1]，　　　想你丰满美颜容，
俟我乎巷兮。　　　“亲迎”等我在巷中。
悔予不送兮[2]！　　我真后悔没跟从！

子之昌兮[3]，　　　想你身体多魁伟，

俟我乎堂兮[4]。	“亲迎”等我在堂内。
悔予不将兮！	我真后悔没相随！
衣锦褧衣[5]，	锦缎衣裳身上穿，
裳锦褧裳。	外披绉纱白罩衫。
叔兮伯兮[6]，	叔呀伯呀来迎人，
驾予与行！	驾车接我把路赶！
裳锦褧裳，	身披罩衫白绉纱，
衣锦褧衣。	锦缎衣裳灿如霞。
叔兮伯兮，	叔呀伯呀来迎人，
驾予与归。	驾车接我到你家。

【注释】

〔1〕丰：指容颜丰满美好。

〔2〕送：和第二章的将，都是“从行”的意思，即跟着夫婿同往夫家。

〔3〕昌：身体壮盛的样子。

〔4〕堂：客堂。按古代婚姻要经过六个程序：即纳采(男送礼物到女家，表示愿谈婚事)、问名(请媒人问女家的姓名和生年月日)、纳吉(男家卜卦得吉兆后告诉女家)、纳征(男家送钱和礼物给女家，表示订婚)、请期(男家卜得结婚吉日，征求女家同意)、亲迎(男驾车至女家，等在庭中，女从房里出来，她父亲领她的手递给婿，婿牵妇手出门，一同上车到婿家)。这句诗即写男子亲迎的情况。

〔5〕衣：穿。　锦：古代女子出嫁时，内穿锦缎制的衣裳。　褧(jiǒng)衣：用绢或麻纱制的单罩衫，以避尘土。妇女穿的衣和裳是连起来的，诗为了押韵，把它分开为衣和裳。

〔6〕叔、伯：这里是新妇呼随婿迎接她的人。《毛传》：“叔、伯，迎己者。”陈奂《诗毛氏传疏》：“谓婿之从者也。”

东门之墠

【题解】

这是一首男女相唱和的民间恋歌。诗共两章，上章男唱，下章女唱。这是民间对歌的一种形式。旧说刺女子淫奔，并不符合诗意。

东门之墠〔1〕，	东门郊外广场大，
茹藘在阪〔2〕。	土坡长着红茜花。
其室则迩〔3〕，	你家离我这么近，
其人甚远！	人儿仿佛在天涯！
东门之栗，	东门郊外栗树下，
有践家室〔4〕。	那里有个好人家。
岂不尔思？	难道我不想念你？
子不我即〔5〕！	你不找我为了啥！

【注释】

〔1〕墠（shàn）：平坦的广场。

〔2〕茹藘：茜草。其根可作红色染料。　阪（bǎn）：土坡。

〔3〕迩：近。

〔4〕践：善。　有践，即践践，好好。王先谦《诗三家义集疏》："践作靖，善也。……有靖家室，犹今谚云'好好人家'也。"

〔5〕即：往就，接近。

风　雨

【题解】

这是一首写妻子和丈夫久别重逢的诗歌。《毛诗序》说此诗写“乱世则思君子不改其度焉”，虽属臆测，却使后来很多气节之士虽处“风雨如晦”之境，仍以“鸡鸣不已”自励。

风雨凄凄，	风雨天气阴又冷，
鸡鸣喈喈〔1〕。	雄鸡喔喔报五更。
既见君子〔2〕，	丈夫已经回家来，
云胡不夷〔3〕！	我心哪会不安宁！
风雨潇潇〔4〕，	急风骤雨沙沙声，
鸡鸣胶胶〔5〕。	雄鸡喔喔报天明。
既见君子，	丈夫已经回家来，
云胡不瘳〔6〕！	哪会害啥相思病！
风雨如晦〔7〕，	风雨交加天地昏，
鸡鸣不已。	雄鸡报晓仍不停。
既见君子，	丈夫已经回家来，
云胡不喜！	哪里还会不高兴！

【注释】

〔1〕喈喈：鸡鸣声。

〔2〕君子：指丈夫。
〔3〕云：语首助词。　胡：为什么。　夷：平。指心境平静。
〔4〕潇潇：形容风雨急骤。
〔5〕胶胶：三家诗作“嘐”，鸡鸣声。
〔6〕瘳(chōu)：病愈。
〔7〕如：而。　晦：昏暗。

子　衿

【题解】

这是一位女子思念情人的诗。《毛诗序》说此诗刺乱世学校废。我们在诗里看不出什么学校废的迹象。

青青子衿〔1〕，　　你的衣领色青青，
悠悠我心〔2〕。　　我心惦记总不停。
纵我不往，　　纵然我没去找你，
子宁不嗣音〔3〕？　　怎么不给我音讯？

青青子佩〔4〕，　　你的佩带色青青，
悠悠我思。　　我心思念总不停。
纵我不往，　　纵然我没去找你，
子宁不来？　　怎么不来真扫兴！

挑兮达兮〔5〕，　　独自徘徊影随形，
在城阙兮〔6〕。　　城门楼上久久等。
一日不见，　　只有一天没见面，

如三月兮！	好像隔了三月整！

【注释】

〔1〕衿(jīn)：今作“襟”，衣领。《颜氏家训》：“古有斜领，下连于襟，故谓领为衿也。”

〔2〕悠悠：忧思不断的样子。

〔3〕嗣音：即诒音，寄音讯。 嗣：古与遗、诒通，《韩诗》作“诒”，寄也。

〔4〕佩：指佩玉的带。

〔5〕挑、达：亦作“佻”、“岆”，独自来回地走着的样子。

〔6〕城阙：城门两边的观楼，今名城门楼。

扬之水

【题解】

这是夫将别妻，临行对她嘱咐的诗。“扬之水”，是当时民歌流行的开头语。

扬之水〔1〕，	河水悠悠没有劲，
不流束楚〔2〕。	哪能漂散一捆荆。
终鲜兄弟〔3〕，	我家兄弟本很少，
维予与女。	只有你我结同心。
无信人之言〔4〕，	不要轻听别人话，
人实迋女〔5〕。	人家骗你你别信。
扬之水，	河水悠悠流过来，
不流束薪。	哪能漂散一捆柴。

终鲜兄弟，　　我家兄弟本很少，
维予二人。　　你我两人最关怀。
无信人之言，　　不要轻信别人话，
人实不信[6]。　　人家挑拨你别睬。

【注释】

〔1〕扬：悠扬。

〔2〕束楚：一捆荆条。按束楚、束薪都是象征男女结婚的词，见《周南·汉广》注〔7〕。

〔3〕终：既，已。　鲜：少。

〔4〕言：指挑拨离间的话。

〔5〕迋：通“诳”，欺骗。

〔6〕不信：不可靠的意思。

出其东门

【题解】

这是一位男子表示对妻忠贞不二的诗。

出其东门[1]，　　出了东城门，
有女如云[2]。　　女子多如云。
虽则如云，　　虽则多如云，
匪我思存[3]。　　不是心上人。
缟衣綦巾[4]，　　白衣绿裙妻，
聊乐我员[5]。　　喜欢又相亲。

出其闉阇[6]，	出了外城郭，
有女如荼[7]。	如花女子多。
虽则如荼，	虽则如花多，
匪我思且[8]。	不如我老婆。
缟衣茹藘[9]，	白衣红腰围，
聊可与娱。	家庭很快活。

【注释】

〔1〕东门：是郑国游人云集的地方。王先谦《诗三家义集疏》："郑城西南门为溱洧二水所经，故以东门为游人所集。"

〔2〕如云：比喻女子众多。

〔3〕匪：通"非"。　存：想念。

〔4〕缟：白色。　綦(qí)：淡绿色。　巾：佩巾，亦称大巾。似今之围裙。缟衣綦巾是当时妇女较俭朴的服饰。

〔5〕聊：且。　员(yún)：友、亲爱(从马瑞辰《毛诗传笺通释》说)。有人说，员是语气词。《韩诗》作"聊乐我魂"，魂，神也。二说均可通。

〔6〕闉阇(yīn dū)：古代城门外层的曲城，又称城曲重门。

〔7〕荼(tú)：白茅花。有人把"如荼"解作妇女像荼那样众多，亦通。

〔8〕且(cú)：往，徂的假借。有人训为语助词，亦通。

〔9〕茹藘：茜草，可作红色染料。这里用它代"佩巾"。

野有蔓草

【题解】

这是一首恋歌。春秋时候，战争频繁，人口稀少。统治者为了蕃育人口，规定超龄的男女还未结婚的，可以在仲春时候自由相会，自由同居。这首诗就是写一对男女邂逅于田野间自由结合的情景。

野有蔓草[1]，	野草蔓生绿成片，
零露漙兮[2]。	露珠落上亮又圆。
有美一人，	有位美女独徘徊，
清扬婉兮[3]。	眉清目秀真鲜艳。
邂逅相遇[4]，	偶于路上巧相遇，
适我愿兮[5]。	情意相投合我愿。
野有蔓草，	野草蔓生绿成片，
零露瀼瀼[6]。	露水浓密不易干。
有美一人，	有位美女独徘徊，
婉如清扬[7]。	眉目清秀媚千般。
邂逅相遇，	不期而会巧相遇，
与子偕臧[8]。	情投意合两心欢。

【注释】

〔1〕蔓：蔓延。

〔2〕零：降落。　漙：露多的样子。一说是形容露珠圆圆的状态。

〔3〕清扬：眉目清秀。　婉：妩媚的样子。

〔4〕邂逅：碰巧相遇，不期而会。

〔5〕适：适合。

〔6〕瀼瀼（ráng）：露浓的样子。

〔7〕如：与“而”同。

〔8〕臧：善。偕臧，都满意。朱熹《诗集传》：“偕臧，言各得其所欲也。”

溱 洧

【题解】

这是描写郑国三月上巳节青年男女在溱河洧河岸旁游春的诗。上巳是指三月上旬的巳日。按当时习俗，这一天，官民都要在东流水中洗掉宿垢，祓除不祥，名为修禊(xì)。三国以后，改用三月三日为修禊的节日。这实际上是古代的一个春季卫生活动。这首诗，就是描写郑国这一节日的盛况，传神地再现了一群青年男女相聚、趁此机会表达爱情的热烈场面。

溱与洧〔1〕，	溱水流，洧水淌，
方涣涣兮〔2〕。	三月冰融水流畅。
士与女〔3〕，	男男女女来游春，
方秉蕑兮〔4〕。	手拿兰草驱不祥。
女曰："观乎？"	妹说："咱们去看看？"
士曰："既且〔5〕。"	哥说："我已去一趟。"
"且往观乎〔6〕！"	"陪我再去又何妨！"
洧之外，	洧水外，河岸旁，
洵訏且乐〔7〕。	确实好玩又宽敞。
维士与女〔8〕，	男男女女喜洋洋，
伊其相谑〔9〕，	相互调笑心花放，
赠之以勺药〔10〕。	送支勺药表情长。
溱与洧，	溱水流，洧水淌，

浏其清矣[11]。	三月冰融清又凉。
士与女，	男男女女来游春，
殷其盈矣[12]。	人山人海闹嚷嚷。
女曰："观乎？"	妹说："咱们去看看？"
士曰："既且。"	哥说："我已去一趟。"
"且往观乎！"	"陪我再去又何妨！"
洧之外，	洧水外，河岸旁，
洵訏且乐。	确实好玩又宽敞。
维士与女，	男男女女喜洋洋，
伊其将谑[13]，	相互调笑心花放，
赠之以勺药。	送支勺药表情长。

【注释】

〔1〕溱、洧：郑国两条河名。

〔2〕涣涣：水流盛大的样子。

〔3〕士与女：指去春游的男男女女。这和下文的"维士与女"，都是泛指一般游客。下句的"女曰"和"士曰"的女和士，是专指某一个女子和男子。

〔4〕方：正。　秉：执，拿。有人解作佩，亦通。　蕑(jiān)：菊科，香草名，亦名兰(不是现在的属兰科的兰花)。古人采兰于山谷中，以祓除不祥。

〔5〕既：已经。　且：徂的假借，去，往。

〔6〕且：再。

〔7〕訏(xū)：宽大。

〔8〕维：语助词。

〔9〕伊：维，是。　相谑：互相调笑。

〔10〕勺药：这里指的是草勺药(不是现在花如牡丹的木勺药)，亦名江蓠，古代情人在"将离"时互赠此草，表示彼此即将离别。王先谦《诗三家义集疏》："韩说：勺药，离草也；言将别离赠此草也。"又古代勺与约同声，情人借此表恩情、结良约的意思(从马瑞辰《毛诗传笺通

释》说)。

〔11〕浏(liú)其：即浏浏，水清的样子。

〔12〕殷：众多。殷其，即殷殷。　盈：满。

〔13〕将谑：即相谑(从马瑞辰《通释》说)。

齐　风

《齐风》是齐国的诗歌。齐国国土在今山东省北部和中部，首都临淄，在春秋时是一个人口众多、工商发达的大都市。朱熹《诗集传》："太公……既封于齐，通工商之业，便鱼盐之利，民多归之，故为大国。"

《齐风》共十一篇，其中《南山》、《敝笱》二篇，是揭露讥刺齐襄公和他的胞妹文姜私通的，《猗嗟》写齐国外甥鲁庄公的射艺，《载驱》写齐女归鲁事，都是春秋时的作品；《还》、《卢令》写田猎之事，还有一些反映恋爱婚姻、士大夫家庭生活等的诗。《齐风》产生的年代，可能在东周初年到春秋这一段时期内。

鸡　鸣

【题解】

这是一首妻催夫早起的诗，丈夫要上朝，是个士大夫。全诗和《女曰鸡鸣》一样，都用问答联句体。

"鸡既鸣矣，	"你听公鸡喔喔叫，
朝既盈矣[1]。"	大家都已去早朝。"
"匪鸡则鸣[2]，	"不是什么公鸡叫，

苍蝇之声。”	那是苍蝇在喧闹。”
“东方明矣，	“你瞧东方已经亮，
朝既昌矣[3]。”	朝会已经挤满堂。”
“匪东方则明，	“不是什么东方亮，
月出之光。”	那是一片明月光。”
“虫飞薨薨[4]，	“虫声嗡嗡催人睡，
甘与子同梦[5]。”	不如一起入梦乡。”
“会且归矣[6]，	“朝会人们快回啦，
无庶予子憎[7]。”	别招人厌说短长。”

【注释】

〔1〕朝(cháo)：朝廷。　盈：满，指上朝的人到齐了。古代群臣每天清晨上朝朝见国君。

〔2〕则：之，的。下章“匪东方则明”句中的“则”，亦作“之”解。

〔3〕昌：盛多样子。

〔4〕薨薨(hōng)：虫儿群飞声。

〔5〕甘：乐，喜欢。　同梦：同睡。

〔6〕会：朝会。

〔7〕庶：庶几，带有希望的意思。无庶，即“庶无”的倒文。　予：与，给。　子：你。　憎：憎恶，讨厌。

还

【题解】

这是一首猎人互相赞美的诗。

子之还兮[1]，	猎技敏捷数你优，
遭我乎猱之间兮[2]。	与我相遇猱山头。
并驱从两肩兮[3]，	并马追赶两大猪，
揖我谓我儇兮[4]。	作揖夸我好身手。
子之茂兮[5]，	你的猎技多漂亮，
遭我乎猱之道兮。	遇我猱山小道上。
并驱从两牡兮[6]，	并马追赶两雄兽，
揖我谓我好兮。	作揖夸我手段强。
子之昌兮[7]，	看你膀大腰又粗，
遭我乎猱之阳兮[8]。	遇我猱山向阳坡。
并驱从两狼兮，	并驱两狼劲头足，
揖我谓我臧兮[9]。	作揖夸我打得多。

【注释】

〔1〕还：通“旋”，轻捷。

〔2〕猱(náo)：齐国山名，在今山东临淄县南。

〔3〕从：追逐。　肩：亦作豣、豜，大猪。《广雅》：“兽一岁为豵，二岁为豝，三岁为肩，四岁为特。”

〔4〕儇(xuān)：轻利便捷。

〔5〕茂：美，夸赞猎手技术完美。

〔6〕牡：雄兽。

〔7〕昌：壮盛。《郑笺》：“昌，佼好貌。”亦通。

〔8〕阳：山南。

〔9〕臧：善。

著

【题解】

这是一位女子写她的夫婿来“亲迎”的诗。

俟我于著乎而[1]，
充耳以素乎而[2]，
尚之以琼华乎而[3]！

新郎等我屏风前，
帽边“充耳”白丝线，
美玉闪闪光照面！

俟我于庭乎而[4]，
充耳以青乎而，
尚之以琼莹乎而！

新郎等我院中央，
帽边“充耳”青丝长，
美玉闪闪真漂亮！

俟我于堂乎而[5]，
充耳以黄乎而，
尚之以琼英乎而！

新郎等我在厅堂，
帽边“充耳”丝线黄，
美玉闪闪增容光！

【注释】

〔1〕俟：等待。　著：通“宁”，大门和屏风之间的地方。《尔雅·释宫》：“门、屏之间谓之宁。”　乎而：语尾助词。

〔2〕充耳：是古代男子的一种装饰品，它挂在冠的两旁，正好垂在耳边。充耳挂在冠上的丝线，叫做“统”，是杂色的。丝线上挂着一个绵球，叫做“纩”，绵球下挂着玉，叫做“瑱”。所以，充耳包含着统、纩、瑱三部分。这里指的是统，即丝线。　素：白。

〔3〕尚：加。　琼华：和下面的琼莹、琼英，都是玉瑱。琼是红玉，

华、莹、英是玉的光采。《毛传》都训为宝石，亦通。

〔4〕庭：中庭，院中。

〔5〕堂：堂前。

东方之日

【题解】

这是诗人写一个女子追求他的诗，可能是反映了齐国统治者的恋爱生活。

东方之日兮，	太阳升起在东方，
彼姝者子[1]，	有位漂亮好姑娘，
在我室兮。	来到我家进我房。
在我室兮，	来到我家进我房，
履我即兮[2]。	踩我膝头诉衷肠。
东方之月兮，	月亮升起在东方，
彼姝者子，	有位漂亮好姑娘，
在我闼兮[3]。	来到门内进我房。
在我闼兮，	来到门内进我房，
履我发兮[4]。	踩我脚儿表情长。

【注释】

〔1〕姝：美。　子：指女子。

〔2〕履：踩。　即：膝的借字。古人没有椅子，都跪坐在席上，所以能踩到膝。现在日本人仍旧保存我国古代席地而坐的习惯。朱熹《诗集

传》：“履，蹑。即，就也。言此女蹑我之迹而相就也。”意亦可通。

〔3〕闼（tà）：门内。王先谦《诗三家义集疏》：“切言之，则闼为小门。浑言之，则门以内皆为闼。故《毛传》但云，‘闼，门内也’。”

〔4〕发：指脚（从杨树达《积微居小学述林》说）。

东方未明

【题解】

这首诗，以一个妇女的口吻，写她当小官吏的丈夫忙于公事，早晚不得休息，对自己的妻子还不放心，引起了女主人的怨意。

东方未明，	东方没露一线光，
颠倒衣裳。	丈夫颠倒穿衣裳。
颠之倒之〔1〕，	为啥颠倒穿衣裳？
自公召之〔2〕。	因为公家召唤忙。
东方未晞〔3〕，	东方未明天还黑，
颠倒裳衣。	丈夫颠倒穿裳衣。
倒之颠之，	为啥颠倒穿裳衣？
自公令之。	因为公家命令急。
折柳樊圃〔4〕，	折柳编篱将我防，
狂夫瞿瞿〔5〕。	临走还要瞪眼望。
不能辰夜〔6〕，	夜里不能陪伴我，
不夙则莫〔7〕。	早出晚归太无常。

【注释】

〔1〕之：指衣裳。

〔2〕自：从。　召：召唤。

〔3〕晞(xī)：昕(xīn)的假借字，太阳将出。《说文》：“昕，且明，日将出也。”

〔4〕樊：篱笆，这里当动词用。　圃：菜园。

〔5〕狂夫：疯汉，女子骂她的丈夫。　瞿瞿：瞪着双眼看的样子。《荀子·非十二子》“瞿瞿然”，杨倞注：“瞿瞿，瞪视之貌。”

〔6〕辰：同“时”，这里当动词“守”用。辰夜：伺夜，守夜。

〔7〕夙：早。　莫：同“暮”。

南　山

【题解】

这是一首讽刺齐襄公淫乱无耻的诗。据《左传》桓公十八年记载，鲁桓公和夫人文姜(齐襄公的同父异母妹)一同到齐国去，齐襄公和文姜私通。桓公责备了她，她把桓公的话告诉了襄公。襄公就请桓公宴会，在他回去的时候，让大力士彭生驾车，把他害死在车里。这件丑事引起了人民极端的憎恨，作了这首诗。由于这是讽刺斥责本国的最高统治者，不免有所顾忌，因此诗写得比较隐蔽。诗的第三、四章，是借责问鲁桓公来表现主题的。

南山崔崔〔1〕，	巍巍南山高又大，
雄狐绥绥〔2〕。	雄狐步子慢慢跨。
鲁道有荡〔3〕，	鲁国大道平坦坦，
齐子由归〔4〕。	文姜由这去出嫁。
既曰归止〔5〕，	既然她已嫁鲁侯，
曷又怀止〔6〕？	为啥你还想着她？

葛屦五两[7]，	葛鞋两只双双放，
冠緌双止[8]。	帽带一对垂颈下。
鲁道有荡，	鲁国大道平坦坦，
齐子庸止[9]。	文姜从这去出嫁。
既曰庸止，	既然她已嫁鲁侯，
曷又从止[10]？	为啥你又盯上她？
艺麻如之何[11]？	农家怎么种大麻？
衡从其亩[12]。	田垄横直有定法。
取妻如之何[13]？	青年怎么娶妻子？
必告父母。	必定先要告爹妈。
既曰告止，	告了爹妈娶妻子，
曷又鞠止[14]？	为啥还要放纵她？
析薪如之何[15]？	想劈木柴靠什么？
匪斧不克[16]。	不用斧头没办法。
取妻如之何？	想娶妻子靠什么？
匪媒不得。	没有媒人别想她。
既曰得止，	既然妻子娶到手，
曷又极止[17]？	为啥让她到娘家？

【注释】

〔1〕南山：齐国山名，亦名牛山。　崔崔：高大的样子。

〔2〕绥绥：追求匹偶相随的样子。《玉篇》：“绥，行迟貌。”陈奂《诗毛氏传疏》：“绥绥然相随之貌，以喻襄公之随文姜。”

〔3〕有荡：即荡荡，平坦。

〔4〕齐子：指文姜。与《卫风·硕人》“齐侯之子”例同。　由归：从这条大道出嫁。

〔5〕止：语尾助词。

〔6〕怀：想念。

〔7〕葛屦(jù)：麻布做的鞋，是古代劳动人民穿的。《毛传》：“葛屦，服之贱者。”　五：与“伍”通，同列。说两只麻鞋必定并排地摆着。

〔8〕緌(ruí)：帽带的下垂部分，是古代贵族的服饰。《毛传》：“冠緌，服之尊者。”诗人用葛屦、冠緌比喻不论人民或贵族都各有一定的配偶。

〔9〕庸：用。《郑笺》：“此言文姜既用此道嫁于鲁侯，襄公何复送而从之，为淫佚之行。”

〔10〕从：跟从。

〔11〕艺麻：种麻。

〔12〕衡从：即横纵。东西为横，南北为纵。

〔13〕取：通“娶”。

〔14〕鞠：穷，穷欲纵容的意思。

〔15〕析薪：劈柴。古多以“薪”喻婚姻，见《汉广》注〔7〕。

〔16〕克：能，成功。

〔17〕极：到。《毛传》：“极，至也。”

甫　田

【题解】

这是一首思念远人的诗。后人对这首诗的主题，多不得其解。从诗中所写的看，大概是一个流亡的农民，想起以前种领主大田的辛苦，现在虽然离开了它，却不免思念那里的一个可爱的孩子。多时不见，他该长大了吧？

无田甫田〔1〕，	主子大田别去种，
维莠骄骄〔2〕。	野草茂盛一丛丛。

无思远人，	远方人儿别想他，
劳心忉忉[3]！	见不到他心伤痛！
无田甫田，	主子大田别去种，
维莠桀桀[4]。	野草长得那么旺。
无思远人，	远方人儿别想他，
劳心怛怛[5]！	见不到他徒忧伤！
婉兮娈兮[6]，	少小年纪多姣好，
总角丱兮[7]。	两束头发像羊角。
未几见兮[8]，	不久倘能见到他，
突而弁兮[9]！	突然戴上成人帽！

【注释】

〔1〕前一田：音义同佃，种田。　甫田：大田。朱熹："甫，大也。"按大田在当时是领主所有，《小雅》的《甫田》与《大田》，即反映农民在那里耕种的情况。

〔2〕维：助词，含有"其"意。　莠(yǒu)：害苗的野草。　骄骄：《韩诗》作乔乔，挺立而高的样子。

〔3〕忉忉：因思念而忧伤的样子。

〔4〕桀桀：高高的样子。

〔5〕怛怛(dá)：忧伤不安。

〔6〕婉、娈：年少而美好的样子。

〔7〕总角：儿童头发左右分开扎成两把如同羊角。　丱(guàn)：像羊两角的象形字，形容总角的样子。

〔8〕未几：不久。　见兮：陆德明《经典释文》："见兮，一本作见之。"

〔9〕突而：突然。　弁(biàn)：冠；这里用作动词，戴冠。古代男子年二十而冠，标志他已成年。

卢　令

【题解】

这是一首赞美猎人的诗。春秋时代，人们爱好田猎，反映在风诗里，有《驺虞》、《叔于田》、《大叔于田》、《还》及这篇《卢令》等。这首诗最短，可能是顺口溜一类的民歌。

卢令令〔1〕，	黑狗儿颈环铃铃响，
其人美且仁〔2〕。	那人儿和气又漂亮。
卢重环〔3〕，	黑狗儿颈上环套环，
其人美且鬈〔4〕。	那人儿漂亮又勇敢。
卢重鋂〔5〕，	黑狗儿颈上套两环，
其人美且偲〔6〕。	那人儿漂亮有才干。

【注释】

〔1〕卢：黑色猎狗。　令令：象声词，狗颈下套环的声响。

〔2〕其人：指猎人。　仁：和蔼友好。

〔3〕重环：大环套上一个小环。

〔4〕鬈：勇壮。《郑笺》：“鬈，当读为權，權，勇壮也。”

〔5〕重鋂(méi)：一个大环，套上两个小环。

〔6〕偲(cāi)：多才。《毛传》：“偲，才也。”《郑笺》：“才，多才也。”

敝笱

【题解】

这是齐人讽刺鲁庄公不能制止母亲文姜，让她回齐和襄公相会的诗。按《春秋》庄公二年："夫人姜氏会齐侯于禚(zhuó)。""四年，夫人姜氏享齐侯于祝丘。""五年，夫人姜氏如齐师。""七年，夫人姜氏会齐侯于防，又会齐侯于穀。"庄公的父亲桓公，被齐襄公暗杀。桓公死后，庄公仍让母亲继续回齐和襄公来往。在文姜回齐的时候，还明目张胆、大张旗鼓地派很多随从跟着她，这更引起了人民的不满，所以作了这首讽刺诗。

敝笱在梁〔1〕，	破笼撂在鱼梁上，
其鱼鲂鳏〔2〕。	鳊鱼鲲鱼心不慌。
齐子归止〔3〕，	文姜回齐没人管，
其从如云〔4〕。	随从多得云一样。
敝笱在梁，	破笼撂在鱼梁上，
其鱼鲂鱮〔5〕。	鳊鱼鲢鱼心不慌。
齐子归止，	文姜回齐没人管，
其从如雨。	随从多得雨一样。
敝笱在梁，	破笼撂在鱼梁上，
其鱼唯唯〔6〕。	鱼儿游来又游往。
齐子归止，	文姜回齐没人管，
其从如水。	随从多得水一样。

【注释】

〔1〕敝：破。　笱(gǒu)：竹制的捕鱼笼。　梁：鱼梁。在河中筑成堤坝，中留空缺，把笱嵌在空处，鱼游进去，就出不来。

〔2〕鲂鳏(guān)：鳊鱼和鲲鱼。

〔3〕齐子：指文姜。　归：回娘家。

〔4〕如云：形容随从文姜的人非常多。下文如雨、如水同此。

〔5〕鱮(xù)：鲢鱼。

〔6〕唯唯：渍渍的假借，亦作“遗遗”，形容鱼自由地游来游去。陆德明：“唯唯，《韩诗》作遗遗，言不能制也。”

载　驱

【题解】

这是一首写齐女嫁鲁的诗。齐襄公的小女儿哀姜嫁给鲁庄公，哀姜在途中迟迟不入鲁境，一定要鲁庄公答应她“远媵妾”的条件才去。这首诗写的就是这件事。《毛序》认为诗的主旨是刺襄公与文姜淫乱，据有关历史记载，并非诗的原意。

载驱薄薄〔1〕，	大车奔驰轧轧响，
簟茀朱鞹〔2〕。	竹帘红盖好气象。
鲁道有荡，	鲁道宽阔又平坦，
齐子发夕〔3〕。	哀姜从早拖到晚。
四骊济济〔4〕，	四匹黑马多美壮，
垂辔沵沵〔5〕。	柔软缰绳垂两旁。
鲁道有荡，	鲁道平坦接新娘，
齐子岂弟〔6〕。	哀姜动身天已亮。

汶水汤汤[7]，　　汶水浩浩又荡荡，
行人彭彭[8]。　　路人如潮争观望。
鲁道有荡，　　鲁道平坦又宽广，
齐子翱翔[9]。　　哀姜迟嫁在游逛。

汶水滔滔，　　汶水哗哗翻大浪，
行人儦儦[10]。　　路人来来又往往。
鲁道有荡，　　鲁道平坦接新娘，
齐子游敖[11]。　　哀姜迟嫁在游荡。

【注释】

〔1〕薄薄：象声词，车轮转动声。

〔2〕簟（diàn）茀：竹席制的车帘。　朱鞹（kuò）：红漆兽皮制的车盖。按这样的车子，是当时诸侯坐的，名为“路车”。

〔3〕齐子：指哀姜。她是齐襄公最小的女儿，嫁给鲁庄公。　发：旦，早。王先谦《诗三家义集疏》：“韩说曰：发，旦也。齐子旦夕，犹言朝见暮见，即久处之义。”

〔4〕骊（lí）：黑色的马。　济济：美好的样子。

〔5〕沵沵（nǐ）：柔软的样子。

〔6〕岂（kǎi）弟：开明，天亮。王先谦《诗三家义集疏》：“谓齐子留连久处之后，至开明乃发行（出发）耳。”

〔7〕汶水：水名，流经齐鲁二国。　汤汤（shāng）：水盛大貌。

〔8〕彭彭：行人盛多的样子。

〔9〕翱翔：游逛，指不进鲁国。

〔10〕儦儦（biāo）：行人来回走的样子。《说文》：“儦儦，行貌。”

〔11〕游敖：即遨游，与翱翔同义。

猗嗟

【题解】

这是赞美一位健美艺高的射手的诗。历来都相信《猗嗟》诗中所描写的主人公是鲁庄公。这时，他大约是一位十七岁的青年，已经当了四年的鲁侯。诗人用赞叹、夸张的词句，塑造了一位健美、熟练的射手形象。有人说，诗人用“展我甥兮”及“以御乱兮”二句微词讽刺，讽刺他样样都好，只是忘记报父之仇，不能制止母亲与襄公私通，那么，诗就以美为刺了。

猗嗟昌兮[1]！	生来多美貌啊！
颀而长兮[2]，	身材高又高啊，
抑若扬兮[3]。	漂亮宽额角啊。
美目扬兮[4]，	美目向人瞟啊，
巧趋跄兮[5]。	舞步多巧妙啊。
射则臧兮[6]！	射艺真正好啊！
猗嗟名兮[7]！	长得多精神啊！
美目清兮，	美目如水清啊，
仪既成兮[8]。	准备已完成啊。
终日射侯[9]，	打靶一天整啊，
不出正兮。	箭箭射得准啊。
展我甥兮[10]！	不愧我外甥啊！

猗嗟娈兮[11]！　　美貌令人赞啊！
清扬婉兮[12]，　　秀眉扬俊眼啊，
舞则选兮[13]。　　舞有节奏感啊。
射则贯兮[14]，　　箭箭都射穿啊，
四矢反兮[15]。　　连中一个点啊。
以御乱兮[16]！　　有力抗外患啊！

【注释】

〔1〕猗嗟：犹吁嗟，叹美之词。　昌：壮盛美好貌。

〔2〕颀（qí）而：即颀然，身长的样子。古人以男女身材高大为美。

〔3〕抑：懿的假借字，美也。抑若：即抑而，抑然。古而、若、然三字通用。　扬：《韩诗》作“阳”，眉上曰阳。皮锡瑞《经学通论》：“阳者，阳明之处也。今俗呼额角之侧亦谓‘太阳’，即同此义。然则自眉以及额角，皆得为阳也。”

〔4〕扬：张开眼睛的样子。《礼记》：“扬其目而视之。”

〔5〕趋：快步。　跄（qiàng）：舞姿（从陆德明说）。这句赞美射手舞姿巧妙。

〔6〕则：法则。（下章的“舞则”同。）　臧：善，好，熟练。

〔7〕名：借为明，昌盛。马瑞辰《通释》：“名、明古通用，名当读明，明亦昌盛之义。……三章首句皆赞美其容貌之盛大。”

〔8〕仪：射仪，射手在射箭前先表演射法的各种姿势。　成：完备。

〔9〕侯：射布，箭靶。当中放一小的圆形白布，叫做“的”，亦名“鹄”或“正”。

〔10〕展：诚，确实。　甥：外甥。《郑笺》：“容貌技艺如此，诚我齐之甥。言诚者，拒时人言‘齐侯之子’。”朱熹《诗集传》：“言称其为齐之甥，而又以明非齐侯之子，此诗人之微辞也。”

〔11〕娈：壮美（从《毛传》说）。

〔12〕清扬婉兮：眉清目秀。见《郑风·野有蔓草》注〔3〕。

〔13〕选：整齐。按古代射箭前必跳舞，名为“兴舞”。马瑞辰：“则此诗‘舞则选兮’，即兴舞耳。”

〔14〕贯：穿透。

〔15〕反：复，反复地射中一个地方。

〔16〕御：抵抗。

魏　风

《魏风》共七篇。周初封同姓于魏，到周惠王十六年，即公元前661年，被晋献公所灭。全部魏诗都是魏亡以前，即春秋初期的作品。

魏在今山西芮城东北。土地干，生产少，君主俭啬，人民生活比别的地区更苦；正如朱熹所说，“其地陋隘而民贫俗俭”。魏诗在《国风》中风格最一致，多半是讽刺、揭露统治阶级的诗歌。《葛屦》中已经提到诗歌的战斗作用。《硕鼠》的作者，已经幻想着无剥削的“乐土”。《伐檀》的作者，已经了解剥削与被剥削的生产关系。在两千五百年前，人们有这种深刻的觉醒，确实是不容易的。《鲁诗》说：“履亩税（除农民要种公田，取劳役地租税外，又税农民私田十分之一）而《硕鼠》作。”《魏风》之富于战斗性，可能是和魏地较早向人民征收双重税有关。

葛　屦

【题解】

这是一位缝衣女奴讽刺所谓“好人”的诗。诗仅两章，塑造了两个阶级对立的形象：一个是受冻、挨饿、疲弱的缝衣女形象，一个是衣饰华贵、态度傲慢、心胸狭窄的贵族妇女形象。反映了当时两个阶级地位与生活的悬殊。

纠纠葛屦[1]，	破旧凉鞋麻绳缠，
可以履霜[2]？	穿着怎能踏寒霜？
掺掺女手[3]，	缝衣女手纤纤细，
可以缝裳？	瘦弱怎能缝衣裳？
要之襋之[4]，	提着衣带和衣领，
好人服之[5]。	请那美人试新装。
好人提提[6]，	美人不睬偏装腔，
宛然左辟[7]，	扭转身子闪一旁，
佩其象揥[8]。	拿起簪子自梳妆。
维是褊心[9]，	这个女子狭心肠，
是以为刺。	作诗刺她理应当。

【注释】

〔1〕纠纠：纠缠交错的样子。　葛屦(jù)：夏布做的鞋，夏天穿的。

〔2〕可：何的假借字。

〔3〕掺掺：音义同“纤”，形容女子手的柔弱纤细。

〔4〕要：同“褄”，系衣的衣带。古时无纽扣，在襟上缀短带以系衣（从胡承珙《毛诗后笺》说）。　襋(jí)：衣领。要、襋本来都是名词，这里作动词用；即提带、提领的意思。

〔5〕好人：美人，带有讽刺意。姚际恒《诗经通论》：“好人犹美人，指夫人也。”

〔6〕提提：即媞媞，安详的样子。《尔雅·释训》：“媞媞，安也。”郭注：“好人安详之容。”

〔7〕宛然：形容回转身子的样子。　辟：通“避”。左辟，向左闪开。

〔8〕象揥(tì)：象牙制的簪子。

〔9〕维：因。　是：代词，指诗中的“好人”。　褊心：心胸狭窄。

汾沮洳

【题解】

这是一首赞美劳动人民才德的诗。春秋时代，劳动人民地位极低，有的仍旧当农奴。诗人用“公路”等大官和他相比，这是不寻常的。只有劳动人民的口头歌唱，才会有这样热爱本阶级的诗句。它和《硕鼠》、《伐檀》、《葛屦》四首诗，不仅是《魏风》中的好诗，也是《诗经》中富于形象性、斗争性的杰作。

彼汾沮洳〔1〕，	汾水岸边湿地上，
言采其莫〔2〕。	采来莫菜水汪汪。
彼其之子〔3〕，	就是那位采菜人，
美无度〔4〕。	美得简直没法讲。
美无度，	美得简直没法讲，
殊异乎公路〔5〕。	他和“公路”大两样。
彼汾一方，	汾水岸边斜坡上，
言采其桑。	桑叶青青采撷忙。
彼其之子，	就是那位采桑人，
美如英〔6〕。	美得好像花一样。
美如英，	美得好像花一样，
殊异乎公行。	他和“公行”不相像。
彼汾一曲〔7〕，	汾水河边曲岸旁，

言采其荬[8]。	采那泽泻浅水上。
彼其之子，	就是那位采药人，
美如玉。	美如冠玉真漂亮。
美如玉，	美如冠玉真漂亮，
殊异乎公族。	他和“公族”不一样。

【注释】

〔1〕汾：水名，在今山西中部，西南流入黄河。　沮洳(jù rù)：水旁低湿的地方。

〔2〕莫：野菜名。《孔疏》引陆玑曰：“莫，茎大如箸，赤节，节一叶，似柳叶，厚而长，有毛刺……始生，可以为羹，又可生食。”

〔3〕彼、之：都是第三人称代词，为了加重语气，所以重复地说。这里指采菜的人。王先谦《诗三家义集疏》：“之子，指采菜之贤者。”其(jì)：语助词。

〔4〕无度：犹无比。

〔5〕殊：非常。　公路：和下面的公行、公族，都是当时的官名。公路是管魏君路车的官，公行是管兵车的官，公族是管宗族的官，都由贵族子弟充任。他们职位、俸禄是世袭的，是一群坐食的剥削者。

〔6〕英：花。俞樾《群经平议》：“英，读如‘颜如舜英’之英。”

〔7〕曲：水流曲处。

〔8〕荬(xù)：即泽泻，药名，亦可作菜。

园有桃

【题解】

这是一首没落贵族忧贫畏饥的诗。人家称他为“士”，可能是一位知识分子。他没落了，穷得没饭吃，只好摘园中的桃、枣充饥。他讥刺时政，不满现实。人家批评他骄傲反常，自以为是。他反说人家不了解他。他精神上痛苦异常，只有用丢开一切，什么都不想的办法来安慰自己。诗反映了当时魏国“士”的经济地位和思想情况。

园有桃，
其实之殽[1]。
心之忧矣，
我歌且谣[2]。
不知我者，
谓我“士也骄[3]。
彼人是哉[4]，
子曰何其[5]！”
心之忧矣，
其谁知之？
其谁知之，
盖亦勿思[6]！

园里有株桃，
采食桃子也能饱。
穷愁潦倒心忧伤，
聊除烦闷唱歌谣。
不了解我人笑我，
说我“先生太骄傲。
朝廷政策可没错，
你又为啥多唠叨！”
穷愁潦倒心忧伤，
谁能了解我苦恼？
既然无人了解我，
何不把它全抛掉！

园有棘[7]，
其实之食。
心之忧矣，
聊以行国[8]。
不知我者，
谓我“士也罔极[9]。
彼人是哉，
子曰何其！”
心之忧矣，
其谁知之？

园里有株枣，
采食枣子也能饱。
穷愁潦倒心忧伤，
聊除烦闷去游遨。
不了解我人笑我，
说我“先生违常道。
朝廷政策可没错，
你又为啥多唠叨！”
穷愁潦倒心忧伤，
谁能了解我苦恼？

其谁知之，	既然无人了解我，
盖亦勿思！	何不把它全忘掉！

【注释】

〔1〕之：是。　殽：烧好的菜。这里当动词“吃”用。朱熹《诗集传》：“殽，食也。”

〔2〕歌、谣：有乐调配唱的叫作歌，没有乐调配唱的叫作谣。《毛传》：“曲合乐曰歌，徒歌曰谣。”这里只是泛称，作“歌唱”解。

〔3〕士：古代下层官僚或知识分子的通称。　也：语中助词。

〔4〕彼人：指执政者。　是：对，正确。

〔5〕子：你，指作者。　其：语助词。何其，什么缘故。

〔6〕盖：通“盍”，“何不”的合音。　亦：语助词。

〔7〕棘：酸枣树。

〔8〕行国：行游国中。朱熹《诗集传》：“聊，且略之辞。歌谣之不足，则出游于国中而写忧也。”

〔9〕罔极：无常。

陟　岵

【题解】

这是一位征人思家的诗。诗人不直接写征人思家，却写征人想象家人对他挂念叮嘱，比直述法更为动人。它表现了劳动人民对当时统治者搞强迫服役的极端憎恨。

陟彼岵兮[1]，	登上青山岗，
瞻望父兮。	远远把爹望。
父曰：	好像听见爹嘱咐：
“嗟予子[2]，	“孩子啊，

行役夙夜无已[3]！	早晚不停你真忙！
上慎旃哉[4]，	可要小心保安康，
犹来无止[5]！”	回来吧，不要滞留在他方！”
陟彼屺兮[6]，	登上秃山顶，
瞻望母兮。	遥望我母亲。
母曰：	好像听见娘叮咛：
“嗟予季[7]，	“孩子啊，
行役夙夜无寐[8]！	早晚不睡真苦辛！
上慎旃哉，	身体千万要当心，
犹来无弃！”	回来吧，不要忘记你娘亲！”
陟彼冈兮，	登上高山岗，
瞻望兄兮。	遥望我兄长。
兄曰：	好像听见我哥讲：
“嗟予弟，	“兄弟啊，
行役夙夜必偕[9]！	早晚服役神太伤！
上慎旃哉，	当心身体保安康，
犹来无死！”	回来吧，不要尸骨埋他乡！”

【注释】

〔1〕岵(hù)：多草木的山。

〔2〕这句是诗人想象他父亲说的话。下章的“母曰”、“兄曰”，与此同。

〔3〕已：停止。

〔4〕上：即“尚”，《鲁诗》作“尚”，希望。 慎：谨慎，带有保

重的意思。　旃(zhān)：之、焉的合声，语助词。

〔5〕犹来：还是回来的好。　无：同“毋”，不要。　止：停留。

〔6〕屺(qǐ)：没有草木的山。

〔7〕季：小儿子。

〔8〕无寐：没有睡觉的时间。

〔9〕偕：俱，一样。

十亩之间

【题解】

一群采桑女子，在辛勤紧张的劳动后，轻松悠闲，三五成群，结伴同归途中所唱的歌。

十亩之间兮〔1〕，	宅间十亩绿桑园，
桑者闲闲兮〔2〕。	采桑姑娘已空闲。
行与子还兮〔3〕！	走吧咱们一道回家转！
十亩之外兮，	宅外十亩绿桑林，
桑者泄泄兮〔4〕。	采桑姑娘一群群。
行与子逝兮〔5〕！	走吧咱们一道回家门！

【注释】

〔1〕十亩：是举成数，不是确数。　之间：古代种桑多在房舍的墙边或空地上。《孟子》：“五亩之宅，树墙下以桑。”

〔2〕桑者：采桑的人。按《诗经》中写采桑的劳动，多由妇女担任，桑者，当是采桑女。　闲闲：宽闲，从容不迫的样子。

〔3〕行：走。王引之训为“且”，亦可通。

〔4〕泄泄(yì)：人多的样子。《毛传》：“泄泄，多人之貌。”

〔5〕逝：往，回去。

伐 檀

【题解】

这是一首魏国劳动人民讽刺剥削阶级不劳而获的诗。一群工匠，在河边伐木，给剥削者造车。这时，唱起了这首劳动即兴诗歌。他们尖锐地揭露剥削制度的不合理现象：一些人服劳役；一些人不劳而获。表达了对剥削、寄生的奴隶主的憎恨和反抗的精神。由于表达激昂感情的需要，诗打破了四言的形式，形成了杂言的体裁。这是《诗经》中斗争性最强烈的一首现实主义作品。

坎坎伐檀兮〔1〕，	砍伐檀树响叮当，
寘之河之干兮〔2〕，	放在河边两岸上，
河水清且涟猗〔3〕。	河水清清起波浪。
不稼不穑〔4〕，	不种田又不拿镰，
胡取禾三百廛兮〔5〕？	为啥粮仓三百间？
不狩不猎〔6〕，	不出狩又不打猎，
胡瞻尔庭有县貆兮〔7〕？	为啥猪獾挂你院？
彼君子兮〔8〕，	那些大人老爷们，
不素餐兮〔9〕！	不是白白吃闲饭！
坎坎伐辐兮〔10〕，	叮叮当当砍檀树，
寘之河之侧兮，	放在河边做车辐，
河水清且直猗〔11〕。	河水清清波浪舒。
不稼不穑，	不种田又不拿镰，

胡取禾三百亿兮[12]？	为啥聚谷百亿万？
不狩不猎，	不出狩又不打猎，
胡瞻尔庭有县特兮[13]？	为啥大兽挂你院？
彼君子兮，	那些大人老爷们，
不素食兮[14]！	不是白白吃闲饭！
坎坎伐轮兮[15]，	砍伐檀树响声震，
寘之河之漘兮[16]，	放在河边做车轮，
河水清且沦猗[17]。	河水清清起波纹。
不稼不穑，	不种田又不拿镰，
胡取禾三百囷兮[18]？	为啥粮仓间间满？
不狩不猎，	不出狩又不打猎，
胡瞻尔庭有县鹑兮[19]？	为啥鹌鹑挂你院？
彼君子兮，	那些大人老爷们，
不素飧兮[20]！	不是白白吃闲饭！

【注释】

〔1〕坎坎：伐木声，摹声词。

〔2〕干：岸。

〔3〕涟：同“澜”，大波。《尔雅》引《诗》作“澜”。　猗(yī)：同“兮”，语气词。按猗、兮古通用，《书》：“断断猗。”《大学》引作“兮”。汉石经也作“兮”。

〔4〕稼：耕种。　穑：收割。

〔5〕胡：何，为什么。　廛(chán)：农民住的房。《周官·地官》遂人：“夫一廛，田百亩。”《郑注》：“廛，居也。”孙诒让《周礼正义》遂人：“《诗》所云‘三百廛兮’者，自是三百家之税。”此三百廛言其多，不一定是确数。下章的“三百亿”、“三百囷”同此。

〔6〕狩、猎：冬天打猎叫狩，夜里打猎叫猎。这里是泛指打猎。

〔7〕庭：院子。　县：同“悬”。　貆(huān)：兽名，猪貛。

〔8〕君子：指剥削者，即上文的“尔”。

〔9〕素餐：白吃饭。君子本来都是白吃饭不干活的，这里说他不白吃饭，是诗人故意用反话讥刺。

〔10〕辐：车轮中凑集于中心毂上的直木。

〔11〕直：《毛传》：“直，直波也。”

〔12〕亿：周代以十万为亿。指禾把的数目。《郑笺》：“禾秉之数。”

〔13〕特：四岁的兽，指大兽。

〔14〕素食：与素餐同义。

〔15〕轮：车轮。

〔16〕漘(chún)：水边。

〔17〕沦：微波。

〔18〕囷(qūn)：圆形的粮仓；亦名囤。

〔19〕鹑(chún)：鸟名，今名鹌鹑。

〔20〕飧(sūn)：熟食。素飧，与上“素餐”、“素食”同义。

硕　鼠

【题解】

这首诗写农民不堪统治者的残酷剥削，幻想美好的社会。王先谦《诗三家义集疏》：“鲁说曰：‘履亩税而《硕鼠》作。’(王符《潜夫论·班禄篇》)齐说曰：‘周之末涂，德惠塞而耆欲众，君奢侈而上求多，民困于下，怠于公事，是以有履亩之税，《硕鼠》之诗是也。’(桓宽《盐铁论·取下篇》)”他的考证说明了诗的社会背景。所谓履亩税，是指原来农民每年要出劳役为公田耕种，私田百亩可不纳税；现在除了服役公田，私田还要纳实物的十分之一为税。《硕鼠》一诗就是在这种双重剥削的制度下产生的。农民负担太重，实在难以忍受，就幻想到美好的理想国去。

硕鼠硕鼠[1]，	大老鼠呀大老鼠，
无食我黍！	不要吃我种的黍！

三岁贯女[2]，	多年辛苦养活你，
莫我肯顾[3]。	我的生活你不顾。
逝将去女[4]，	发誓从此离开你，
适彼乐土[5]。	到那理想新乐土。
乐土乐土，	新乐土呀新乐土，
爰得我所[6]！	才是安居好去处！
硕鼠硕鼠，	大老鼠呀大老鼠，
无食我麦！	不要吃我大麦粒！
三岁贯女，	多年辛苦养活你，
莫我肯德[7]。	拼死拼活谁感激。
逝将去女，	发誓从此离开你，
适彼乐国。	到那理想新乐邑。
乐国乐国，	新乐邑呀新乐邑，
爰得我直[8]！	劳动价值归自己！
硕鼠硕鼠，	大老鼠呀大老鼠，
无食我苗！	不要吃我种的苗！
三岁贯女，	多年辛苦养活你，
莫我肯劳[9]。	流血流汗谁慰劳。
逝将去女，	发誓从此离开你，
适彼乐郊。	到那理想新乐郊。
乐郊乐郊，	新乐郊呀新乐郊，
谁之永号[10]！	有谁去过徒长号！

【注释】

〔1〕硕鼠：大老鼠。有人说硕鼠即鼫鼠，是专吃谷物的大田鼠。亦通。

〔2〕三岁：不是确指，多年之意。　贯：宦的假借字，《鲁诗》作“宦”，侍奉，即养活之意。　女：通“汝”，指统治者。

〔3〕莫：不。这句是“莫肯顾我”的倒文。下文的“莫我肯德”、“莫我肯劳”亦同。

〔4〕逝：通“誓”。《郑笺》：“逝，往也。往矣将去女，与之诀别之辞。”说亦可通。　去女：离开你。

〔5〕适：往。　乐土：是诗人想象中的无剥削无压迫的理想国。下章的“乐国”、“乐郊”与此同。

〔6〕爰：乃、就。

〔7〕德：感激之意。

〔8〕直：通“值”。

〔9〕劳：慰劳。

〔10〕之：往。　永号：长叹。

唐　风

周成王封他的季弟姬叔虞于唐，唐地有晋水，所以后来国号改称晋。唐风就是晋风。

《唐风》共十篇。其中《扬之水》是写晋昭侯封他叔父成师于曲沃(今山西闻喜县)，后来曲沃势力大过了晋侯，就想搞政变。《左传》桓公二年："晋始乱，故封桓叔于曲沃。"这样看起来，《唐风》可能产生于东周和春秋时候。

唐在今山西中部太原一带地方，即翼城、曲沃、绛县、闻喜等地区。朱熹说："其地土瘠民贫，勤俭质朴，忧深思远。"(《诗集传》)他确说出了《唐风》的特点。晋自从分封曲沃后，晋君和成师系统的斗争，足足乱了六七十年。人民过着动荡不安的生活，加上地瘠民贫，在诗歌上就表现为消极颓废、失望求助的情绪。

蟋　蟀

【题解】

这是一首岁暮述怀的诗。作者可能是一位"士"，带有光阴易逝、及时行乐的思想。但他并不是一味沉湎、堕落的贵族，还想到自己的职责，关心国家大事，表示要虚心向"好乐无荒"的"良士"学习。这一点还是可取的。但诗的艺术性不如民歌那样生动。

蟋蟀在堂[1]，	蟋蟀进房天气寒，
岁聿其莫[2]。	岁月匆匆近年关。
今我不乐，	今不及时去寻乐，
日月其除[3]。	光阴一去再不还。
无已大康[4]，	过度安乐也不好，
职思其居[5]。	还是要把工作干。
“好乐无荒”[6]，	“不荒正业又娱乐”，
良士瞿瞿[7]。	贤士警语记心间。
蟋蟀在堂，	蟋蟀进房天气寒，
岁聿其逝[8]。	一年匆匆将过完。
今我不乐，	今不及时去寻乐，
日月其迈[9]。	光阴一去再不还。
无已大康，	过度安乐也不好，
职思其外[10]。	份外事儿也要干。
“好乐无荒”，	“不荒正业又娱乐”，
良士蹶蹶[11]。	贤士勤快是模范。
蟋蟀在堂，	蟋蟀进房天气寒，
役车其休[12]。	出差车儿将回转。
今我不乐，	今不及时去寻乐，
日月其慆[13]。	光阴一去再不还。
无已大康，	过度安乐也不好，
职思其忧[14]。	战争可忧莫小看。
“好乐无荒”，	“不荒正业又娱乐”，

良士休休[15]。　　　　贤士爱国真好汉。

【注释】

〔1〕在堂：蟋蟀本在野外，进入堂屋说明天寒岁暮。《豳风·七月》："七月在野，八月在宇，九月在户，十月蟋蟀，入我床下。"这里说的在户，即本诗所说的在堂。按周代建子，以农历十月为岁暮，（农历十一月即为次年的正月）在堂指的是农历九月。

〔2〕聿：含有"遂"（就）意，语助词。　莫：即暮，古今字。其莫，犹言"将尽"。

〔3〕日月：指光阴。　除：去。

〔4〕已：甚，过度。　大：同"泰"，泰康，安乐。

〔5〕职：尚，还要。马瑞辰《通释》："《尔雅·释诂》：'职，常也。'常从尚声，故职又通作尚。"　居：担任的职位。

〔6〕好：爱好。　荒：荒废。

〔7〕瞿瞿：惊顾的样子，含有警惕的意思。

〔8〕逝：去。

〔9〕迈：逝去。

〔10〕外：自己职务以外的事。苏辙《诗经传》："既思其职，又思其职之外。"

〔11〕蹶蹶：动作敏捷的样子。《毛传》："蹶蹶，动而敏于事。"

〔12〕役车：服役的车子。　其休：将要休息，指行役的人当还。这是岁暮的象征。

〔13〕慆（tāo）：逝去。

〔14〕忧：可忧的事。春秋时候，最可忧的事，是诸侯国之间的战争。所以《郑笺》说："忧者，谓邻国侵伐之忧。"

〔15〕休休：希望和平的心情。

山有枢

【题解】

这是一首讥刺嘲笑守财奴的诗。唐地的剥削者剥削了许多东西，他们吃的、穿的、住的、用的、玩的，样样都有，却舍不得享用。人民极端厌恶这些守财奴，嘲笑说：等你死了，什么东西都要供别人享用了。

山有枢[1]，	山上刺榆长，
隰有榆[2]。	低地白榆香。
子有衣裳，	你有衣来又有裳，
弗曳弗娄[3]。	不穿不著放在箱。
子有车马，	你有车来又有马，
弗驰弗驱[4]。	不乘不骑闲置放。
宛其死矣[5]，	有朝眼闭腿一伸，
他人是愉[6]。	别人享受喜洋洋。

山有栲[7]，	山上栲树长，
隰有杻[8]。	低地檍树香。
子有廷内[9]，	你有院来又有房，
弗洒弗埽[10]。	不去打扫随它脏。
子有钟鼓，	你有钟来又有鼓，
弗鼓弗考[11]。	不敲不打没音响。
宛其死矣，	有朝眼闭腿一伸，
他人是保[12]。	空为别人省一场。

山有漆[13]，	山上漆树长，
隰有栗。	低地栗树香。
子有酒食，	你有美酒和好菜，
何不日鼓瑟？	何不奏乐又宴享？

且以喜乐[14]，	姑且用它来寻乐，
且以永日[15]。	姑且用它度时光。
宛其死矣，	有朝眼闭腿一伸，
他人入室。	别人就要进你房。

【注释】

〔1〕枢：《鲁诗》作“苉”，都是樞的借字，有刺的榆树，亦名刺榆。

〔2〕隰：低洼的地。

〔3〕曳(yè)：拖。　娄：《鲁诗》、《韩诗》都作“搂”，牵。按拖、牵都是穿衣的动作，这里是泛指“穿”。

〔4〕驰、驱：车马急走。

〔5〕宛：苑字的假借，枯萎。《淮南子·俶真训》：“形苑而神壮。”高诱注：“苑，枯病也。”

〔6〕愉：乐，享受。

〔7〕栲：树名，常绿高大乔木，木质坚密，皮可制栲胶或染鱼网。

〔8〕杻(niǔ)：亦名檍，梓一类的树。胡承珙：“檍，《说文》作櫶，梓属。大者可为棺椁，小者可为弓材。”

〔9〕廷：通“庭”，院子。　内：指堂室。

〔10〕埽：同“扫”。

〔11〕考：敲击。

〔12〕保：占有。

〔13〕漆：漆树。

〔14〕且：姑且。

〔15〕永日：延长岁月。朱熹《诗集传》：“人多忧，则觉日短，饮食作乐，可以永长此日也。”

扬之水

【题解】

这是一首揭发、告密晋大夫潘父和曲沃桓叔勾结搞政变阴谋的诗。据《史记·晋世家》记载，晋昭侯元年(前745年)，昭侯封他的叔父成师于曲沃，号为桓叔，后势力强大。昭侯七年(前738年)，晋大夫潘父和桓叔密谋，杀昭侯而纳桓叔。桓叔欲入晋，晋人发兵攻桓叔。桓叔败归曲沃。这首诗可能是在潘父和桓叔策划政变的时候写的。诗的作者看来是个知情者，但他忠于昭公，巧妙地进行了告密。

扬之水〔1〕，	河水悠悠缓慢行，
白石凿凿〔2〕。	水底白石多鲜明。
素衣朱襮〔3〕，	身穿白衫红衣领，
从子于沃〔4〕。	跟他一道到沃城。
既见君子〔5〕，	一同拜见曲沃君，
云何不乐。	怎不高兴笑盈盈。
扬之水，	河水悠悠缓慢行，
白石皓皓〔6〕。	水底白石多洁净。
素衣朱绣〔7〕，	身穿白衫绣衣领，
从子于鹄〔8〕。	跟他一道到鹄城。
既见君子，	一同拜见曲沃君，
云何其忧。	还有什么不高兴。
扬之水，	河水悠悠缓慢行，
白石粼粼〔9〕。	水底白石多晶莹。
我闻有命，	听说将有政变令，
不敢以告人〔10〕！	严守机密不告人！

【注释】

〔1〕扬之水：悠缓而流的水。

〔2〕凿凿：鲜明貌。

〔3〕素衣朱襮(bó)：白缯的内衣，红边的衣领。陈奂《诗毛氏传疏》：“素衣，谓中衣也。……礼唯诸侯中衣则然，大夫用之则为僭。”襮也是诸侯的服饰，潘父是大夫，他也穿起诸侯的衣服。这里诗人用它代表潘父，他是这次政变的内应者。

〔4〕子：你，指潘父。　于：往，到。　沃：曲沃，在今山西省闻喜县东，是桓叔的封地。这位诗人可能是潘父随从者之一。

〔5〕君子：指桓叔。

〔6〕皓皓：洁白貌。

〔7〕绣：红边领上绣上五彩花纹。

〔8〕鹄：同“皋”，即曲沃。马瑞辰《毛诗传笺通释》：“鹄，古通作皋，泽也，皋也，沃也，盖析言则异，散言则通。三家诗从本字作皋，《毛诗》假借作鹄。非曲沃之旁别有邑名鹄也。”

〔9〕粼粼：清澈的样子。

〔10〕不敢以告人是门面话，实际上已经借诗向昭公告密了。严粲《诗缉》：“言不敢告人者，乃所以告昭公。”

椒　聊

【题解】

这是一首赞美妇女多子的诗。椒多子，所以，汉朝人用椒房这名词称皇后住的房屋，取其多子吉祥之意。古代以多子为福，这首诗也是用椒起兴，贺妇女多子。

椒聊之实〔1〕，	花椒串串挂树上，
蕃衍盈升〔2〕。	结子繁盛满升量。
彼其之子，	这位妇人子孙多，
硕大无朋〔3〕。	身材高大称无双。

椒聊且[4]！	花椒一囊囊！
远条且[5]！	远闻扑鼻香！
椒聊之实，	花椒串串已成熟，
蕃衍盈匊[6]。	结子繁盛捧不够。
彼其之子，	这位妇人子孙多，
硕大且笃[7]。	身材高大又肥厚。
椒聊且！	花椒一兜兜！
远条且！	远远暗香透！

【注释】

〔1〕椒：花椒。果实红色，种子黑色，可入药或调味。 聊：同“莍”，亦作朻、梂，草木结成一串串果实(从阮元《揅经室集》、胡承珙《毛诗后笺》说)。

〔2〕蕃衍：繁盛众多。 盈：满。 升：量器名。

〔3〕硕：大。 无朋：无比。

〔4〕且(jū)：语助词。

〔5〕远条：条古与修通用，古本《诗经》作“远修且”。修，长，指香气传得远(从马瑞辰说)。

〔6〕匊(jū)：古掬字，两手合捧。

〔7〕笃：厚，厚实；这里用于形容妇人的肥胖。

绸　缪

【题解】

这是一首祝贺新婚的诗。它和一般贺婚诗有些不同，带有戏谑、开玩笑的味道；大约是民间闹新房的口头歌唱。

绸缪束薪[1]，	把把柴草紧紧缠，
三星在天[2]。	三星高高天上闪。
今夕何夕[3]，	今天夜里啥日子，
见此良人[4]？	见这丈夫欢不欢？
子兮子兮[5]，	叫新娘，问新娘，
如此良人何[6]？	你把丈夫怎么办？
绸缪束刍[7]，	把把野草密密缠，
三星在隅[8]。	三星遥遥天边闪。
今夕何夕，	今天夜里啥日子，
见此邂逅[9]？	两口心里甜不甜？
子兮子兮，	叫新娘，问新郎，
如此邂逅何？	你把爱人怎么办？
绸缪束楚[10]，	把把荆条细细缠，
三星在户[11]。	三星低低门上闪。
今夕何夕，	今天夜里啥日子，
见此粲者[12]？	见这美人恋不恋？
子兮子兮，	叫新郎，问新郎，
如此粲者何？	你把美人怎么办？

【注释】

〔1〕绸缪：紧密缠缚的意思。 束薪：一捆捆的柴草。束薪、束刍、束楚，都是用它象征结婚。见《周南·汉广》注〔7〕。

〔2〕三星：三是虚数，不是实指。有人说，三与“参”古通，指参星，亦通。三星在天，是描写结婚之夜。

〔3〕今夕何夕：是闹新房的人故意戏问新娘的话。

〔4〕良人：古代妇女称夫为良人。《仪礼》郑注：“妇女称夫曰良。”《孟子·离娄》：“良人者，所仰望而终身也。”

〔5〕子兮：你呀。这是闹新房者呼新娘之词。有人将“子”解为“嗟嗞”的叹词，说亦可通。

〔6〕如……何：把……怎么样。《孔疏》：“如何，犹奈何。”

〔7〕刍：是结婚时用它喂亲迎马的草料。束刍，一捆捆的草。

〔8〕隅：指天的东南边。朱熹：“昏现之星至此，则夜久矣。”

〔9〕邂逅：本义是会合，引申为“悦”，这里用它作名词，指可爱的人，可简称为“爱人”。

〔10〕楚：荆条。

〔11〕户：朱熹：“户，室户也。户必南出，昏现之星至此，则夜分矣。”

〔12〕粲者：美人。粲，古字作妭，《说文》：“三女为妭，妭，美也。”

杕　杜

【题解】

这是一个孤独的流浪者求助不得的感伤诗。他自伤失去了兄弟，路上虽有很多和他同走的人，但谁也不愿亲近他、援助他。有人认为这是一篇乞食者之歌，说亦可通。

有杕之杜[1]，	一株杜梨虽孤零，
其叶湑湑[2]。	还有叶子密密生。
独行踽踽[3]，	独自行走冷清清，
岂无他人？	难道没人同路行？
不如我同父[4]。	不如同胞骨肉亲。
嗟行之人[5]，	可叹处处陌路人，

胡不比焉[6]？	为何不来近我身？
人无兄弟，	有人生来没兄弟，
胡不佽焉[7]？	为何不肯怜我贫？
有杕之杜，	一株杜梨虽孤零，
其叶菁菁[8]。	还有叶子青又青。
独行睘睘[9]，	独自行走苦伶仃，
岂无他人？	难道没人同路行？
不如我同姓[10]。	不如同胞骨肉亲。
嗟行之人，	可叹处处陌路人，
胡不比焉？	为何不来近我身？
人无兄弟，	有人生来没兄弟，
胡不佽焉？	为何不肯怜我贫？

【注释】

〔1〕杕（dì）：孤生独特的样子。　杜：杜梨，棠梨。蔷薇科落叶乔木，枝有刺，果实小而酸。

〔2〕湑湑（xǔ）：树叶茂盛的样子。

〔3〕踽踽（jǔ）：无亲独行的样子。

〔4〕同父：朱熹《诗集传》释为："兄弟也。"

〔5〕行：道路。

〔6〕比：亲。有人解作辅助，亦通。

〔7〕佽（cì）：资助。

〔8〕菁菁（jīng）：树叶茂盛的样子。

〔9〕睘睘（qióng）：同"茕茕"，孤独无所依靠的样子。

〔10〕同姓：同母生的兄弟。马瑞辰《毛诗传笺通释》："女生曰姓，此诗同姓，对前章同父而言，又据下文人无兄弟而言。同姓，盖谓同母生者。"

羔 裘

【题解】

这大约是一个贵族婢妾反抗主人的诗。

羔裘豹祛[1]，	羔袍袖口镶豹毛，
自我人居居[2]。	对我傲慢气焰高。
岂无他人？	难道没有别的人？
维子之故[3]！	非要同你才相好！
羔裘豹褎[4]，	羔袍豹袖显贵人，
自我人究究[5]。	态度恶劣气焰盛。
岂无他人？	难道没有别人爱？
维子之好！	非同你好就不成！

【注释】

〔1〕豹祛（qū）：镶着豹皮的袖口。这是古代卿大夫的服饰。

〔2〕自：对于。 我人：我们。 居居：借为倨倨，态度傲慢。

〔3〕维：同“惟”，只。 子：你，指这个大夫。 之：是。 故：借作婟，爱。有人说，“故”指故旧，亦通。

〔4〕褎：同“袖”。

〔5〕究究：心怀恶意不可亲近的样子，也是傲慢的意思。

鸨　羽

【题解】

这是一首农民反抗无休止的徭役制度的诗。农民不能在家从事生产，父母生活无保障，诗人怨极呼天。这不仅反映了“王事”给人民带来的负担和灾难，也表现了劳动人民向往安居乐业、全家团聚的生活。

肃肃鸨羽[1]，	大雁沙沙展翅膀，
集于苞栩[2]。	落在丛丛柞树上。
王事靡盬[3]，	国王差事做不完，
不能艺稷黍[4]，	不能在家种黍粱，
父母何怙[5]？	爹娘生活靠谁养？
悠悠苍天！	抬头遥问老天爷，
曷其有所[6]？	啥时才能回家乡？
肃肃鸨翼，	大雁沙沙拍翅膀，
集于苞棘[7]。	落在丛丛棘树上。
王事靡盬，	国王差事做不完，
不能艺黍稷，	不能在家种黍粱，
父母何食？	爹娘吃饭哪来粮？
悠悠苍天！	抬头遥问老天爷，
曷其有极[8]？	劳役期限有多长？

肃肃鸨行[9]，	大雁沙沙飞成行，
集于苞桑。	落在密密桑树上。
王事靡盬，	国王差事做不完，
不能艺稻粱，	不能在家种稻粱，
父母何尝？	哪来粮食养爹娘？
悠悠苍天！	抬头遥问老天爷，
曷其有常[10]？	啥时生活能正常？

【注释】

〔1〕肃肃：鸟摇动翅膀的声音。 鸨（bǎo）：似雁而大，脚上没有后趾，所以不能在树上稳定地栖息。陆玑："鸨连蹄，性不树止。"

〔2〕集：栖息。 苞：草木丛生。 栩（xǔ）：柞树。

〔3〕靡：没有。 盬（gǔ）：止息。

〔4〕艺：种植。

〔5〕怙（hù）：恃，依靠。

〔6〕曷：何。 所：处所。此句言何时才能安居。

〔7〕棘：酸枣树。

〔8〕极：尽头。

〔9〕鸨行：鸨鸟飞的行列。马瑞辰《通释》："鸨行，犹雁行也。雁之飞有行列，而鸨似之。"

〔10〕常：正常。

无 衣

【题解】

这是一首览衣感旧或伤逝的诗。这位被称为"子"的制衣者，当是一位女性。细玩诗的内容和风格，似属于民间口头创作。旧说是晋武公篡位后，他的大夫写给周厘王的官吏或使者的诗，恐皆附会。

岂曰无衣七兮[1]？	难道说我今天缺衣少穿？
不如子之衣[2]，	叹只叹都不是你的针线，
安且吉兮[3]！	怎比得你做的舒坦美观！
岂曰无衣六兮？	难道说我今天缺衣少穿？
不如子之衣，	叹只叹都不是旧日衣冠，
安且燠兮[4]！	怎比得你做的舒服温暖！

【注释】

〔1〕七：虚数，指衣之多。下章的六同此。
〔2〕子：您。指这位制衣者。
〔3〕安：安舒，舒适。 吉：善，美。
〔4〕燠：暖和。

有杕之杜

【题解】

这是一首恋歌，一个女子看中了对象，希望他来到身旁，招待他吃喝。旧说刺晋武公，当非诗意。

有杕之杜[1]，	一株杜梨独自开，
生于道左[2]。	长在左边道路外。
彼君子兮，	不知我那心中人，
噬肯适我[3]？	可肯到我这里来？
中心好之，	心里既然爱着他，
曷饮食之[4]？	何不请他喝一杯？

有杕之杜，	一株杜梨独自开，
生于道周[5]。	长在右边道路外。
彼君子兮，	不知我那心中人，
噬肯来游[6]？	可肯出门看我来？
中心好之，	心里既然爱着他，
曷饮食之？	何不请他喝一杯？

【注释】

〔1〕有杕之杜：见《杕杜》注〔1〕。

〔2〕道左：道路的左边，古人以东为左。

〔3〕噬(shì)：通“逝”，语首助词。　适：之，到。

〔4〕曷：同“盍”，何不。

〔5〕周：右的假借。《韩诗》云：“周，右也。”

〔6〕来游：来观，来看我。《毛传》：“游，观也。”

葛　生

【题解】

这是一位妇人悼念丈夫的诗。诗句悱恻伤痛，感人至深，不愧为悼亡诗之祖。

葛生蒙楚[1]，	葛藤爬满荆树上，
蔹蔓于野[2]。	蔹草蔓延野外长。
予美亡此[3]，	我爱已离人间去，
谁与独处[4]！	谁人伴我守空房！

葛生蒙棘，	葛藤爬满枣树上，
蔹蔓于域〔5〕。	蔹草蔓延墓地旁。
予美亡此，	我爱已离人间去，
谁与独息！	谁人伴我睡空房！
角枕粲兮〔6〕，	角枕晶莹作陪葬，
锦衾烂兮〔7〕。	敛尸锦被闪闪光。
予美亡此，	我爱已离人间去，
谁与独旦〔8〕！	谁人伴我到天亮！
夏之日，	夏嫌白昼长，
冬之夜。	冬季夜漫漫。
百岁之后〔9〕，	但愿百年我死后，
归于其居〔10〕！	到你坟里再相见！
冬之夜，	冬季夜漫漫，
夏之日。	夏嫌白昼长。
百岁之后，	但愿百年我死后，
归于其室〔11〕！	到你墓里共相傍！

【注释】

〔1〕蒙：覆盖。　楚：荆树。

〔2〕蔹(liǎn)：草名，它和葛藤都是蔓生植物，必须依附在大树上才能生存。　蔓：蔓延。

〔3〕予美：犹今言“我爱”，妇人称她的丈夫。　亡：不在。

〔4〕谁与：谁和我同居。有人说，这句是说“谁伴死者孤独地长眠

地下呢?”可备一说。

〔5〕域:墓地。

〔6〕角枕:用兽骨做装饰的枕头,死者所用。 粲:同“灿”,华美鲜明的样子。

〔7〕锦衾:用锦做的被子,敛尸用的。

〔8〕独旦:独睡到天亮。

〔9〕百岁之后:指死后。

〔10〕居:指死者住的地方,即坟墓。

〔11〕其室:指死者的坟墓。

采　苓

【题解】

这是劝人不要听信谗言的诗。旧说刺晋献公,从诗的本身看不出一定是刺晋献公的。

采苓采苓〔1〕,	采甘草呀采甘草,
首阳之颠〔2〕。	在那首阳山顶找。
人之为言〔3〕,	有人专爱造谣言,
苟亦无信〔4〕。	千万别信那一套。
舍旃舍旃〔5〕,	别理他呀别睬他,
苟亦无然〔6〕。	那些全都不可靠。
人之为言,	有人专爱造谣言,
胡得焉〔7〕!	啥也捞不到。
采苦采苦〔8〕,	采苦菜呀到处跑,
首阳之下。	在那首阳山下找。

人之为言，	有人喜欢说谎话，
苟亦无与[9]。	千万别跟他一道。
舍旃舍旃，	别理他呀别睬他，
苟亦无然。	那些全都不可靠。
人之为言，	有人喜欢说谎话，
胡得焉！	啥也得不到！
采葑采葑[10]，	采芜菁呀路迢迢，
首阳之东。	首阳山东仔细瞧。
人之为言，	有人爱说欺诳话，
苟亦无从。	千万不要跟他跑。
舍旃舍旃，	别理他呀别睬他，
苟亦无然。	那些全都不可靠。
人之为言，	有人爱说欺诳话，
胡得焉！	啥也骗不到！

【注释】

〔1〕苓：甘草。

〔2〕首阳：山名，在今山西省永济县南；亦名雷首山，与伯夷、叔齐的饿隐处同名而异地。《毛传》："采苓，细事也。首阳，幽辟也。细事喻小行也，幽辟喻无征也。"

〔3〕为：通"伪"。为言，谎话。陈奂："古为、伪、讹三字同。《毛诗》本作为，读作'伪'也。为言，即谗言，所谓小行无征之言也。"

〔4〕苟：诚，确实。陈奂："苟亦无信，诚无信也。"　亦：为语助词。　无：同"勿"，不要。

〔5〕舍：抛弃。　旃(zhān)：犹"之"。

〔6〕无然：无是，不正确。

〔7〕胡：何。
〔8〕苦：菜名，亦名荼。《毛传》："苦，苦荼也。"
〔9〕无与：犹"毋以"，不要赞同。《毛传》："勿用也。"
〔10〕葑：菜名，芜菁。

秦　风

秦本来是周的附庸。周宣王时，秦仲为大夫，诛西戎，不克，为西戎所杀。平王东迁，秦仲之孙襄公派兵护送他到洛阳，平王封襄公为诸侯，秦才成为一个诸侯国。

《秦风》共十篇。其中《小戎》诗说“其在板屋”，板屋为西戎之地。朱熹说：“西戎者，秦之臣子所与不共戴天之仇也。襄公上承天子之命，率其国人往而征之。”是《小戎》一诗，写秦襄公伐戎的事，约在公元前800年左右。又《黄鸟》是秦人揭露斥责秦穆公用人殉葬的诗。《左传》文公六年：“秦伯任好卒，以子车氏之三子奄息、仲行、鍼虎为殉，皆秦之良也。国人哀之，为之赋《黄鸟》。”这是公元前621年左右的事。可见《秦风》也是东周末至春秋时的作品。

秦原来占据着甘肃天水一带地方。西周末年，平王东迁，封秦襄公为诸侯，于是秦地就扩大到西周王畿和豳地，即今陕西地区及甘肃东部。《汉书·地理志》说：“安定北地，上郡西河，皆迫近戎狄，修习战备，高尚气力，以射猎为先。故秦诗曰：‘其在板屋。’又曰：‘王于兴师，修我甲兵，与子俱行。’及《车邻》、《驷驖》、《小戎》之篇，皆车马田猎之事。”可见尚武精神，就是《秦风》的特点。

车　邻

【题解】

这是一首反映秦君腐朽的生活和思想的诗。诗是用一个女性的口吻写的，她可能是秦君宫中的一位婢妾。从她的嘴里，反映了秦君生活、思想的一个片断。

有车邻邻[1]，	车儿驶过响辚辚，
有马白颠[2]。	驾车马儿白额顶。
未见君子[3]，	为啥不见君王面，
寺人之令[4]。	只因寺人没传令。
阪有漆[5]，	山坡上面漆树种，
隰有栗[6]。	低洼地里栗成丛。
既见君子，	总算见到君王面，
并坐鼓瑟[7]。	并坐弹瑟喜相逢。
“今者不乐，	“现在及时不行乐，
逝者其耋[8]！”	将来转眼成老翁。”
阪有桑，	山坡上面有绿桑，
隰有杨。	低洼地里长水杨。
既见君子，	总算见到君王面，
并坐鼓簧[9]。	并排坐着吹笙簧。
“今者不乐，	“现在及时不行乐，
逝者其亡！”	将来转眼见阎王。”

【注释】

〔1〕邻邻：亦作“辚辚”，车行声。摹声词。《毛传》：“邻邻，众车声也。”

〔2〕白颠：白颠马，马额正中有块白毛。

〔3〕君子：这里指秦君。

〔4〕寺人：古代宫中供使令的小臣。《毛传》："寺人，内小臣也。"宫中女没有得到寺人传令，是不能见国君的。

〔5〕阪(bǎn)：山坡。

〔6〕隰(xí)：低湿的地。以上两句，是《诗经》中常用的起兴习语，多用它表示爱情。

〔7〕鼓：弹。

〔8〕逝者：将来。俞樾《群经平议》："逝者对今者言，今者谓此日，逝者谓他日也。逝，往也，谓过此以往也。"　耋(dié)：八十岁，也有说是六十或七十的。这里是泛指老。

〔9〕簧：古乐器名，见《王风·君子阳阳》注〔2〕。

驷　驖

【题解】

这是一首描写秦君打猎的诗，大致是秦襄公时(约在公元前777年以后)的作品。诗中的公，当即秦襄公。他当时助平王迁都洛阳，被封为诸侯，遂有周西都畿内岐、丰八百里之地。秦风尚武，逐渐强大。这是诗的社会背景。

驷驖孔阜〔1〕，	四匹黑马壮又肥，
六辔在手〔2〕。	六根缰绳手里垂。
公之媚子〔3〕，	公爷宠爱赶车人，
从公于狩〔4〕。	跟他一起去打围。
奉时辰牡〔5〕，	兽官放出应时兽，
辰牡孔硕〔6〕。	应时野兽个个肥。
公曰左之〔7〕，	公爷喊声"朝左射"，

舍拔则获[8]。	箭发野兽应声坠。
游于北园[9]，	猎罢再去游北园，
四马既闲[10]。	驾轻就熟马悠闲。
輶车鸾镳[11]，	车儿轻快銮铃响，
载猃歇骄[12]。	猎狗息在车中间。

【注释】

〔1〕驷：陈奂《诗毛氏传疏》："驷，当作四，四马曰驷。若下一字为马名，则上一字作四，不作驷。" 驖（tiě）：毛黑色、毛尖略带红色的马。 孔：甚，很。 阜：肥大。

〔2〕辔：马缰绳。六辔，《孔疏》："每马有二辔，四马当八辔矣。言六辔者，以骖马内辔纳之于觖，故在手者，惟六辔耳。"

〔3〕公：指秦君。 媚子：所宠爱的人，指驾车者。

〔4〕于：往，去。 狩：冬猎。

〔5〕奉：供给。 时：是，这个。 辰：时，应时。 牡：公兽。此句言兽官"虞人"驱出应时野兽以供秦君打猎。

〔6〕硕：肥大。

〔7〕左之：使之左，指向左边射箭。

〔8〕舍：今作"捨"，放，发。 拔：亦作"柭"，箭的尾部。舍拔，即放开箭的尾部，箭即被弦弹出。

〔9〕北园：秦国的动物园。陈奂认为古"游"和"田"同义，都是打猎的意思。说亦可通。

〔10〕闲：熟练。《毛传》："闲，习也。"

〔11〕輶车：古代的一种轻便车，此指古代的战车或田猎的副车。 鸾：通"銮"，车铃。 镳（biāo）：马口旁的勒具。《说文》："人君乘车，四马镳，八銮铃。象鸾鸟之声和则敬也。"铃挂在镳上，故曰鸾镳。

〔12〕猃（xiǎn）：长嘴巴的猎狗。 歇骄：亦作"猲獢"，短嘴巴的猎狗。张衡《西京赋》："属车之箠，载猃猲獢。"张铣注："猃、猲，皆狗也。载之以车也。"朱熹《诗集传》："以车载犬，盖以休其足力也。"

小　戎

【题解】

这是一位妇女思念她丈夫远征西戎的诗。诗当产生于秦襄公十二年(前766年)襄公伐戎之时。

小戎俴收[1]，	战车轻小车厢浅，
五楘梁辀[2]。	五根皮条缠车辕。
游环胁驱[3]，	环儿扣儿马具全，
阴靷鋈续[4]。	拉车皮带穿铜圈。
文茵畅毂[5]，	虎皮垫座车毂长，
驾我骐馵[6]。	花马驾车他执鞭。
言念君子[7]，	想起夫君好人儿，
温其如玉；	人品温和玉一般；
在其板屋[8]，	如今从军去西戎，
乱我心曲[9]。	搅得我心烦又乱。
四牡孔阜，	四匹马儿肥又大，
六辔在手。	六根缰绳手里拿。
骐骝是中[10]，	青马红马在中间，
䯄骊是骖[11]。	黄马黑马两边驾。
龙盾之合[12]，	画龙盾牌双双合，
鋈以觼軜[13]。	白铜绳环对对拉。

言念君子，	想念夫君好人儿，
温其在邑[14]。	从军戎地性和洽。
方何为期[15]？	何日才能凯旋归？
胡然我念之[16]。	叫我怎么不想他！

俴驷孔群[17]，	四马协调铁甲轻，
厹矛鋈錞[18]。	酋矛杆柄套铜镦。
蒙伐有苑[19]，	新漆盾牌画毛羽，
虎韔镂膺[20]。	虎皮弓袋刻花纹。
交韔二弓[21]，	两弓交叉袋中放，
竹闭绲縢[22]。	正弓竹柲绳捆紧。
言念君子，	想念夫君好人儿，
载寝载兴[23]；	忽睡忽起不安心。
厌厌良人[24]，	夫君温和又安静，
秩秩德音[25]。	彬彬有礼好名声。

【注释】

〔1〕戎：兵车。　俴(jiàn)：浅。　收：轸，车后横木。兵车的车后横木较低，因此，车厢也较浅。

〔2〕楘(mù)：有花纹的皮条。　梁辀(zhōu)：车辕。古时马车一根辕，形状有些弯曲，像房屋上的栋梁，又像船，所以叫做梁辀。因为太长，怕它折裂，所以五处用有花纹的皮条箍牢。

〔3〕游环：活动的皮环，结在服马颈套上，用它贯串两旁骖马的外辔，控制它不乱跑。　胁驱：驾具名，装在马胁两旁的皮扣连在拉车的皮带上，也是控制骖马用的。

〔4〕阴：车轼前的横板。　靷(yǐn)：引车前进的皮带，将横板的两根皮条前系于衡，后经过车下，系在车轴上，引车前进。　鋈(wù)续：白铜制的环。王夫之《诗经稗疏》：“《广雅》：‘白铜谓之鋈。’鋈乃白

铜之名，无‘沃灌’之义。”严粲：“靷端作环相接，谓之续。”

〔5〕文茵：用有花纹的虎皮制的车褥子。　畅：长。　毂（gǔ）：车轴伸在两轮之外的部分。

〔6〕骐：青黑色相杂有花纹的马。　馵（zhù）：白脚的马。

〔7〕君子：指从军的丈夫。

〔8〕板屋：西戎民俗用木板盖房屋。此处以它代指西戎，其地在今甘肃一带。《汉书·地理志》：“天水郡陇西，山多林木，民以板为室屋。故秦诗曰：‘在其板屋。’”

〔9〕心曲：心窝。

〔10〕骝（liú）：亦作骝，红黑色的马。　中：指驾车四马当中的两匹服马。

〔11〕騧（guā）：黑嘴的黄马。　骊：黑色的马，亦称骥。　骖：驾车四马两旁的两匹马。

〔12〕龙盾：画龙的盾牌。　合：两只盾合在一处放在车上。

〔13〕觼（jué）：有舌的环。　軜（nà）：骖马靠里边的辔。

〔14〕在邑：在西戎的县里。《毛传》：“在敌邑也。”

〔15〕方：将。

〔16〕胡然：为什么。

〔17〕俴驷：穿薄的青铜甲的四匹马。　孔群：很协调。

〔18〕厹（qiú）矛：一种有三棱锋刃的长矛。亦作仇矛或酋矛。《释名》：“仇矛，头有三叉，言可讨仇敌之矛也。”仇与酋、厹通。　錞（duì）：亦名镦，矛柄下端的金属套。

〔19〕蒙：覆盖，遮蔽。　伐：通“瞂”，中等大小的盾。　苑（yūn）：花纹。

〔20〕虎韔（chàng）：虎皮制的弓袋。　膺：弓袋的正面。严粲：“镂膺，镂饰弓室之膺。弓以后为背，则以前为膺。故弓室之前亦为膺耳。”

〔21〕交韔二弓：交叉顺倒两只弓放在弓袋里。

〔22〕闭：通“柲”。竹柲，用竹制成纠正弓弩的工具。　绲（gǔn）：绳。　縢（téng）：捆绑。

〔23〕载：通“再”。

〔24〕厌厌（yān）：同“懕懕”，安静的样子。　良人：指丈夫。

〔25〕秩秩：有次序的样子。即进退有礼节。　德音：好声誉。

蒹葭

【题解】

这是一首描写追求意中人而不得的诗。

蒹葭苍苍[1]，	河边芦苇青苍苍，
白露为霜。	秋深露水结成霜。
所谓伊人[2]，	意中人儿在何处？
在水一方[3]。	就在河水那一方。
溯洄从之[4]，	逆着流水去找她，
道阻且长[5]。	道路险阻又太长。
溯游从之[6]，	顺着流水去找她，
宛在水中央[7]。	仿佛在那水中央。
蒹葭凄凄[8]，	河边芦苇密又繁，
白露未晞[9]。	清晨露水未曾干。
所谓伊人，	意中人儿在何处？
在水之湄[10]。	就在河岸那一边。
溯洄从之，	逆着流水去找她，
道阻且跻[11]。	道路险阻攀登难。
溯游从之，	顺着流水去找她，
宛在水中坻[12]。	仿佛就在水中滩。

蒹葭采采[13]，	河边芦苇密稠稠，
白露未已[14]。	早晨露水未全收。
所谓伊人，	意中人儿在何处？
在水之涘[15]。	就在水边那一头。
溯洄从之，	逆着流水去找她，
道阻且右[16]。	道路险阻曲难求。
溯游从之，	顺着流水去找她，
宛在水中沚[17]。	仿佛就在水中洲。

【注释】

〔1〕蒹葭：芦苇。　苍苍：茂盛鲜明的样子。

〔2〕伊人：这人。

〔3〕方：旁。一方，犹云一边。马瑞辰《通释》："方、旁古通用，一方即一旁也。"

〔4〕溯洄：逆着河流向上游走。　从：追，寻求的意思。

〔5〕阻：险阻，障碍。

〔6〕溯游：顺着河流向下走。

〔7〕宛：仿佛，好像。

〔8〕凄凄：同"萋萋"，茂盛的样子。

〔9〕晞(xī)：干。

〔10〕湄：水和草交接的地方，也就是岸边。

〔11〕跻(jī)：升，高起。

〔12〕坻(chí)：水中小沙洲。

〔13〕采采：众多的样子。

〔14〕已：止。

〔15〕涘(sì)：水边。

〔16〕右：向右转弯，即道路弯曲的意思。

〔17〕沚：水中小沙滩，比坻稍大。

终 南

【题解】

这是一首周地人民劝戒秦君的诗。《国语·郑语》："平王之末，秦取周土。"《史记·秦本纪》："平王封襄公为诸侯，赐之岐以西之地。其子文公，遂收周遗民有之。"这首诗可能就是周的遗民写的。诗用含蓄的语句向统治者问道：你将是我们的君主吗？你永远不要忘记这是周的土地和人民呀。

终南何有〔1〕？	终南山有什么来？
有条有梅〔2〕。	又有山楸又有梅。
君子至止，	公爷封爵到此地，
锦衣狐裘〔3〕。	锦衣狐裘好气派。
颜如渥丹〔4〕，	脸色红润像涂丹，
其君也哉〔5〕？	他做君主好是坏？

终南何有？	终南山有什么来？
有纪有堂〔6〕。	丛丛杞树棠梨开。
君子至止，	公爷封爵到此地，
黻衣绣裳〔7〕。	绣花衣裙闪五彩。
佩玉将将〔8〕，	身上佩玉锵锵响，
寿考不忘〔9〕！	永记我们别忘怀！

【注释】

〔1〕终南：山名，亦名南山。它的主峰在陕西西安城南。

〔2〕条：即楸树。　梅：旧注为楠木。按下章有棠，指棠梨树，这章可能指梅树。

〔3〕锦衣狐裘：当时诸侯的礼服。

〔4〕渥：涂。　丹：赤石制的红料。

〔5〕其君也哉：严粲《诗缉》："'其'者，将然之辞。'哉'者，疑而未定之意。"

〔6〕纪：杞的假借字，杞柳。　堂：棠的假借字，棠梨。三家诗作杞、棠。

〔7〕黻(fú)：衣，黑色和青色花纹相间的上衣。　绣裳：用五彩绣成的下裳。都是古代贵族穿的衣服。《毛传》："黑与青谓之黻，五色备谓之绣。"

〔8〕将将：同"锵锵"，佩玉相击的声音。

〔9〕寿考不忘：意指秦君到老不可忘记他的一切是从哪里来的。

黄　鸟

【题解】

这是一首秦国人民挽"三良"的诗。《左传》鲁文公六年："秦伯任好卒(公元前621年)，以子车氏之三子奄息、仲行、鍼虎为殉，皆秦之良也。国人哀之，为之赋《黄鸟》。"《史记·秦本纪》："武公卒……初以人从死，从死者六十六人。……缪(通"穆")公卒……从死者百七十七人，秦之良臣子舆氏三人名曰奄息、仲行、鍼虎，亦在从死之中。秦人哀之，为作歌《黄鸟》之诗。"据此记载，可以了解诗的产生年代与背景。全诗在悲惨无告的气氛中，反映了人民对统治者暴虐行为的强烈憎恨，对被害者高度的同情。它是古代挽歌之祖。

交交黄鸟〔1〕，	黄雀咬咬声凄凉，
止于棘〔2〕。	飞来落在枣树上。
谁从穆公〔3〕？	谁从穆公去殉葬？

子车奄息[4]。	子车奄息有名望。
维此奄息，	说起这位奄息郎，
百夫之特[5]。	才德百人比不上。
临其穴[6]，	走近墓穴要活埋，
惴惴其栗[7]。	浑身战栗心发慌。
彼苍者天，	叫声苍天睁眼看，
歼我良人[8]！	杀我好人不应当！
如可赎兮，	如果可以赎他命，
人百其身[9]！	愿死百次来抵偿。

交交黄鸟，	黄雀咬咬声凄凉，
止于桑。	飞来落在桑树上。
谁从穆公？	谁从穆公去殉葬？
子车仲行。	子车仲行有名望。
维此仲行，	说起这位仲行郎，
百夫之防[10]。	百人才德难比量。
临其穴，	走到墓穴要活埋，
惴惴其栗。	浑身哆嗦魂魄丧。
彼苍者天，	叫声苍天睁眼看，
歼我良人！	杀我好人你不响！
如可赎兮，	如果可以赎他命，
人百其身！	愿死百次来抵偿！

交交黄鸟，	黄鸟咬咬声凄凉，
止于楚。	飞来落在荆树上。

谁从穆公？	谁从穆公去殉葬？
子车鍼虎。	子车鍼虎有名望。
维此鍼虎，	说起这位鍼虎郎，
百夫之御[11]。	百人才德没他强。
临其穴，	走到墓穴要活埋，
惴惴其栗。	浑身发抖心惊惶。
彼苍者天，	叫声苍天睁眼看，
歼我良人！	杀我好人你不帮！
如可赎兮，	如果可以赎他命，
人百其身！	愿死百次来抵偿！

【注释】

〔1〕交交：通作“咬咬”，鸟叫声。 黄鸟：黄雀。

〔2〕止：停，落。 棘：酸枣树。黄雀落在棘、桑、楚等小木上，是不得其所。另一种解释，棘指紧急，桑指悲伤，楚指痛楚，都是双关词，也是当时言论不自由的一种反映（见马瑞辰《毛诗传笺通释》），亦通。

〔3〕从：从死，即殉葬。 穆公：春秋秦国的君主，姓嬴，名任好，当时五霸之一。

〔4〕子车奄息：人名，子车是姓。

〔5〕特：匹敌。马瑞辰《通释》：“《柏舟》诗：‘实维我特。’《传》：‘特，匹也。’匹之言敌也，当也。”

〔6〕穴：墓穴。

〔7〕惴惴（zhuì）：害怕的样子。 栗：战栗，发抖。朱熹《诗集传》说：“临穴而惴栗，盖生纳之圹中也。”即今所谓活埋。

〔8〕良人：善人。

〔9〕人百其身：意思等于说死一百次。一说，用一百人赎他一人。

〔10〕防：比。马瑞辰《通释》：“按此读防如比方之方。”

〔11〕御：抵挡。

晨 风

【题解】

这是一位妇女疑心丈夫遗弃她的诗。

鴥彼晨风[1]，	鹯鸟展翅疾如梭，
郁彼北林[2]。	北林茂密有鸟窝。
未见君子，	许久没见我夫君，
忧心钦钦[3]。	心里思念真难过。
如何如何[4]？	怎么办啊怎么办？
忘我实多！	他怎还会想到我！
山有苞栎[5]，	丛丛栎树长山坡，
隰有六驳[6]。	低湿地里红李多。
未见君子，	许久没见我夫君，
忧心靡乐。	愁闷不乐受折磨。
如何如何？	怎么办啊怎么办？
忘我实多！	他怎还会想到我！
山有苞棣[7]，	成丛棣树满山坡，
隰有树檖[8]。	低湿地里山梨多。
未见君子，	许久没见我夫君，
忧心如醉。	心如醉酒失魂魄。

如何如何？	怎么办啊怎么办？
忘我实多！	他怎还会想到我！

【注释】

〔1〕鴥（yù）：鸟疾飞的样子。　晨风：《说文》作“鷐风”，即鹯鸟，属鹰鹞一类的猛禽。

〔2〕郁：茂密的样子。

〔3〕钦钦：忧愁而不能忘记的样子（从朱熹《诗集传》说）。

〔4〕如何：陈奂《诗毛氏传疏》：“如，犹奈也。”如何，即奈何、“怎么办”的意思。

〔5〕苞：丛生的样子。　栎（lì）：树名。

〔6〕六：蓼的借字，长长的样子（从闻一多说）。　驳：赤李。

〔7〕棣：亦名唐棣、郁李，结果色红如李。

〔8〕树：直立的样子，形容檖。　檖：山梨。

无　衣

【题解】

这是一首秦地的军中战歌，可能是秦国帮助周王抵抗外族侵略的军歌。全诗充满了慷慨激昂、热情互助的气氛，表现了战士们英勇抗敌的精神。

岂曰无衣？	谁说没衣穿？
与子同袍[1]。	你我合穿一件袍。
王于兴师[2]，	国王要起兵，
修我戈矛[3]，	赶快修理戈和矛，
与子同仇[4]！	共同对敌在一道！
岂曰无衣？	谁说没衣穿？

与子同泽[5]。	你我合穿一件衫。
王于兴师，	国王要起兵，
修我矛戟，	修好矛戟亮闪闪，
与子偕作[6]！	咱们两个一道干！
岂曰无衣？	谁说没衣穿？
与子同裳[7]。	你我合着穿衣裳。
王于兴师，	国王要起兵，
修我甲兵[8]，	修好铠甲和刀枪，
与子偕行！	咱们一道上战场！

【注释】

〔1〕袍：长衣。形状像斗篷，行军时白天当衣穿，夜里当被盖。同袍，表示友爱互助的意思。

〔2〕王：秦国人称秦君为王。　于：语助词，其作用和曰、聿同。兴师：起兵。

〔3〕修：修理，整治。　戈、矛：都是古代长柄的武器。

〔4〕同仇：共同对付敌人。

〔5〕泽：通“襗”，贴身的内衣。

〔6〕偕作：共同干。

〔7〕裳：下衣，战裙。

〔8〕甲：铠甲。　兵：兵器的总名。

渭　阳

【题解】

这是写外甥送舅父的送别诗。诗中写外甥送舅的礼物，有“路车、乘黄”，这是当时诸侯所用的车马。因此有人说，这是秦穆公的儿子康公送晋文公重耳回国时所作(康公的母亲，是重耳的姊姊，她嫁给秦穆公，时人称她为秦穆夫人)。未知确否。

我送舅氏[1]，	我送舅舅回舅家，
曰至渭阳[2]。	送到渭水北边涯。
何以赠之？	用啥礼物送给他？
路车乘黄[3]。	一辆路车四黄马。
我送舅氏，	我送舅舅回舅家，
悠悠我思[4]。	忧思悠悠想起妈。
何以赠之？	用啥礼物送给他？
琼瑰玉佩[5]。	宝石佩玉一大挂。

【注释】

〔1〕舅氏：舅父。因为舅和甥的姓氏不同，所以称作舅氏。

〔2〕渭阳：渭，渭水，流经陕西西安。阳，河流的北面。陈奂《诗毛氏传疏》："水北曰阳，渭阳，在渭水北，送舅氏至渭阳，不渡渭也。"

〔3〕路车：古代诸侯乘的车子。　乘黄：四匹黄马。

〔4〕悠悠我思：据《孔疏》，是指因为送舅而思念死去的母亲。

〔5〕琼瑰：美玉。

权　舆

【题解】

这是一首没落贵族回想当年生活而自伤的诗。春秋时代，地主的私田渐多，各国纷纷实行按亩税田。领主没落，生活下降。这首诗就是当时社会变革的一种反映。过去领主住得好，吃得好，都是靠世袭的禄位，祖先传下来的土地、人民，供他们剥削享受；如今一切都丧失了，所以他说“不承权舆”。

於，我乎[1]！	唉，我呀！
夏屋渠渠[2]，	从前住的大厦高楼，
今也每食无余。	如今每餐勉强吃够。
于嗟乎！	唉呀呀！
不承权舆[3]！	当初排场哪能讲究！
於，我乎！	唉，我呀！
每食四簋[4]，	从前每餐四碗打底，
今也每食不饱。	如今每餐饿着肚皮。
于嗟乎！	唉呀呀！
不承权舆！	再也没有当初福气！

【注释】

〔1〕於（wū）：叹词。

〔2〕夏屋：大屋，夏即厦。《毛传》：“夏，大也。” 渠渠：屋深广的样子。

〔3〕承：继承。 权舆：始初。

〔4〕簋（guǐ）：古代食器。

陈　风

《陈风》共十篇。它的产生年代，有事实可考者仅《株林》一篇。据《左传》鲁宣公九年和十年的记载，得知诗中的“夏南”，就是夏姬的儿子。夏姬本是郑国的女子，嫁给陈国大夫夏御叔，生子夏徵舒，字南。夏姬貌美，陈灵公和她私通，被夏南所杀。所以诗人讥刺他们。宣公十年，即公元前 599 年，当春秋中叶。除此之外，其余的诗都不可考，可能多是东周以后的作品。

陈地在今河南省淮阳、柘城及安徽省亳县一带。土地广平，无名山大川。《陈风》多半是关于恋爱婚姻的诗，这和该地人民崇信巫鬼的风俗有密切关系。《汉书·地理志》说：“太姬(周武王的长女，嫁给陈国第一代君主胡公满)妇人尊贵，好祭祀用巫。故俗好巫鬼，击鼓于宛丘之上，婆娑于枌树之下。有太姬歌舞遗风。”《宛丘》和《东门之枌》等诗，正可说明陈地的诗风。

宛　丘

【题解】

这首诗，写一个男子爱上一个以巫为职业的舞女。陈国民间风俗爱好跳舞，巫风盛行。《说文》：“巫，祝也。女能事无形，以舞降神者也。”诗中的“子”，就是以舞降神为职业的女子，所以她不论天冷天热都在街上为人们祝祷跳舞。这首诗，反映了当时陈国巫风盛行与民间舞蹈的一些情况。

子之汤兮〔1〕，　　姑娘跳舞摇又晃，
宛丘之上兮〔2〕。　　在那宛丘高地上。
洵有情兮〔3〕，　　心里实在爱慕她，
而无望兮。　　可惜没有啥希望。

坎其击鼓〔4〕，　　敲起鼓来咚咚响，
宛丘之下。　　跳舞宛丘低坡上。
无冬无夏，　　不管寒冬和炎夏，
值其鹭羽〔5〕。　　洁白鹭羽手中扬。

坎其击缶〔6〕，　　敲起瓦盆当当响，
宛丘之道。　　跳舞宛丘大路上。
无冬无夏，　　不管寒冬和炎夏，
值其鹭翿〔7〕。　　头戴鹭羽鸟一样。

【注释】

〔1〕子：指跳舞的女巫。　汤：音义同“荡”，《楚辞·离骚》注引《诗》作“荡”。形容舞姿摇摆的样子。

〔2〕宛丘：陈国丘名，在陈国都城（今河南淮阳）东南。

〔3〕洵：信，确实。

〔4〕坎其：即坎坎，象击鼓声和击缶声。

〔5〕值：与“植”通，作持或戴解。　鹭羽：用鹭鸶鸟的羽毛制成扇形或伞形的舞具，舞者有时持在手中，有时戴在头上。

〔6〕缶（fǒu）：瓦质的打击乐器。

〔7〕翿（dào）：见《王风·君子阳阳》注〔6〕。

东门之枌

【题解】

这是一首描写男女相爱，聚会歌舞的民间情歌，表现了当时青年的爱情生活，也反映了陈国男女聚会、歌舞相乐、巫风盛行的特殊风俗。

东门之枌〔1〕，	东门白榆长路边，
宛丘之栩〔2〕。	宛丘柞树连成片。
子仲之子〔3〕，	子仲家里好姑娘，
婆娑其下〔4〕。	大树底下舞翩跹。
穀旦于差〔5〕，	挑选一个好时光，
南方之原〔6〕。	同到南边平原上。
不绩其麻，	撂下手中纺的麻，
市也婆娑。	闹市当中舞一场。
穀旦于逝〔7〕，	趁着良辰同前往，
越以鬷迈〔8〕。	多次相会共寻芳。
视尔如荍〔9〕，	看您像朵锦葵花，
贻我握椒〔10〕。	送我花椒一把香。

【注释】

〔1〕东门：陈的城门，地近宛丘。　枌：白榆树。

〔2〕栩(xǔ)：柞树。

〔3〕子仲：当时的一个姓氏。子，女儿。《诗三家义集疏》引黄山云："诗'婆娑其下'，与'市也婆娑'，即是一人。下章言'不绩其麻'，则'子仲之子'，亦犹'齐侯之子'、'蹶父之子'，明是女子。"

〔4〕婆娑：舞蹈。

〔5〕榖：善。榖旦：吉日，好日子。 于：语助词，无义。 差(chāi)：选择。

〔6〕原：高而平坦之地。

〔7〕逝：往。

〔8〕越以：发语词，即"于以"。 鬷(zōng)：屡次。 迈：往，去。

〔9〕荍(qiáo)：植物名，亦名锦葵，花淡紫色。

〔10〕贻：送。 握：一把。 椒：花椒。屈原《离骚》："巫咸将夕降兮，怀椒糈以要之。"王逸注："椒，香物，所以降神是也。"据此，这位子仲家的姑娘，可能兼作巫女，她跳舞时带着花椒降神，顺便就用这当作赠送情人的礼物。

衡　门

【题解】

这是一位没落贵族以安于贫贱自慰的诗。郭沫若《中国古代社会研究》说："这首诗也是一位饿饭的破落贵族作的。他食鱼本来有吃河鲂河鲤的资格……但是贫穷了，吃不起了。他娶妻本来有娶齐姜、宋子的资格，但是贫穷了，娶不起了。娶不起，吃不起，偏偏要说两句漂亮话，这正是破落贵族的根性。"他分析这首诗的主题非常透彻，录下供读者参考。

衡门之下〔1〕，	支起横木做门框，
可以栖迟〔2〕。	房子虽差也无妨。

泌之洋洋[3]，　　　　泌丘泉水淌啊淌，
可以乐饥[4]。　　　　清水也能充饥肠。

岂其食鱼，　　　　　难道我们吃鱼汤，
必河之鲂[5]？　　　　非要鲂鱼才算香？
岂其取妻[6]，　　　　难道我们娶妻子，
必齐之姜[7]？　　　　不娶齐姜不风光？

岂其食鱼，　　　　　难道我们吃鱼汤，
必河之鲤？　　　　　非要鲤鱼才算香？
岂其取妻，　　　　　难道我们娶妻子，
必宋之子[8]？　　　　不娶宋子不排场？

【注释】

〔1〕衡：通“横”。王引之《经义述闻》：“门之为象，纵而不横……窃疑衡门、墓门亦是城门之名。”闻一多从王说，认为衡门是陈国城门名，亦通。

〔2〕栖迟：游息。

〔3〕泌(bì)：本义是泉水流得很快的样子，后来作为陈国泌邱地方的泉水名。　洋洋：水流盛大的样子。

〔4〕乐饥：乐和瘵、疗古通用，读音与“疗”同，治疗的意思。《韩诗》作“可以疗饥”。

〔5〕鲂：鱼名。亦名平胸鳊、三角鳊。它和鲤鱼，当时人认为是最好的鱼。

〔6〕取：通“娶”。

〔7〕姜：齐国贵族的姓。齐姜，齐国姓姜的贵族女子。

〔8〕子：宋国贵族的姓。宋子，宋国姓子的贵族女子。

东门之池

【题解】

这是一首男女相会的情歌。诗以男性的口吻写他追求一位在东门城池浸麻织布的女子。

东门之池〔1〕，	东城门外护城池，
可以沤麻〔2〕。	可以泡麻织衣裳。
彼美叔姬〔3〕，	美丽姬家三姑娘，
可与晤歌〔4〕。	可以和她相对唱。
东门之池，	东城门外护城池，
可以沤纻〔5〕。	可以泡苎织新装。
彼美叔姬，	美丽姬家三姑娘，
可与晤语〔6〕。	有商有量情意长。
东门之池，	东城门外护城池，
可以沤菅〔7〕。	可以浸茅做鞋帮。
彼美叔姬，	美丽姬家三姑娘，
可与晤言〔8〕。	可以向她诉衷肠。

【注释】

〔1〕池：城池，好像现在的护城河。马瑞辰《通释》："按古者有城必有池，《孟子》：'凿斯池也，筑斯城也。'是也。池皆设于城外，所以

护城。”

〔2〕沤：浸泡。

〔3〕叔姬：《毛诗》作“淑姬”。现据郑玄《毛诗笺》、陆德明《经典释文》、陈奂《诗毛氏传疏》、王先谦《诗三家义集疏》订正作“叔姬”。 叔：排行第三。姬：姓。这句的“叔姬”，是美女的代称，不必一定是诗人所追求的女子真名。

〔4〕晤歌：即对唱。

〔5〕纻(zhù)：麻的一种，亦名苎麻。

〔6〕晤语：对话，相对讨论。古代“言”和“语”是有区别的。《大雅·公刘》：“于时言言，于时语语”，《毛传》：“直言曰言，论难曰语。”这句的“语”，指“论难”而言，讨论的意思。

〔7〕菅(jiān)：茅一类的草，可以搓绳，用它编草鞋。

〔8〕晤言：这句的言，指“直言”而言，谈天的意思。

东门之杨

【题解】

这是写男女约会久候不至的诗。

东门之杨，	东门之外有白杨，
其叶牂牂[1]。	叶子茂密好乘凉。
昏以为期[2]，	约定黄昏来相会，
明星煌煌[3]。	等到启明星儿亮。
东门之杨，	白杨长在城门东。
其叶肺肺[4]。	叶子密密青葱葱。
昏以为期，	约定相会在黄昏，
明星晢晢[5]。	等到天亮一场空。

【注释】

〔1〕牂牂(zāng)：茂盛的样子。

〔2〕昏：黄昏。　期：约定。

〔3〕明星：指启明星，在天快亮时出现于东方天空。　煌煌：明亮的样子。

〔4〕肺肺(pèi)：同“芾芾”，茂盛的样子。

〔5〕晢晢(zhé)：明亮。

墓　门

【题解】

这是一首人民讽刺、反抗不良统治者的诗，据说是刺陈佗的。《左传》桓公五年，叙述陈桓公生病时，陈佗杀太子免。桓公死后，他自立为君。陈国大乱，国人离散。后来蔡国为陈平乱，杀了陈佗。这首诗在当时民间颇为流行。

墓门有棘〔1〕，	墓门有棵酸枣树，
斧以斯之〔2〕。	拿起斧头砍掉它。
夫也不良〔3〕，	那人不是好东西，
国人知之。	大家都很知道他。
知而不已〔4〕，	恶行暴露他不改，
谁昔然矣〔5〕。	向来生个坏脑瓜。
墓门有梅〔6〕，	墓门有棵酸枣树，
有鸮萃止〔7〕。	猫头鹰啊它安家。
夫也不良，	那人不是好东西，
歌以讯止〔8〕。	唱个歌儿讥刺他。

讯予不顾[9]，	讥刺告诫他不听，
颠倒思予[10]。	灾难临头才想咱。

【注释】

〔1〕墓门：陈国城门名。马瑞辰《通释》："《天问》王逸注曰：'晋大夫解居父聘吴，过陈之墓门。'墓门，盖陈之城门。"　棘：酸枣树。

〔2〕斯：劈开。

〔3〕夫：彼，指作者所讽刺的人。

〔4〕不已：不止，不改。

〔5〕谁昔：畴昔，从前。王先谦《诗三家义集疏》："《释诂》云：'畴，谁也。'故谁昔犹言畴昔也。"　然：就是这样。

〔6〕梅：《楚辞》王逸注引作"棘"。马瑞辰《通释》："棘、梅二木，美恶大小不类，非诗取兴之旨。梅，古文作槑，槑、棘形似，棘盖讹作槑。"是。这句"梅"字，应订正作"棘"。

〔7〕鸮(xiāo)：猫头鹰。　萃：集，停息。　止：语尾助词。

〔8〕讯：借作"谇"，警告，责骂。毛诗原作"讯之"，"之"字《列女传》、《广韵》、《楚辞补注》引《诗》都作"止"，应订正为"止"。和上句"有鸮萃止"相应，和上章句尾用两个"之"字相应。

〔9〕讯予：即予讯。

〔10〕颠倒：指国家纷乱。陈奂《诗毛氏传笺》："颠倒，乱也。"

防有鹊巢

【题解】

这是一位诗人担忧有人离间他情人的诗。旧说附会为讽陈宣公信谗，不可从。

防有鹊巢[1]，	哪有堤上筑鹊巢？
邛有旨苕[2]。	哪有山上长苕草？

谁侜予美[3]？	谁在离间我情人？
心焉忉忉[4]！	心里又愁又烦恼。
中唐有甓[5]，	哪有庭院瓦铺道？
邛有旨鹝[6]。	哪有山上长绶草？
谁侜予美？	谁在离间我情人？
心焉惕惕[7]。	心里担忧又烦躁。

【注释】

〔1〕防：堤坝。

〔2〕邛（qióng）：土丘。　旨：味美。　苕（tiáo）：蔓生植物，一名鼠尾，生在低湿的地上。

〔3〕侜（zhōu）：欺诳。　予美：我爱，指作者的情人。

〔4〕忉忉：忧愁的样子。

〔5〕唐：古时朝堂前或宗庙门内的大路。中唐，即中庭的道路。甓（pì）：砖瓦。

〔6〕鹝（yì）：杂色小草，又名绶草。

〔7〕惕惕：担心害怕的样子。

月　出

【题解】

这是一首月下怀人的诗。这首诗的特点是反复咏叹，通篇句句押韵。由于用词变化，所以句法虽复叠而不显单调。诗大约是用陈国方言写的，故所用词语在《诗经》中多不经见。全诗只有“月”、“人”、“心”三个名词和“出”一个动词，其余除“兮”外都是形容词。隐约地描绘出月下美人的风姿和诗人劳心幽思的形象。诗重视声韵效果，读起来动人悦耳。被后人推为三百篇中情诗的杰作。

月出皎兮[1]，	月儿出来亮皎皎，
佼人僚兮[2]。	月下美人更俊俏。
舒窈纠兮[3]，	体态苗条姗姗来，
劳心悄兮[4]！	惹人相思我心焦！
月出皓兮[5]，	月儿出来多光耀，
佼人懰兮[6]。	月下美人更姣好。
舒懮受兮[7]，	婀娜多姿姗姗来，
劳心慅兮[8]！	惹人相思心烦恼！
月出照兮[9]，	月儿出来光普照，
佼人燎兮[10]。	月下美人更美好。
舒夭绍兮[11]，	体态轻盈姗姗来，
劳心惨兮[12]！	惹人相思心烦躁！

【注释】

〔1〕皎：洁白光明。

〔2〕佼：亦作姣，美好。　僚：通“嫽”，美好。

〔3〕舒：迟，缓慢。有人解作发声字，作用同“吁”，亦通。　窈纠（yǎo jiǎo）：形容女子体态苗条的样子。《毛传》：“舒，迟也。窈纠，舒之姿也。”

〔4〕劳心：忧心，形容思念之苦。　悄：深忧的样子。

〔5〕皓：光明。

〔6〕懰（liú）：妖媚。

〔7〕懮（yōu）受：形容女子走路徐舒婀娜的样子。《玉篇》：“懮受，舒迟之貌。”

〔8〕慅（cǎo）：忧愁不安的样子。

〔9〕照：这里当形容词用，指光明。

〔10〕燎：漂亮的意思。朱熹《诗集传》：“燎，明也。”

〔11〕夭绍：也是形容女子体态轻盈。胡承珙《毛诗后笺》："《文选·西京赋》'要绍修态'，注：'要绍，谓婵娟，作姿容也。'《南都赋》'要绍便娟'，要绍，皆与夭绍同。"

〔12〕惨：《诗经》中它和"懆"通用，现代汉语作"躁"。忧愁烦躁不安的样子。《说文》："懆，愁不安也。"（从戴震《毛郑诗考正》说）

株 林

【题解】

这是陈国人民讽刺陈灵公和夏姬淫乱的诗。据《左传》宣公九年、十年记载：夏姬是郑穆公的女儿，嫁给陈国大夫夏御叔，生子夏徵舒，字南。夏姬貌美，陈灵公和他的大夫孔宁、仪行父都和她私通。后来陈灵公被夏徵舒杀死，陈国亦被楚所灭。楚国把夏姬送给连尹襄老。襄老死，夏姬回郑，楚国的申公巫臣娶她，同奔晋国。这首诗应作于陈灵公未被杀的时候，灵公被杀事发生在鲁宣公十年，诗当作于公元前599年以前。

胡为乎株林〔1〕，	他到株林去干啥，
从夏南〔2〕？	是跟夏南去游玩？
匪适株林〔3〕，	原来他到株林去，
从夏南！	不是为了找夏南！
驾我乘马〔4〕，	驾着我的四匹马，
说于株野〔5〕。	到了郊外卸下鞍。
乘我乘驹〔6〕，	再换我的四匹驹，
朝食于株〔7〕。	赶到夏家吃早饭。

【注释】

〔1〕株：陈国邑名，在今河南省西华县西南，夏亭镇北。它是夏姬儿子夏徵舒的封邑。　林：郊。株林和下章株野对文。古代林和野有区别，林较野离邑更远些。这里都是泛指郊外。

〔2〕从：跟。　夏南：夏徵舒的字。马瑞辰《毛诗传笺通释》："上二句诗人故设为问辞，若不知其淫于夏姬者，以为从夏南游耳。"

〔3〕匪：非，不是。　适：往，去。马瑞辰《通释》："下二句当连读，谓其非适株林从夏南也，言外见其实淫于夏姬，此诗人立言之妙。"

〔4〕我：诗人代用陈灵公的口吻。　乘：古代一车四马为一乘。

〔5〕说(shuì)：停息。

〔6〕前一乘字：动词，驾。　驹：陈奂《诗毛氏传疏》引《释文》作"骄"，高五尺以上的马。

〔7〕朝食：吃早饭。

泽　陂

【题解】

这是一位女子怀人的诗。

彼泽之陂[1]，	池塘边上围堤坝，
有蒲与荷[2]。	塘中蒲草伴荷花。
有美一人，	看见一个美男子，
伤如之何[3]！	我心爱他没办法！
寤寐无为[4]，	日夜相思睡不着，
涕泗滂沱[5]。	眼泪鼻涕一把把。
彼泽之陂，	池塘边上堤岸高，
有蒲与蕑[6]。	塘中莲蓬伴蒲草。

有美一人，	看见一个美男子，
硕大且卷[7]。	身材高大品德好。
寤寐无为，	日夜相思睡不着，
中心悁悁[8]。	心里忧郁愁难熬。
彼泽之陂，	池塘边上堤岸高，
有蒲菡萏[9]。	塘中荷花伴蒲草。
有美一人，	看见一个美男子，
硕大且俨[10]。	身材高大风度好。
寤寐无为，	日夜相思睡不着，
辗转伏枕。	翻来覆去空烦恼。

【注释】

〔1〕泽：池塘。　陂(bēi)：堤岸。

〔2〕蒲、荷：《郑笺》以为蒲喻男，荷喻女，可备一说。

〔3〕伤：阳的借字，《鲁诗》和《韩诗》都作“阳”。《尔雅》：“阳，予也。”阳和“姎”、“卬”通用，都是女性第一人称代词。　如之何：奈他何。

〔4〕寤寐：醒着和睡着。

〔5〕涕：眼泪。　泗：鼻液。　滂沱：本义是形容多雨，这里借作形容涕泗一时俱下的样子。

〔6〕蕑：《鲁诗》作“莲”，莲子。《郑笺》：“蕑，当作莲。莲，芙蕖实也。”

〔7〕卷：婘的假借，品德美好。

〔8〕悁悁(yuān)：忧闷的样子。

〔9〕菡萏(hàn dàn)：荷花。

〔10〕俨：端庄。《毛传》：“俨，矜庄貌。”

桧 风

桧，《左传》、《国语》作“郐”，《汉书·地理志》作“会”。《桧风》只四篇。

桧地在今河南省密县东北，东周初年（前769）为郑桓公所灭，见于《史记》；《韩非子》和刘向《说苑》都有记述郑桓公伐桧的事。可见《桧风》全为西周时作品。

羔 裘

【题解】

一个女子欲奔男子，可是又有所顾忌而不敢，所以内心很忧伤。

羔裘逍遥[1]，	游逛你穿羊皮袄，
狐裘以朝。	上朝你披狐皮袍。
岂不尔思？	难道我不思念你？
劳心忉忉[2]！	心有顾虑愁难消！
羔裘翱翔，	你穿羊裘去游逛，
狐裘在堂[3]。	你披狐裘上公堂。

岂不尔思？	难道我不思念你？
我心忧伤！	心有顾虑暗忧伤！
羔裘如膏[4]，	羊皮袍子油光光，
日出有曜[5]。	太阳出来衣发亮。
岂不尔思？	难道我不思念你？
中心是悼[6]！	心中恐惧又发慌！

【注释】

〔1〕羔裘：和下句的狐裘，都是大夫的服装。平时穿羔裘，进朝穿狐裘。　逍遥：和下章的翱翔，都是游逛的意思。

〔2〕忉忉：形容忧劳的样子。

〔3〕堂：公堂。大夫朝见人君的地方。

〔4〕膏：油。

〔5〕有曜：即耀耀，形容羔裘。

〔6〕悼：惧，害怕。《说文》："悼，惧也。"

素　冠

【题解】

这是一首悼亡的诗。一位妇女，丈夫死了，将入殓时，她抚尸痛哭，伤心地表示愿意和丈夫同死。

庶见素冠兮[1]，	见到您戴着白帽，
棘人栾栾兮[2]。	瘦棱棱变了容貌，
劳心慱慱兮[3]！	心忧伤不安难熬！

庶见素衣兮，	见到您素白衣衫，
我心伤悲兮！	我心里悲伤难言！
聊与子同归兮〔4〕。	愿和您一同归天。
庶见素韠兮〔5〕，	见到您围裙素淡，
我心蕴结兮〔6〕！	心忧郁难以排遣！
聊与子如一兮〔7〕。	愿和您同赴黄泉。

【注释】

〔1〕庶：幸。　素冠：白帽。死者的服饰。下“素衣”、“素韠”同。

〔2〕棘：古“瘠”字，瘦。　栾栾（luán）：脔脔的假借字，形容体枯肌瘦的样子。《说文》：“脔，臞（瘦的意思）也。”引《诗》作“棘人脔脔”。

〔3〕传传（tuán）：忧苦不安的样子。

〔4〕聊：愿。　子：你，指丈夫。　同归：即同死的意思。

〔5〕韠（bì）：亦名蔽膝，用皮制成，似今之围裙。

〔6〕蕴结：忧郁不解的意思。朱熹《诗集传》：“蕴结，思之不解也。”

〔7〕如一：即同归之意。朱熹《诗集传》：“与子如一，甚于‘同归’也。”

隰有苌楚

【题解】

这是一位没落贵族悲观厌世的诗。桧国在东周初年就被郑国所灭，这首诗大约是桧将亡时的作品。诗人在乱离之际，竟羡慕起草木的欣欣向荣、无知无觉、无室家之累来了。郭沫若说：“这种极端的厌世思想在当时非贵族不能有，所以这诗也是破落贵族的大作。”（《中国古

代社会研究》)

隰有苌楚[1]，	低湿地上长羊桃，
猗傩其枝[2]。	枝儿婀娜又娇娆。
夭之沃沃[3]，	细细嫩嫩光泽好，
乐子之无知[4]！	羡你无知无烦恼！

隰有苌楚，	低湿地上长羊桃，
猗傩其华。	繁花一片多俊俏。
夭之沃沃，	柔嫩浓密光泽好，
乐子之无家[5]！	羡你无家真逍遥！

隰有苌楚，	低湿地上长羊桃，
猗傩其实。	果儿累累挂枝条。
夭之沃沃，	又肥又大光泽好，
乐子之无室！	羡你无妻无家小！

【注释】

〔1〕苌楚：即羊桃、猕猴桃，蔓生植物，实可食。

〔2〕猗傩：音义同“婀娜”，音转又作“旖旎”。柔美的样子。

〔3〕夭：少好，嫩美。 之：语气词，作用同“兮”。 沃沃：形容羊桃光泽壮美的样子。

〔4〕乐：喜，动词，含有“羡慕”的意思。 子：此处指羊桃。无知：没有知觉。有人解作“没有情欲”或“没有知识”，亦通。

〔5〕无家：和下章的无室，都是没有妻、子牵累的意思。

匪 风

【题解】

这是一位旅客思乡的诗。有人说，诗是从西方流落到东方桧国的人写的，有的说是离开桧国到东方去的人写的。现在无从考证，只得存疑。余冠英《诗经选》说："唐人诗云：'故园东望路漫漫，双袖龙钟泪不干。马上相逢无纸笔，凭君传语报平安。'意境相似。"

匪风发兮〔1〕，	风儿刮得发发响，
匪车偈兮〔2〕。	车儿跑得飞一样。
顾瞻周道〔3〕，	回头向着大路望，
中心怛兮〔4〕！	心里想家真忧伤！
匪风飘兮〔5〕，	风儿刮得打旋转，
匪车嘌兮〔6〕。	车儿轻快急忙忙。
顾瞻周道，	回头向着大路望，
中心吊兮〔7〕！	心里想家泪汪汪！
谁能亨鱼〔8〕？	谁会烧那新鲜鱼？
溉之釜鬵〔9〕。	替他把锅洗干净。
谁将西归？	谁要回到西方去？
怀之好音〔10〕。	托他带个平安信。

【注释】

〔1〕匪：通“彼”。　发：即发发，摹风声。

〔2〕偈(jié)：即偈偈，车马疾驰的样子。

〔3〕周道：大道。马瑞辰《通释》：“周之言绸，《广雅》：‘绸，大也。’周道又为通道，亦大道也。凡《诗》周道，皆谓大路。”

〔4〕怛(dá)：忧伤。

〔5〕飘：飘风，指旋风。这里用它形容风势迅速旋转的样子。

〔6〕嘌(piāo)：车子轻快跑的样子。

〔7〕吊：悲伤。

〔8〕亨：古和“烹”通用。

〔9〕溉：亦作“摡”，洗。　釜：锅。　鬵(xín)：大锅。

〔10〕怀：遗，送。　好音：平安消息。

曹　风

《曹风》共四篇。其中《候人》一诗，朱熹、严粲、方玉润都认为是刺曹共公的。《左传》僖二十八年春，晋文公伐曹，“三月丙午，入曹。数之，以其不用僖负羁而乘轩者三百人也。”这就是《候人》诗所谓的“三百赤芾”。如果他们的话可信，则《候人》一诗当产生于晋文公入曹，即公元前632年以前。《下泉》一诗，王先谦《诗三家义集疏》引齐说曰：“下泉苞稂，十年无王，荀伯遇时，忧念周京。”(《易林》)他断诗是美荀跞之作。何楷《诗经世本古义》：“《左传》鲁昭公三十二年，天子使告于晋，‘天降祸于周，俾我兄弟并有乱心，以为伯父忧，我一二亲昵甥舅，不遑启处，于今十年……。’自春秋昭二十二年王子朝作乱，至三十二年城成周为十年，与《易林》‘十年无王’合。荀伯，即荀跞也。”他们的考证是可信的。晋师统帅荀跞纳周敬王于成周，在鲁昭公时。可见《曹风》产生于春秋时代。

曹地在今山东省西南部菏泽、定陶、曹县一带地方，位于齐晋之间，是一个较小的国家。统治者生活奢侈腐化，人民感到悲观失望，这是很自然的事。《蜉蝣》一诗，正是它的代表作。

蜉　蝣

【题解】

这是一首没落贵族叹息人生短促的诗。在这位感伤的诗人看来，蜉蝣的朝生暮死，与人的“生年不满百”是一样的，都逃不出死亡的规律。曹国在曹共公统治下，许多新兴人物上了台，一些旧家贵族没落了，所以他们发出这样的哀叹。

蜉蝣之羽〔1〕，	蜉蝣有对好翅膀，
衣裳楚楚〔2〕。	衣裳整洁又漂亮。
心之忧矣，	可恨朝生暮就死，
于我归处〔3〕。	我们归宿都一样。
蜉蝣之翼，	蜉蝣展翅在飞翔，
采采衣服〔4〕。	衣服华丽真漂亮。
心之忧矣，	可恨朝生暮就死，
于我归息。	与我归宿一个样。
蜉蝣掘阅〔5〕，	蜉蝣穿洞来人间，
麻衣如雪〔6〕。	麻衣像雪白晃晃。
心之忧矣，	可恨朝生暮就死，
于我归说。	大家都是这下场。

【注释】

〔1〕蜉蝣：虫名，成虫翅薄而半透明，生存期极短，一般均朝生暮死。

〔2〕楚楚：整洁鲜明的样子。

〔3〕于：即与。　归处：即死亡。下文的“归息”、“归说（shuì）”都是归宿、死亡的意思。

〔4〕采采：犹粲粲，华丽。

〔5〕掘：穿。　阅：古和“穴”通用。宋玉《风赋》“空穴来风”，《庄子》作“空阅来风”。

〔6〕麻衣：指蜉蝣半透明的羽翼。

候 人

【题解】

这是曹国没落贵族讥刺新兴人物的诗。郭沫若《中国古代社会研究》:“这当然是讥诮那暴发户才做了贵族的人。这些由奴民伸出头来的人，在旧社会的耆旧眼里看来，当然说他不配的。”但诗对候人小官却是同情的，说他荷戈和殳，努力工作，而他的小女儿仍不免挨饿。对那些穿红皮绑腿的高官，则深为嫉妒，加以讥刺。

彼候人兮[1]，	候人官职小得很，
何戈与祋[2]。	肩上扛着戈和棍。
彼其之子[3]，	可恨那些暴发户，
三百赤芾[4]。	红皮绑腿三百人。
维鹈在梁[5]，	鹈鹕栖在鱼梁上，
不濡其翼[6]。	居然未曾湿翅膀。
彼其之子，	可笑那些暴发户，
不称其服[7]。	哪配穿上贵族装。
维鹈在梁，	鹈鹕栖在鱼梁上，
不濡其咮[8]。	长嘴不湿太反常。
彼其之子，	且看那些暴发户，
不遂其媾[9]。	不会称心得宠长。
荟兮蔚兮[10]，	云漫漫啊雾弥弥，

南山朝隮[11]。	南山早上彩虹起。
婉兮娈兮[12]，	候人幼女虽娇好，
季女斯饥[13]。	没有饭吃饿肚皮。

【注释】

〔1〕候人：掌管送迎宾客的小官。

〔2〕何：《齐诗》作“荷”，揹。　戈、祋(duì)：都是古代的武器名，戈长六尺六寸，祋亦作殳，用竹或木制成的杖，杖端装八棱平头的金属器。

〔3〕其(jì)：语助词，无义。　之子：指穿赤芾的暴发户。

〔4〕赤芾(fú)：红色皮制的蔽膝。《毛传》：“大夫以上，赤芾乘轩。”是古代大夫以上的官，才能穿红皮蔽膝和坐轩车。曹共公执政的时候，任命三百个新的大夫。诗人所讽刺的就是这些人。

〔5〕鹈(tí)：即鹈鹕，水鸟名。　梁：鱼坝。

〔6〕濡：沾湿。

〔7〕称(chèn)：适合。

〔8〕咮(zhòu)：鸟嘴。鹈鹕以长嘴取鱼，在河梁上而嘴不沾湿，也是反常。

〔9〕遂：遂意，称心。　媾(gòu)：宠爱。朱熹《诗集传》：“遂，称。媾，宠也。遂之为称，犹今人谓‘遂意’为‘称意’。”

〔10〕荟、蔚：云雾弥漫的样子。

〔11〕南山：曹地山名，在山东曹州济阴县东二十里。　隮(jī)：虹。朝隮，早上的虹。

〔12〕婉、娈：幼小美好的样子，形容季女。

〔13〕季女：少女，这里指候人的幼女。　斯：语助词。

鸤　鸠

【题解】

这是讽刺在位没有好人的诗。诗人理想的“淑人君子”，言行一致，受到国内外的称颂和拥护。但在当时的统治阶级中，这样的人实际上是不存在的。诗是从正面写的，如不细加琢磨不易看出它隐含的讽意。它用鸤鸠起兴，实际上是说真正在位的人，虽然拖着白丝带，戴着花皮帽，却不称其服，更不称其职，甚至连鸤鸠都不如。

鸤鸠在桑[1]，	布谷筑巢桑树间，
其子七兮[2]。	喂养小鸟心不偏。
淑人君子[3]，	我们理想好君子，
其仪一兮[4]。	说到做到不空谈。
其仪一兮，	说到做到不空谈，
心如结兮[5]。	忠心耿耿磐石坚。
鸤鸠在桑，	布谷筑巢桑树间，
其子在梅[6]，	小鸟学飞梅树颠。
淑人君子，	我们理想好君子，
其带伊丝[7]。	丝带束腰真不凡。
其带伊丝，	丝带束腰真不凡，
其弁伊骐[8]。	玉饰皮帽花色鲜。
鸤鸠在桑，	布谷筑巢桑树间，
其子在棘。	小鸟飞在枣树上。
淑人君子，	我们理想好君子，
其仪不忒[9]。	言行如一不走样。
其仪不忒，	言行如一不走样，
正是四国[10]。	四方各国好榜样。
鸤鸠在桑，	布谷筑巢桑树间，

其子在榛。	小鸟飞落榛树上。
淑人君子，	我们理想好君子，
正是国人〔11〕。	全国百姓好官长。
正是国人，	全国百姓好官长，
胡不万年〔12〕。	怎不祝他寿无疆。

【注释】

〔1〕鸤(shī)鸠：鸟名，今名布谷鸟。按春秋时就有鸤鸠养子平均的传说，《左传》昭公十七年："鸤鸠氏，司空也。"杜预注："鸤鸠平均，故为司空，平水土。"

〔2〕七：七是虚数，言其多。诗人用鸤鸠对许多小鸟平均喂养，比在位的人不如鸟。

〔3〕淑人：善人。　君子：这里指有才德的人。

〔4〕仪：言行。胡承珙《毛诗后笺》："《缁衣》，子曰，'下之事上也，身不正，言不信，则义不一，行无类也'。其末引诗曰：'淑人君子，其仪一也。'"

〔5〕结：固结。朱熹《诗集传》："如物之固结而不散也。"

〔6〕梅：梅花树。

〔7〕伊：是。

〔8〕弁：皮帽。　骐：本义为有花纹的马，这里用它形容帽饰。《郑笺》："言此带弁者，刺不称其服。"

〔9〕忒：偏差。

〔10〕正：长官。　四国：各国。

〔11〕国人：全国人民。

〔12〕胡：何。朱熹《诗集传》："胡不万年，愿其寿考之辞也。"

下　泉

【题解】

这是曹人赞美晋国荀跞纳周敬王于成周的诗。据《左传》及《史记》记载，鲁昭公二十二年，周景王死，太子寿先卒，王子猛立。王子朝作乱，攻杀猛，尹氏立王子朝。王子匄居于狄泉，即诗之下泉(亦名翟泉，在今洛阳东郊)。后来晋文公派大夫荀跞攻子朝而立猛弟匄，是为敬王。诗当作于周敬王入成周以后，即在公元前 **516** 年后。这是《诗经》中时间最晚的一首诗。

冽彼下泉[1]，	下泉水呀清又凉，
浸彼苞稂[2]。	淹得莠草难生长。
忾我寤叹[3]，	睁眼醒来长叹息，
念彼周京[4]。	不知京都怎么样。
冽彼下泉，	下泉水呀清又凉，
浸彼苞萧[5]。	淹得蒿草难生长。
忾我寤叹，	睁眼醒来长叹息，
念彼京周。	空念京城难回乡。
冽彼下泉，	下泉水呀清又凉，
浸彼苞蓍[6]。	淹得蓍草难生长。
忾我寤叹，	睁眼醒来长叹息，
念彼京师。	京师惹人常怀想。
芃芃黍苗[7]，	蓬勃一片黍苗壮，
阴雨膏之[8]。	阴雨润泽助它长。
四国有王，	各国诸侯终有主，
郇伯劳之[9]。	护送敬王郇伯忙。

【注释】

〔1〕冽(liè)：寒冷。　下泉：出自地下的泉水，亦名狄泉。

〔2〕苞：丛生。　稂(láng)：生而不结实的粱，莠一类的草。

〔3〕忾(xì)：叹息。　寤：睡醒。

〔4〕周京：周天子所居的都城王城(今洛阳西郊)。下文的“京周”、“京师”和周京同义。

〔5〕萧：蒿草。

〔6〕蓍(shī)：草名。《说文》：“蓍，蒿属。”

〔7〕芃芃(péng)：茂盛的样子。

〔8〕膏：润泽的意思。

〔9〕郇：与“荀”通，郇伯指晋大夫荀跞。　劳：勤劳。　之：指纳敬王的事。

豳　风

豳，亦作邠。《豳风》共七篇。

《破斧》篇说："周公东征。"《东山》篇说："我徂东山，慆慆不归。""自我不见，于今三年。"这两首诗当是周初的作品。平王东迁，豳地为秦所有。可见《豳风》全部都产生于西周，是《国风》中最早的诗。

豳地在今陕西栒邑、邠县一带地方，它原来是周的祖先公刘所开发的。周是重视农业的民族，所以豳诗多带有务农的地方色彩。除《七月》外，《东山》等诗，也可以看出它的影子。《汉书·地理志》说："昔后稷封斄，公刘处豳，太王徙岐，文王作酆，武王治镐，其民有先王遗风，好稼穑，务本业，故豳诗言农桑衣食之本甚备。"这几句话，说出了豳诗的特点。

七　月

【题解】

这是一首叙述西周农民一年到头无休止的劳动过程和他们生活情况的诗，反映了当时农民衣、食、住各方面的情况。诗从七月写起，是顺应农事活动的季节性，叙事的结构相当严密。诗用平铺直叙的手法，按月歌唱的形式，突出全诗的一条线索：贵族和农民生活的悬殊，鲜明地反映了当时阶级的对立和社会的本质。

七月流火[1]，	七月“火”星偏西方，
九月授衣[2]。	九月女工缝衣裳。
一之日觱发[3]，	十一月北风呼呼吹，
二之日栗烈[4]。	十二月寒气刺骨凉。
无衣无褐[5]，	粗布衣服都没有，
何以卒岁[6]？	怎样过冬心悲伤。
三之日于耜[7]，	正月农具修整好，
四之日举趾[8]。	二月下地春耕忙。
同我妇子[9]，	关照老婆和孩子，
馌彼南亩[10]；	送饭南田充饥肠；
田畯至喜[11]。	田官老爷喜洋洋。

七月流火，	七月“火”星偏西方，
九月授衣。	九月女工缝衣裳。
春日载阳[12]，	春天太阳暖洋洋，
有鸣仓庚[13]。	黄莺吱喳枝头唱。
女执懿筐[14]，	姑娘手提深竹筐，
遵彼微行[15]，	沿着墙边小路旁，
爰求柔桑[16]。	采呀采那柔嫩桑。
春日迟迟[17]，	春天日子渐渐长，
采蘩祁祁[18]。	采蒿人儿闹嚷嚷。
女心伤悲，	姑娘心里暗悲伤，
殆及公子同归[19]。	就怕公子看上把人抢。

七月流火，	七月“火”星偏西方，

八月萑苇[20]。
蚕月条桑[21]，
取彼斧斨[22]，
以伐远扬[23]，
猗彼女桑[24]。
七月鸣䴗[25]，
八月载绩[26]。
载玄载黄[27]，
我朱孔阳[28]，
为公子裳。

八月割苇好收藏。
三月动手修桑树，
拿起斧头拿起斨，
高枝长条砍个光，
攀着短枝采嫩桑。
七月伯劳树上唱，
八月纺麻织布忙。
染成黑色染成黄，
我染红的最漂亮，
为那公子做衣裳。

四月秀葽[29]，
五月鸣蜩[30]。
八月其获[31]，
十月陨萚[32]。
一之日于貉[33]，
取彼狐狸，
为公子裘。
二之日其同[34]，
载缵武功[35]。
言私其豵[36]，
献豜于公[37]。

四月远志结子囊，
五月知了声声唱。
八月庄稼要收割，
十月落叶随风扬。
十一月把那貉子打，
狐皮剥下洗清爽，
好给公子做衣裳。
十二月大伙聚一起，
继续打猎练武忙。
留下小猪自己吃，
大猪送到公府上。

五月斯螽动股[38]，
六月莎鸡振羽[39]。

五月里蚱蜢弹腿响，
六月里蝈蝈抖翅膀。

七月在野[40]，
八月在宇[41]，
九月在户，
十月蟋蟀入我床下。
穹窒熏鼠[42]，
塞向墐户[43]。
嗟我妇子，
曰为改岁[44]，
入此室处[45]。

七月蟋蟀野地鸣，
八月屋檐底下唱，
九月跳进房门槛，
十月到我床下藏。
打扫垃圾熏老鼠，
泥好大门封北窗。
累完嘱咐妻和子，
眼看就要过年关，
赶快住进这间房。

六月食郁及薁[46]，
七月亨葵及菽[47]。
八月剥枣[48]，
十月获稻；
为此春酒[49]，
以介眉寿[50]。
七月食瓜，
八月断壶[51]，
九月叔苴[52]。
采荼薪樗[53]，
食我农夫。

六月里野李葡萄尝，
七月里煮葵烧豆汤。
八月把那枣儿打，
十月收割稻米香；
把它酿成好春酒，
祝贺老爷寿命长。
七月采瓜食瓜瓤，
八月葫芦吃个光，
九月麻子好收藏。
采些苦菜砍些柴，
是咱农夫半年粮。

九月筑场圃[54]，
十月纳禾稼[55]，
黍稷重穋[56]，

九月里筑好打谷场，
十月里庄稼要进仓，
谷子黄米加高粱，

禾麻菽麦[57]。	粟麻豆麦分开放。
嗟我农夫!	叹我农夫命里忙!
我稼既同[58],	大伙庄稼刚收完,
上入执宫功[59]:	又要服役修官房:
昼尔于茅[60],	白天出外割茅草,
宵尔索绹[61],	晚上搓绳长又长,
亟其乘屋[62],	急急忙忙盖屋顶,
其始播百谷[63]。	开春要播各种粮。
二之日凿冰冲冲[64],	腊月里凿冰冲冲响,
三之日纳于凌阴[65]。	正月里送进冰窖藏。
四之日其蚤[66],	二月里取冰行祭礼,
献羔祭韭[67]。	献上韭菜和小羊。
九月肃霜[68],	九月天高气又爽,
十月涤场。	十月扫清打谷场。
朋酒斯飨[69],	捧上两壶清香酒,
曰杀羔羊[70],	宰了大羊和小羊,
跻彼公堂[71],	踏上台阶进公堂,
称彼兕觥[72],	高高举起牛角杯,
万寿无疆!	同声高祝寿无疆!

【注释】

〔1〕七月:夏历七月。　流:向下行。　火:星名,亦称大火,即心宿二。每年夏历五月黄昏的时候,这星出现在南方,方向最正,位置最高。六月以后,就偏西向下行。

〔2〕授衣:把裁制冬衣的工作,交给妇女们去做。马瑞辰《通释》:

“凡言‘授衣’者，皆授使为之也。此诗授衣，亦授冬衣使为之。盖九月妇功成，丝麻之事已毕，始可为衣。非谓九月冬衣已成，遂以授人也。”

〔3〕一之日：即夏历的十一月。周历以夏历的十一月为正月。下文二之日，夏历十二月。三之日，夏历一月（正月）。四之日，夏历二月。夏历三月，就不作五之日，只称为“春”。从四月到十月都依照夏历，好像现在农村仍沿用农历一样。皮锡瑞《经学通论》：“此诗言月者皆夏正，言一、二、三、四之日者皆周正，改其名不改其实。”戴震《毛郑诗考证》：“周时虽改为周正（以农历十一月为正月岁首），但民间农事仍沿用夏历。”　觱（bì）发：寒风触物的声音。

〔4〕栗烈：亦作“溧冽”，寒气刺骨。

〔5〕褐（hè）：本义是粗毛布，这里引申为粗布衣服。

〔6〕卒：终。

〔7〕于：为，这里指修理。　耜（sì）：农具，犁的一种。

〔8〕举趾：举足下田，开始春耕。

〔9〕同：会合，约的意思。

〔10〕馌（yè）：送饭。　南亩：泛指田地。

〔11〕田畯：领主设的监工农官。

〔12〕春日：指夏历三月。　载：开始。　阳：天气和暖。

〔13〕有：词头，无义。　仓庚：黄莺。

〔14〕懿：深。

〔15〕遵：沿。　微行（háng）：小路。

〔16〕爰：于是。　柔桑：嫩桑叶。

〔17〕迟迟：形容日长的样子。

〔18〕蘩：草名，亦名白蒿。有人说蘩是幼蚕的食物，有人说蘩可制蚕箔，有人说用蘩水洗蚕子，使它易出。未知孰是。　祁祁：形容采蘩妇女众多的样子。

〔19〕殆：怕。　公子：指豳公的儿子。有人说，公子是指豳公的女儿，归训嫁。亦通。

〔20〕萑（huán）苇：荻草和芦苇。这句省去动词收藏。

〔21〕蚕月：养蚕的月份，指三月。　条：挑的借字。条桑，修剪桑树。

〔22〕斨（qiāng）：方孔的斧。

〔23〕远扬：指过长过高的桑树枝。

〔24〕猗（yī）：掎的借字，拉着。　女桑：嫩桑叶。

〔25〕鵙（jú）：鸟名，又名伯劳。

〔26〕绩：纺织。

〔27〕载：又是。 玄：黑而带红色。

〔28〕朱：红色。 孔：甚。 阳：鲜明。

〔29〕秀：长穗。 葽（yāo）：植物名，今名远志，可作药用。

〔30〕蜩（tiáo）：蝉。

〔31〕其获：指各种农作物将要收获。

〔32〕陨：坠落。 萚（tuò）：落叶。

〔33〕于：取。 貉（hè）：似狐而较胖，尾较短，亦称狗獾。

〔34〕同：会合。

〔35〕载：则，就。 缵：继续。 武功：指田猎之事。

〔36〕私：私人占有。 豵：本义是小猪，此处疑泛指小兽。

〔37〕豜（jiān）：三岁的大猪，这里疑泛指大兽。 公：公家，指统治者。

〔38〕斯螽（zhōng）：亦名螽斯，今名蚱蜢。 动股：古人误以为蚱蜢以腿摩擦发声。

〔39〕莎（suō）鸡：虫名，即纺织娘。 振羽：动翅发声。

〔40〕野：田野。

〔41〕宇：屋檐，这里指屋檐的下面。

〔42〕穹：治除，打扫。 窒：这里用作名词，指灰尘垃圾一类堵塞物。 熏鼠：用烟熏赶老鼠。

〔43〕塞：堵塞。 向：北窗。 墐（jìn）：用泥涂抹。古代农民多编柴竹为门，冬天需涂泥塞缝，以御寒气。

〔44〕曰：《韩诗》作“聿”，发语词。 改岁：更改年岁，指过年。

〔45〕处：居住。

〔46〕郁：蔷薇科小灌木，果实名郁李。 薁（yù）：野葡萄。

〔47〕亨：同“烹”，煮。 葵：菜名。 菽：大豆。

〔48〕剥：通“扑”，打。 枣和下句的稻，都是酿酒的原料。

〔49〕春酒：冬天酿酒，经春始成，所以叫春酒。

〔50〕介（gài）：求。 眉寿：人老了，眉上长毫毛，叫秀眉，所以称长寿为眉寿。

〔51〕断：摘下。 壶：葫芦。

〔52〕叔：拾取。 苴（jū）：麻子。

〔53〕荼：苦菜。 薪：这里作动词“烧”用。 樗（chū）：臭椿。

〔54〕场：打粮食的空场。 圃：菜园。古人一地两用，平时种菜，收获季节夯实做场地，所以称场圃。

〔55〕纳：收藏。

〔56〕黍：糜子，小米。　稷：高粱。　重：同“穜”（tóng），早种晚熟的谷。　穋：同“稑”（lù），晚种早熟的谷。

〔57〕禾：粟。

〔58〕同：收齐，集中。

〔59〕上：同“尚”，还得。　宫功：修缮建筑宫室。

〔60〕尔：语助词。　于：取。

〔61〕宵：夜里。　索：搓。　绹：绳。

〔62〕亟：同“急”，赶快。　乘：覆盖。

〔63〕其始：将要开始。

〔64〕冲冲：凿冰的声音。

〔65〕凌阴：藏冰的地窖。

〔66〕蚤：同“早”。这里指早朝，是古代一种祭祀仪式。

〔67〕古代藏冰和取冰都要祭祀。《礼记·月令》：“仲春之月……天子乃鲜(献)羔开冰。”

〔68〕霜：同“爽”（见王国维《观堂集林·肃霜涤场说》）。肃霜：天高气爽。

〔69〕朋酒：两壶酒。　斯：代词，指酒。　飨：以酒食待客。

〔70〕曰：同“聿”，发语词。

〔71〕跻：登。　公堂：公共场所。可能是乡民集会的场所。

〔72〕称：举起。　兕觥：古时一种铜制伏兕形酒器。

鸱　鸮

【题解】

这是一首禽言诗。全诗以一只母鸟的口气，诉说她过去被猫头鹰抓走了小鸟，但仍经营巢窝，抵御外侮，并抒写她育子修窝的辛勤劳瘁和目前处境的困苦危险。这当然是一首有寄托的诗，但所指何人何事，不得而知。历代学者都认为是周公旦作的，因为《尚书·金縢》和《史记·鲁世家》都记载周公在平定了管、蔡、武庚与淮夷之乱后，作了《鸱鸮》一诗送给成王。但是，《尚书·金縢》经近人考证，已定为伪作；司马迁《史记·鲁世家》的记载当也是以《金縢》为据的。所以周公作《鸱鸮》之说，未必可信。

鸱鸮鸱鸮[1]！	猫头鹰啊猫头鹰！
既取我子，	你已抓走我娃娃，
无毁我室[2]。	不要再毁我的家。
恩斯勤斯[3]，	日夜操劳费尽心，
鬻子之闵斯[4]！	为养孩子累又乏！
迨天之未阴雨[5]，	趁着天晴没阴雨，
彻彼桑土[6]，	剥些桑树根上皮，
绸缪牖户[7]。	修补窗子和门户。
今女下民[8]，	现在你们下面人，
或敢侮予！	有谁还敢来欺侮！
予手拮据[9]，	我手发麻太疲劳，
予所捋荼[10]，	我采芦花来垫巢，
予所蓄租[11]，	我还贮存干茅草，
予口卒瘏[12]，	我的嘴巴累痛了，
曰予未有室家[13]！	窝还不曾修理好！
予羽谯谯[14]，	我的羽毛已枯焦，
予尾翛翛[15]。	我的尾巴像干草。
予室翘翘[16]，	我的窝儿险而高，
风雨所漂摇，	风吹雨打晃又摇，
予维音哓哓[17]！	吓得我啊吱吱叫！

【注释】

〔1〕鸱鸮(chī xiāo)：鸟名，即猫头鹰。古人认为这种鸟是恶鸟，所以诗人用它比喻坏人。

〔2〕室：指鸟巢。

〔3〕恩：《鲁诗》作“殷”。《郑笺》：“殷勤于稚子。”是恩勤即殷勤，辛苦的意思。　斯：语助词。

〔4〕鬻：通“育”，养育。　子：指小鸟。　闵：病困。

〔5〕迨：趁着。

〔6〕彻：剥取。　土：杜的假借字，《韩诗》作“杜”。桑杜，桑根。诗省“皮”字。

〔7〕绸缪：缠缚。

〔8〕女：通“汝”。　下民：指人类。

〔9〕拮据：因操作劳苦致手指不灵活。

〔10〕捋：用手自上而下勒取。　荼：芦、茅的花。

〔11〕蓄：积聚。　租：蒩的借字，亦作苴，茅草。

〔12〕卒：音义同“悴”。卒瘏(tú)，口病。马瑞辰：“‘卒瘏’与‘拮据’相对成文。卒……字通作悴……卒瘏皆为病。”

〔13〕曰：同“聿”，发语词。　未有室家：指巢还没有修好。

〔14〕谯谯(qiáo)：形容羽毛枯焦的样子。

〔15〕翛翛(xiāo)：鸟羽干枯无光泽的样子。

〔16〕翘翘：高而危险的样子。

〔17〕哓哓(xiāo)：因恐惧而发出的叫声。

东　山

【题解】

这是一个远征士卒在归途中思家的诗。他渴望早日回家，又担心可能发生的种种情况，表现了复杂细腻的感情。唐人诗句“近家情更怯，不敢问来人”，可为此诗意境作最好注脚。有人认为诗的社会背景和周公东征有关，这位诗人就是参加这次东征的士兵。

我徂东山[1]，	我到东山去打仗，
慆慆不归[2]。	好久不归岁月长。
我来自东，	今天我从东方回，
零雨其濛[3]。	细雨濛濛倍凄凉。
我东曰归，	我刚听说要回乡，
我心西悲。	西望家乡心悲伤。
制彼裳衣[4]，	缝好一套平时装，
勿士行枚[5]。	不再含枚上战场。
蜎蜎者蠋[6]，	山蚕蠕动曲又弯，
烝在桑野[7]。	息在野外桑树上。
敦彼独宿[8]，	孤身独睡缩成团，
亦在车下。	兵车底下权当床。

我徂东山，	我到东山去打仗，
慆慆不归。	好久不归岁月长。
我来自东，	今天我从东方回，
零雨其濛。	细雨濛濛倍凄凉。
果臝之实[9]，	瓜蒌结实一串串，
亦施于宇[10]。	蔓延挂在房檐上。
伊威在室[11]，	屋里尽是地鳖虫，
蟏蛸在户[12]。	门前结满蜘蛛网。
町畽鹿场[13]，	田地变成野鹿场，
熠耀宵行[14]。	入夜萤火点点亮。
不可畏也，	家园虽荒也不怕，
伊可怀也[15]！	越是荒凉越怀想！

我徂东山，	我到东山去打仗，
慆慆不归。	好久不归岁月长。
我来自东，	今天我从东方回，
零雨其濛。	细雨濛濛倍凄凉。
鹳鸣于垤[16]，	鹳立土堆伸颈叫，
妇叹于室[17]。	妻守空房长嗟伤。
洒埽穹窒[18]，	洒扫房舍多整洁，
我征聿至[19]。	盼我征夫早回乡。
有敦瓜苦[20]，	团团苦瓜本已苦，
烝在栗薪[21]。	何况结在苦菜上。
自我不见，	自从我们不相见，
于今三年！	于今三年想断肠！
我徂东山，	我到东山去打仗，
慆慆不归。	好久不归岁月长。
我来自东，	今天我从东方回，
零雨其濛。	细雨濛濛倍凄凉。
仓庚于飞[22]，	黄莺翻飞春已晚，
熠耀其羽。	毛羽鲜明闪闪亮。
之子于归，	想她当初做新娘，
皇驳其马[23]。	迎亲花马白里黄。
亲结其缡[24]，	娘替女儿结佩巾，
九十其仪[25]。	仪式繁多求吉祥。
其新孔嘉[26]，	新婚夫妇真美满，
其旧如之何[27]？	久别重逢该怎样？

【注释】

〔1〕徂(cú)：往。 东山：在今山东省曲阜县，亦名蒙山，商时属奄国，它是诗中兵士远征的地方。

〔2〕慆慆(tāo)：长久。

〔3〕零雨：细雨。 其濛：即濛濛。

〔4〕裳衣：指平常的服装。马瑞辰："盖制其归途所服之衣，非谓兵服。"

〔5〕士：同事。勿士，不要从事。 行：音义同"横"。 枚：是像筷子一样的东西。行枚，亦作"衔枚"，古人行军，用枚横衔在口里，避免说话出声。这里用"行枚"代战争。

〔6〕蜎蜎(yuān)：虫蠕动的样子。 蠋：蜀的俗字，似蚕而色青，亦名山蚕。

〔7〕烝：久。

〔8〕敦(duī)彼：即敦敦，身体蜷缩成团。

〔9〕果裸(luǒ)：瓜蒌，亦名栝楼，蔓生葫芦科植物。

〔10〕施(yì)：蔓延。 宇：屋檐。

〔11〕伊威：亦作蛜蝛，虫名，今名地鳖虫，生于阴暗潮湿处。

〔12〕蠨蛸(xiāo shāo)：虫名，一种喜蛛，一种长脚的小蜘蛛。

〔13〕町畽(tǐng tuǎn)：田舍旁空地，禽兽践踏的地方。

〔14〕熠耀(yì yào)：闪闪发光的样子。 宵行：虫名，今名萤火虫。

〔15〕伊：是。

〔16〕鹳(guàn)：水鸟名，形似鹭，亦似鹤。 垤(dié)：土堆。

〔17〕妇：指征人之妻。从这句起，到末句"于今三年"，都是诗人想象妻子盼望自己回来和思念之情。

〔18〕穹窒：清除脏物。

〔19〕我：征人之妻自称。 征：征人。 聿：语助词。

〔20〕有敦：敦敦，团团。 瓜苦：即苦瓜。

〔21〕栗：《韩诗》作"蓼"（liǎo)：苦菜。

〔22〕仓庚：黄莺。

〔23〕皇：亦作"騜"，黄白色的马。 驳：红白色的马。皆指迎亲所用的马。

〔24〕亲：指妻子的母亲。 缡(lí)：佩巾的带。古代风俗，嫁女的时候，母亲要亲自给女儿结缡。

〔25〕九十：形容繁多。指他们结婚时礼节繁多。 仪：仪式，礼节。

〔26〕新：指新婚。 孔：甚，很。 嘉：美满。

〔27〕旧：久，指久别。

破　斧

【题解】

这是随周公东征的士卒喜获生还的诗。周灭殷后，武王把殷地分为三部，命自己的兄弟管叔、蔡叔、霍叔各领一部。封纣子武庚为诸侯，受三叔的监视。武王病死，子成王立，年龄幼小，由武王同母弟周公摄政。后来武庚联合管、蔡和东方旧属国奄、姑蒲及徐夷、淮夷，起兵反周。周公带兵东征，杀武庚和管叔，放蔡叔，灭熊、盈等十七国，把殷顽民迁到洛阳。《破斧》一诗，旧说是赞美周公之作。就诗论诗，并不足信。它只是东征士卒喜获生还而已。此诗作于公元前1113年以后。

既破我斧，	斧头斫得裂缝长，
又缺我斨〔1〕。	满身伤痕青铜斨。
周公东征〔2〕，	周公东征到远方，
四国是皇〔3〕。	四国听到都着慌。
哀我人斯，	可怜我们这些人，
亦孔之将〔4〕！	总算命大能回乡！
既破我斧，	斧头斫得裂缝粗，
又缺我锜〔5〕。	作战折断三齿锄。
周公东征，	周公东征到远方，
四国是吪〔6〕。	四国幡然都悔悟。
哀我人斯，	可怜我们这些人，
亦孔之嘉！	总算有福回乡土！

既破我斧，	斧头斫裂刃锋销，
又缺我銶[7]。	缺口参差手中锹。
周公东征，	周公东征到远方，
四国是遒[8]。	四国平定不动摇。
哀我人斯，	可怜我们这些人，
亦孔之休！	熬到回乡算命好！

【注释】

〔1〕缺：缺口。这里作动词用。　斨：方孔的斧。

〔2〕周公：周武王的弟弟，名旦。

〔3〕四国：指天下，朱熹《诗集传》训为“四方之国”。与《鸤鸠》篇“正是四国”的“四国”同义。《毛传》注四国为管、蔡、商、奄，亦通。其实当时周公所征服的小国，有十几国之多，诗或举其大者而言（见陈奂《诗毛氏传疏》）。　皇：同“惶”，恐惧。

〔4〕孔：很。　将：大。《毛传》：“将，大也。”和“好”同义。下文的“嘉”和“休”，都是美善的意思。

〔5〕锜：似三齿锄的武器。

〔6〕吪（é）：《鲁诗》作讹，感化。《毛传》：“吪，化也。”

〔7〕銶（qiú）：像锹一样的武器。胡承珙《毛诗后笺》说：“銶，亦臿类，盖起土之物……臿锹不殊。”

〔8〕遒：稳定。

伐　柯

【题解】

这首诗写娶妻必须通过媒人，就如砍伐斧柄必须用斧头一样。后来人们称为人做媒叫“伐柯”、“作伐”，即从此而来。旧说认为这是赞美周公的诗，但毫无根据。

伐柯如何[1]？	要砍斧柄怎么办？
匪斧不克[2]。	没有斧头不成功。
取妻如何[3]？	要娶妻子怎么办？
匪媒不得。	没有媒人行不通。
伐柯伐柯，	砍斧柄呀砍斧柄，
其则不远[4]。	样子就在你面前。
我觏之子[5]，	我看那位好姑娘，
笾豆有践[6]。	料理宴席很熟练。

【注释】

〔1〕柯：斧柄。

〔2〕克：能。

〔3〕取：通“娶”。

〔4〕则：准则，榜样。　不远：指手持斧头砍取制斧柄的材料，其取材的样子就是手中所握之斧柄，不必远求。

〔5〕觏：见。　之子：指诗人所追求的姑娘。

〔6〕笾(biān)：竹丝编制高的独足碗，形如豆，古人用它盛果类的食物。　豆，象形字，木制高的独足碗，上有盖，盛肉类的食器。笾和豆都是古人宴会或祭祀用的餐具。　有践：即践践，陈列整齐的样子。《毛传》：“践，行列貌。”

九　罭

【题解】

这是一首主人留客的诗。这位客人，穿着衮衣绣裳，当然是一位贵族。旧说此诗赞美周公，或以为写东人留周公，均无确据。

九罭之鱼鳟鲂[1]。	细网捞着大鳟鲂。
我觏之子[2]，	我的客人不平常，
衮衣绣裳[3]。	画龙上衣彩色裳。
鸿飞遵渚[4]，	大雁飞飞沿沙洲，
公归无所[5]，	您若归去没处留，
于女信处[6]。	不住两夜不让走。
鸿飞遵陆，	大雁沿着陆地飞，
公归不复[7]，	您若归去不再回，
于女信宿！	请住两夜别推诿！
是以有衮衣兮[8]，	藏起您的绣龙袍，
无以我公归兮[9]，	请您别走好不好，
无使我心悲兮！	不要让我添烦恼！

【注释】

〔1〕九罭(yù)：捕小鱼小虾的密网。九，是虚数，言其眼多。　鳟：赤眼鳟，鲤科鱼类之一种。　鲂：鳊鱼。鳟鲂都是较大的鱼，用捕小鱼的密网去捕大鱼它就逃不脱。诗以鱼比客人之尊贵。

〔2〕我：主人自称。　觏：遇见。　之子：指客人。

〔3〕衮(gǔn)衣：画着龙的上衣。　绣裳：五彩的绣裙。按衮衣绣裳，都是古代贵族的礼服。

〔4〕鸿：大雁。　遵：沿着。　渚：水中沙洲。

〔5〕公：指客人。　无所：没有一定的处所。

〔6〕女：通“汝”。　信：两宿为信。信处犹信宿，住两夜。

〔7〕不复：不返。

〔8〕有：藏。闻一多：“有，藏之也。”

〔9〕无以：不让。以，使。《战国策·秦策》：“向欲以齐事王。”

狼　跋

【题解】

这是讽刺贵族公孙的诗。这位公孙，到底是谁，不得而知，只得存疑。他吃得胖胖的，穿着华丽的礼服，实际上品德名誉都不好，因而到处碰壁，处境狼狈。旧说这首诗赞美周公，是因为轻信了伪《尚书·金縢》，从而以暴露为歌颂，有失诗的原意。高亨《诗经今注》虽认为它是刺诗，但他说“硕肤”是“石甫”，是讽刺幽王时的虢石甫，似无确证。

狼跋其胡〔1〕，	老狼朝前踩下巴，
载疐其尾〔2〕。	后退又踏长尾巴。
公孙硕肤〔3〕，	公孙身体肥又大，
赤舄几几〔4〕。	红鞋弯弯神气煞。
狼疐其尾，	老狼后退踩尾巴，
载跋其胡。	前进又踏肥下巴。
公孙硕肤，	公孙身体肥又大，
德音不瑕〔5〕？	品德名誉差不差？

【注释】

〔1〕跋：践，踩。　胡：老狼颔下垂下来的肉。朱熹《诗集传》：“胡，颔下悬肉也。”

〔2〕载：同“再”，又。　疐（zhì）：同“踬”，也是脚踩的意思。《毛传》：“老狼有胡，进则躐其胡，退则跲其尾。进退有难，然而不失

其猛。”诗人以老狼走路兴公孙进退两难狼狈不堪的处境。

〔3〕公孙：当时对贵族的称呼，与《七月》诗中的“公子”性质略同，他当是豳公的后代。　硕肤：肥胖的意思。闻一多认为肤与“胪”通，释“腹前肥为胪”（大肚子），亦通。

〔4〕赤舄(xì)：红色而以金为饰的鞋，亦名“金舄”，贵族配衮衣礼服穿的鞋，与平常穿“履”异。　几几：鞋头弯曲的样子。

〔5〕德音：这里指品德名誉。　瑕：瑕疵。

二　雅

雅有《小雅》、《大雅》，合称“二雅”。其中《小雅》七十四篇，(另有六篇“笙诗”有目无辞)，《大雅》三十一篇，共计一百零五篇。“二雅”以十篇为一组，以这一组的第一篇诗命名，如《小雅》从《鹿鸣》到《南陔》十篇，称为《鹿鸣》之什。零数的诗，便包含在最后的“什”内，如《大雅·荡之什》就有十一篇。

雅和风一样，是一种乐歌名，是秦地的乐调。周、秦同地，秦在今陕西省，周的都城在今陕西省西安西南，古代叫做“镐京”，这地方的乐调，被称为中原正声。“雅”字《说文》作“鸦”，鸦和乌古同声，乌乌是秦调的特殊声音，所以称周首都的乐调为“雅”。雅乐又有“大雅”、“小雅”的分别，朱熹《诗集传》说：“正小雅，燕飨之乐也；正大雅，会朝之乐，受厘陈戒之辞也。”惠周惕《诗说》：“大、小二雅，当以音乐别之，不以政之大小论也，如律有大、小吕。”余冠英《诗经选》：“可能原来只有一种雅乐，无所谓大小，后来有新的雅乐产生，便叫旧的为大雅，新的为小雅。”以上三说，都没有什么确证，所以到现在为止，关于大小雅的区别，还没有得到圆满可信的解释。

《大雅》的大部分诗作于西周前期，其中最早的是《文王》，《吕氏春秋》曾引这首诗，以为是周公旦所作(约公元前1100年左右)。最晚的诗，可能是《瞻卬》和《召旻》，是幽王时候的作品。《小雅》各篇产生的时间很长，从西周到东周都有，以厉、宣、幽西周末年的诗为最多，最晚的诗如《节南山》提到“尹氏”，《正月》提到“褒姒”，约当平王初年，即公元前770年左右。

除了《小雅》中有少数民歌，如《大东》、《采薇》、《何草不黄》等之外，“二雅”多半是周王朝士大夫上层人物的作品。其中有反映统治阶级内部矛盾的政治讽喻诗，如《节南山》、《巧言》、《何人斯》、《正月》、《十月之交》、《小弁》、《巷伯》、《北山》、《桑柔》、《板》、《瞻卬》等；有反映种族战争的诗，如《出车》、《六月》、《采芑》、《江汉》、《常武》等；有周族的史诗《生民》、《公刘》、《绵》、《皇矣》、《大明》；还有其他一些诗篇，如《鱼丽》、《宾之初筵》描绘了贵族的宴饮生活；《鹿鸣》、《伐木》、《常棣》歌唱了朋友、兄弟之间的感情，等等。“二雅”中诗篇虽有别于《国风》中富于人民性的民歌，但仍不乏有一定深度的优秀作品。

小　雅

鹿　鸣

【题解】

这是贵族宴会宾客的诗。诗的写作年代，过去有的说是周成王时，有的说是康王时，均无确据。也有人认为不是产生在成、康的盛世，而是“周衰之作”，即东周以前的作品。《鲁诗》的一派还说这首诗刺“在位之人不仁”，但从诗的内容看来，似无美或刺之意，只是反映当时贵族宴会宾客的一般情况而已。

呦呦鹿鸣〔1〕，	鹿儿呦呦叫不停，
食野之苹〔2〕。	唤来同伴吃野苹。
我有嘉宾，	我有满座好宾客，
鼓瑟吹笙。	席上弹瑟又吹笙。
吹笙鼓簧〔3〕，	吹笙按簧声和声，
承筐是将〔4〕。	捧上礼物竹筐盛。
人之好我〔5〕，	诸位宾朋喜爱我，
示我周行〔6〕。	教我道理最欢迎。

呦呦鹿鸣，	鹿儿呦呦叫不停，
食野之蒿〔7〕。	呼吃青蒿结伴行。
我有嘉宾，	我有满座好宾客，
德音孔昭〔8〕。	品德高尚有美名。
视民不恌〔9〕，	待人宽厚不刻薄，
君子是则是效〔10〕。	君子学习好典型。
我有旨酒，	我有美酒敬一杯，
嘉宾式燕以敖〔11〕。	宾客欢宴喜盈盈。

呦呦鹿鸣，	鹿儿呦呦叫不停，
食野之芩〔12〕。	唤来同伴吃野芩。
我有嘉宾，	我有满座好宾客，
鼓瑟鼓琴。	席上弹瑟又奏琴。
鼓瑟鼓琴，	琴瑟齐奏声和鸣，
和乐且湛〔13〕。	酒酣耳热座生春。
我有旨酒，	我有美酒敬一杯，
以燕乐嘉宾之心。	借此娱乐诸贵宾。

【注释】

〔1〕呦呦：鹿叫的声音。

〔2〕苹：藾蒿。陆玑：“藾蒿，叶青色，茎似箸而轻脆，始生香，可生食。”《毛传》训苹为蓱。据《尔雅》，蓱是“水草”。鹿不食水中浮萍，毛训“蓱”是错误的。

〔3〕簧：笙中的舌片。　鼓簧：用手按簧，吹出笙的各种节奏音调。笙亦称簧，见《王风·君子阳阳》注〔2〕。

〔4〕承：奉上。　筐：盛币帛的竹器，亦名篚。《毛传》：“筐，篚属，所以行币帛也。”　将：送。

〔5〕人：指客人。　好：爱。

〔6〕示：告。　周行：大道。引申为大道理。

〔7〕蒿：菊科植物名，亦名青蒿、香蒿。

〔8〕德音：好品德。　孔：甚。　昭：明。

〔9〕视：《郑笺》：“视，古示字也。”《孔疏》引《左传》鲁昭公十年引此诗，服虔云：“示民不偷薄也。”三家诗亦作“示”。　恌（tiāo）：同“佻”，偷薄、刻薄的意思。

〔10〕君子：指一般统治者。　则：法则。　效：仿效。

〔11〕式：语助词，无义。　燕：通“宴”，宴会。　敖：舒畅快乐。

〔12〕芩（qín）：蒿一类的植物。陆德明《经典释文》引《说文》云：“芩，蒿也。”

〔13〕湛（zhàn）：媅的借字。《毛传》：“湛，乐之久。”即酒酣，尽兴的意思。

四　牡

【题解】

这是出使的官吏思归的诗。周在厉王、幽王时代，社会动荡，民生凋敝，官吏尚不能安居，人民的痛苦可想而知。诗用“岂不怀归”的设问句，表达了他因“王事靡盬”不能回家安居奉养父母的苦闷心情。

四牡骓骓〔1〕，	四匹公马跑得累，
周道倭迟〔2〕。	大路遥远又纡回。
岂不怀归？	难道不想把家回？
王事靡盬〔3〕，	王家差事做不完，
我心伤悲！	使我心里太伤悲！
四牡骓骓，	四匹公马不停蹄，

啴啴骆马[4]。	累得骆马直喘气。
岂不怀归？	难道不想回家里？
王事靡盬，	王家差事做不完，
不遑启处[5]！	哪有时间去休息！

翩翩者鵻[6]，	翩翩鹁鸪飞又鸣，
载飞载下，	飞上飞下多高兴，
集于苞栩[7]。	落在丛丛柞树顶。
王事靡盬，	王家差事做不完，
不遑将父[8]！	要养老父也不行！

翩翩者鵻，	翩翩鹁鸪任飞翔，
载飞载止，	飞飞停停多舒畅，
集于苞杞[9]。	歇在一片杞树上。
王事靡盬，	王家差事做不完，
不遑将母！	没空回家养老娘！

驾彼四骆，	四马驾车成一行，
载骤骎骎[10]。	车儿急驰马蹄忙。
岂不怀归？	难道不想回家乡？
是用作歌，	唱支歌儿诉衷肠，
将母来谂[11]！	日夜思念我亲娘！

【注释】

〔1〕骓骓(fēi)：马不停地走现出疲劳的样子。《广雅》：“骓骓，疲

也。行不止，则必疲。”

〔2〕周道：大路。　倭迟（yí）：亦作“倭夷”、“威夷”、“逶迤”，道路纡回遥远貌。

〔3〕靡：无。　盬（gǔ）：止息。

〔4〕啴啴（tān）：喘息。　骆：身白尾黑的马。

〔5〕遑：暇。　不遑：没有闲暇。　启：小跪。　处：居，坐。　启处：犹言在家安息。方玉润《诗经原始》引项安世曰：“古者席地，故有跪有坐。跪即起身，居即坐也。”按现在的日本人，犹存我国古代席地而坐的遗俗。

〔6〕骓（zhuī）：鸟名，今称鹁鸪。

〔7〕苞：茂盛。　栩（xǔ）：柞树。

〔8〕将：养。

〔9〕杞（qǐ）：枸杞。

〔10〕载：语首助词，这里含有勉力的意思。　骎骎（qīn）：马飞跑的样子。

〔11〕来：句中语助词，含有“是”意；和《谷风》的“伊予来塈”的“来”字用法相同。王引之《经义述闻》：“来，词之‘是’也。将母来谂，言我惟养母是念。《笺》训为往来之来，非。”　谂（shěn）：古谂和“念”是同音假借字，所以《毛传》训谂为“念”，即想念的意思。

皇皇者华

【题解】

这是一个使者出外调查民间情况的诗。旧说是送征夫之词，并非诗的本意。所以会有这个误解，是因为《鹿鸣》、《四牡》、《皇皇者华》这三首诗，后来被周统治者谱了乐调在宴会上弹奏，劳使臣时演奏《四牡》，遣使臣时演奏《皇皇者华》，其实和诗的内容并不相合。

皇皇者华〔1〕，	花儿朵朵开烂漫，
于彼原隰〔2〕。	高原低地都开遍。

駪駪征夫[3]，	急急忙忙我出差，
每怀靡及[4]。	纵有考虑不周全。
我马维驹[5]，	驾起马儿真高骏，
六辔如濡[6]。	六条缰绳多滑润。
载驰载驱，	赶着车儿快快跑，
周爰咨诹[7]。	广泛访问城和村。
我马维骐[8]，	驾起马儿黑带青，
六辔如丝[9]。	六条缰绳称手匀。
载驰载驱，	赶着车儿快快跑，
周爰咨谋[10]。	到处访问老百姓。
我马维骆，	雪白马儿黑尾巴，
六辔沃若[11]。	缰绳光润手中拿。
载驰载驱，	赶着车儿快快跑，
周爰咨度[12]。	到处访问细调查。
我马维骃[13]，	马儿浅黑毛斑驳，
六辔既均[14]。	缰绳均匀手中握。
载驰载驱，	赶着车儿快快跑，
周爰咨询[15]。	细心察访勤探索。

【注释】

〔1〕皇皇：色彩鲜明的样子。

〔2〕原：高的平原。　隰：低湿的地。

〔3〕驮驮(shēn)：《鲁诗》作“侁侁”，《韩诗》作“莘莘”，三字古通用，急急忙忙的意思。　征夫：行人，出使者。

〔4〕每：虽。《广雅》：“每，虽，词也。”马瑞辰《通释》：“《常棣》诗‘每有良朋’，与‘虽有兄弟’，词异而义同。”

〔5〕驹：小马。《释文》：“驹本作骄。”《说文》：“马高六尺为骄。”引诗“我马维骄”。按骄古读如驹，可能是后人据音以改字。

〔6〕如：和“而”通用。　濡：润泽。

〔7〕周：普遍，广泛。　爰：于，在。　咨：问。　诹(zōu)：聚集讨论。《说文》：“诹，聚谋也。”咨诹，访问的意思。

〔8〕骐：青色而有黑纹的马。

〔9〕如丝：形容四马六辔的调匀。《淮南子·修务训》高诱注：“《诗·小雅·皇皇者华》之篇，六辔四马如丝，言调匀也。”

〔10〕谋：计谋。

〔11〕沃：柔润。　若：同然。

〔12〕度(duó)：酌量。

〔13〕骃：浅黑色间有白色毛的马。

〔14〕均：均平，整齐。

〔15〕询：询问。

常　棣

【题解】

这是一首宴请兄弟的诗。诗的作者旧有两说：《国语》记为成王时周公所作，《左传》记为厉王时召穆公虎作。据考，以《左传》说较可靠。诗以死丧祸乱与和平安宁对比，朋友妻子与兄弟关系对比，突出“凡今之人，莫如兄弟”的主题。

常棣之华〔1〕，	棠棣花开照眼明，
鄂不韡韡〔2〕。	花萼花蒂同根生。

凡今之人，	试看如今世上人，
莫如兄弟。	没人能比兄弟情。
死丧之威[3]，	死亡威胁最可怕，
兄弟孔怀[4]。	只有兄弟最关心。
原隰裒矣[5]，	假如地震山川变，
兄弟求矣。	只有兄弟来相寻。
脊令在原[6]，	鹡鸰流落在高原，
兄弟急难。	兄弟着急来救难。
每有良朋[7]，	平时虽是好朋友，
况也永叹[8]。	看你遭难只长叹。
兄弟阋于墙[9]，	兄弟在家虽争吵，
外御其务[10]。	却能同心抗强暴。
每有良朋，	平时虽有好朋友，
烝也无戎[11]。	事到临头难依靠。
丧乱既平，	死丧祸乱既平靖，
既安且宁。	一家生活也安宁。
虽有兄弟，	那时虽有亲兄弟，
不如友生[12]。	反觉不如朋友亲。
傧尔笾豆[13]，	大碗小碗摆上来，
饮酒之饫[14]。	又是喝酒又吃菜。

兄弟既具[15]，	兄弟已经都来齐，
和乐且孺[16]。	家宴和乐又亲爱。
妻子好合，	情投意合妻子好，
如鼓瑟琴。	弹琴奏瑟同到老。
兄弟既翕[17]，	兄弟感情既融洽，
和乐且湛[18]。	和睦相处乐陶陶。
宜尔室家[19]，	妥善安排你家庭，
乐尔妻帑[20]。	妻子儿女喜盈盈。
是究是图[21]，	认真考虑细思量，
亶其然乎[22]！	此理是否很分明！

【注释】

〔1〕常棣：即棠梨树。

〔2〕鄂：同“萼”，花萼。《说文》引《诗》作“萼”。　不：花蒂。王引之《经传释词》训“不”为语词，亦通。　韡韡（wěi）：鲜明的样子。

〔3〕威：畏。

〔4〕孔怀：很关心。

〔5〕裒（póu）：聚集之意，也有减少之意，这里引申为自然界的变化。方玉润《诗经原始》：“原隰者，陵谷也。‘裒’为损少，即变迁之意。上言死丧，乃人事之变；下言原隰，乃山川之变。总以见势当变乱，始觉兄弟情深，起下急难、外侮。”

〔6〕脊令：即鹡鸰，亦名雝渠。《郑笺》：“雝渠，水鸟。而今在原，失其常处，则飞则鸣求其类，天性也。犹兄弟之于急难。”　原：平原。

〔7〕每：虽。

〔8〕况：增加的意思。　永：长。

〔9〕阋（xì）：争斗。

〔10〕务：通“侮”。《国语》、《左传》引《诗》皆作“外御其侮”。

〔11〕烝：与“陈”通，久。朱熹：“烝，发语词。”亦通。　戎：帮助。《尔雅·释言》：“戎，相助也。”

〔12〕友生：即朋友。　生：语助词。马瑞辰：“生，语词也。唐人诗‘太瘦生’，及凡诗‘何似生’、‘作么生’、‘可怜生’之类，皆以‘生’为语助词。实此诗及《伐木》诗‘友生’倡之也。”

〔13〕傧：陈列。　笾(biān)：古祭祀燕享盛水果、干肉等用的竹制器具。　豆：古盛肉器，用木制成，有盖，黑漆，中朱。

〔14〕之：犹是。　饫(yù)：吃饱喝足。

〔15〕具：通“俱”。既具，已经都来齐。

〔16〕孺：相亲。

〔17〕翕(xì)：合，和睦的意思。

〔18〕湛(dān)：又作“耽”，尽兴的意思。《释文》：“耽，乐之甚也。”

〔19〕宜：安。　尔：指兄弟。

〔20〕帑：通“孥”，儿子。

〔21〕究：深思。　图：考虑。

〔22〕亶(dǎn)：确实。　其：指“宜室家、乐妻帑”。　然：这样。

伐　木

【题解】

这是一首宴享亲友故旧的诗歌，此诗可能出自民间，后为贵族所修改、采用，也可能是贵族文人仿民歌的作品。从诗的语言技巧和表现手法看来，它可能是西周后期的作品。旧说是文王所作，是没有根据的。

伐木丁丁〔1〕，	砍起树木铮铮响，
鸟鸣嘤嘤〔2〕。	林中小鸟嘤嘤唱。
出自幽谷〔3〕，	小鸟本从深谷出，

迁于乔木[4]。	飞来住到大树上。
嘤其鸣矣[5]，	鸟儿嘤嘤啼不住，
求其友声。	呼伴引类声欢畅。
相彼鸟矣[6]，	看那小鸟是飞禽，
犹求友声；	尚且求友不断唱。
矧伊人矣[7]，	何况我们是人类，
不求友生[8]？	不和朋友相来往？
神之听之[9]，	天神听说人相爱，
终和且平。	也会把那和平降。
伐木许许[10]，	呼起号子砍树忙，
釃酒有萸[11]。	筛出美酒喷喷香。
既有肥羜[12]，	备好肥嫩小羔羊，
以速诸父[13]。	请我伯叔来尝尝。
宁适不来[14]，	宁可凑巧他不来，
微我弗顾[15]。	非我把他撇一旁。
於粲洒扫[16]，	屋里扫得真清爽，
陈馈八簋[17]。	八盘好菜都摆上。
既有肥牡[18]，	备好肥嫩小公羊，
以速诸舅[19]。	请我长辈来尝尝。
宁适不来，	宁可凑巧他不来，
微我有咎[20]。	免叫他人说短长。
伐木于阪[21]，	小山坡上来砍树，
釃酒有衍。	酒已满杯还要注。

笾豆有践[22]，	盘儿碗儿排整齐，
兄弟无远[23]。	兄弟之间别相疏。
民之失德[24]，	人们为啥失友情，
干糇以愆[25]。	饭菜不周致交恶。
有酒湑我[26]，	家里有酒筛出来，
无酒酤我[27]。	没酒店里买一壶。
坎坎鼓我[28]，	敲起鼓儿咚咚响，
蹲蹲舞我[29]。	扬起长袖翩翩舞。
迨我暇矣[30]，	趁着今朝有空闲，
饮此湑矣。	把这清酒喝下肚。

【注释】

〔1〕丁丁(zhēng)：刀斧砍树的声音。

〔2〕嘤嘤：鸟和鸣声。

〔3〕幽谷：深谷。

〔4〕乔木：指高处。

〔5〕嘤其：即嘤嘤。《鲁诗》认为“嘤”是莺的借字，黄鹂。

〔6〕相：视，看。

〔7〕矧(shěn)：何况。 伊人：是人，这人。

〔8〕友生：朋友。

〔9〕神之听之：一般释为“神明听之”。马瑞辰不同意这样的解释，他释神为慎，警诫的意思；释听为从，听从的意思(《毛诗传笺通释》)。可备一说。

〔10〕许许(hǔ)：又作浒浒或所所，伐木时共同用力的呼声，类似今天的劳动号子。朱熹：“许许，众人共力之声。《淮南子》曰：举大木者，呼邪许。盖举重劝力之歌也。”

〔11〕酾(shī)：酒，滤酒。下一章的“酾”是斟的意思。 有藇(xù)：藇藇，形容酒味美。《玉篇》：“藇，酒之美也。”

〔12〕羜(zhù)：出生五个月的小羊。

〔13〕速：召，邀请。 诸父：对同姓长辈的尊称。

〔14〕宁：宁可。　适：凑巧。

〔15〕微：非。　顾：念。

〔16〕於(wū)：叹美词。　粲：鲜明干净。

〔17〕陈：陈列，摆设。　馈：食物。　簋(guǐ)：盛食品的器具。

〔18〕牡：指雄性的小羊。

〔19〕诸舅：指异性的长辈。

〔20〕咎：过错。

〔21〕阪：山坡。　衍：本义是水溢出来。　有衍：即衍衍，形容酒多而美的样子。

〔22〕笾豆有践：菜肴摆整齐。见《豳风·伐柯》注〔6〕。

〔23〕兄弟：指同辈的亲友。　无远：不要疏远见外。

〔24〕失德：指失去朋友的交谊。

〔25〕干糇：本义是干粮。《说文》："糇，干食也。"这里用它泛指粗薄的点心。朱熹《诗集传》："干糇，食之薄者也。"　愆：过错。

〔26〕湑(xǔ)：和"醑"同义，滤。末句的"湑"指滤过的酒。

〔27〕酤：同"沽"，买酒。《毛传》和《说文》都释"酤"为"一宿酒也"，即未经滤过有滓的酒，如今酒酿。其说亦通。　我：主人自称。有人说，"我"是语尾助词，如啊，亦通。按这句和上句都是倒文。

〔28〕坎坎：击鼓声。

〔29〕蹲蹲(cún)：本作"墫"，形容跳舞合乐的姿态。以上两句也是倒文。

〔30〕迨：及，趁。

天　保

【题解】

这是一首臣子祝颂君主的诗，反映了当时统治阶级"敬天保民"的思想。

天保定尔[1]，	上天保佑庇护，
亦孔之固[2]。	使您政权巩固。

俾尔单厚[3]，	使您国家强大，
何福不除[4]。	赐您一切幸福。
俾尔多益[5]，	让您物产丰盈，
以莫不庶[6]。	叫您国家富庶。
天保定尔，	上天保佑庇护，
俾尔戬穀[7]。	使您安乐幸福。
罄无不宜[8]，	万事无不如意，
受天百禄[9]。	享受众多福禄。
降尔遐福[10]，	福祉降临您身，
维日不足[11]。	唯恐一天不足。
天保定尔，	上天保您吉祥！
以莫不兴[12]。	生产蒸蒸日上。
如山如阜[13]，	恰如巍巍丘陵，
如冈如陵[14]。	又如高高山岗。
如川之方至，	如水滚滚而来，
以莫不增。	永远不断增长。
吉蠲为饎[15]，	饭菜清清爽爽，
是用孝享[16]。	拿来祭祀祖上。
禴祠烝尝[17]，	春夏秋冬四季，
于公先王[18]。	祭我先公先王。
君曰卜尔[19]，	祖宗开口说话，
万寿无疆。	赐您万寿无疆。

神之吊矣[20]，	祖宗已经来临，
诒尔多福[21]。	赐您幸福如锦。
民之质矣[22]，	人民淳朴老实，
日用饮食。	每天吃饱就行。
群黎百姓[23]，	不管是官是民，
遍为尔德[24]。	个个感您恩情。

如月之恒[25]，	您像新月渐盈，
如日之升，	您像旭日东升，
如南山之寿，	您像南山高寿，
不骞不崩[26]。	永不亏损塌崩。
如松柏之茂，	您像松柏常青，
无不尔或承[27]。	子孙永远继承。

【注释】

〔1〕保定：使安定。　尔：您，指君主。陈奂："通篇十'尔'字，皆指君上也。"

〔2〕亦：语助词。　孔：甚。　固：巩固。

〔3〕俾：使。　单厚：亦作"亶厚"，强大。马瑞辰《通释》："单、厚同义，皆为大也。"

〔4〕除（zhù）：赐予。

〔5〕多益：二字同义，众多的意思，指物产众多丰富。

〔6〕以：发声词，无义。　庶：富庶。

〔7〕戬（jiǎn）穀：福禄，幸福。《毛传》："戬，福。穀，禄。"二字同义。

〔8〕罄：尽，所有的意思。

〔9〕百禄：许多的幸福。百是虚数，许多的意思。

〔10〕遐福：远福。

〔11〕维：同"惟"，只。　维日不足：惟恐每天享福不够。

〔12〕兴：盛。指物产兴盛。

〔13〕阜：土山。

〔14〕陵：大阜为陵。

〔15〕吉蠲（juān）：二字同义，都是清洁的意思。《毛传》训吉为“善”，指吉日良辰，亦通。　饎：酒食。

〔16〕是：这，指酒食。是用：即用是。　享：祭献。王先谦：“祭先人故曰孝享。”

〔17〕禴（yuè）：夏祭。　祠：春祭。　烝：冬祭。　尝：秋祭。

〔18〕公：先公。朱熹：“公，先公也。谓后稷以下至公叔祖类也。”按公叔祖类是古公亶父的父亲，见《史记》。　先王：指太王以下。朱熹：“先王，太王以下也。”按太王即古公亶父，周文王的祖父。

〔19〕君：指先公先王的神灵。按古代祭祀，用活人打扮神像，叫做“尸”（神主）。当主祭者向祖先祭祀时，尸可代表神讲话。　君曰：即尸传达神的话。　卜：予，赐给。

〔20〕吊（dì）：至，指神灵、祖考的降临。

〔21〕诒：通“贻”，送给。

〔22〕质：朴实无华。

〔23〕群黎：众民。　百姓：百官。《尧典》：“平章百姓。”《传》：“百姓，百官。”

〔24〕为：音义同“讹”，感化。马瑞辰《通释》：“为，当读如‘式讹尔心’之讹。讹，化也。”

〔25〕恒：陈奂《诗毛氏传疏》释为“月上弦之貌”。

〔26〕骞（qiān）：亏损。　崩：崩坏。

〔27〕或：有。　承：继承。

采　薇

【题解】

这是一位守边兵士在归途中赋的诗。旧说是文王时遣送守边兵士出征的乐歌，但从诗的语言艺术和风格看来，很像《国风》中的民歌，不像周初的作品。《汉书·匈奴传》记载周懿王时戎狄交侵，暴虐中国，诗人疾而歌之曰：“靡室靡家，猃允之故。”可见诗作于周懿王时(约在公元前934年以后)。末章以柳代春,以雪代冬,借景表情,感时伤事,富于形象性和感染力,是千古传诵的名句。

采薇采薇[1],	采薇采薇一把把,
薇亦作止[2]。	薇菜新芽已长大。
曰归曰归,	说回家呀道回家,
岁亦莫止[3]。	眼看一年又完啦。
靡室靡家[4],	有家等于没有家,
玁狁之故[5]。	为跟玁狁去厮杀。
不遑启居[6],	没有空闲来坐下,
玁狁之故。	为跟玁狁来厮杀。
采薇采薇,	采薇采薇一把把,
薇亦柔止[7]。	薇菜柔嫩初发芽。
曰归曰归,	说回家呀道回家,
心亦忧止。	心里忧闷多牵挂。
忧心烈烈[8],	满腔愁绪火辣辣,
载饥载渴[9]。	又饥又渴真苦煞。
我戍未定[10],	防地调动难定下,
靡使归聘[11]!	书信托谁捎回家!
采薇采薇,	采薇采薇一把把,
薇亦刚止[12]。	薇菜已老发杈桠。
曰归曰归,	说回家呀道回家,
岁亦阳止[13]。	转眼十月又到啦。

王事靡盬[14]，	王室差事没个罢，
不遑启处[15]。	想要休息没闲暇。
忧心孔疚[16]，	满怀忧愁太痛苦，
我行不来[17]！	生怕从此不回家。
彼尔维何[18]？	什么花儿开得盛？
维常之华[19]。	棠棣花开密层层。
彼路斯何[20]？	什么车儿高又大？
君子之车[21]。	高大战车将军乘。
戎车既驾[22]，	驾起兵车要出战，
四牡业业[23]。	四匹壮马齐奔腾。
岂敢定居？	边地怎敢图安居？
一月三捷！	一月要争几回胜！
驾彼四牡，	驾起四匹大公马，
四牡骙骙[24]。	马儿雄骏高又大。
君子所依[25]，	将军威武倚车立，
小人所腓[26]。	兵士掩护也靠它。
四牡翼翼[27]，	四匹马儿多齐整，
象弭鱼服[28]。	鱼皮箭袋雕弓挂。
岂不日戒[29]，	哪有一天不戒备，
猃狁孔棘[30]！	军情紧急不卸甲！
昔我往矣，	回想当初出征时，
杨柳依依[31]；	杨柳依依随风吹；

今我来思[32]，	如今回来路途中，
雨雪霏霏[33]。	大雪纷纷满天飞。
行道迟迟[34]，	道路泥泞难行走，
载渴载饥。	又渴又饥真劳累。
我心伤悲，	满心伤感满腔悲，
莫知我哀！	我的哀痛谁体会！

【注释】

〔1〕薇：今名野豌豆苗，冬天发芽，春天二三月长大。

〔2〕亦：助词，含有“又”的意思。　作：生出。　止：语气词，无义。

〔3〕莫：古“暮”字。

〔4〕靡：无。　室、家：指妻子。诗人终年远戍，和妻子久离，有家等于无家。

〔5〕玁狁（xiǎn yǔn）：亦作“猃狁”，我国古代西北边区少数民族族名。春秋时称“戎”或“狄”，秦汉时称“匈奴”或“胡”，隋唐称“突厥”。散居在今甘肃、陕西北部及内蒙西部。

〔6〕不遑：没有闲暇。　启：跪。　居：坐。古人席地而坐，跪则两膝着席，腰部伸直；坐则臀部和脚跟相触。

〔7〕柔：肥嫩。

〔8〕忧心烈烈：忧心如焚。

〔9〕载：又。

〔10〕戍：守。这里指防守的地点。　未定：不固定。

〔11〕使：使者。　聘：探问。

〔12〕刚：坚硬，指薇菜茎叶渐老变硬。

〔13〕阳：周代自农历四月到十月，称为阳月。有人训阳为“温暖”，亦通。

〔14〕靡盬：没有止息。

〔15〕启处：与上文“启居”同义。

〔16〕疚：病痛。

〔17〕来：《郑笺》：“来，犹返也。”方玉润：“虽生离犹死别也。”或训来为劳来之来，不来，指无人慰问。说亦可通。

〔18〕尔：三家诗作“薾”，花盛开的样子。　维：是。　维何：是

什么。

〔19〕常：通“棠”，棠梨树。

〔20〕路：车子。

〔21〕君子：指将帅。

〔22〕戎车：兵车。

〔23〕业业：强壮而高大的样子。

〔24〕骙骙（kuí）：马强壮的样子。

〔25〕依：依靠。陈奂：“依，倚也。”依靠在车厢上。

〔26〕小人：指兵士。　腓（féi）：覆庇，隐蔽。

〔27〕翼翼：行列整齐的样子。

〔28〕象弭（mǐ）：用象牙镶饰的弓。　弭：本是弓的两头缚弦的地方，所以有时亦名弓为弭。　鱼服：即鱼箙，用鱼皮做的箭袋。

〔29〕戒：戒备。

〔30〕棘：同“亟”，紧急。

〔31〕依依：柳条柔弱随风飘拂的样子。

〔32〕思：语末助词。

〔33〕雨雪：下雪。　霏霏：雪盛多的样子。

〔34〕迟迟：缓慢。

出　车

【题解】

这是一位出征的武士凯旋后赋的诗。旧说是慰劳南仲还师之作，不确。诗大约作于周宣王时，约当公元前800年左右。诗中反映了当时民族矛盾的尖锐化，歌颂了周宣王平定四夷的功绩。从中也可看出贵族文人向民歌吸取营养，丰富提高自己的创作这一明显的事实。

我出我车，	推出战车马套上，
于彼牧矣〔1〕。	驾到远郊养马场。
自天子所〔2〕，	有人从王那里来，

谓我来矣[3]。	派我出征到北方。
召彼仆夫[4]，	唤来马夫驾起车，
谓之载矣。	赶快送我到边防。
“王事多难[5]，	“国王政事多外患，
维其棘矣[6]。”	事儿紧急保家邦。”
我出我车，	推出战车马套上，
于彼郊矣。	驾到郊外养马场。
设此旐矣[7]，	车上插起龟蛇旗，
建彼旄矣[8]。	树起干旄随风扬。
彼旟旐斯[9]，	旗上鹰隼气昂昂，
胡不旆旆[10]？	怎不展翅高飞翔？
忧心悄悄[11]，	我为战事心不安，
仆夫况瘁[12]。	马夫憔悴驾驭忙。
王命南仲[13]，	王命南仲大将军，
往城于方[14]。	筑城防敌到北方。
出车彭彭[15]，	驾车四马多壮健，
旂旐央央[16]。	旌旗鲜明亮晃晃。
天子命我，	天子下令我执行，
城彼朔方。	去到北方筑城墙。
赫赫南仲[17]，	威名赫赫南仲子，
猃狁于襄[18]。	扫除猃狁上战场。
昔我往矣，	当初北征离家乡，

黍稷方华[19]。	黍稷茂盛庄稼香。
今我来思，	现在回来打西戎，
雨雪载涂[20]。	大雪满路化泥浆。
王事多难，	国王政事多外患，
不遑启居。	无法安居整天忙。
岂不怀归，	难道不想回家乡？
畏此简书[21]。	邻邦盟约不敢忘。
喓喓草虫[22]，	蝈蝈喓喓不住唱，
趯趯阜螽[23]。	蚱蜢蹦蹦跳场上。
未见君子，	未曾看见南仲面，
忧心忡忡[24]。	忧心忡忡虑国防。
既见君子，	如今见了南仲面，
我心则降[25]。	石头落地心舒畅。
赫赫南仲，	声名赫赫南仲子，
薄伐西戎[26]。	征伐西戎威名扬。
春日迟迟[27]，	春天日子渐渐长，
卉木萋萋[28]。	草木茂盛叶苍苍。
仓庚喈喈[29]，	黄莺吱喳枝头唱，
采蘩祁祁[30]。	采蘩姑娘闹洋洋。
执讯获丑[31]，	捉来间谍杀敌寇，
薄言还归。	胜利归来到家乡。
赫赫南仲，	威名赫赫南仲子，
猃狁于夷[32]。	平定猃狁国增光。

【注释】

〔1〕于：往。　牧：郊外。《尔雅》：“邑外谓之郊，郊外谓之牧。”

〔2〕所：处所，地方。

〔3〕谓：使。马瑞辰《毛诗传笺通释》：“《广雅》：‘谓，使也。’谓我来，即使我来。下文‘谓之载’，即使之载也。”

〔4〕仆夫：即御夫，驾车的人。

〔5〕难：指外患。

〔6〕维：发声词。陈奂《诗毛氏传疏》：“维，发声。凡言‘维其’，其也。‘维以’，以也。‘维此’，此也。‘维彼’，彼也。‘维何’，何也。‘维’皆发声。”　棘：同“急”，紧急。

〔7〕设：陈列。　旐（zhào）：画着龟蛇的旗。

〔8〕建：立。　旄：干旄，一种饰有旄牛尾的曲柄旗。

〔9〕旟（yú）：画着鹰隼的旗。　斯：语尾助词。

〔10〕旆旆（pèi）：飞扬的样子。

〔11〕悄悄：忧愁的样子。

〔12〕况：怳之假借字。况瘁，憔悴的意思。陈奂《诗毛氏传疏》：“《楚辞·九叹》云‘顾仆夫之憔悴’，又云‘仆夫慌悴’，并与诗‘况瘁’同。”

〔13〕南仲：周宣王时的大臣，亦作南中。

〔14〕城：筑城。　方：指朔方，北方。

〔15〕彭彭：马强盛的样子。

〔16〕旂：画蛟龙的旗。　央央：鲜明的样子。

〔17〕赫赫：威名显盛的样子。

〔18〕襄：通“攘”，扫除。

〔19〕华：茂盛。朱熹《诗集传》：“华，盛也。”方华：正是茂盛的时候。指北方的六月。

〔20〕载：充满。　涂：泥浆。《毛传》：“涂，冻释也。”

〔21〕简书：盟书。疑在这次战役前，宣王有和邻近的诸侯盟誓，写成简书的事。

〔22〕喓喓：虫鸣声。　草虫：蝈蝈。

〔23〕趯趯（tì）：跳跃貌。　阜螽：蚱蜢。

〔24〕忡忡：忧虑不安的样子。

〔25〕降：下，指心放下了。

〔26〕薄：语首助词，含有勉力的意思。　西戎：西北种族名。《国语》韦昭注：“犬戎，西戎之别名，在荒服。”按其地在今陕西凤翔的

北部。

〔27〕迟迟：日长的样子。

〔28〕卉(huì)：草。　萋萋：茂盛的样子。

〔29〕仓庚：黄莺。　喈喈：鸟鸣声。

〔30〕祁祁：众多的样子。

〔31〕讯：间谍。马瑞辰《通释》："文十七年《左传》：'郑子家使执讯而与之书。'杜注：'执讯，通讯问之言。'则'讯'为军中通讯问之人，盖'谍者'之类。"　获：馘(guó)的假借字，割耳朵。古人杀俘虏必割其左耳，以上报计数，这里作动词"杀"用。　丑：对敌人的蔑称。

〔32〕夷：平定。

杕　杜

【题解】

这是一位民间妇女思念久役的丈夫的诗。后来，统治阶级采了这首民歌，配合雅乐，作为慰劳戍役归来的将士时弹奏的乐章。编辑《诗经》的人，就把它列入《小雅》一类了。

有杕之杜〔1〕，	一株棠梨生路旁，
有睆其实〔2〕。	果实累累挂树上。
王事靡盬，	国王差事无休止，
继嗣我日〔3〕。	服役期限又延长。
日月阳止〔4〕，	日子已到十月头，
女心伤止，	满心忧伤想我郎，
征夫遑止！	征人有空应回乡！

有杕之杜，	一株棠梨生路旁，

其叶萋萋。	叶儿繁茂真盛旺。
王事靡盬，	国王差事无休止，
我心伤悲。	遥想征人我心伤。
卉木萋止，	草木青青春又到，
女心悲止，	心儿忧碎愁断肠，
征夫归止！	征人哪天能还乡！
陟彼北山〔5〕，	登上北山我彷徨，
言采其杞〔6〕。	手采枸杞心想郎。
王事靡盬，	国王差事无休止，
忧我父母。	谁来奉养爹和娘。
檀车幝幝〔7〕，	檀木车子已破烂，
四牡痯痯〔8〕，	四马疲劳步踉跄，
征夫不远！	征夫归期该不长！
匪载匪来〔9〕，	人不回来车不装，
忧心孔疚〔10〕。	忧心忡忡苦怀想。
期逝不至〔11〕，	服役期过不回来，
而多为恤〔12〕。	最是忧愁最惆怅。
卜筮偕止〔13〕，	占卜卦辞说吉祥，
会言近止〔14〕，	聚会之期不太长，
征夫迩止〔15〕！	征人很快就回乡！

【注释】

〔1〕杕(dì)杜：特立孤生的棠梨树。

〔2〕睆(huǎn)：颜色鲜明或果实浑圆的样子。

〔3〕继嗣：继续，含有延长的意思。按古代行役，规定春行秋返，秋行春返。诗中所写的丈夫约在春天参加行役，到杕杜结实，已过秋时，尚未回来，所以说“继嗣我日”。

〔4〕阳：指农历十月。见《采薇》注〔13〕。 止：语气词。

〔5〕陟：登。

〔6〕杞：枸杞。

〔7〕檀车：役车。檀木坚，古人用它制轮，所以称檀车。 幝幝(chǎn)：车破旧的样子。

〔8〕痯痯(guǎn)：疲病的样子。

〔9〕匪：通“非”。 载：装。

〔10〕疚：病，苦恼。

〔11〕期：服役的限期。 逝：过去。 期逝：即逾期的意思。

〔12〕多：最。 恤：忧愁。

〔13〕卜筮：占卜算卦。 偕：与“嘉”通，吉利(从马瑞辰《通释》说)。

〔14〕会：聚会。 言：助词，含有“且”意。有人训会为“合”，会言，指卜筮合言，说亦可通。

〔15〕迩：近。

鱼 丽

【题解】

这是写贵族宴飨宾客的诗。诗中描写了贵族所用的鱼和酒，不但又美又多，而且常有不缺，反映了当时贵族生活的豪华。《仪礼》中的乡饮酒和燕礼都唱这首诗，可见它后来成为燕飨通用的乐歌。

鱼丽于罶〔1〕，	鱼儿篓里历录跳，
鲿鲨〔2〕。	小鲨黄颊下锅烧。
君子有酒，	老爷有酒藏得好，

旨且多[3]。	满坛满罐清香飘。
鱼丽于罶，	鱼儿篓里历录跳，
魴鳢[4]。	鳊鱼黑鱼有味道。
君子有酒，	老爷有酒藏得好，
多且旨。	满桶满缸清香飘。
鱼丽于罶，	鱼儿篓里历录跳，
鰋鲤[5]。	鲶鱼鲤鱼好菜肴。
君子有酒，	老爷有酒藏得好，
旨且有[6]。	满樽满杯清香飘。
物其多矣，	酒菜丰盛花色多，
维其嘉矣[7]。	味道实在好不过。
物其旨矣，	样样酒菜都精美，
维其偕矣[8]。	客人尝了对口味。
物其有矣，	吃的喝的堆满仓，
维其时矣[9]。	时鲜货色不断档。

【注释】

〔1〕丽（lí）：历录，鱼历历录录地跳着的样子。陈奂《诗毛氏传疏》："丽与录一声之转，鱼丽历在罶，录录历历然也。" 罶（liǔ）：捕鱼的竹笼。

〔2〕鲿（cháng）：今名黄颊鱼，形状很像黄鱼。 鲨：体圆而有黑点文。

〔3〕旨：味美。

〔4〕鲂：鳊鱼。　鳢（lǐ）：黑鱼。

〔5〕鰋（yǎn）：今名鲶鱼。

〔6〕有：也是多的意思。朱熹《诗集传》："有，犹多也。"

〔7〕嘉：善。

〔8〕偕：与"嘉"同义。王引之《经传述闻》："《广雅》：'皆，嘉也。''皆'与'偕'古字通。"

〔9〕时：及时。苏辙《诗经传》训嘉为"好"，训偕为"齐全"，训时为"时鲜"，可备一说。

南有嘉鱼

【题解】

这也是一首描写贵族宴会宾客的诗。它和《鱼丽》性质略同，《鱼丽》多写招待宾客的酒菜之美，这首诗则兼写宾主宴饮之情。

南有嘉鱼〔1〕，	南方有好鱼，
烝然罩罩〔2〕。	群群游水中。
君子有酒，	主人有好酒，
嘉宾式燕以乐〔3〕。	宴会宾客乐融融。
南有嘉鱼，	南方有好鱼，
烝然汕汕〔4〕。	群群游水里。
君子有酒，	主人有好酒，
嘉宾式燕以衎〔5〕。	宴会宾客乐无比。
南有樛木〔6〕，	南方曲树弯，

甘瓠累之[7]。	葫芦缠树上。
君子有酒，	主人有好酒，
嘉宾式燕绥之[8]。	宴会宾客真欢畅。
翩翩者鵻[9]，	鹁鸪轻飞翔，
烝然来思[10]。	成群落树上。
君子有酒，	主人有好酒，
嘉宾式燕又思[11]。	宴会宾客敬一觞。

【注释】

〔1〕南：指南方江汉一带。　嘉鱼：好鱼。

〔2〕烝：众多。　罩罩：鱼群游的样子。戴震《毛郑诗考正》："罩罩，盖鱼游水之貌。"

〔3〕式：语气词。　燕：宴会饮酒。　以：同"而"。

〔4〕汕汕：鱼游水的样子。

〔5〕衎（kàn）：《毛传》："衎，乐也。"

〔6〕樛（jiū）木：弯曲的树。

〔7〕瓠（hù）：葫芦。　累：缠绕。

〔8〕绥：安乐。

〔9〕鵻（zhuī）：鹁鸪。

〔10〕思：语气词。

〔11〕又：与"侑"通用，指劝酒。马瑞辰《通释》："又，即今之右字，古右与侑、宥并通用。"

南山有台

【题解】

这是祝祷周王得贤人的诗。诗人采用民歌习语作为每章的发端，增强了诗的音乐性。

南山有台〔1〕，
北山有莱〔2〕。
乐只君子〔3〕，
邦家之基。
乐只君子，
万寿无期！

南山莎草绿萋萋，
北山遍地长野藜。
得到君子多快乐，
国家靠你做根基。
得到君子多快乐，
祝你万寿无穷期！

南山有桑，
北山有杨。
乐只君子，
邦家之光〔4〕。
乐只君子，
万寿无疆！

南山遍地有嫩桑，
北山到处长白杨。
得到君子多快乐，
国家有你增荣光。
得到君子多快乐，
祝你万寿永无疆！

南山有杞〔5〕，
北山有李。
乐只君子，
民之父母。
乐只君子，
德音不已〔6〕。

南山杞木株连株，
北山岗上长李树。
得到君子多快乐，
民众尊你是父母。
得到君子多快乐，
你的美名永记住！

南山有栲〔7〕，
北山有杻〔8〕。

南山栲树绿油油，
北山檍树满山丘。

乐只君子，	得到君子多快乐，
遐不眉寿[9]？	怎不盼你享长寿？
乐只君子，	得到君子多快乐，
德音是茂[10]。	你的美名传九州。
南山有枸[11]，	南山枸树到处有，
北山有楰[12]。	北山遍地是苦楸。
乐只君子，	得到君子多快乐，
遐不黄耇[13]？	怎不愿你永长寿？
乐只君子，	得到君子多快乐，
保艾尔后[14]。	保养子孙传千秋。

【注释】

〔1〕台：通“苔”，草名。又名莎草，可做蓑衣。

〔2〕莱：亦作“藜”，草名。嫩叶可食。

〔3〕乐：指周王乐得君子。　只：语助词，含有“是”意。《郑笺》：“只之言‘是’也。”　君子：指贤者。

〔4〕光：光荣。

〔5〕杞：木名。《释文》引《义疏》云：“杞，其树如樗，一名狗骨。”按这是南方的一种树，和北方的枸杞不同。

〔6〕德音：好名誉。　不已：不止。

〔7〕栲：一种常绿高大乔木，木质坚密，皮可提制栲胶或染鱼网。

〔8〕杻（niǔ）：檍树。

〔9〕遐：通“何”。　眉寿：长寿。

〔10〕茂：美盛。

〔11〕枸（jǔ）：即枳椇，实如鸡爪，味甜可食。

〔12〕楰（yú）：亦名苦楸。

〔13〕黄耇（gǒu）：老寿。黄，指老人头发白后发黄。耇，老。

〔14〕艾：养育。　尔：你。　后：指子孙后代。

蓼 萧

【题解】

这是诸侯在宴会中祝颂周王的诗。

蓼彼萧斯[1]，	艾蒿高又长，
零露湑兮[2]。	露水闪闪亮。
既见君子[3]，	见到周天子，
我心写兮[4]。	我心真舒畅。
燕笑语兮[5]，	宴饮又谈笑，
是以有誉处兮[6]。	大家喜洋洋。
蓼彼萧斯，	艾蒿高又长，
零露瀼瀼[7]。	露水晶晶亮。
既见君子，	见到周天子，
为龙为光[8]。	得宠沾荣光。
其德不爽[9]，	皇恩真浩荡，
寿考不忘。	万寿永无疆。
蓼彼萧斯，	艾蒿长又高，
零露泥泥[10]。	露珠纷纷掉。
既见君子，	见到周天子，
孔燕岂弟[11]。	盛宴乐陶陶。

宜兄宜弟[12]，	兄弟情融洽，
令德寿岂[13]。	德美又寿考。
蓼彼萧斯，	艾蒿密成丛，
零露浓浓。	叶上露珠浓。
既见君子，	见到周天子，
鞗革冲冲[14]。	马辔镶黄铜。
和鸾雝雝[15]，	鸾铃响丁东，
万福攸同[16]。	万福归圣躬。

【注释】

〔1〕蓼(lù)：长大的样子。　萧：艾蒿，菊科植物，有香气。　斯：语气词。

〔2〕零：落。　湑(xǔ)：露水盛美的样子。

〔3〕君子：这里指周王。

〔4〕写：输写，舒畅。

〔5〕燕：宴饮。

〔6〕誉处：安乐。朱熹《诗集传》引苏辙《诗经传》曰："誉、豫通。凡诗之誉，皆言乐也。"　处：安。按《礼记·檀弓》"何以处我"，郑注："处，安也。"

〔7〕瀼瀼(ráng)：露盛的样子。

〔8〕为：被。　龙：古"宠"字。《毛传》："龙，宠也。"

〔9〕其德：指周王对诸侯的恩德。　爽：差。

〔10〕泥泥：露湿的样子。

〔11〕孔燕：盛宴。　岂弟：同"恺悌"，和易近人。

〔12〕宜：感情融洽的意思。

〔13〕令德：美德。　寿岂：长寿快乐。

〔14〕鞗(tiáo)：亦作"鋚"，铜制马勒的装饰。　革：勒的借字，即马络头。　冲冲：形容马勒装饰的鋚下垂的样子。

〔15〕和鸾：都是车铃。挂在轼上的铃叫作和，挂在车衡上的铃叫作鸾。　雝雝：铃声谐和。

〔16〕攸：所。 同：聚。

湛 露

【题解】

这是周王宴饮诸侯的诗。

湛湛露斯[1]，	早晨露水重又浓，
匪阳不晞[2]。	不晒太阳它不干。
厌厌夜饮[3]，	夜间宴饮安又闲，
不醉无归。	酒不喝醉莫回还。
湛湛露斯，	浓浓露水闪亮光，
在彼丰草。	沾在茂盛野草上。
厌厌夜饮，	夜间宴饮多舒畅，
在宗载考[4]。	宗庙燕享乐钟响。
湛湛露斯，	浓浓露水闪亮光，
在彼杞棘[5]。	沾在枸杞酸枣上。
显允君子[6]，	尊贵忠诚众来宾，
莫不令德[7]。	品德美好有名望。
其桐其椅[8]，	桐树椅树到深秋，
其实离离[9]。	果实累累满枝头。

岂弟君子[10]，	贵客和气又平易，
莫不令仪[11]。	彬彬有礼不酗酒。

【注释】

〔1〕湛湛：露水浓重的样子。

〔2〕晞：干。

〔3〕厌厌：《说文》作“懕懕”，《韩诗》作“愔愔”，安闲的样子。

〔4〕宗：宗庙。　载：同“再”。　考：击，敲。姚际恒《诗经通论》：“考，击也，击钟也。《唐风》：‘子有钟鼓，弗鼓弗考。’再考钟，所谓金奏《肆夏》也。入门、客出及燕之时皆用之。”

〔5〕杞棘：枸杞和酸枣树。

〔6〕显：显赫高贵。　允：诚信。　君子：指宾客。

〔7〕令德：好品德。

〔8〕桐：油桐树。　椅：山桐子树。

〔9〕离离：繁茂众多的样子。

〔10〕岂弟：和易近人。

〔11〕令仪：美好的举止礼节。

彤　弓

【题解】

这是周王举行宴会赏赐有功诸侯时君臣合唱的诗。据《左传》记载，周王曾多次将弓矢等物赐有功诸侯，这可能是周代的一种制度。

彤弓弨兮[1]，	弦儿松松红漆弓，
受言藏之。	诸侯受赐藏家中。
我有嘉宾[2]，	我有如此好宾客，
中心贶之[3]。	诚心赠物表恩宠。

钟鼓既设，	钟鼓乐器齐备好，
一朝飨之[4]。	从早摆宴到日中。

彤弓弨兮，	弦儿松松红漆弓，
受言载之[5]。	诸侯受赐带家中。
我有嘉宾，	我有如此好宾客，
中心喜之。	心里欢喜现笑容。
钟鼓既设，	钟鼓乐器齐备好，
一朝右之[6]。	从早饮酒到日中。

彤弓弨兮，	弦儿松松红漆弓，
受言櫜之[7]。	诸侯受赐插袋中。
我有嘉宾，	我有如此好宾客，
中心好之。	无限宠爱喜气浓。
钟鼓既设，	钟鼓乐器齐备好，
一朝醻之[8]。	从早敬酒到日中。

【注释】

〔1〕彤(tóng)：红色。《荀子·大略》：“天子雕弓，诸侯彤弓，大夫黑弓，礼也。” 弨(chāo)：放松弓弦。

〔2〕我：天子自称。 嘉宾：指诸侯。

〔3〕贶(kuàng)：赠送。

〔4〕一朝：一个上午。 飨：当时盛大宴会的名称。

〔5〕载：一般训为用车载。马瑞辰《毛诗传笺通释》说：“载，亦藏也。”说亦可通。

〔6〕右：通“侑”，劝酒。

〔7〕櫜(gāo)：弓袋。

〔8〕醻：亦作“酬”，宾主彼此敬酒的意思。

菁菁者莪

【题解】

这是写学士乐见君子的诗，说的是关于教育人才的事。所以后来人提到教育，常用它作典故。

菁菁者莪[1]，	萝蒿一片密又多，
在彼中阿[2]。	长在向阳南山坡。
既见君子[3]，	有幸见到好老师，
乐且有仪[4]。	心里快乐有楷模。
菁菁者莪，	萝蒿一片蓬勃长，
在彼中沚[5]。	长在河心小洲上。
既见君子，	有幸见到好老师，
我心则喜。	心里欢喜又舒畅。
菁菁者莪，	萝蒿一片真茂盛，
在彼中陵[6]。	高高丘陵连根生。
既见君子，	有幸见到好老师，
锡我百朋[7]。	胜过赏我百千文。
汎汎杨舟[8]，	水中飘着杨木船，
载沉载浮。	半沉半浮没人管。

既见君子，　　　　有幸见到好老师，
我心则休[9]。　　　学有榜样心喜欢。

【注释】

〔1〕菁菁：茂盛的样子。　莪：亦名萝蒿，《本草纲目》称之为抱娘蒿。

〔2〕中阿：即阿中。　阿：大丘陵。

〔3〕君子：这里可能指保氏，即掌管教育的官吏。

〔4〕仪：仪表。　有仪：有榜样。

〔5〕沚：水中小沙洲。

〔6〕陵：大土山。

〔7〕锡：赐。　朋：古人用贝壳作货币，五贝为一串，两串为一朋。

〔8〕杨舟：杨木制的船。

〔9〕休：《广雅》称为“喜也”。

六　月

【题解】

这是叙述、赞美宣王时代尹吉甫北伐猃狁获得胜利的诗。《汉书·匈奴传》：“宣王兴师，命将征伐猃允，诗人美大其功。”《汉书·韦玄成传》：“周室既衰，四夷并侵，猃允最强。至宣王而伐之。诗人美而颂之曰：‘薄伐猃狁，至于太原。’”讲的就是这首诗。周自厉王时起，政治腐败，国势衰弱，四周异族多乘机入侵，其中以北方猃狁的威胁最大。宣王即位以后，发动了讨伐猃狁的战役，一面命令南仲驻兵朔方，加强防守力量；一面派尹吉甫军深入敌地，取得很大的胜利，保证了周邦的安定，号称“中兴”。这首诗从一个侧面反映了“宣王中兴”的事实。

六月栖栖[1]，　　　六月出兵好紧张，

戎车既饬[2]。	整理兵车备战忙。
四牡骙骙[3]，	四匹公马肥又壮，
载是常服[4]。	士兵军服装载上。
猃狁孔炽[5]，	可恨猃狁太猖狂，
我是用急[6]。	我军急行守边防。
王于出征[7]，	周王命令我出征，
以匡王国[8]。	保我邦国保我王。
比物四骊[9]，	四匹黑马选得壮，
闲之维则[10]。	驾马技术练习忙。
维此六月[11]，	就在盛夏六月里，
既成我服[12]。	军服制成好穿上。
我服既成，	新制军服穿上身，
于三十里[13]。	日行卅里赴边疆。
王于出征，	周王命令我出征，
以佐天子。	帮助天子战强梁。
四牡修广[14]，	四匹公马高又壮，
其大有颙[15]。	大头大脑气昂昂。
薄伐猃狁，	同心勉力讨猃狁，
以奏肤公[16]。	建立大功安周邦。
有严有翼[17]，	将帅威武又谨严，
共武之服[18]。	共管战事守国防。
共武之服，	共同管好国防事，
以定王国。	卫我国家安我王。

猃狁匪茹[19]，　　猃狁不弱非窝囊，
整居焦穫[20]。　　驻兵焦穫战线长。
侵镐及方[21]，　　侵略宁夏和朔方，
至于泾阳[22]。　　深入甘肃到泾阳。
织文鸟章[23]，　　我军挂徽竖鹰旗，
白旆央央[24]。　　旗端飘带白又亮。
元戎十乘[25]，　　大型战车有十乘，
以先启行[26]。　　冲开敌垒勇难挡。

戎车既安[27]，　　战车安然奏凯还，
如轾如轩[28]。　　俯仰自如无损伤。
四牡既佶[29]，　　四匹公马真雄壮，
既佶且闲。　　说它雄壮却驯良。
薄伐猃狁，　　同心勉力讨猃狁，
至于大原[30]。　　深入大原敌胆丧。
文武吉甫[31]，　　能文能武尹吉甫，
万邦为宪[32]。　　四方诸侯好榜样。

吉甫燕喜[33]，　　宴请吉甫庆喜事，
既多受祉[34]。　　接受赏赐多吉祥。
“来归自镐，　　“我从固原班师归，
我行永久。”　　路上行军日子长。”
饮御诸友[35]，　　邀请战友作陪客，
炰鳖脍鲤[36]。　　蒸鳖脍鲤佳肴香。
侯谁在矣[37]，　　宴会座中还有谁？

张仲孝友[38]。　　孝友张仲有名望。

【注释】

〔1〕六月：古代兵法惯例，夏天不出兵，但因猃狁入侵，边事紧急，所以在六月出兵抵抗。　栖栖(xī)：忙碌紧张的样子。

〔2〕戎车：兵车。　饬(chì)：整治。

〔3〕骙骙(kuí)：马强壮的样子。

〔4〕载：装载。　常服：兵士作战时穿的军服。据《周礼》，帽和上衣是用兽皮制的，下裳和鞋都是白色的。

〔5〕猃狁：北狄，见《采薇》注〔5〕。　孔：很。　炽：盛。

〔6〕是用：是以，为此。　急：指急行。

〔7〕王：指周宣王，厉王之子，名靖。他继厉王衰微之后，内修国政，外命秦仲攻西戎，尹吉甫伐猃狁，方叔征荆蛮，召虎平淮夷。史称周室中兴。　于：同“曰”，语助词。

〔8〕匡：救助的意思。

〔9〕比：比较选择。　物：指马。　骊：黑马。

〔10〕闲：练，练习。　则：法则。

〔11〕维：发语词。

〔12〕服：戎服，军衣。

〔13〕于：往。朱熹《诗集传》：“古者吉行日五十里，师行日三十里。”

〔14〕修广：又高又大。

〔15〕有颙(yóng)：即颙颙，大头大脑的样子。

〔16〕奏：成。　肤：大。　公：通“功”。

〔17〕有严：即严严，威武严肃的样子。　有翼：即翼翼，恭敬谨慎的样子。

〔18〕共：共同。　武：武事，指战争。　服：事。

〔19〕匪：非。　茹：柔弱。有人训茹为“度”，不自量力的意思，亦通。

〔20〕整：整队。　居：处，占据。　焦、穫：皆地名，在今陕西泾阳县西北。

〔21〕镐(hào)：地名，在今宁夏灵武县及其附近地方。不是周都镐京。　方：朔方。

〔22〕泾阳：地名，在今甘肃平凉县西。

〔23〕织：徽记。当时士卒衣服背后缝有红布的徽记。　鸟章：指将

帅的旗帜，旗上面画有鸟隼。文、章：均指花纹。

〔24〕旆(pèi)：旗端状如燕尾的飘带。　央央(yīng)：鲜明的样子。

〔25〕元戎：大的战车。

〔26〕启：开，这里指冲开。　行：行列，指敌人军队的行列。

〔27〕安：指胜利平安归来。

〔28〕轾：车向下俯。　轩：车向上仰。写兵车的高低俯仰自如，并未因战争而损坏。

〔29〕佶：健壮的样子。

〔30〕大原：在今甘肃省固原县。

〔31〕文武：能文能武。　吉甫：尹吉甫，这次出征的大将。王先谦《诗三家义集疏》："《汉书·人表》，尹吉甫列上下第三等，次周宣王世。"

〔32〕万邦：指众多的诸侯国。　宪：法，榜样。

〔33〕燕：宴会。　喜：喜事。

〔34〕祉：福。指受周王赏赐之福。

〔35〕御(yà)：作陪。《郑笺》："御，侍也。"

〔36〕炰(páo)：同"炮"，蒸煮。　脍：细切鱼或肉。

〔37〕侯：维，发语词。

〔38〕张仲，吉甫的朋友，《汉书·古今人表》有张中，可能就是他。　孝友：朱熹《诗集传》："善父母曰孝，善兄弟曰友。"

采　芑

【题解】

这是描写方叔南征荆蛮(即楚)的诗。它和《六月》一样，是反映宣王时代周族与他族战争的诗篇之一。

薄言采芑[1]，	急急忙忙采苦菜，
于彼新田[2]，	在那郊外新田间，
于此菑亩[3]。	又到这块初垦田。
方叔涖止[4]，	方叔亲临来检验，

其车三千，	战车排开整三千，
师干之试[5]。	战士持盾勤操练。
方叔率止[6]，	方叔领兵上前线，
乘其四骐[7]，	乘上战车驰在先，
四骐翼翼[8]。	四匹青鬃肩并肩。
路车有奭[9]，	朱漆战车红艳艳，
簟茀鱼服[10]，	鱼皮箭袋细竹帘，
钩膺鞗革[11]。	马鞅马勒光耀眼。

薄言采芑，	急急忙忙采苦菜，
于彼新田，	在那郊外新田间，
于此中乡[12]。	又到这块初垦田。
方叔涖止，	方叔亲临挂帅印，
其车三千，	战车威武有三千，
旂旐央央[13]。	军旗招展多光鲜。
方叔率止，	方叔领兵去出征，
约軝错衡[14]，	皮饰车毂雕花辕，
八鸾玱玱[15]。	车铃叮当走得欢。
服其命服[16]，	王赐官服身上穿，
朱芾斯皇[17]，	鲜红蔽膝亮闪闪，
有玱葱珩[18]。	玉佩铿锵响声传。

鴥彼飞隼[19]，	鹞鹰疾飞快如箭，
其飞戾天[20]，	忽然高飞上九天，
亦集爰止[21]。	忽然停息落地面。

方叔涖止，	方叔亲临来检验，
其车三千，	战车排开整三千，
师干之试。	战士持盾勤操练。
方叔率止，	方叔带兵去出征，
钲人伐鼓〔22〕，	钲人击鼓声喧阗，
陈师鞠旅〔23〕。	列队誓师好庄严。
显允方叔〔24〕，	方叔军纪明又信，
伐鼓渊渊〔25〕，	击鼓咚咚号令传，
振旅阗阗〔26〕。	士兵动作应鼓点。
蠢尔蛮荆〔27〕，	荆州蛮子太愚蠢，
大邦为雠〔28〕。	敢同周朝做仇人。
方叔元老，	方叔乃是元老臣，
克壮其犹〔29〕。	雄才大略兵如神。
方叔率止，	方叔领兵去出征，
执讯获丑〔30〕。	打得敌人束手擒。
戎车啴啴〔31〕，	战车隆隆起烟尘，
啴啴焞焞〔32〕，	排山倒海军容振，
如霆如雷〔33〕。	势如雷霆动乾坤。
显允方叔，	方叔军纪明又信，
征伐玁狁，	曾经北伐克玁狁，
蛮荆来威〔34〕。	荆蛮闻风已惊心。

【注释】

〔1〕芑(qǐ)：一种像苦菜的野菜。

〔2〕于：在。　新田：新开垦的田。《尔雅·释地》："田一岁曰菑，二岁曰新田，三岁曰畬。"

〔3〕菑(zī)：见上注。

〔4〕方叔：周宣王的大臣，出征荆蛮的主帅。　涖：同"莅"，来临。

〔5〕师：众，指兵士。　干：盾，指武器。　之：是。　试：用、练习。

〔6〕率：带领。　止：语气词。

〔7〕骐：有青黑花纹的马。

〔8〕翼翼：整齐的样子。

〔9〕路车：大车，贵族坐的车。　奭(shì)：即赫。有赫，赫赫，鲜红的样子。

〔10〕簟茀：竹席制的车帘。　鱼服：鱼兽皮制的箭袋。

〔11〕钩膺：有青铜钩装饰的马鞅，套在马脖子上用以垫轭。　鞗革(tiáo lè)：皮制铜饰的马勒，今名马笼头。

〔12〕中乡：中田，即田中。

〔13〕旂：画有蛟龙的旗。　旐：画有龟蛇的旗。　央央：鲜明的样子。

〔14〕约：束，缠。　軧(qí)：车毂。　错：花纹。　衡：车辕前端的横木。

〔15〕鸾：车铃。　玱玱：铃声。

〔16〕服：穿。　命服：指周宣王赐给方叔穿的礼服。

〔17〕芾(fú)：通"韨"，蔽膝。　皇：辉煌。　斯皇：皇皇。

〔18〕有玱：玱玱。　葱：绿色。　珩：亦作"衡"，佩玉上的横梁。葱珩：是爵位高的人用的饰物。

〔19〕鴥(yù)：鸟疾飞的样子。　隼：鹞鹰一类的鸟。

〔20〕戾：至。

〔21〕爰：于。

〔22〕钲：铎一类的铃，有柄。在练习作战时，摇它表示停止。《毛传》："钲以静之，鼓以动之。"　伐：击，敲。

〔23〕陈：列队。　师：二千五百人为一师。　鞠：告，即誓师的意思。　旅：五百人为一旅。这里师和旅都是泛指兵士。

〔24〕显：明。　允：信。指号令明而赏罚信。

〔25〕渊渊：鼓声。

〔26〕振旅：指战前训练士兵。　阗阗：鼓声。

〔27〕蛮荆：古书引《诗》多作"荆蛮"，这可能是《毛诗》写倒。

荆蛮：即荆州之蛮。周成王时，封熊绎于荆蛮为楚子。其地在今湖北宜昌一带地方。

〔28〕大邦：指周朝。

〔29〕克：能。　犹：同“猷”，计谋。

〔30〕执讯获丑：捕得俘虏。见《出车》注〔31〕。

〔31〕啴啴(tān)：车行声。

〔32〕焞焞(tūn)：盛大的样子。

〔33〕霆：暴雷。

〔34〕来：作用略同于“是”。　威：畏。

车　攻

【题解】

这是一首写周宣王会同诸侯举行田猎的诗。据前人分析，宣王会猎诸侯含有示威慑服的意义。

我车既攻〔1〕，	猎车修理已完工，
我马既同〔2〕。	马儿整齐速度同。
四牡庞庞〔3〕，	四匹公马多强壮，
驾言徂东〔4〕。	驾着猎车驶向东。
田车既好〔5〕，	猎车修得很完好，
四牡孔阜〔6〕。	四匹公马大又高。
东有甫草〔7〕，	东都甫田有草原，
驾言行狩〔8〕。	驾车打猎走一遭。
之子于苗〔9〕，	国王夏猎有排场，

选徒嚣嚣[10]。	清点随员闹洋洋。
建旐设旄[11]，	树起旗子插上旄，
薄狩于敖[12]。	前往敖山狩猎场。
驾彼四牡，	诸侯驾着四马来，
四牡奕奕[13]。	四马从容又轻快。
赤芾金舄[14]，	大红蔽膝金头鞋，
会同有绎[15]。	共同会猎好气派。
决拾既佽[16]，	扳指臂鞲都齐备，
弓矢既调[17]。	强弓利矢两相配。
射夫既同[18]，	猎罢射手都集中，
助我举柴[19]。	助拣猎物抬又背。
四黄既驾[20]，	四匹黄马已驾上，
两骖不猗[21]。	两旁骖马不偏向。
不失其驰[22]，	往来驰驱有章法，
舍矢如破[23]。	一箭射出就杀伤。
萧萧马鸣[24]，	耳听马鸣声萧萧，
悠悠旆旌[25]。	眼望旌旗悠悠飘。
徒御不惊[26]，	驭手机警又严肃，
大庖不盈[27]。	野味满厨充佳肴。
之子于征[28]，	国王猎罢归京城，

有闻无声[29]。	人马整肃寂无声。
允矣君子[30]，	真是圣明好天子，
展也大成[31]。	会猎胜利大有成。

【注释】

〔1〕攻：通“工”，石鼓文作“我车既工”，治理、修缮的意思。

〔2〕同：齐。

〔3〕庞庞(lóng)：厚实强壮的样子。

〔4〕言：助词，含有“而”的作用。 徂：往。 东：东都，亦称王城。在今河南洛阳县西郊。

〔5〕田：通“畋”，打猎。 田车：猎车。

〔6〕阜：肥壮。

〔7〕甫草：广大丰茂的草地。 甫：亦作“圃”，《韩诗》作“东有圃草”，《薛君章句》：“圃，博也，有博大之茂草也。”但《郑笺》释为“甫田之草”，以甫田为地名，在今河南开封中牟县西北。二说不同。

〔8〕狩：通常指冬天打猎，这里特指为放火烧田打猎。《尔雅》：“火田为狩。”郭注：“放火烧草猎亦为狩。”

〔9〕之子：指宣王。 于：往。 苗：夏猎称苗。

〔10〕选(suàn)：通“算”，清点的意思。 嚣嚣：形容声音嘈杂。

〔11〕旐：画着龟蛇的旗。 旄：顶端饰旄牛尾的旗。

〔12〕薄：语助词。 敖：山名，今河南省开封荥泽西北有敖山。按“薄狩”，有的版本作“搏兽”。

〔13〕奕奕：马从容闲习的样子。

〔14〕赤芾：即朱芾，红色蔽膝。诸侯之服。 金：黄赤色。 金舄：即赤舄，黄红色的金头鞋，鞋底特厚，当时诸侯所穿。

〔15〕会同：是古代诸侯朝会天子的专称。这里指诸侯参加打猎的会合。 有绎：绎绎，形容参加的人多，络绎不绝。

〔16〕决：射箭拉弦时所用的扳指，用象牙或兽骨制成，用时套在右手大拇指上。 拾：又名臂鞲，用皮制成，套在左臂上，射箭的时候用它护臂。 佽(cì)：齐备。

〔17〕调：指弓和矢配得很合适。

〔18〕射夫：弓箭手。 同：聚齐。

〔19〕柴(zì)：骴的假借字，指兽的积尸。

〔20〕四黄：四匹黄色的马。

〔21〕两骖：古用四匹马驾车，两边的两匹叫作骖马。 猗：应作倚，偏斜的意思。

〔22〕驰：这里指驾车时一定的法则。

〔23〕舍矢：放箭。 如：而。 破：指禽兽被射中。

〔24〕萧萧：马鸣声。

〔25〕悠悠：旗帜飘动的样子。

〔26〕徒御：驭手。 不：岂不。 惊：应作警，指严肃警卫着。《毛传》："不警，警也。"《孔疏》："岂不警戒乎？言以相警戒也。"有人说，不惊，不吵闹的意思，亦通。

〔27〕大庖：指宣王的厨房。 盈：充满。《郑笺》："不警，警也。不盈，盈也。反其言，美之也。"有人说，不盈，不满，表示分禽的大公无私，亦通。

〔28〕征：行，指狩猎归来。

〔29〕有闻：指听见队伍归来。 声：指人夫喧哗吵闹的声音。

〔30〕允：真是。 君子：指宣王。

〔31〕展：诚，与"允"同义。 大成：很成功。

吉 日

【题解】

这是一首写周王田猎的诗。

吉日维戊〔1〕，	时逢戊辰日子好，
既伯既祷〔2〕。	祭了马祖又祈祷。
田车既好，	猎车坚固更灵巧，
四牡孔阜。	四匹公马满身膘。
升彼大阜，	驾车登上大土坡，
从其群丑〔3〕。	追逐群兽飞快跑。

吉日庚午〔4〕，	庚午吉日时辰巧，
既差我马〔5〕。	猎马已经选择好。
兽之所同，	查看群兽聚集地，
麀鹿麌麌〔6〕。	鹿儿来往真不少。
漆沮之从〔7〕，	驱逐漆沮岸旁兽，
天子之所。	赶向周王打猎道。
瞻彼中原〔8〕，	放眼远望原野头，
其祁孔有〔9〕。	地方广大物富有。
儦儦俟俟〔10〕，	或跑或走野兽多，
或群或友〔11〕。	三五成群结队游。
悉率左右〔12〕，	把它统统赶出来，
以燕天子〔13〕。	等待周王显身手。
既张我弓，	按好我的弓上弦，
既挟我矢〔14〕。	拔出箭儿拿在手。
发彼小豝〔15〕，	一箭射中小野猪，
殪此大兕〔16〕。	再发射死大野牛。
以御宾客〔17〕，	烹调野味宴宾客，
且以酌醴〔18〕。	做成佳肴好下酒。

【注释】

〔1〕戊：古人以天干（甲、乙、丙、丁、戊、己、庚、辛、壬、癸）、地支（子、丑、寅、卯、辰、巳、午、未、申、酉、戌、亥）相配计日，这里指戊辰日。朱熹《诗集传》："以下章（吉日庚午）推之，是日也，其戊辰与？"古人迷信，认为戊日是祭马祖的好日子，所以在这日祷告。

〔2〕伯：祃的假借字，祭祀马神。《尔雅·释天》："既伯既祷，马祭也。"郭注："伯，祭马祖也。" 祷：祈祷。

〔3〕从：追逐。 群丑：指兽群。

〔4〕庚午：在戊辰日祈祷后的第三天。古人迷信，认为"午"也是个好日子。

〔5〕差：选择。

〔6〕麀（yōu）：雌鹿。 麌麌（yǔ）：鹿众多的样子。

〔7〕漆沮：都是水名，在陕西境内。

〔8〕中原：原中，原野里。

〔9〕祁：大，指原野的广大。 孔有：很富有。

〔10〕儦儦（biāo）：《韩诗》作"駓駓"，《说文》作"伾伾"，兽跑的样子。 俟俟：《韩诗》作"騃騃"，兽走的样子。

〔11〕群友：《毛传》："兽三曰群，二曰友。"

〔12〕率：驱逐。胡承珙《毛诗后笺》："率有驱义，六朝人每以驱率连文，《梁武帝纪》：'驱率貔貅，抑扬霆电。'"

〔13〕燕：本义是安乐，这里作动词"等待"用。

〔14〕挟：持，拿。

〔15〕发：射箭。 小豝：小猪。

〔16〕殪：死。 大兕：大野牛。

〔17〕御：进飨，招待。

〔18〕酌：饮酒。 醴：甜酒。

鸿 雁

【题解】

这是写周王派遣使臣救济难民的诗。周厉王的时候，万民离散，不安其居。宣王中兴，派使臣四出招抚难民，叫他们回到故土，鳏寡都各得其所。诗中以鸿雁于飞比使臣奔走于野。后世以"哀鸿"一词作为流民的代称，就是从这首诗的诗题引申出来的。

鸿雁于飞〔1〕， 大雁远飞翔，

肃肃其羽〔2〕。　　翅膀沙沙响。
之子于征〔3〕，　　使臣走远路，
劬劳于野〔4〕。　　辛劳奔波忙。
爰及矜人〔5〕，　　救济贫苦人，
哀此鳏寡〔6〕。　　鳏寡可怜相。

鸿雁于飞，　　大雁远飞翔，
集于中泽〔7〕。　　落在湖中央。
之子于垣〔8〕，　　使臣巡工地，
百堵皆作〔9〕。　　筑起百堵墙。
虽则劬劳，　　虽然很辛苦，
其究安宅〔10〕。　　穷人有住房。

鸿雁于飞，　　大雁远飞翔，
哀鸣嗷嗷〔11〕。　　哀鸣声凄凉。
维此哲人〔12〕，　　只有明白人，
谓我劬劳。　　说我辛苦忙。
维彼愚人，　　那些愚昧者，
谓我宣骄〔13〕。　　说我讲排场。

【注释】

〔1〕鸿：大雁。　于：语助词。

〔2〕肃肃：鸟拍翅膀的声音。

〔3〕之子：指周王派出救济难民的使臣。　于：往。　征：远行。

〔4〕劬劳：辛苦劳累。

〔5〕爰：乃。　矜人：穷苦的人。

〔6〕哀：怜悯。　鳏：老而无妻。　寡：寡妇。这里用以代指一般无家可归的难民。

〔7〕集：停息。　中泽：泽中。

〔8〕垣：墙。

〔9〕百：泛指，言其多。　堵：指墙。　作：建筑起来。

〔10〕究：穷，指穷困的人。　安宅：安居。

〔11〕嗷嗷：鸟哀鸣的声音。

〔12〕哲人：智者，明白人。

〔13〕宣骄：骄奢，摆阔。

庭　燎

【题解】

这是写周王早起将要视朝的诗。从诗的内容看，好像是出于周王自述。

夜如何其[1]？	现在夜里啥时光？
夜未央[2]，	长夜漫漫天未亮，
庭燎之光[3]。	是那火炬烧得旺。
君子至止[4]，	诸侯朝见快来到，
鸾声将将[5]。	远处车铃叮当响。
夜如何其？	现在夜里啥时光？
夜未艾[6]，	夜色濛濛天未亮，
庭燎晣晣[7]。	是那火炬明晃晃。
君子至止，	诸侯朝见快来到，
鸾声哕哕[8]。	铃声渐近响叮当。

夜如何其？　　现在夜里啥时光？
夜乡晨[9]，　　长夜将尽天快亮，
庭燎有辉[10]。　　火炬渐熄烟气香。
君子至止，　　诸侯朝见已来到，
言观其旂[11]。　　只见旌旗随风扬。

【注释】

〔1〕夜：指夜色。　如何：什么时候的意思。　其(jī)：表疑问的语气词。

〔2〕央：尽。

〔3〕庭燎：宫廷中用麻秸等易燃物扎成的火炬，用以照明。

〔4〕君子：指朝见周王的诸侯。　止：语气词。

〔5〕鸾：亦作“銮”，车铃。　将将(qiāng)：即锵锵。

〔6〕艾：止，尽，和“央”同义。

〔7〕晣晣(zhì)：亦作“晢晢”，明亮的样子。

〔8〕哕哕(huì)：有节奏的铃声。

〔9〕乡：今作“向”。向晨，近晓。

〔10〕辉(xūn)：形容烟火缭绕的样子。

〔11〕言：语首助词。

沔　水

【题解】

这是一首忧乱畏谗而戒友的诗。旧说是规劝宣王的，已被后人指出并无根据。

沔彼流水[1]，　　流水盈盈向东方，
朝宗于海[2]。　　百川归海成汪洋。

鴥彼飞隼[3]，	天空隼鸟任疾飞，
载飞载止[4]。	飞飞停停不慌忙。
嗟我兄弟[5]，	可叹同姓诸兄弟，
邦人诸友[6]，	可叹朋友和同乡，
莫肯念乱[7]，	无人考虑国事乱，
谁无父母？	你们难道没爹娘？
沔彼流水，	流水盈盈向东方，
其流汤汤[8]。	浩浩荡荡入海洋。
鴥彼飞隼，	天空隼鸟任疾飞，
载飞载扬[9]。	扇动翅膀高翱翔。
念彼不迹[10]，	上边做事没准则，
载起载行。	坐立不安我彷徨。
心之忧矣，	心忧国事这模样，
不可弭忘[11]。	终日焦虑不能忘。
鴥彼飞隼，	天空隼鸟任疾飞，
率彼中陵[12]。	沿着山陵高翱翔。
民之讹言[13]，	民间谣言纷纷起，
宁莫之惩[14]。	不去制止真荒唐。
我友敬矣[15]，	告我友朋须警惕，
谗言其兴[16]。	谗言蜂起要提防。

【注释】

〔1〕沔（miǎn）：水流满的样子。

〔2〕朝宗：诸侯朝见天子。《周礼·春官·大宗伯》："春见曰朝，夏见曰宗。"借指百川入海。《书·禹贡》："江汉朝宗于海。"谓百川归海，犹诸侯朝见天子。

〔3〕鴥(yù)：鸟疾飞的样子。　隼：鹰属。

〔4〕载：又。

〔5〕兄弟：指同姓族人。

〔6〕邦人：国人，指异姓朋友。

〔7〕念：考虑。　乱：动乱，战乱。

〔8〕汤汤(shāng)：同"荡荡"，水大流急的样子。

〔9〕扬：高飞的样子。

〔10〕不迹：不循轨道，不遵循法则办事。

〔11〕弭忘：消除，忘记。

〔12〕率：循，沿。　中陵：即陵中。按这章可能脱简，少了两句。朱熹《诗集传》："疑当作三章，章八句。卒章脱前两句耳。"

〔13〕讹言：即谣言、谗言之意。

〔14〕宁：胡，为什么。　惩：止。

〔15〕敬：同"儆"、"警"，警惕的意思。

〔16〕其兴：将要兴起。

鹤　鸣

【题解】

这是一首通篇用借喻的手法，抒发招致人才为国所用的主张的诗，亦可称为"招隐诗"。

鹤鸣于九皋[1]，	沼泽曲折白鹤叫，
声闻于野。	鸣声嘹亮传四郊。
鱼潜在渊，	鱼儿潜在深水里，
或在于渚[2]。	有时游出近小岛。

乐彼之园[3]，	美丽花园逗人爱，
爰有树檀[4]，	园里檀树大又高，
其下维萚[5]。	树下落叶已枯焦。
它山之石[6]，	它乡山上有宝石，
可以为错[7]。	同样可做雕玉刀。

鹤鸣于九皋，	沼泽曲折白鹤叫，
声闻于天。	鸣声嘹亮传九霄。
鱼在于渚，	鱼儿游在沙洲边，
或潜在渊。	潜入深渊也逍遥。
乐彼之园，	美丽花园逗人爱，
爰有树檀，	园里檀树大又高，
其下维榖[8]。	下有楮树矮又小。
它山之石，	它乡山上有宝石，
可以攻玉[9]。	同样可把玉器雕。

【注释】

〔1〕鹤：诗中以鹤比隐居的贤人。　皋：沼泽。九是虚数，言沼泽极其曲折。按古书如《史记·滑稽列传》、《论衡·艺增篇》、《后汉书·张衡传》注等引此句，都作“鹤鸣九皋”，没有“于”字。

〔2〕渚：河中小洲，这里与“渊”相对而言，指小洲旁的浅水。诗人以鱼在渊在渚，比贤人隐居或出仕。

〔3〕园：花园。隐喻国家。

〔4〕爰：语助词。　树檀：檀树，比贤人。

〔5〕萚(tuò)：枯落的枝叶，比小人。

〔6〕它山之石：指别国的贤人。

〔7〕错：厝的假借字，《说文》及《淮南子》引诗均作“厝”。雕刻

玉的工具，用宝石制成。

〔8〕毂：楮树，树皮可制纸。《毛传》：“榖，恶木也。”喻小人。

〔9〕攻：加工，雕刻。

祈　父

【题解】

这是一位王都卫士斥责司马的诗。原来卫士是保卫都城王宫，现在让他出征抵抗戎人，所以怨愤而作此诗。

祈父[1]，	大司马呀大司马，
予王之爪牙[2]。	你是国王的爪牙。
胡转予于恤[3]，	为啥调我到战场，
靡所止居[4]？	害得我背井离家？
祈父，	大司马呀大司马，
予王之爪士[5]。	你是卫士的领班。
胡转予于恤，	为啥调我到战场，
靡可厎止[6]？	害得我有家难还？
祈父，	大司马呀大司马，
亶不聪[7]。	你真不了解情况。
胡转予于恤，	为啥调我到战场，
有母，之尸饔[8]！	去时娘在，回来哭灵堂！

【注释】

〔1〕祈：亦作“畿”，即邦畿。祈父，指掌管都城禁卫的长官，亦称司马，相当于后世的卫戍司令。

〔2〕予：为，是。 爪牙：武将。这里指祈父。

〔3〕胡：为什么。 转：移，调动。 予：我。 恤：忧，指可忧的战地。

〔4〕靡：无。 所：住所。 止居：居住。

〔5〕爪士：虎士（王都卫士）的意思，司马是虎士的头领，所以用爪士借称祈父。《周官》：“虎贲氏属有虎士八百人。”

〔6〕底（zhǐ）止：和上“止居”同义。

〔7〕亶（dǎn）：诚，确实是。 不聪：不闻，不了解下情。

〔8〕之：则，表示语气转折。 尸：陈列。 饔（yōng）：亦作“雍”，熟食，包括饭和菜而言。尸饔，指陈列饭菜祭祀。

白　驹

【题解】

这是一首别友思贤的诗。可能是厉王、幽王时代的作品。旧有“刺宣王”之说，恐不可从。

皎皎白驹〔1〕，	浑身皎洁小白马，
食我场苗〔2〕。	请来吃我园中苗。
絷之维之〔3〕，	绊住它脚拴住它，
以永今朝〔4〕。	让那光阴慢些跑。
所谓伊人〔5〕，	想起我那好朋友，
於焉逍遥〔6〕？	你在何处独逍遥？
皎皎白驹，	浑身皎洁小白马，

食我场藿[7]。	来我园中吃豆叶。
絷之维之，	绊住它脚拴住它，
以永今夕。	留下你再过一夜。
所谓伊人，	想起我那好朋友，
於焉嘉客？	谁家做客主宾谐？
皎皎白驹，	浑身皎洁小白马，
贲然来思[8]。	快把车儿往回拉。
尔公尔侯[9]？	你是公爷还是侯？
逸豫无期[10]。	日夜优游不回家。
慎尔优游[11]，	安闲游乐莫过分，
勉尔遁思[12]！	切勿避世图闲暇！
皎皎白驹，	浑身皎洁小白马，
在彼空谷。	在那山谷自在跑。
生刍一束[13]，	青草一捆作饲料，
其人如玉[14]。	等待如玉友人到。
毋金玉尔音[15]，	别后音书莫吝惜，
而有遐心[16]。	心存疏远非知交。

【注释】

〔1〕皎皎：洁白。

〔2〕场：圃，菜园。　苗：据下文藿，此处当指豆苗。

〔3〕絷：用绳绊住马脚。　维：拴住马缰绳。

〔4〕永：延长。永今朝，延长到今天。留客多住一天之意。

〔5〕伊人：这人，指他的朋友。

〔6〕於：古乌字，何处。於焉，在何处。
〔7〕藿：豆叶。
〔8〕贲(bēn)：通“奔”。贲然，马快跑的样子。　思：语助词。
〔9〕尔：你。　公、侯：爵位名。
〔10〕逸豫：安逸享乐。
〔11〕慎：谨慎。　优游：悠闲自得。
〔12〕勉：劝。　遁：遁世，逃避现实的生活。
〔13〕生刍：青草，喂马吃的草料。
〔14〕如玉：形容友人的品德像玉一样纯洁。
〔15〕金玉：作动词用，贵重吝惜的意思。　音：音讯。
〔16〕遐：远。遐心，疏远我的心。

黄　鸟

【题解】

这是一个流亡到周都镐京的人思归的诗。

黄鸟黄鸟〔1〕，	黄鸟黄鸟听我讲，
无集于榖〔2〕，	不要停在楮树上，
无啄我粟〔3〕。	不要吃我小米粮。
此邦之人，	这个国家的人们，
不我肯穀〔4〕。	对我实在不善良。
言旋言归〔5〕，	回去回去快回去，
复我邦族〔6〕。	回到本国我家乡。
黄鸟黄鸟，	黄鸟黄鸟听我讲，
无集于桑，	不要停在桑树上，

无啄我粱。	不要吃我红高粱。
此邦之人，	这个国家的人们，
莫可与明〔7〕。	不守信用真荒唐。
言旋言归，	回去回去快回去，
复我诸兄〔8〕。	回到故土见兄长。
黄鸟黄鸟，	黄鸟黄鸟听我讲，
无集于栩〔9〕，	不要停在柞树上，
无啄我黍。	不要吃我玉米粮。
此邦之人，	这个国家的人们，
不可与处〔10〕。	没法共处相来往。
言旋言归，	回去回去快回去，
复我诸父〔11〕。	去和伯叔细商量。

【注释】

〔1〕黄鸟：黄雀。

〔2〕穀：楮树。

〔3〕粟：小米。

〔4〕穀：善良。

〔5〕第一个言字训“我”，第二个言字训“曰”，语助词，无义（从陈奂《诗毛氏传疏》说）。

〔6〕复：返。

〔7〕明：音义同“盟”，信任。

〔8〕诸兄：同族兄弟。

〔9〕栩（xǔ）：柞树。

〔10〕处：相处。

〔11〕诸父：同族叔伯。

我行其野

【题解】

这是一首弃妇诗。

我行其野，	我在郊外独行路，
蔽芾其樗[1]。	臭椿枝叶长满树。
昏姻之故[2]，	因为结婚成姻缘，
言就尔居[3]。	才来和你一块住。
尔不我畜[4]，	你却无情不爱我，
复我邦家。	只好回去当弃妇。
我行其野，	我在郊外独行路，
言采其蓫[5]。	采棵臭蓫情难诉。
昏姻之故，	因为结婚成姻缘，
言就尔宿。	夜夜才和你同宿。
尔不我畜，	你却无情不爱我，
言归斯复[6]。	只好回到娘家住。
我行其野，	我在郊外独行路，
言采其葍[7]。	摘株葍草心凄楚。
不思旧姻，	不念旧妻太狠心，
求尔新特[8]。	追求新配真可恶。

成不以富〔9〕，	并非她家比我富，
亦祇以异〔10〕。	是你异心相辜负。

【注释】

〔1〕蔽芾(fèi)：草木茂盛的样子。 樗(chū)：臭椿。

〔2〕昏姻：即婚姻。

〔3〕言：乃。 就：相从。

〔4〕畜：喜爱。《孟子》："畜君者，好君也。"《毛传》训畜为"养"，亦通。这句是倒文，即尔不畜我。

〔5〕蓫(zhú)：草名。亦作蓤，又名羊蹄菜。

〔6〕归：指大归；即妇女被休归母家。 斯：语助词。

〔7〕葍(fú)：一种多年生蔓草，地下茎可蒸食。

〔8〕特：匹，配偶。

〔9〕成：诚的假借字。《论语》引作"诚不以富"。 诚：确实。

〔10〕祇：只，仅仅。 异：异心。

斯 干

【题解】

这是歌颂周王宫室落成的诗。诗的最后两章，反映了西周封建社会男尊女卑的意识形态。

秩秩斯干〔1〕，	流水清清水溪涧，
幽幽南山〔2〕。	林木幽幽终南山。
如竹苞矣〔3〕，	绿竹苍翠好形胜，
如松茂矣。	青松茂密满山峦。
兄及弟矣，	兄弟同住多和睦，
式相好矣〔4〕，	相亲相爱心相关，

无相犹矣〔5〕。

胸襟坦白不欺瞒。

似续妣祖〔6〕，
筑室百堵〔7〕，
西南其户〔8〕。
爰居爰处〔9〕，
爰笑爰语。

继承祖先的遗愿，
盖起宫室千百间，
厢列东西门朝南。
兄弟一家同居住，
亲人团聚笑语欢。

约之阁阁〔10〕，
椓之橐橐〔11〕。
风雨攸除〔12〕，
鸟鼠攸去，
君子攸芋〔13〕。

捆紧木框筑泥墙，
用力夯土通通响。
从此不怕风和雨，
麻雀老鼠都赶光，
君子住得多舒畅。

如跂斯翼〔14〕，
如矢斯棘〔15〕，
如鸟斯革〔16〕，
如翚斯飞〔17〕，
君子攸跻〔18〕。

端正有如人企立，
齐整有如利箭急，
宽广好似鸟展翼，
华丽赛过锦毛鸡，
君子登堂心欢喜。

殖殖其庭〔19〕，
有觉其楹〔20〕。
哙哙其正〔21〕，
哕哕其冥〔22〕，
君子攸宁。

庭院宽阔平而正，
屋柱笔直高又挺。
白天光线多明亮，
夜晚昏暗真幽静，
君子住着心安定。

下莞上簟[23]，	上铺竹席下铺草，
乃安斯寝。	高枕无忧没烦恼。
乃寝乃兴[24]，	睡得早来起得早，
乃占我梦[25]。	昨夜梦境好不好。
吉梦维何[26]？	好梦梦见啥东西？
维熊维罴[27]，	是熊是罴显吉兆，
维虺维蛇[28]。	有虺有蛇好运道。
大人占之[29]：	太卜占梦细细讲：
“维熊维罴，	“梦见熊罴有名堂，
男子之祥[30]；	象征生男有力量；
维虺维蛇，	梦见长蛇梦见虺，
女子之祥[31]。”	那是象征生姑娘。”
乃生男子，	如若生个男孩子，
载寝之床[32]，	给他睡张小眠床，
载衣之裳[33]，	给他穿衣又穿裳，
载弄之璋[34]。	给他玩玩白玉璋。
其泣喤喤[35]，	娃儿哭声真洪亮，
朱芾斯皇[36]，	将来盛服定辉煌，
室家君王[37]。	不是国君便是王。
乃生女子，	如若生个小姑娘，
载寝之地[38]，	给她铺席睡地板，
载衣之裼[39]，	一条小被包身上，

载弄之瓦[40]。	纺线瓦锤给她玩。
无非无仪[41]，	慎勿多言要柔顺，
唯酒食是议[42]，	料理家务烧烧饭，
无父母诒罹[43]。	别给父母添麻烦。

【注释】

〔1〕秩秩：形容水清而流动的样子。　斯：此，这。　干：通“涧”。

〔2〕幽幽：深远的样子。　南山：终南山，主峰在陕西省西安南。

〔3〕如：有的意思。　苞：草木丛生。

〔4〕式：发语词。

〔5〕犹：通“猷”，欺诈。马瑞辰《通释》：“犹、猷古通用。《方言》：‘猷，诈也。’《广雅》：‘犹，欺也。’”

〔6〕似：通“嗣”。似续，继承。　妣(bǐ)：古时称已死的母亲为妣。

〔7〕堵：一面墙为一堵。百堵言房屋之多。

〔8〕户：门。　南：指宫室的中堂，它的正门朝南。　西：指宫室的左右房，它的边门朝西。诗人不说东，是为句式所限制，说西也就包括了东(从马瑞辰《通释》说)。

〔9〕爰：于是。

〔10〕约：捆束。　阁阁：象声词。此句指紧紧捆扎筑墙用的木框架，捆时咯咯作声。

〔11〕椓(zhuó)：敲打，槌筑。　橐橐(tuó)：夯土声。

〔12〕攸：语助词。　除：去。

〔13〕芋：宇的借字，居住的意思。

〔14〕跂：通“企”，踮起脚跟。　斯：语助词。　翼：端正的样子。

〔15〕棘：通“急”。发箭急矢出如直线。此用以比喻房屋的正直整齐。

〔16〕革：翅膀。陈奂：“革，古文翱。……《释文》引《韩诗》正作翱，云‘翅也’。《说文》：‘翱，翅也。’”

〔17〕翚(huī)：雉，野鸡。

〔18〕跻：升，登上。

〔19〕殖殖：平正的样子。

〔20〕有觉：觉觉，高大而直的样子。　楹：柱子。

〔21〕哙哙(kuài)：房间宽敞明亮的样子。　正：指白天。

〔22〕哕哕(huì)：深暗的样子。　冥：指夜晚。

〔23〕莞（guān）：草编的席。 簟：竹苇制的席。古人席地而坐，宫室落成之后，即下铺莞，上铺簟。

〔24〕兴：起来。

〔25〕占：占卜。

〔26〕维：是。下二句同。维何，是什么。

〔27〕罴（pí）：熊类，比熊大。

〔28〕虺（huǐ）：毒蛇。

〔29〕大人：疑是对占卜官吏的敬称。古人迷信，设有“太卜”之官，掌管占卜的事。

〔30〕古人迷信，认为熊罴凶猛有力，是阳物，是生男子的吉兆。

〔31〕古人认为虺蛇穴处，柔弱隐伏，是阴物，是生女子的吉兆。

〔32〕载：则，就。 床：《郑笺》：“男子生而卧于床，尊之也。”古人坐卧都在地上，因重视男孩，故特为设床。

〔33〕衣：穿。

〔34〕弄：玩。 璋：玉制的长条板状礼器。

〔35〕喤喤：小儿洪亮的哭声。

〔36〕朱芾：红色的蔽膝，天子诸侯的服饰，代指礼服。 斯皇：即皇皇，辉煌。

〔37〕室家：指一家里面的人。 君王：指周王生的儿子，将来不是当诸侯的君，就是当天下的王。

〔38〕地：《郑笺》：“卧于地，卑之也。”

〔39〕裼（tì）：即褓，包小儿的被。

〔40〕瓦：古代纺线用的陶质纺锤。

〔41〕非：违背，无非，即不要违背长辈和丈夫的意见。 仪：与“议”通。无仪，即不要议论是非。全句意为妇女应少言顺从。

〔42〕酒食：指饮食等家务事。 议：考虑。

〔43〕诒：通“贻”，留给的意思。 罹（lí）：忧。

无　羊

【题解】

这是一首写奴隶主贵族畜牧生产情况的诗。

谁谓尔无羊？	谁说你家没有羊？
三百维群[1]。	三百成群遍山丘。
谁谓尔无牛？	谁说你家没有牛？
九十其犉[2]。	黄牛就有九十头。
尔羊来思[3]，	羊群牧罢归来时，
其角濈濈[4]。	一片犄角满山沟。
尔牛来思，	牛群牧罢归来时，
其耳湿湿[5]。	摇摇耳朵慢悠悠。

或降于阿[6]，	有的牛羊下山坡，
或饮于池，	有的饮水在湖泊，
或寝或讹[7]。	有的蹦跳有的卧。
尔牧来思[8]，	牧童归来时已暮，
何蓑何笠[9]，	戴着笠帽披着蓑，
或负其糇[10]。	也有背着干馍馍。
三十维物[11]，	牲口毛色几十样，
尔牲则具[12]。	品种齐备祭牲多。

尔牧来思，	牧童归来已不早，
以薪以蒸[13]，	拣回一捆柴和草，
以雌以雄。	公畜母畜交配好。
尔羊来思，	羊群牧罢归来时，
矜矜兢兢[14]，	跟着头羊小心跑，
不骞不崩[15]。	不掉队儿不乱套。
麾之以肱[16]，	牧童胳膊挥一挥，

毕来既升[17]。	全部进圈跑不掉。
牧人乃梦[18]，	牧官夜里做个梦，
众维鱼矣[19]，	梦见蝗虫变成鱼，
旐维旟矣[20]。	龟蛇旗变鹰隼旗。
大人占之[21]：	太卜占梦说仔细：
“众维鱼矣，	“梦见蝗虫变成鱼，
实维丰年；	预兆丰年真可喜；
旐维旟矣，	龟蛇旗变鹰隼旗，
室家溱溱[22]。”	人丁兴旺更吉利。”

【注释】

〔1〕三百：是虚数，言其多。　维：为。

〔2〕犉(rún)：黄色黑唇的大牛。《说文》：“犉，黄牛黑唇也。”

〔3〕思：语尾助词，下同。

〔4〕濈濈(jí)：亦作“戢戢”，众多聚集的样子。

〔5〕湿湿：牛反刍时耳动的样子。

〔6〕阿：小山坡。

〔7〕讹：通“吪”，动。

〔8〕牧：指牧童。

〔9〕何：通“荷”，披戴。　蓑：蓑衣。

〔10〕糇：干粮。

〔11〕物：指牛羊的毛色。

〔12〕牲：供祭祀及食用的家畜。　具：具备。

〔13〕薪：粗柴枝。　蒸：细柴枝。

〔14〕矜矜：坚强。　兢兢：小心翼翼。

〔15〕骞：亏损，指畜群稍有走失。　崩：溃散，完全失群。

〔16〕麾：同“挥”。　肱(gōng)：手臂。

〔17〕既：尽，完全。　升：指进入羊圈。

〔18〕牧人：据《周礼》，是当时掌管畜牧的官吏，和上章的牧（牧

童）不同。

〔19〕众：借为螽，蝗虫。　维：乃，含有变的意思。

〔20〕旐（zhào）：画龟蛇的旗。　旟（yú）：画鹰隼的旗。

〔21〕大人：占卜的官。　占之：占卜这梦的吉凶。

〔22〕溱溱：亦作"蓁蓁"，茂盛貌。借以形容家庭人口兴旺。

节南山

【题解】

这是讽刺太师尹氏的诗。作者家父，《鲁诗》和《齐诗》都作"嘉父"。旧说此诗作于西周幽王时代，比较可信。

节彼南山[1]，	终南山，山峻峭，
维石岩岩[2]。	崖石层层高又高。
赫赫师尹[3]，	赫赫有名尹太师，
民具尔瞻[4]。	人人对他侧目瞧。
忧心如惔[5]，	满心忧忿像火烧，
不敢戏谈。	不敢谈论发牢骚。
国既卒斩[6]，	国运已经快断绝，
何用不监[7]！	为何还不觉察到！

节彼南山，	终南山，高又长，
有实其猗[8]。	一片山坡多宽广。
赫赫师尹，	赫赫有名尹太师，
不平谓何[9]！	为何办事太荒唐！
天方荐瘥[10]，	上天正在降灾荒，

丧乱弘多[11]。	国家动乱人死亡。
民言无嘉[12]，	民怨沸腾没好话，
憯莫惩嗟[13]！	还不认真想一想！
尹氏大师[14]，	尹太师啊尹太师，
维周之氐[15]。	你是国家的基石。
秉国之均[16]，	朝廷大权手中握，
四方是维[17]。	天下靠你来维持。
天子是毗[18]，	君王靠你当助手，
俾民不迷。	百姓靠你把路指。
不吊昊天[19]，	可恨老天没长眼，
不宜空我师[20]！	让他刮尽民膏脂。
弗躬弗亲[21]，	国事从不亲主宰，
庶民弗信。	百姓对你不信赖。
弗问弗仕，	人才不问又不用，
勿罔君子[22]。	欺骗好人太不该。
式夷式已[23]，	赶快铲除害人虫，
无小人殆[24]。	不要因此惹祸灾。
琐琐姻亚[25]，	亲戚既然无才能，
则无朊仕[26]。	乌纱帽儿摘下来。
昊天不傭[27]，	老天爷啊心太坏，
降此鞠讻[28]！	降下浩劫把人害！
昊天不惠[29]，	老天爷呀太不仁，

降此大戾[30]！	降下灾难活不成！
君子如届[31]，	好人如果能执政，
俾民心阕[32]。	民愤可以平一平。
君子如夷，	好人如果排除掉，
恶怒是违[33]。	人民反抗怒火烧。

不吊昊天，	可恨老天没眼睛，
乱靡有定。	乱子从来不曾停。
式月斯生[34]，	生灵涂炭命难存，
俾民不宁。	百姓生活不安宁。
忧心如酲[35]，	忧愁搅得心如醉，
谁秉国成[36]？	究竟让谁掌权柄？
不自为政，	君王不管天下事，
卒劳百姓[37]。	结果苦了老百姓。

驾彼四牡，	驾起四匹大公马，
四牡项领[38]。	马儿肥壮粗脖颈。
我瞻四方，	东南西北望一望，
蹙蹙靡所骋[39]！	天地太窄难驰骋！

方茂尔恶[40]，	看你作恶真不少，
相尔矛矣[41]。	就像一柄杀人矛。
既夷既怿[42]，	铲除恶人开心日，
如相酬矣[43]。	举酒相庆乐陶陶。

昊天不平，	老天多么不公平，
我王不宁。	害得我王不安宁。
不惩其心，	君王不惩尹氏恶，
复怨其正[44]。	反而怨恨谏劝臣。

家父作诵[45]，	家父作诗自长吟，
以究王讻[46]。	追究王朝祸乱根。
式讹尔心[47]，	但愿君王心意转，
以畜万邦[48]。	治理天下享太平。

【注释】

〔1〕节：山高峻的样子。　南山：终南山。

〔2〕岩岩：山石堆积的样子。

〔3〕赫赫：显贵盛大的样子。　师：太师的简称。太师，官名，三公的兼职，位最高。古称司马（管理兵权）、司徒（管理教育）、司空（管理土地）为三公。尹氏官司空，兼太师（据陈奂说）。　尹：尹氏，周王朝的贵族，它的祖先尹佚在武王时有功，尹吉甫佐宣王伐异族，其子孙沿其姓作官。

〔4〕具：通“俱”。　瞻：瞧着。

〔5〕惔（tán）：炎的借字，火烧。

〔6〕卒：尽，完全。　斩：断绝。

〔7〕何用：何以。　监：察。

〔8〕有实：即实实，广大的样子。　猗：通“阿”，山坡。

〔9〕谓何：为何。

〔10〕荐：进，加的意思。　瘥（cuó）：疾病瘟疫。

〔11〕弘多：很多。

〔12〕嘉：善。

〔13〕憯（cǎn）：犹曾、乃。　惩：儆戒。　嗟：语尾助词。

〔14〕大：通“太”。

〔15〕氐：根本。

〔16〕秉：掌握。　均：通“钧”，制陶器模子下面的圆盘。尹氏执

政，如陶工之掌圆盘以制器，故云秉国之钧。

〔17〕维：维持。

〔18〕毗：辅助。

〔19〕不吊：不淑，不好。　昊天：上天。

〔20〕空：穷困。　师：指众民。

〔21〕躬、亲：指亲身管理国家大事。

〔22〕罔：欺骗。

〔23〕式：语首助词。　夷：平，平除。　已：止，废止。

〔24〕殆：危险。

〔25〕琐琐：卑微渺小的样子。　姻亚：这儿指亲戚。

〔26〕无：同“毋”。　朊：厚。朊仕，高官厚禄。

〔27〕傭：均，公平的意思。

〔28〕鞠：极。　讻：同“凶”。

〔29〕惠：仁惠。

〔30〕大戾：大恶。

〔31〕届：至。

〔32〕阕(què)：止息。

〔33〕违：反抗。

〔34〕月：抈之省借，折断，扼杀。　生：生灵，指人民。

〔35〕酲(chéng)：喝醉酒。

〔36〕国成：国家政治的成规。据《周礼·天官·小宰》，列举官府八事，作为治国的根据，叫作八成。

〔37〕卒：终于，结果。有人训卒为“瘁”，亦通。

〔38〕项：肥大。　领：脖颈。

〔39〕蹙蹙：局促的样子。　骋：驰骋。

〔40〕茂：盛。　尔：指尹氏。

〔41〕相：视。

〔42〕夷：指平除小人。　怿：喜悦。

〔43〕酬：敬酒。

〔44〕复：反。　正：劝谏的正言。

〔45〕家父：周大夫，幽王时人。　诵：诗歌。

〔46〕究：穷究，追究。　王讻：指周王朝凶乱的根源。

〔47〕式：助词。　讹：感化，改变。　尔：指周王。

〔48〕畜：养。　万邦：各诸侯国。

正　月

【题解】

这是一位失意官吏忧国哀民、愤世疾邪的诗，大约产生于西周末年幽王时期。作者用愤慨的笔触写出了当时政治的黑暗、贫富的对立和统治阶级内部的矛盾。

正月繁霜[1]，	六月下霜不正常，
我心忧伤。	这使我心很忧伤。
民之讹言[2]，	民间已经有谣言，
亦孔之将[3]。	沸沸扬扬传得广。
念我独兮[4]，	想我一身多孤单，
忧心京京[5]。	愁思萦绕常怅怅。
哀我小心[6]，	胆小怕事真可哀，
癙忧以痒[7]。	又怕又闷病一场。
父母生我，	爹娘既然生了我，
胡俾我瘉[8]？	为啥使我受创伤？
不自我先，	我生不早又不晚，
不自我后。	乱世灾祸偏碰上。
好言自口，	好话凭他嘴里说，
莠言自口[9]。	坏话凭他去宣扬。
忧心愈愈[10]，	反复无常真可怕，
是以有侮[11]。	受人欺侮更懊丧。

忧心惸惸[12]，	没人了解满腹愁，
念我无禄[13]。	想我命苦泪暗流。
民之无辜[14]，	平民百姓有何罪，
并其臣仆[15]。	国亡都成阶下囚。
哀我人斯[16]，	可怜我们这些人，
于何从禄[17]？	爵位俸禄何处求？
瞻乌爰止[18]，	看那乌鸦往下飞，
于谁之屋？	停在谁家屋脊头？

瞻彼中林[19]，	看那树林密层层，
侯薪侯蒸[20]。	粗干细枝交错生。
民今方殆[21]，	人民处境正危险，
视天梦梦[22]。	老天糊涂太昏昏。
既克有定[23]，	世上一切你主宰，
靡人弗胜[24]。	没人能够违天命。
有皇上帝[25]，	皇皇上帝我问你，
伊谁云憎[26]？	究竟你恨什么人？

谓山盖卑[27]，	人说山矮像土冢，
为冈为陵[28]。	却是高冈耸半空。
民之讹言，	民间谣言既发生，
宁莫之惩[29]。	怎不警惕采行动。
召彼故老[30]，	召来元老仔细问，
讯之占梦[31]。	再请占梦卜吉凶。
具曰“予圣”[32]，	都说自己最高明，

谁知乌之雌雄！ 不辨乌鸦雌和雄！

谓天盖高？ 是谁说那天很高？
不敢不局[33]。 走路不敢不弯腰。
谓地盖厚？ 是谁说那地很厚？
不敢不蹐[34]。 走路不敢不蹑脚。
维号斯言[35]， 人们喊出这些话，
有伦有脊[36]。 确有道理说得好。
哀今之人， 可恨如今世上人，
胡为虺蜴[37]？ 为何像蛇将人咬？

瞻彼阪田[38]， 看那山坡坡上田，
有菀其特[39]。 一片茂密长禾苗。
天之抓我[40]， 老天拼命折磨我，
如不我克[41]。 好像非把我压倒。
彼求我则[42]， 当初朝廷需要我，
如不我得。 找我惟恐得不到。
执我仇仇[43]， 邀去却又撂一边，
亦不我力[44]。 不让我把重担挑。

心之忧矣， 心里忧愁没办法，
如或结之[45]。 就像绳子结疙瘩。
今兹之正[46]， 试看今日朝中政，
胡然厉矣[47]？ 为啥暴虐乱如麻？
燎之方扬[48]， 野火蓬蓬正燃起，

宁或灭之[49]？	有谁能够浇熄它？
赫赫宗周[50]，	赫赫镐京正兴旺，
褒姒威之[51]！	褒姒一笑灭亡它！
终其永怀[52]，	心中已经常忧伤，
又窘阴雨[53]。	又逢阴雨更凄凉。
其车既载，	车子已经装满货，
乃弃尔辅[54]。	却把栏板全抽光。
载输尔载[55]，	等到货物遍地撒，
“将伯助予[56]！”	才叫“大哥帮帮忙！”
无弃尔辅，	请勿丢掉车栏板，
员于尔辐[57]。	还要加粗车轮辐。
屡顾尔仆，	经常照顾你车夫，
不输尔载。	莫使失落车上物。
终逾绝险[58]，	这样才能渡险境，
曾是不意[59]！	你却总是不在乎！
鱼在于沼，	鱼儿虽在池里游，
亦匪克乐[60]。	并不能够乐逍遥。
潜虽伏矣[61]，	虽然潜在深水中，
亦孔之炤[62]。	水清仍旧躲不掉。
忧心惨惨[63]，	心中不安常忧虑，
念国之为虐。	想想朝政太残暴。

彼有旨酒[64]，	他有美酒喷喷香，
又有嘉殽[65]。	鱼肉好菜供品尝。
洽比其邻[66]，	狐群狗党相勾结，
昏姻孔云[67]。	亲朋好友周旋忙。
念我独兮，	想我孤零无依靠，
忧心殷殷[68]。	忧心如捣痛断肠。
佌佌彼有屋[69]，	卑劣小人住好屋，
蔌蔌方有谷[70]。	鄙陋家伙有五谷。
民今之无禄，	如今人民最不幸，
天夭是椓[71]。	天降灾祸命真苦。
哿矣富人[72]，	富人享福哈哈笑，
哀此惸独[73]！	可怜穷人太孤独！

【注释】

〔1〕正月：指周历六月，夏历四月；古人称这月为“正阳纯乾之月”，简称正月（据陈奂考证）。　繁：多。

〔2〕讹言：谣言。

〔3〕亦和之都是助词。　孔：很。　将：大。

〔4〕独：孤独；指独以国事为忧。

〔5〕京京：忧愁无法解除的样子。

〔6〕小心：指胆小怕事。

〔7〕癙（shǔ）：忧闷。　以：而。　痒：病。

〔8〕胡：何。　俾：使。　瘉：病，痛苦。

〔9〕莠言：坏话。

〔10〕愈愈：忧惧的样子。

〔11〕是以：因此。　有侮：受人欺侮。

〔12〕惸惸（qióng）：亦作“茕”，忧愁而无人了解的样子。

〔13〕无禄：不幸。

〔14〕辜：罪。

〔15〕并：皆。　臣仆：俘虏，奴隶。

〔16〕我人：指统治阶层中的部分人，和上句的民指劳动人民不同。斯：语气词。

〔17〕于：在。　禄：指爵位、官职、土地等而言。

〔18〕瞻：看。　爰：语助词，有“之”的作用。　止：停落。

〔19〕中林：林中。

〔20〕侯：维。　薪：粗柴枝。　蒸：细柴枝。这句以林中有柴枝无大材比喻朝中小人充斥、贤臣斥逐。

〔21〕殆：危险。

〔22〕梦梦：昏暗不明的样子。

〔23〕克：能。　定：决定。

〔24〕靡：无。　弗：不。

〔25〕有皇：即皇皇，光明伟大。

〔26〕伊：发语词。　云：语助词。　憎：憎恨。谁憎，即憎谁。

〔27〕谓：说。　盖：通“盍”，何，怎么。

〔28〕冈：山冈。　陵：山岭。

〔29〕宁：乃。　之：指讹言。　惩：制止。

〔30〕故老：老臣。

〔31〕讯：问。　占梦：官名，掌占梦的吉凶及灾异之事。

〔32〕具：同“俱”。具曰，指故老和占梦都说。　予圣：自己是圣人，所见最高明。

〔33〕局：弯曲。指弯着腰。

〔34〕蹐(jí)：小步走，轻轻地走路。

〔35〕维：发语词。　号：叫喊。　斯言：指上面的四句话。

〔36〕伦：道。　脊：理。

〔37〕虺(huǐ)：毒蛇。　蜴：四脚蛇。

〔38〕阪：山坡。

〔39〕有菀：即菀菀，茂盛的样子。　特：特出，指禾苗壮盛。

〔40〕扤(wù)：借为“抈”，摧残折磨。

〔41〕克：战胜。

〔42〕彼：指周王。　则：语尾助词(从马瑞辰说。俞樾认为这句连下句是八字句，林义光认为是上三下五句)。

〔43〕执：用手拿东西。　仇仇：缓慢不用力的样子。

〔44〕不我力：不重用我。

〔45〕或：有人。　结：结疙瘩。

〔46〕正：通“政”。

〔47〕厉：暴虐。

〔48〕燎：野火。　扬：旺盛。

〔49〕宁：乃。　灭：熄。

〔50〕赫赫：兴盛的样子。　宗周：指周的王都镐京。宗：主。周为天下所宗，故王都所在曰宗周。

〔51〕褒姒：西周末年周幽王的宠妃。据《国语》及《史记》记载，褒国人献褒姒于幽王，很得宠。褒姒不爱笑，王百计悦之，仍不笑。王乃点烽火以征诸侯，诸侯至而无寇，褒姒乃大笑。后西夷犬戎入侵，王举火征兵，诸侯不至。犬戎遂杀幽王于骊山之下。　威(xuè)：灭亡。

〔52〕终：既。　永怀：深忧。

〔53〕窘：困。

〔54〕辅：大车两旁的栏板。诗人以车喻国，以载物喻治国，以辅喻贤臣。

〔55〕载：前载字是语助词。后载字指所载的货物。　输：堕，掉下来。

〔56〕将(qiāng)：请。　伯：对男子的敬称，如今“大哥”。

〔57〕员(yùn)：益，加大。　辐：亦作輹，车箱下面钩住车轴的木头，亦称“伏兔”。

〔58〕逾：越过。

〔59〕是：代词，指上面的几件措施。　不意：不在意。

〔60〕匪：通“非”。

〔61〕潜：深。这句是“虽潜伏矣”的倒文。

〔62〕炤：同“昭”，明。

〔63〕惨惨：忧虑不安的样子。

〔64〕旨酒：美酒。

〔65〕嘉殽：好菜。殽同“肴”。

〔66〕洽：融洽。　比：亲近。　邻：意见相投而亲近的人。

〔67〕昏姻：亲戚。　云：同“员”，周旋。

〔68〕殷殷：心痛的样子。

〔69〕佌佌(cǐ)：细小的样子。

〔70〕蔌蔌(sù)：鄙陋的样子。二句指卑下的小官。

〔71〕天夭：自然灾害。　椓(zhuó)：打击。

〔72〕哿(gě)：嘉，快乐。

〔73〕惸独：孤独无依靠的人。

十月之交

【题解】

这一首诗讽刺幽王无道，以致灾异频生，人民受难，并慨叹自己无辜遭到迫害。作者可能是属于统治阶级内部的人物，但职卑官微，参加皇父建都于向的劳役，所以诗中充满了对皇父的憎恨，对劳苦人民的同情。本诗反映了西周末年的政治情况与自然灾异，可作中国古代史与天文学史的资料来读。清代学者阮元说："古代天文学，梁虞劆、隋张胄元、唐傅仁均、一行、元郭守敬，并推定以日食在周幽王六年，十月建酉，辛卯朔，日入食限，载在史志。"(《揅经室集》)马瑞辰说："梁虞劆、唐傅仁均及一行，并推算幽王六年，乙丑岁建酉之月，辛卯朔辰时日食。《国语》：'幽王二年，西周三川皆震。'又曰：'是岁，三川竭，岐山崩。'与此诗'百川沸腾，山冢崒崩'正合。"现代天文学家陈遵妫在《从十二月十四日日环食谈起》(1955年，光明日报)一文中，也认为这首诗是中国关于日食最早最可靠的记载。据此可以确定诗作于周幽王六年，即公元前776年。

十月之交[1]，	九月刚过十月到，
朔日辛卯[2]。	初一早上辰时交。
日有食之[3]，	忽然太阳又蚀了，
亦孔之丑[4]。	这种天象是凶兆。
彼月而微[5]，	不久之前方月蚀，
此日而微[6]。	今又日蚀更糟糕。
今此下民，	如今天下老百姓，
亦孔之哀。	大难临头真堪悼。

日月告凶[7]，	日月显示灾难兆，

不用其行[8]。	不再遵循常轨道。
四国无政[9]，	到处没有好政治，
不用其良。	贤臣良才全不要。
彼月而食，	上次月亮被吞食，
则维其常[10]。	还算平常屡见到。
此日而食，	太阳遭蚀了不得，
于何不臧[11]！	坏事临头怎么好！
烨烨震电[12]，	电光闪闪雷轰鸣，
不宁不令[13]。	政治黑暗民不宁。
百川沸腾，	大小江河齐沸腾，
山冢崒崩[14]。	山峰倒塌乱石崩。
高岸为谷[15]，	高山刹那变深谷，
深谷为陵。	深谷顿时变丘陵。
哀今之人，	可恨如今掌权人，
胡憯莫惩[16]！	何曾引以为教训！
皇父卿士[17]，	六卿之首是皇父，
番维司徒[18]，	樊氏当上大司徒，
家伯维宰[19]，	朝廷典籍家伯掌，
仲允膳夫[20]，	仲允管的是御厨，
聚子内史[21]，	聚子充当内史官，
蹶维趣马[22]，	蹶父养马管放牧，
楀维师氏[23]，	还有楀氏算监察，
艳妻煽方处[24]。	都同褒姒很热乎。

抑此皇父[25]！	提起皇父叫人气，
岂曰不时[26]。	硬说他没违农时。
胡为我作[27]，	为啥派我服劳役，
不即我谋[28]！	也不商量就通知。
彻我墙屋[29]，	我家墙屋被拆毁，
田卒污莱[30]。	我家田地全荒弛。
曰："予不戕[31]，	还说："不是我害你，
礼则然矣。"	照章办理该如此。"
皇父孔圣[32]，	这位皇父太高明，
作都于向[33]。	要在向邑建都城。
择三有事[34]，	选中大官有三个，
亶侯多藏[35]。	钱财多得数不清。
不慭遗一老[36]，	不肯留下一老臣，
俾守我王[37]。	让他保王卫宫廷。
择有车马[38]，	看中富家有车马，
以居徂向[39]。	迁往向邑结伴行。
黾勉从事[40]，	尽力服役为王事，
不敢告劳。	不敢诉苦不敢怨。
无罪无辜，	没犯过错没犯罪，
谗口嚣嚣[41]。	众口诽谤难分辩。
下民之孽[42]，	百姓遭受大灾难，
匪降自天。	不是老天不长眼。
噂沓背憎[43]，	当面谈笑背后骂，

职竞由人[44]。	都是坏人在诬陷。
悠悠我里[45]，	苦恼烦闷恨悠悠，
亦孔之痗[46]。	恰似大病在心头。
四方有羡[47]，	看看别家很富裕，
我独居忧。	独我一人在忧愁。
民莫不逸[48]，	人们生活都安逸，
我独不敢休。	我独不敢片刻休。
天命不彻[49]，	天道无常难预测，
我不敢效我友自逸[50]。	不敢学人图享受。

【注释】

〔1〕交：开始进入。

〔2〕朔日：初一日，这天是辛卯日。据天文学家推算：这次日食在周幽王六年十月初一（周历），即公元前776年9月6日的早晨七至九时（辛卯日辰时）。

〔3〕有：通“又”。　食：通“蚀”。

〔4〕丑：恶。古人迷信，认为日蚀预兆不祥。　“亦”和“之”都是助词。

〔5〕彼：指从前。　微：昏暗不明。指月食。

〔6〕此：指现在。

〔7〕告凶：显示凶兆。

〔8〕行（háng）：道，轨道。

〔9〕四国：即四方，指天下。　无政：指无善政。

〔10〕维：是。　常：正常。

〔11〕于何：奈何，怎么办的意思。　不臧：不善，不吉利。

〔12〕烨烨（yè）：闪电发光的样子。　震：雷。　电：闪电。

〔13〕宁：安。　令：善。

〔14〕山冢：山顶。　崒：碎的假借字。

〔15〕岸：山崖。

〔16〕憯(cǎn)：曾。　惩：警戒。

〔17〕皇父(fǔ)：陈奂据《国语·郑语》，疑皇父即周幽王所宠之大臣虢石父。　卿士：六卿之长，总管王朝政事，类似后代之宰相。

〔18〕番：即樊。《广韵》："周宣王封仲山甫于樊，后因氏焉。"司徒：掌握人口、土地的长官。

〔19〕家伯：人名。　宰：即冢宰，掌国家典籍的长官。

〔20〕仲允：人名。　膳夫：掌管周王饮食的长官。

〔21〕棸(zōu)：姓。　内史：担任人事、司法的长官。

〔22〕蹶(guì)：姓。　趣(cù)马：给周王管马的长官。

〔23〕楀(jǔ)：姓。　师氏：担任监察的长官。

〔24〕艳妻：指褒姒。或以为指幽王的别的宠妾。　煽：炽盛。　方：并。方处，指艳妻和上七人都是红人，并处高位。

〔25〕抑：同"噫"，感叹词。

〔26〕不时：指不顾农时。岂曰不时，言皇父役使百姓不自以为不时。

〔27〕作：指服役劳作。

〔28〕即：就，到。　谋：商量。

〔29〕彻：通"撤"，拆毁。

〔30〕卒：尽，完全。　污：停积不流的水。　莱：田中长了野草。

〔31〕戕(qiāng)：残害。

〔32〕圣：圣明，高明。这句是诗人讽刺皇父的话。

〔33〕向：邑名。在今河南济源县南。

〔34〕有事：即有司。三有司为司徒、司马、司空。

〔35〕亶：诚，确实。　侯：维，是。　多藏：指有很多钱财。

〔36〕慭(yìn)：愿，肯。　遗：留。　老：旧臣，疑指作者自己。

〔37〕俾：使。　守：保卫。

〔38〕有车马：指有禄位的富人。

〔39〕居：语助词。　徂：往。

〔40〕黾(mǐn)勉：勉力的意思。

〔41〕嚣嚣(áo)：众口毁谤攻击的样子。

〔42〕孽：灾害。

〔43〕噂沓：议论纷纭。　背憎：在背后彼此憎恨。

〔44〕职：主，主要。　竞：争。

〔45〕悠悠：形容忧思深长的样子。　里：通"悝"，忧伤。

〔46〕痗：病。

〔47〕四方：指各地的上层人物。　羡：富裕。
〔48〕逸：安乐。
〔49〕不彻：不循轨道，即无常之意。
〔50〕效：仿效。

雨无正

【题解】

这是一位侍御官讽刺幽王昏庸、群臣误国的诗。《诗经》多取每篇首句中二字或三字或四字为题，不按此例的只有六首(《雨无正》、《巷伯》、《常武》、《酌》、《赉》、《般》)。什么叫雨无正呢？过去通行的说法是“无正”两字训为“芜政”，有说是刺幽王的，有说是刺厉王的。总之，是政令多如雨，而皆不得当的意思。朱熹《诗集传》引北宋刘安世的话说：“尝读《韩诗》，有《雨无极》篇。……其诗之文则比《毛诗》篇首多‘雨无其极，伤我稼穑’八字。”可备一说。

浩浩昊天〔1〕，	浩浩老天听我讲，
不骏其德〔2〕。	你的恩惠不经常。
降丧饥馑，	降下饥荒和死亡，
斩伐四国〔3〕。	天下人都被残伤。
旻天疾威〔4〕，	老天暴虐太不良，
弗虑弗图〔5〕。	不加考虑不思量。
舍彼有罪，	有罪之人你放过，
既伏其辜〔6〕。	包庇恶行瞒罪状。
若此无罪，	无罪之人真冤枉，
沦胥以铺〔7〕。	相继受害遭祸殃。

周宗既灭[8]，	都城如果被攻破，
靡所止戾[9]。	想要栖身没地方。
正大夫离居[10]，	大臣高官都逃走，
莫知我勚[11]。	有谁知我工作忙。
三事大夫[12]，	三公位高不尽职，
莫肯夙夜[13]。	不肯早晚辅君王。
邦君诸侯，	各国诸侯也失职，
莫肯朝夕[14]。	不勤国事匡周邦。
庶曰式臧[15]，	总盼周王能变好，
复出为恶[16]。	谁知反而更荒唐。

如何昊天！	老天这样怎么行！
辟言不信[17]。	忠言逆耳王不听。
如彼行迈[18]，	好比一个行路人，
则靡所臻[19]。	毫无目的向前进。
凡百君子[20]，	百官群臣不管事，
各敬尔身[21]。	各自小心保自身。
胡不相畏，	为何互相不尊重，
不畏于天？	甚至不知畏天命？

戎成不退[22]，	敌人进犯今未退，
饥成不遂[23]。	饥荒严重兵将溃。
曾我暬御[24]，	只我侍御亲近臣，
憯憯日瘁[25]。	每天忧虑身憔悴。
凡百君子，	百官群臣都闭口，

莫肯用讯[26]。	不肯进谏怕得罪。
听言则答[27]，	君王爱听顺耳话，
谮言则退[28]。	谁进忠言就斥退。

哀哉不能言，	可悲有话不能讲，
匪舌是出[29]，	不是舌头生了疮，
维躬是瘁[30]。	是怕自己受损伤。
哿矣能言[31]，	能说会道就吃香，
巧言如流，	花言巧语来开腔，
俾躬处休[32]。	高官厚禄如愿偿。

维曰于仕[33]，	别人劝我把官当，
孔棘且殆[34]。	危险太大太紧张。
云不可使[35]，	要说坏事干不得，
得罪于天子。	那就得罪了国王。
亦云可使，	要说坏事可以做，
怨及朋友。	朋友要骂丧天良。

谓尔迁于王都[36]，	劝你迁回王都吧，
曰予未有室家[37]。	推辞那里没有家。
鼠思泣血[38]，	苦口婆心再劝他，
无言不疾[39]。	对我切齿又咬牙。
昔尔出居[40]，	试问从前离王都，
谁从作尔室？	是谁帮你造官衙？

【注释】

〔1〕浩浩：广大的样子。　昊天：皇天。

〔2〕骏：通“峻”，长久、经常的意思。

〔3〕斩伐：残害。　四国：四方。

〔4〕旻天：应作“昊天”。《孔疏》：“上有昊天，明此亦昊天，定本作昊天。俗本作旻天，误也。”　疾威：暴虐。

〔5〕虑：考虑。　图：思量。

〔6〕既：尽。　伏：隐藏。　辜：罪。

〔7〕沦：陷。　胥：相率、连带的意思。　铺：通“痡”，痛苦。

〔8〕周宗：应作“宗周”，指镐京。传写的误倒。有人把周宗释为周之宗族，说亦可通。　既灭：指犬戎攻入镐京而言。

〔9〕止：居。　戾：安。这二句是诗人设想之词。

〔10〕正大夫：上大夫。　离居：离开他原住的镐京。

〔11〕勚（yì）：疲劳。

〔12〕三事：即三司（司徒、司马、司空）。

〔13〕夙夜：早晚。

〔14〕朝夕：与上文“夙夜”同义。指为国事早起晚息。

〔15〕庶：幸，希望。　式：助词。　臧：善。

〔16〕复：反而。

〔17〕辟：法。辟言：合乎法度的话。

〔18〕行迈：行走。

〔19〕臻：至。

〔20〕君子：指群臣百官。

〔21〕敬：谨慎。

〔22〕戎：兵，指战争。　成：指兵寇已成。下句的成，指饥馑已成。

〔23〕遂：成功，顺利。

〔24〕曾：则，“只有”的意思。　暬（xiè）御：周王的近臣。

〔25〕憯憯（cǎn）：忧愁的样子。　瘁：憔悴。

〔26〕讯：《鲁诗》作“谇”，谏诤。

〔27〕听言：顺从的话。　答：《鲁诗》作“对”，进用之意。

〔28〕谮言：进谏的话。《广韵》：“谮，毁也。毁犹谤也。古以谏言为诽谤，故尧有诽谤之木。谮言，即谏言也。”　退：斥退。

〔29〕出：疷的借字，病。

〔30〕躬：自身。　瘁：毁坏。

〔31〕哿：嘉，表嘉许之词。

〔32〕休：吉庆，福禄。
〔33〕于：往。于仕：前去做官。
〔34〕棘：通“急”，紧张。　殆：危险。
〔35〕使：从。
〔36〕尔：指皇父、三事等权贵。　王都：指镐京。
〔37〕予：权贵们自称。
〔38〕鼠思：忧思。　泣血：泪尽继之以血的意思。
〔39〕疾：通“嫉”，恨。
〔40〕出居：离居，离开王都到别地去住。

小　旻

【题解】

这首诗讽刺幽王任用小人，对决策谋划中的种种错误加以揭露，表现了诗人临深履薄唯恐遭祸的心情。

这首诗的篇名为什么加一个“小”字呢？后人对此众说纷纭。有说因篇幅较短者；有说以别于《大雅》的《召旻》的；有说因“旻天”涉及范围太广，所以去掉“天”字，加上“小”字的。年代久远，证据缺乏，难辨正误，所以只能存疑。

旻天疾威〔1〕，	老天暴虐太过度，
敷于下土〔2〕。	灾难遍布满国土。
谋犹回遹〔3〕，	政策谋略全错误，
何日斯沮〔4〕？	哪天结束这痛苦？
谋臧不从〔5〕，	好的计谋你不听，
不臧复用〔6〕。	坏的主意反信服。
我视谋犹，	我看现在的政策，
亦孔之邛〔7〕！	糟糕透顶弊无数！

潝潝訿訿[8]，	人们叽叽又咕咕，
亦孔之哀。	我心悲哀难解除。
谋之其臧，	正确意见提上来，
则具是违；	千方刁难百计阻；
谋之不臧，	错误主张提上来，
则具是依。	一拍即合就依附。
我视谋犹，	我看现在的政策，
伊于胡底[9]！	不知弄到啥地步！
我龟既厌[10]，	我的灵龟已厌恶，
不我告犹。	谋略吉凶不告诉。
谋夫孔多[11]，	参谋顾问一大串，
是用不集[12]。	议来议去不算数。
发言盈庭，	你一言来我一语，
谁敢执其咎[13]？	哪个真敢责任负？
如匪行迈谋[14]，	好像问讯陌路人，
是用不得于道[15]。	很难得到正确路。
哀哉为犹[16]，	可叹执政太糊涂，
匪先民是程[17]，	不学祖宗不师古，
匪大犹是经[18]；	不遵正道走邪路；
维迩言是听[19]，	只肯听些浅陋话，
维迩言是争！	还要吵闹争赢输！
如彼筑室于道谋[20]，	如造房子问路人，
是用不溃于成[21]。	终久没法盖成屋。

国虽靡止[22]，　　国家虽然不算大，
或圣或否[23]。　　也有天才有凡夫。
民虽靡膴[24]，　　人民虽然不算多，
或哲或谋[25]，　　也有明智谋略富，
或肃或艾[26]。　　也有干才责任负。
如彼泉流，　　国运如水一泻去，
无沦胥以败[27]！　　终将败亡拦不住！

不敢暴虎[28]，　　不敢空手打老虎，
不敢冯河[29]。　　不敢徒步河中渡。
人知其一，　　这个道理人皆知，
莫知其他[30]。　　别的危险就糊涂。
战战兢兢[31]，　　战战兢兢过日子，
如临深渊，　　如临深渊须留步，
如履薄冰。　　如踩薄冰防险路。

【注释】

〔1〕旻(mín)天：即皇天、老天之意。　疾威：暴虐。

〔2〕敷：布。　下土：指天下。

〔3〕犹：通"猷"，规划。谋犹即谋略。　回遹(yù)：邪僻。

〔4〕斯：助语。　沮：止。

〔5〕臧：好。

〔6〕复：反而。

〔7〕邛(qióng)：病，糟。

〔8〕潝潝(xì)：低声附和的样子。　訿訿(zǐ)：诋毁，诽谤。

〔9〕伊：语助词。　于：往。　胡：何。　底：通"厎"，至，地步。

〔10〕龟：占卜用的龟甲。

〔11〕谋夫：出谋策划的人。

〔12〕集：成功。
〔13〕执：承担。　咎：罪责。
〔14〕匪：通“彼”。　行迈：这里指路人。　谋：商量。
〔15〕不得于道：达不到目的地。
〔16〕为：掌握，制订。
〔17〕匪：非。　先民：古人。　程：效法。
〔18〕大犹：大道，正道。　经：行。
〔19〕维：通“惟”，只是。　迩言：肤浅而无远见的话。
〔20〕道：指道路。
〔21〕溃：遂，达到。
〔22〕止：至，极。引申有“大”的意思。
〔23〕或：有。　圣：圣人。　否：指平常人。
〔24〕民：此处疑指统治阶级中人。　朊：厚。引申为多。
〔25〕哲：明智。
〔26〕肃：态度庄敬，认真负责。　艾(yì)：治理，指办事能力很强的人。
〔27〕无：发语词，无义。见王引之《经传释词》。　沦胥：相率。败：指国家败亡。
〔28〕暴：通“搏”。暴虎，徒手打虎。
〔29〕冯(píng)河：不用船而徒步渡河。马瑞辰：“按冯者，淜之假借。《说文》：淜，无舟渡河也。”
〔30〕其他：指信用佞臣将有亡国之危。
〔31〕战战：恐惧的样子。　兢兢：谨慎小心的样子。

小　宛

【题解】

这是周王一位同姓者讽刺幽王，并劝戒兄弟如何在乱世免祸的诗。

宛彼鸣鸠[1]，	小小斑鸠鸟，
翰飞戾天[2]。	高飞上云天。

我心忧伤，	我心真忧伤，
念昔先人[3]。	想起我祖先。
明发不寐[4]，	一夜睡不着，
有怀二人[5]。	又把爹娘念。
人之齐圣[6]，	聪明正派人，
饮酒温克[7]。	喝酒克制又从容。
彼昏不知，	无知糊涂人，
壹醉日富[8]。	越喝越醉发酒疯。
各敬尔仪[9]，	各位作风要谨慎，
天命不又[10]。	国运一去难追踪。
中原有菽[11]，	地里有豆苗，
庶民采之。	人们采回充菜肴。
螟蛉有子[12]，	螟蛾有幼虫，
蜾蠃负之[13]。	细腰土蜂捉回巢。
教诲尔子，	教育你儿子，
式穀似之[14]。	王位定要继承好。
题彼脊令[15]，	看那小鹡鸰，
载飞载鸣。	边飞又边鸣。
我日斯迈[16]，	天天我奔波，
而月斯征[17]。	月月你出行。
夙兴夜寐，	早起晚睡忙不停，
无忝尔所生[18]！	不要辱没父母名。

交交桑扈[19]，	小小青雀本食肉，
率场啄粟[20]。	却啄黄粟在谷场。
哀我填寡[21]，	叹我穷得叮当响，
宜岸宜狱[22]。	还吃官司进牢房。
握粟出卜[23]，	抓把小米去占卜，
自何能穀[24]？	何处才能得吉祥？
温温恭人[25]，	为人柔顺又温良，
如集于木。	竟像爬在高树上。
惴惴小心，	惴惴不安往下看，
如临于谷；	如临山谷深万丈；
战战兢兢，	战战兢兢怕失手，
如履薄冰。	好像踩在薄冰上。

【注释】

〔1〕宛彼：宛宛，小而短尾的样子。　鸣鸠：斑鸠。

〔2〕翰飞：高飞。　戾：到达。

〔3〕先人：作者自指其祖先，如周文王、武王。

〔4〕明发：天刚亮。含有通宵达旦的意思。

〔5〕有：通“又”。　二人：指父母。

〔6〕齐：正，正派。　圣：智慧特出。

〔7〕温：同“蕴”，蕴藉自恃。　克：克制。

〔8〕壹：语助词。　日富：日益自满。

〔9〕仪：威仪，容貌举止。

〔10〕天命：指王位、国运。　不又：不再。

〔11〕中原：即原中。　菽：大豆，这里指豆叶，今称豆苗。

〔12〕螟蛉：螟蛾的幼虫。

〔13〕蜾蠃(guǒ luǒ)：一种青黑色的细腰土蜂，亦名细腰蜂。蜾蠃常捕螟蛉喂它的幼虫。

〔14〕式：助词。　毂：善。　似：通“嗣”，继续的意思。

〔15〕题(dì)：通“谛”，视。　脊令：鸟名，即鹡鸰。

〔16〕日：天天。　斯：语助词。　迈：远行，和下句的“征”同义。

〔17〕而：通“尔”，指弟。　月：月月。

〔18〕忝：辱，辱没。　尔所生：指父母。

〔19〕交交：小小的样子。　桑扈：鸟名，亦名窃脂、青雀。嘴曲而食肉。

〔20〕率：循，沿。　场：打谷场。

〔21〕填：殄的借字，穷困。　寡：指寡财。

〔22〕宜：仍。《郑笺》：“仍得曰宜。”马瑞辰认为宜是“且”字之误，亦通。　岸：通“犴”，监狱。《释文》引《韩诗》作“犴”，云：“乡亭之狱曰犴，朝廷曰狱。”犴犹如现在的地方拘留所。

〔23〕握粟：一把小米(给卜人作酬劳)。当时习俗不用钱，用钱始于周末周景王。《国语》：“周景王铸大钱。”

〔24〕自：从。　毂：善，吉。

〔25〕温温：柔和的样子。　恭人：恭谨的人。《郑笺》以为指诗人兄弟二人。

小　弁

【题解】

这是一首被父亲放逐的人抒发心中哀怨的诗。前人有说是幽王宠褒姒逐太子宜臼，因而宜臼自作或宜臼的老师代之而作的。有说是宣王之臣尹吉甫的儿子伯奇，因受父虐待而作的。但都无根据。

弁彼鸒斯[1]，	乌鸦乌鸦心里欢，
归飞提提[2]。	飞回窝里真安闲。
民莫不穀[3]，	人们生活都很好，
我独于罹[4]。	我独忧愁难排遣。

何辜于天[5]，	我有啥事得罪天，
我罪伊何[6]？	我是犯了啥条款？
心之忧矣，	满心忧伤说不完，
云如之何[7]？	叫我究竟怎么办？
踧踧周道[8]，	平平坦坦京都道，
鞫为茂草[9]。	如今长满丛丛草。
我心忧伤，	忧伤痛苦不堪言，
惄焉如捣[10]。	犹如棒槌把心捣。
假寐永叹[11]，	和衣而卧长叹息，
维忧用老[12]。	忧伤使我人衰老。
心之忧矣，	心里苦闷说不完，
疢如疾首[13]。	好像头痛发高烧。
维桑与梓[14]，	桑梓爹娘种门前，
必恭敬止。	敬它就如敬祖先。
靡瞻匪父[15]，	儿子哪有不敬父，
靡依匪母[16]。	孩儿怎不把母恋。
不属于毛[17]，	谁非爹生皮和毛，
不离于里[18]。	谁非和娘血肉连。
天之生我，	老天既然生了我，
我辰安在[19]？	为啥时乖命又蹇？
菀彼柳斯[20]，	千丝万缕柳条青，
鸣蜩嘒嘒[21]。	蝉儿喳喳不住鸣。

有漼者渊[22]，	一泓池水深又深，
萑苇淠淠[23]。	水边芦苇密密生。
譬彼舟流，	我像小船断了缆，
不知所届[24]。	不知飘到何处停。
心之忧矣，	满腹忧伤说不尽，
不遑假寐[25]。	无法安心打个盹。
鹿斯之奔[26]，	鹿儿觅群怕失散，
维足伎伎[27]。	留恋同伴脚步慢。
雉之朝雊[28]，	野鸡早上不住啼，
尚求其雌。	还知追求它伙伴。
譬彼坏木[29]，	我像一株有病树，
疾用无枝[30]。	枝叶不生都枯干。
心之忧矣，	心里忧伤说不完，
宁莫之知[31]！	没人知我真孤单！
相彼投兔[32]，	兔子关在笼子里，
尚或先之[33]。	有人怜悯把门开。
行有死人[34]，	尸体横在大路上，
尚或墐之[35]。	有人同情把他埋。
君子秉心[36]，	不料父亲居心狠，
维其忍之[37]。	这般残忍真不该。
心之忧矣，	心里忧伤说不完，
涕既陨之[38]！	涕泪涟涟只自哀！

君子信谗，　　父亲听谗太轻信，
如或酬之[39]。　　像受敬酒味津津。
君子不惠[40]，　　父亲对我没恩情，
不舒究之[41]。　　不究谣言何由生。
伐木掎矣[42]，　　砍树还要紧拉绳，
析薪扡矣[43]。　　劈柴还要顺木纹。
舍彼有罪，　　放过罪人造谣者，
予之佗矣[44]！　　却把罪名加我身。

莫高匪山，　　若是不高不是山，
莫浚匪泉[45]。　　若是不深不是潭。
君子无易由言[46]，　　父亲休要轻开言，
耳属于垣[47]。　　隔壁有耳贴墙边。
无逝我梁[48]，　　别到我的鱼坝去，
无发我笱[49]。　　别把鱼篓打开看。
我躬不阅[50]，　　自身尚且不见容，
遑恤我后[51]。　　哪顾身后事变迁。

【注释】

〔1〕弁(pán)：快乐。　鸒(yù)：即鹎鶋，今名乌鸦。　斯：语助词。

〔2〕提提(shí)：群飞安闲的样子。

〔3〕穀：善，指生活美好。

〔4〕罹：忧愁。

〔5〕辜：罪。

〔6〕伊：是。

〔7〕云如之何：即如何、怎么办的意思。

〔8〕踧踧(dí)：平坦的样子。　周道：指周朝京师的大路。

〔9〕鞫(jú)：堵塞。

〔10〕惄(nì)：想。惄焉，想起来。　擣：舂撞。

〔11〕假寐：和衣而睡，打盹。　永叹：长叹。

〔12〕维：只因。　用：而。

〔13〕疢(chèn)：热病。　疾首：头痛。

〔14〕桑、梓：是古人宅旁常种的树，桑以养蚕，梓作器具，可传子孙。诗中以桑梓是父母所种植，所以对它也应该恭敬。

〔15〕靡……匪：无不。　瞻：瞻仰。

〔16〕依：依靠。

〔17〕属(zhǔ)：连。　毛：指身体外表的皮肤毛发，代指父亲。

〔18〕离：通"丽"，依附。　里：身体内部的血肉，代指母亲。

〔19〕辰：时，指时运、运气。

〔20〕菀：茂盛。

〔21〕蜩(tiáo)：蝉。　嘒嘒：蝉鸣声。

〔22〕漼(cuǐ)：水深的样子。有漼，即漼漼，深深。

〔23〕萑(huán)：苇，芦苇。　淠淠(pèi)：茂盛的样子。

〔24〕届：至。

〔25〕不遑：没空，无法。

〔26〕奔：指觅群求偶。

〔27〕维：发语词。　伎伎：缓慢的样子。

〔28〕雉：野鸡。　雊(gòu)：野鸡叫。

〔29〕坏：借为瘣，病。《说文》引这句诗作瘣木。

〔30〕用：因。这句是"用疾无枝"的倒文。

〔31〕宁：曾。

〔32〕相：看。　投：掩。投兔，被掩捕在笼里的兔。

〔33〕先：开放。马瑞辰："《广雅》：'先，始也。'义与'开'近。《礼记》：'有开必先，先所以开之也。'开创谓之先，开放亦谓之先。先之，即开其所以塞也。"

〔34〕行：道路。

〔35〕墐(jìn)：同"殣"，埋葬。

〔36〕君子：指作者的父亲。　秉心：居心。

〔37〕维：是。　忍：狠心，残忍。

〔38〕陨：坠。陨涕，掉眼泪。

〔39〕酬：敬酒。

〔40〕惠：爱。
〔41〕究：追究。舒究，慢慢地追究。 之：指谗言。
〔42〕掎（jǐ）：伐木时用绳拉树以控制下倒方向。
〔43〕析薪：劈柴。 扡（chǐ）：顺着木纹剖析。
〔44〕佗（tuó）：加。
〔45〕浚：深。
〔46〕无易：不要轻易。 由：于。
〔47〕耳：指窃听者。 属：连。 垣：墙。
〔48〕逝：往。 梁：拦鱼的水坝。
〔49〕笱（gǒu）：捕鱼的竹笼。
〔50〕躬：自己。 阅：收容。
〔51〕遑：何暇。 恤：忧。

巧 言

【题解】

这是讽刺统治者听信谗言因而祸国殃民的诗。旧说是大夫伤于谗言，刺幽王而作。大夫伤于谗言而作，是可信的；但是否刺幽王，就很难断定。

悠悠昊天〔1〕，	悠悠老天听我诉，
曰父母且〔2〕。	我把你来当父母。
无罪无辜，	人们没罪没过错，
乱如此怃〔3〕。	遭受祸乱太惨酷。
昊天已威〔4〕，	老天施威太可怖，
予慎无罪〔5〕；	罪过我真半点无；
昊天泰怃〔6〕，	老天疏忽太糊涂，
予慎无辜。	我是真正属无辜。

乱之初生，	当初乱事刚发生，
僭始既涵[7]；	所有谗言都听进；
乱之又生，	乱事再次又出现，
君子信谗[8]。	君王又把谗言信。
君子如怒[9]，	君王如能斥谗人，
乱庶遄沮[10]；	祸乱马上能除尽；
君子如祉[11]，	君王如能用贤良，
乱庶遄已[12]。	祸乱很快能平定。
君子屡盟[13]，	君王谗人常结盟，
乱是用长[14]。	所以乱子无穷尽。
君子信盗[15]，	君王轻信窃国盗，
乱是用暴。	所以乱子更凶暴。
盗言孔甘[16]，	盗贼说话蜜蜜甜，
乱是用餤[17]。	所以乱子更增添。
匪其止共[18]，	不忠职守太不该，
维王之邛[19]。	专把君王来坑害。
奕奕寝庙[20]，	宫殿宗庙多雄伟，
君子作之[21]。	都是先王建成功。
秩秩大猷[22]，	典章制度多完善，
圣人莫之[23]。	圣人制订谋略宏。
他人有心[24]，	别人有心破坏它，
予忖度之[25]。	我能揣度猜测中。
跃跃毚兔[26]，	好比狡兔脚虽快，

遇犬获之。	碰上猎狗把命送。

荏染柔木[27]，	好的树木柔又韧，
君子树之。	君子种来树成荫。
往来行言[28]，	流言散布没定准，
心焉数之[29]。	我能辨别记在心。
蛇蛇硕言[30]，	骗人大话哪里来，
出自口矣。	都从谗人嘴中喷。
巧言如簧[31]，	花言巧语像吹簧，
颜之厚矣。	脸皮太厚真可恨。

彼何人斯[32]，	他是一个啥货色，
居河之麋[33]。	住在大河水边沿。
无拳无勇[34]，	既无才能又无勇，
职为乱阶[35]。	祸乱他是总根源。
“既微且尰[36]，	“烂了小腿又肿脚，
尔勇伊何？	你的勇气怎不见？
为犹将多[37]，	诡计多端真可恶，
尔居徒几何[38]？”	多少同党共作乱？”

【注释】

〔1〕悠悠：遥远的样子。

〔2〕曰：称，叫。　且（jū）：语尾助词。

〔3〕幠（hū）：大。

〔4〕已：甚。　威：畏，可怕。

〔5〕慎：诚，确实。

〔6〕泰：大。　怃：怠慢，疏忽。

〔7〕僭(jiàn)：通“谮”，谗言。　既：尽。　涵：容纳。

〔8〕君子：指周王。

〔9〕怒：指怒责谗人。

〔10〕庶：庶几，差不多。　遄(chuán)：速，快。　沮：终止。

〔11〕祉：福，指任用贤人。

〔12〕已：停止。

〔13〕盟：盟誓。

〔14〕用：以。　长：增添。

〔15〕盗：指谗人。

〔16〕孔甘：很甜。

〔17〕馁(tán)：本义为进食，引申为增多或加甚。

〔18〕匪：非。　止：达到。　共：通“恭”，指忠于职守。

〔19〕维：为。　邛(qióng)：病。

〔20〕奕奕：高大美盛的样子。

〔21〕君子：指周武王、周公等。

〔22〕秩秩：宏伟的样子。　大猷：治国的大道；指典章制度、谋略。

〔23〕莫：通“谟”，谋划、制定的意思。

〔24〕他人：指谗人。

〔25〕忖度：揣度，猜测。

〔26〕跃跃(tì)：通“趯趯”，跳跃的样子。　毚(chán)：狡猾。

〔27〕荏染：柔韧的样子。　柔木：善木。《毛诗》：“柔木，椅、桐、梓、漆也。”按以上四种树木，是古人制造琴瑟的原料，故诗人称之为善木。

〔28〕往来：指辗转相传。　行言：流言。

〔29〕数：计算，辨别。

〔30〕蛇蛇(yí)：欺骗的样子。　硕言：大话。

〔31〕巧言：花言巧语。　簧：笙乐器中的簧片，吹笙则簧动发音。如簧，就像笙簧发音那样好听。

〔32〕彼：指谗人。

〔33〕麋(méi)：通“湄”，水边。

〔34〕拳：力。拳勇：指有才力的人。

〔35〕职：主，主要。　阶：阶梯。

〔36〕微：亦作“癓”，小腿生湿疮。　尰(zhǒng)：亦作“瘇”，

脚肿。

〔37〕犹：谋，诡计。《方言》：“犹，诈也。” 将：和“孔”同义，很。

〔38〕居：语助词。 徒：徒众，同党。

何人斯

【题解】

这是一首讽刺同僚的诗，实际上是一首绝交的诗。据《毛诗》序说，此诗写的是苏公刺暴公的事。苏公和暴公都是周王的卿士，苏、暴两地，都在周东都四周的地区内，二人封地犬牙交错，所以发生了矛盾，苏公就写了这首绝交的诗。

彼何人斯？	请问他是什么人？
其心孔艰〔1〕。	心地阴险真可恨。
胡逝我梁〔2〕，	为何路过我鱼梁，
不入我门？	不肯进入我家门？
伊谁云从〔3〕？	请问他听谁的话？
维暴之云〔4〕。	暴公说甚他说甚。
二人从行〔5〕，	他跟暴公并肩行，
谁为此祸？	我遭祸事谁是根？
胡逝我梁，	为何走过我鱼梁，
不入唁我〔6〕？	不进我门来慰问？
始者不如今，	当初对我还不错，
云不我可〔7〕！	如今翻脸不认人！

彼何人斯？　　请问他是什么人？
胡逝我陈[8]？　　为何从我穿堂行？
我闻其声，　　远远只听脚步声，
不见其身。　　看看不见他身影。
不愧于人？　　难道人前不惭愧？
不畏于天？　　难道不怕天报应？

彼何人斯？　　请问他是什么人？
其为飘风[9]。　　一阵暴风从此经。
胡不自北，　　为何不从北边走，
胡不自南？　　为何不从南边行？
胡逝我梁，　　为何走过我鱼梁，
只搅我心[10]！　　恰恰使我疑心生！

尔之安行[11]，　　你的车儿慢慢行，
亦不遑舍[12]。　　也没工夫停一停。
尔之亟行[13]，　　现在你说要快走，
遑脂尔车[14]。　　偏又添油把车停。
壹者之来[15]，　　前次你到我家来，
云何其盱[16]！　　使我苦闷心头冷！

尔还而入[17]，　　回国走进我家门，
我心易也[18]。　　交情如旧我欢欣。
还而不入，　　回国不进我家门，
否难知也[19]。　　居心叵测难相信。

壹者之来，	上次你到我家来，
俾我祇也[20]。	气得我竟生了病。
伯氏吹埙[21]，	大哥奏乐吹起埙，
仲氏吹篪[22]。	二哥吹篪相和音。
及尔如贯[23]，	你我本是一线穿，
谅不我知[24]！	却不理解我的心！
出此三物[25]，	捧出三牲鸡猪狗，
以诅尔斯[26]！	求神降祸于你身！
为鬼为蜮[27]，	为鬼为蜮害人精，
则不可得。	无影无形难找寻。
有靦面目[28]，	你有颜面是人样，
视人罔极[29]。	却比别人没定准。
作此好歌，	特地唱支善意歌，
以极反侧[30]。	揭穿反复无常人。

【注释】

〔1〕艰：险，阴险。

〔2〕逝：往，走过。　梁：鱼梁。有人训梁为“桥”，亦通。

〔3〕伊：他。　云：语助词。

〔4〕维：只是。　暴：指暴公。　云：说话。

〔5〕二人：指暴公和他的一个党徒，即上面所说的“何人”。

〔6〕唁：慰问遭灾者。

〔7〕可：嘉，好。

〔8〕陈：由正房到院门的通道，俗称穿堂。

〔9〕飘风：暴风。当时人常以风之暴疾喻坏人的作风，如“终风”、“谷风”等。这里诗人用它形容“何人”去来的快速，行踪诡秘。

〔10〕只：恰恰。

〔11〕安行：慢行。

〔12〕舍：停息。

〔13〕亟：急。

〔14〕脂：这里当动词用，指给车轴上油。

〔15〕壹者：从前。　来：指上文逝梁、逝陈的事。

〔16〕云：发语词。　盱(xū)：通“吁”，忧。

〔17〕还：指由王都回来，经过苏国。　入：指入苏门。

〔18〕易：和悦。

〔19〕否：不通，隔阂。　难知：用心不可测。

〔20〕祇：通“疧”，病。

〔21〕伯氏：指大哥。　埙(xūn)：乐器名，陶制成，大如鹅蛋，有六孔，可吹奏。

〔22〕仲氏：二哥。　篪(chí)：乐器名，略似今之笛。

〔23〕及：与，和。　贯：钱贝穿在一条绳上为贯。

〔24〕谅：诚，真。　不我知：即不知我。

〔25〕三物：指猪、犬、鸡。

〔26〕诅：诅咒，求神降祸于别人。　斯：语气词。

〔27〕蜮：传说中的一种能含沙射影使人得病的动物。

〔28〕有靦(tiǎn)：即靦靦，俨然的样子。

〔29〕视：比。　极：准则，标准。

〔30〕极：穷，深究。　反侧：反复无常。

巷　伯

【题解】

这是寺人孟子因被谗受害而作以泄愤的怨诗。诗中没有“巷伯”二字，可是篇名叫《巷伯》，为什么呢？因为寺人就是巷伯，都是宦官的通称。

萋兮斐兮〔1〕，　　丝线错杂颜色明，

成是贝锦[2]。	织成五彩贝纹锦。
彼谮人者，	那个造谣害人精，
亦已大甚[3]！	用心实在太凶狠！
哆兮侈兮[4]，	张开大口畚箕样，
成是南箕[5]。	箕星高挂天南方。
彼谮人者，	那个造谣害人精，
谁适与谋[6]！	谁愿和他去搭腔！
缉缉翩翩[7]，	唧唧喳喳嚼舌根，
谋欲谮人。	整天算计陷害人。
慎尔言也[8]，	劝你说话要当心，
谓尔不信。	否则对你就不信。
捷捷幡幡[9]，	花言巧语信口编，
谋欲谮言。	挖空心思造谣言。
岂不尔受[10]，	虽说一时受你骗，
既其女迁[11]。	终久恨你太阴险。
骄人好好[12]，	小人得志就忘形，
劳人草草[13]。	好人被谗意消沉。
苍天苍天！	老天老天把眼睁！
视彼骄人，	你看那人多骄横，
矜此劳人[14]！	可怜我们受害人！

彼谮人者，	那个造谣大坏蛋，
谁适与谋！	谁愿和他去搭腔！
取彼谮人，	抓住那个造谣家，
投畀豺虎[15]！	丢到野外喂虎狼！
豺虎不食，	虎狼嫌他不愿吃，
投畀有北[16]；	把他摔到北大荒；
有北不受，	北荒如果不接受，
投畀有昊[17]。	送他归天见阎王。
杨园之道[18]，	一条大路通杨园，
猗于亩丘[19]。	紧紧靠在亩丘边。
寺人孟子[20]，	我是宦官叫孟子，
作为此诗。	受人陷害写诗篇。
凡百君子，	诸位君子大老爷，
敬而听之。	请您认真听我言。

【注释】

〔1〕萋斐：花纹错杂的样子。

〔2〕贝锦：贝壳有文彩像锦，故称锦曰贝锦。

〔3〕大：通“太”。

〔4〕哆(chǐ)：张口的样子。　侈：大。

〔5〕箕：星名。四星联成梯形，状似簸箕，所以名箕。因在南方，又名南箕。

〔6〕适：悦，喜欢(见《一切经音义》卷六引《三苍》)。

〔7〕缉缉：通“咠咠”，交头接耳小语声。　翩翩：亦作“谝谝”，花言巧语。

〔8〕尔：指谗人。

〔9〕捷捷：同“诶诶”，能言善辩。　幡幡(fān)：同“翩翩”。

〔10〕受：接受。“岂不尔受”为“岂不受尔”的倒文。

〔11〕迁：转移。指听者将把憎恶被谗者的心，转而憎恶你造谣者。

〔12〕骄人：指得志的谗人。 好好：喜悦的样子。

〔13〕劳人：忧人，失意的人。指被谗者。 草草：忧愁的样子。

〔14〕矜：怜悯。

〔15〕畀(bì)：给予。

〔16〕有北：指北方寒冷不毛的地方，“有”为名词词头。

〔17〕有昊：即昊天。

〔18〕杨园：园名。

〔19〕猗：加，靠在。 亩丘：丘名。

〔20〕寺人：阉人，如后世的宦官。 孟子：作者自称。孟，氏。(有人说，孟是长，是奄人的长，亦通。)

谷 风

【题解】

这是一首弃妇所作的诗。她责备丈夫是个可与共患难，不能与同安乐的人。语极凄恻，和《邶风·谷风》诗旨相似。语言浅近，风格有如《国风》。所以有人疑心它和《黄鸟》、《我行其野》、《蓼莪》、《都人士》、《采绿》、《隰桑》、《绵蛮》、《瓠叶》、《渐渐之石》、《苕之华》、《何草不黄》等都是西周民风，这是很有见地的。旧说此诗刺幽王，其实失之穿凿。

习习谷风[1]，	山谷大风呼呼叫，
维风及雨[2]。	风狂雨骤天地摇。
将恐将惧[3]，	当初忧患飘摇日，
维予与女[4]；	唯我助你把心操；
将安将乐，	如今日子已安乐，

女转弃予[5]！	反而将我抛弃掉！
习习谷风，	山谷大风呼呼起，
维风及颓[6]。	旋风阵阵不停息。
将恐将惧，	当初忧患飘摇日，
置予于怀；	把我搂在怀抱里；
将安将乐，	如今生活已安乐，
弃予如遗[7]！	把我丢开全忘记！
习习谷风，	大风呼呼吹不停，
维山崔嵬[8]。	吹过高山刮过岭。
无草不死，	刮得百草都枯死，
无木不萎。	刮得树木尽凋零。
忘我大德[9]，	我的好处全忘记，
思我小怨[10]。	专把小错记在心。

【注释】

〔1〕习习：连续不断的风声。　谷风：来自山谷的风，大风。

〔2〕维：是。

〔3〕将：方，当。

〔4〕与：亲附，赞助。

〔5〕转：反而。

〔6〕颓：旋风。

〔7〕遗：忘记。

〔8〕崔嵬：山高峻的样子。

〔9〕大德：指能共患难。

〔10〕小怨：小缺点。

蓼 莪

【题解】

这是一首苦于服役，悼念父母的诗。

蓼蓼者莪[1]，
匪莪伊蒿[2]。
哀哀父母，
生我劬劳[3]。

一丛莪蒿长又高，
不料非莪是蒿草。
可怜我的爹和娘，
生我养我太辛劳。

蓼蓼者莪，
匪莪伊蔚[4]。
哀哀父母，
生我劳瘁[5]。

高高莪蒿叶青翠，
不料非莪而是蔚。
可怜我的爹和娘，
生我养我太劳累。

瓶之罄矣[6]，
维罍之耻[7]。
鲜民之生[8]，
不如死之久矣！
无父何怙[9]，
无母何恃！
出则衔恤[10]，
入则靡至[11]！

酒瓶底儿早空了，
酒坛应该觉害臊。
孤儿活在世界上，
不如早些就死掉！
没有父亲何所依，
没有母亲何所靠！
离家服役心含悲，
回来双亲见不到！

父兮生我，	爹呀是你生下我，
母兮鞠我[12]。	娘呀是你哺养我。
拊我畜我[13]，	抚摸我啊爱护我，
长我育我，	养我长大教育我，
顾我复我[14]，	照顾我啊挂念我，
出入腹我[15]。	出门进门抱着我。
欲报之德[16]，	如今想报爹娘恩，
昊天罔极[17]！	没想老天降灾祸！
南山烈烈[18]，	南山崎岖行路难，
飘风发发[19]。	狂风呼啸刺骨寒。
民莫不穀[20]，	人人都能养爹娘，
我独何害[21]！	独我服役受苦难！
南山律律[22]，	南山高耸把路挡，
飘风弗弗[23]，	狂风呼啸尘飞扬。
民莫不穀，	人人都能养爹娘，
我独不卒[24]！	独我不能去奔丧！

【注释】

〔1〕蓼蓼(lù)：高大的样子。　莪：莪蒿，亦名蘪蒿，俗称抱娘蒿。

〔2〕匪：非。　伊：是。　蒿：即蒿子，有青蒿、白蒿等数种。

〔3〕劬劳：劳苦。

〔4〕蔚：蒿的一种，又名牡蒿。全草供药用，晒干可燃烟驱蚊。

〔5〕瘁：憔悴。

〔6〕罄(qìng)：尽、空的意思。

〔7〕罍：大肚小口的酒坛。二句以酒瓶空是酒坛之耻比喻民穷不能

养父母是统治者之耻。

〔8〕鲜(xiǎn)：寡。鲜民，寡民，孤子。

〔9〕怙(hù)：依靠。

〔10〕出：出门，指离家服役。 衔：含。 恤：忧愁。

〔11〕入：进门，指回家。 至：亲。 靡至：没有亲人。《说文》："亲，至也。"

〔12〕鞠：养。

〔13〕拊：通"抚"，抚摸。《后汉书·梁竦传》引这句诗作"抚我"。 畜(xù)：爱。

〔14〕顾：指在家时对他照顾。 复：指出门后对他的挂念。

〔15〕腹：抱在怀里。

〔16〕之：这。

〔17〕罔极：无常，没有定准。

〔18〕烈烈：山高峻险阻的样子。

〔19〕飘风：暴风。 发发：大风呼啸的声音。

〔20〕穀：赡养。

〔21〕何：通"荷"，蒙受。

〔22〕律律：山势高耸突起的样子。

〔23〕弗弗：大风扬尘的样子。

〔24〕不卒：不得送终父母。

大 东

【题解】

这是东方诸侯国的臣民讽刺周王室只知搜括财物、奴役人民，虽居高位，却不能解除东方人民的苦难的诗。

有饛簋飧〔1〕，	一盒熟食装得满，
有捄棘匕〔2〕。	枣木饭勺柄儿弯。
周道如砥〔3〕，	大路平如磨刀石，

其直如矢[4]。	大路笔直像箭杆。
君子所履[5]，	贵人在这路上走，
小人所视[6]。	小民只能瞪眼看。
眷言顾之[7]，	回过头来再望望，
潸焉出涕[8]！	不禁伤心泪潸潸！
小东大东[9]，	东方远近诸侯国，
杼柚其空[10]。	织机布帛搜括空。
纠纠葛屦[11]，	脚上葛草编的鞋，
可以履霜[12]？	怎能抵挡秋霜冻？
佻佻公子[13]，	轻佻漂亮贵公子，
行彼周行[14]；	走在那条大路中；
既往既来，	往来不绝征赋税，
使我心疚[15]。	使我忧伤心里痛。
有洌氿泉[16]，	冰凉泉水从旁来，
无浸获薪[17]！	不要浸湿那劈柴！
契契寤叹[18]，	忧愁不眠暗伤叹，
哀我惮人[19]。	劳苦人们真可哀。
薪是获薪[20]，	谁要想烧这劈柴，
尚可载也[21]。	还得用车去装载。
哀我惮人，	可怜我们劳苦人，
亦可息也。	休息休息也应该。
东人之子[22]，	东方子弟头难抬，

职劳不来[23]；	没人慰劳只当差；
西人之子[24]，	西方子弟高一等，
粲粲衣服[25]。	衣服鲜艳闪光彩。
舟人之子[26]，	大人子弟福气好，
熊罴是裘[27]；	打熊猎罴把心开；
私人之子[28]，	小人子弟命运乖，
百僚是试[29]。	干这干那像奴才。
或以其酒[30]，	有人进贡美味酒，
不以其浆[31]。	周人嫌它像水浆。
鞙鞙佩璲[32]，	有人进贡佩玉带，
不以其长。	周人嫌它不够长。
维天有汉[33]，	天上银河虽宽广，
监亦有光[34]。	用作镜子空有光。
跂彼织女[35]，	织女星座三只角，
终日七襄[36]。	一天七次移位忙。
虽则七襄，	虽然来回移动忙，
不成报章[37]。	不能织出好花样。
睆彼牵牛[38]，	牵牛星儿亮闪闪，
不以服箱[39]。	不能用来驾车辆。
东有启明[40]，	早上启明出东方，
西有长庚[41]。	傍晚长庚随夕阳。
有捄天毕[42]，	毕星似网长柄弯，
载施之行[43]。	斜挂在天没用场。

维南有箕[44]，	南方箕星闪闪亮，
不可以簸扬[45]。	不能用它扬米糠。
维北有斗[46]，	斗星高照在天上，
不可以挹酒浆[47]。	不能用它舀酒浆。
维南有箕，	南方箕星闪闪亮，
载翕其舌[48]。	缩着舌头把嘴张。
维北有斗，	斗星高照在天上，
西柄之揭[49]。	举着柄儿向西方。

【注释】

〔1〕有饛(méng)：即饛饛，装满食物的样子。　簋(guǐ)：古代食器。　飧(sūn)：熟食。

〔2〕有捄(qiú)：即捄捄，长而弯曲的样子。　棘：酸枣木。　匕：饭勺或羹匙。

〔3〕周道：大路。也可解为通往周京的道路。　砥：磨刀石。

〔4〕矢：箭。

〔5〕君子：指贵族。　履：行走。

〔6〕小人：指人民。

〔7〕眷言：回头的样子。言，同“然”。　顾：看。

〔8〕潸：流泪的样子。

〔9〕小东大东：指东方各诸侯国。离周京最远的称大东，稍近的称小东。

〔10〕杼柚(zhù zhú)：织布机上的两个主要部件。杼是梭子，中装纬线。柚是筘，用细竹片排成梳齿状，经纱从中穿过。这里用杼柚代织布机。此句指布机上未完成之织物亦被搜括一空。

〔11〕纠纠：绳索缠绕的样子。

〔12〕可：岂可，表示反问。

〔13〕佻佻：轻佻的样子。

〔14〕周行：即周道。

〔15〕疚：忧虑。

〔16〕有冽：即冽冽，寒冷的样子。　氿(guǐ)泉：泉水上涌受阻，从

侧面流出，称为氿泉。

〔17〕获薪：砍下的柴。

〔18〕契契：愁苦的样子。　寤叹：睡不着而叹息。

〔19〕惮：通“瘅”，劳苦。

〔20〕上“薪”字，作动词“烧”字用。　是：这。

〔21〕载：装载。

〔22〕子：子弟，指青年。

〔23〕职：只是，主要。　劳：服劳役。　来(lài)：亦作“勑”，慰劳。

〔24〕西人：指周人。陈奂《毛诗传疏》：“周在西，故以西人为京师人。”

〔25〕粲粲：鲜艳华丽的样子。

〔26〕舟：周的假借。舟人，大人，指上层的人。马瑞辰《毛诗传笺通释》：“周人为大人，犹周行或谓大道，周狗即大狗也。”

〔27〕罴：大熊。　裘：当作“求”，追求；指打猎。

〔28〕私人：小人，指下层的人。《方言》：“私，小也。”

〔29〕僚：春秋时一种奴隶的称谓。当时下层差役有皁、舆、隶、僚、仆、台、圉、牧等。百僚，即指上述诸等差役奴隶。　试：任用。

〔30〕或：有人。

〔31〕浆：薄酒。

〔32〕鞙鞙(juān)：或作琄、娟，形容系璲的线(后世名绶)美而长的样子。　璲：瑞玉，可以为佩。

〔33〕汉：云汉，银河。

〔34〕监：同“鉴”，镜。古人以水为镜。这句说天河水清可以照人，但只见水光而不见人影。

〔35〕跂：织女三星鼎足而三的样子。　织女：星名，共有三星。

〔36〕终日：指从早到晚。　襄：反，更动。七襄，指织女星更动七次位置。按一日夜共有十二个时辰，从早到晚占七个时辰，就是从卯时到酉时，织女星每个时辰要更动一次位置，七个时辰就更动七次，因而称为七襄。

〔37〕报：反复，纬线的一来一往。　章：布帛上的纹路。这里用它代布帛。

〔38〕睆(huǎn)：明亮的样子。　牵牛：星座名。

〔39〕以：用。　服：驾。　箱：车箱，代指车。

〔40〕〔41〕启明、长庚：是同一颗星，即金星。早晨出现在东方，先日而出，晚上出现于西方，后日而入。古人误以为二星，分别称之为启明、长庚。

〔42〕天毕：毕星。毕星共有八星，以其排列形状像古时田猎用的长柄毕网而得名。

〔43〕载：则。　施(yí)：斜行。　行(háng)：行列。

〔44〕箕：星座名，共四星联成梯形，形像簸箕，故名箕。

〔45〕簸扬：指用箕扬米以除糠皮。

〔46〕斗：星座名，即斗宿。斗星和箕星都在南方，共六星聚成斗形。因为它在箕星之北，所以与箕星并称南箕北斗。

〔47〕挹：用勺舀酒。

〔48〕翕(xì)：向内收敛的意思。

〔49〕揭：高举。南斗的柄常指西方而上扬，故言“西柄之揭”。有人以为这章的斗指北斗，这是不对的。因为北斗的柄不西指，也不上扬。

四　月

【题解】

这是一个小官吏诉说行役之苦和忧世之情的述怀诗。

四月维夏〔1〕，	四月出差是夏天，
六月徂暑〔2〕。	六月盛暑将过完。
先祖匪人〔3〕，	祖先不是别家人，
胡宁忍予〔4〕？	为啥任我受苦难？
秋日凄凄，	秋风萧瑟真凄清，
百卉俱腓〔5〕。	百草干枯尽凋零。

乱离瘼矣[6]，	兵荒马乱心忧苦，
爰其适归[7]？	何处可去何处行？
冬日烈烈[8]，	三九寒天彻骨凉，
飘风发发[9]。	阵阵狂风呼呼响。
民莫不穀[10]，	人们生活都很好，
我独何害[11]！	我独受害离家乡！
山有嘉卉，	好树好花山上栽，
侯栗侯梅[12]。	也有栗子也有梅。
废为残贼[13]，	习惯成为害民贼，
莫知其尤[14]。	还不承认是犯罪。
相彼泉水[15]，	看那泉水下山坡，
载清载浊[16]。	清时少来浊时多。
我日构祸[17]，	天天碰上倒霉事，
曷云能穀[18]？	日子怎么会好过？
滔滔江汉[19]，	长江汉水浪滔滔，
南国之纪[20]。	总揽南方小河道。
尽瘁以仕[21]，	鞠躬尽瘁为国家，
宁莫我有[22]。	可是没人说声好。
匪鹑匪鸢[23]，	为人不如鹰和雕，
翰飞戾天[24]。	高飞能够冲云霄。

匪鳣匪鲔[25]，　　为人不如鲤和鲔，
潜逃于渊。　　逃进深水真逍遥。

山有蕨薇[26]，　　山上一片蕨薇草，
隰有杞桋[27]。　　低地杞桋真不少。
君子作歌[28]，　　作首诗歌唱起来，
维以告哀[29]！　　心头悲哀表一表！

【注释】

〔1〕四月：和下一句的六月，都是指夏历（如今农历）而言。

〔2〕徂：往。徂暑：是“暑徂”的倒文，言盛暑将过去。

〔3〕匪人：不是别人。

〔4〕胡宁：为什么。

〔5〕卉：草。　腓：痱的假借字，草木枯萎。

〔6〕瘼：疾苦。

〔7〕爰：于，在。　适：往。

〔8〕烈烈：《鲁诗》作“栗栗”，亦作“栗烈”，天气寒冷的样子。

〔9〕飘风：暴风。　发发：象声词，状狂风之呼啸。

〔10〕穀：善。指生活好。

〔11〕何：通“荷”。

〔12〕侯：是。

〔13〕废：音义同忕（shì），习惯。　残贼：摧残、损害别人的人，指在位者。

〔14〕尤：罪过。

〔15〕相：看。

〔16〕载：又。

〔17〕日：指每天。　构：遘的假借字，遇。

〔18〕曷：何。　云：语助词。

〔19〕江汉：长江和汉水。

〔20〕南国：指南方各条河流。　纪：纲纪，约束。

〔21〕尽瘁：尽力工作以致憔悴。　仕：任职。

〔22〕宁：而。　莫：不。　有：通“友”，亲善。莫我有，不友我之倒文。

〔23〕匪：彼。　鹑（tuán）：雕。　鸢（yuān）：老鹰。

〔24〕翰飞：高飞。　戾：至。

〔25〕鳣（zhān）：大鲤鱼。　鲔（wěi）：鲟鱼。都是大鱼。

〔26〕蕨、薇：两种野菜。见《召南·草虫》注〔6〕。

〔27〕杞：枸杞。　桋：亦名赤楝，木名。

〔28〕君子：作者自称。

〔29〕告哀：诉说悲哀。

北　山

【题解】

这是一位士子怨恨大夫分配徭役劳逸不均而作的诗。士属统治阶级之下层，上受天子、诸侯、大夫等的压迫，承担繁重的徭役。这首诗反映了当时统治阶级内部矛盾的尖锐化。

陟彼北山[1]，	登上那座北山冈，
言采其杞[2]。	采点枸杞尝一尝。
偕偕士子[3]，	士子身强力又壮，
朝夕从事。	从早到晚工作忙。
王事靡盬[4]，	国王差事无休止，
忧我父母。	没法服侍我爹娘。
溥天之下[5]，	普天之下哪片地，
莫非王土；	不是国王的领土；
率土之滨[6]，	四海之内哪个人，

莫非王臣。	不是国王的臣仆。
大夫不均[7]，	大夫做事不公平，
我从事独贤[8]。	派我工作特别苦。
四牡彭彭[9]，	四马拉车把路赶，
王事傍傍[10]。	王事紧迫没个完。
嘉我未老[11]，	他们夸我年纪轻，
鲜我方将[12]。	夸我身体真壮健。
旅力方刚[13]，	说我年富力又强，
经营四方[14]。	奔走四方理当然。
或燕燕居息[15]，	有的人坐家中安乐享受，
或尽瘁事国。	有的人忙国事皮包骨头。
或息偃在床[16]，	有的人吃饱饭高枕无忧，
或不已于行[17]。	有的人在路上日夜奔走。
或不知叫号[18]，	有的人从不知民间疾苦，
或惨惨劬劳[19]。	有的人忧国事累断筋骨。
或栖迟偃仰[20]，	有的人专享福悠闲自得，
或王事鞅掌[21]。	有的人为工作忙忙碌碌。
或湛乐饮酒[22]，	有的人寻欢作乐饮美酒，
或惨惨畏咎[23]。	有的人担心灾难要临头。
或出入风议[24]，	有的人夸夸其谈发议论，
或靡事不为[25]。	有的人样样事情要动手。

【注释】

〔1〕陟(zhì)：登。

〔2〕言：语助词。

〔3〕偕偕：强壮的样子。　士子：作者自称。

〔4〕王事靡盬：见《鸨羽》注〔3〕。

〔5〕溥：通“普”，普遍。

〔6〕率：循，沿。或训“自”，亦通。　滨：水边。

〔7〕不均：指处理臣下的工作很不公平。

〔8〕贤：艰苦，劳累。

〔9〕彭彭：强壮而不得休息的样子。

〔10〕傍傍：忙于奔走应付的样子。

〔11〕嘉：嘉许，称赞。

〔12〕鲜：称善。　将：强壮。

〔13〕旅：通“膂”。膂力，犹今言体力。　刚：强健。

〔14〕经营：往来奔走劳作的意思。

〔15〕燕燕：安逸的样子。　居息：住家休息。

〔16〕偃：卧。

〔17〕不已：不停。　行(háng)：道路。

〔18〕号：放声大哭。

〔19〕惨惨：忧虑不安的样子。　劬劳：劳累。

〔20〕栖迟：游息。　偃仰：安居。

〔21〕鞅掌：公事忙碌。

〔22〕湛(dān)乐：过度的享乐。

〔23〕咎：罪责，灾殃。

〔24〕风议：发议论。

〔25〕靡：无。

无将大车

【题解】

这是一位诗人感时伤乱之作。这位诗人，可能是已经沦为劳动者的士。他很旷达，认为“忧能伤人”，很不值得，便唱出了这首诗歌。

无将大车[1]，	不要去推那牛车，
只自尘兮[2]。	只会惹上一身尘。
无思百忧[3]，	不要去想忧心事，
只自疧兮[4]。	多想徒然自伤身。

无将大车，	不要去推那牛车，
维尘冥冥[5]。	扬起尘土迷眼睛。
无思百忧，	不要去想忧心事，
不出于颎[6]。	多想前途没光明。

无将大车，	不要去推那牛车，
维尘雝兮[7]。	尘土飞扬看不清。
无思百忧，	不要去想忧心事，
只自重兮[8]。	多想只会把病生。

【注释】

〔1〕将：用手推车。　大车：用牛拉的货车。

〔2〕只：只是。大车本用牛拉，如用人推，非但无效，且惹灰尘。比喻徒劳无功。

〔3〕百：言其多。

〔4〕疧（qí）：忧病。

〔5〕冥冥：昏暗的样子。

〔6〕颎（jiǒng）：同“炯”，光明。

〔7〕雝（yōng）：通“壅”，遮蔽。

〔8〕重：同“腫”，病累的意思（从马瑞辰《通释》说）。

小　明

【题解】

这是一个官吏自述久役思归及念友的诗。

明明上天，	昭昭上天亮光光，
照临下土。	普照辽阔大地上。
我征徂西[1]，	想我出差到西方，
至于艽野[2]。	直到荒凉那边疆。
二月初吉[3]，	十二月初吉日走，
载离寒暑[4]。	至今寒来又暑往。
心之忧矣，	心中想想真忧愁，
其毒大苦[5]。	好像吃药苦难当。
念彼共人[6]，	想起那位老同事，
涕零如雨。	不禁伤心泪汪汪。
岂不怀归？	难道不想回家乡？
畏此罪罟[7]。	只怕得罪触法网。
昔我往矣，	回想当初我动身，
日月方除[8]。	正是新年好时光。
曷云其还[9]？	何日才能回家乡？
岁聿云莫[10]。	一年将近犹无望。
念我独兮，	想想只有我一人，

我事孔庶[11]。	事情多得头发胀。
心之忧矣，	心里真是太忧伤，
惮我不暇[12]。	整年劳累天天忙。
念彼共人，	思念那位老同事，
眷眷怀顾[13]。	很想回去望一望。
岂不怀归？	难道不想回家乡？
畏此谴怒。	怕人恼怒说短长。
昔我往矣，	回想当初我动身，
日月方奥[14]。	天气正暖不太凉。
曷云其还？	何日才能回家乡？
政事愈蹙[15]。	政事越来越繁忙。
岁聿云莫，	一年很快就过完，
采萧获菽[16]。	采艾收豆上晒场。
心之忧矣，	心里想想真忧愁，
自诒伊戚[17]。	自寻烦恼徒悲伤。
念彼共人，	想起那位老同事，
兴言出宿[18]。	难以入睡起彷徨。
岂不怀归？	难道不想回家乡？
畏此反复[19]。	只怕无辜受灾殃。
嗟尔君子！	唉呀劝您老同事！
无恒安处[20]。	休要安居把福享。
靖共尔位[21]，	认真办好本职事，
正直是与[22]。	亲近正直靠贤良。

神之听之，	神明听到这一切，
式穀以女[23]。	赐您福禄永吉祥。
嗟尔君子！	唉呀劝您老同事！
无恒安息。	休贪安逸把福享。
靖共尔位，	认真办好本职事，
好是正直[24]。	亲近正直靠贤良。
神之听之，	神明听到这一切，
介尔景福[25]。	赐您大福寿无疆。

【注释】

〔1〕征：行。　徂：往。　西：指镐京的西边。

〔2〕艽(qiú)野：荒远的边地。

〔3〕二月：指周历二月，即夏历的十二月。　初吉：初旬的吉日。

〔4〕载：乃，则。　离：经历。　寒暑：指一年。

〔5〕毒：毒药。　大：同“太”。

〔6〕共：通“恭”。共人，宽和谦恭的人。诗人用以指他在朝的同事，也就是四章和五章的“君子”。

〔7〕罟(gǔ)：网。

〔8〕除：亦作“涂”。《尔雅·释天》：“十二月为涂。”郝懿行义疏引马瑞辰曰：“《广韵》涂与除同，音除，谓岁将除也。”又《毛传》：“除，除陈去新也。”这句指旧岁刚辞新年正到。

〔9〕曷：何时。　云：语助词。　其还：将要回去。

〔10〕聿、云：都是语助词。　莫：同“暮”。

〔11〕孔庶：很多。

〔12〕惮：通“瘅”，劳苦。

〔13〕眷眷：反顾的样子。

〔14〕奥(yù)：燠的假借，暖。

〔15〕蹙(cù)：急促。

〔16〕萧：艾蒿。　菽：豆。

〔17〕诒：通“贻”，留下。　伊：此。　戚：忧伤。

〔18〕兴：起来。　出宿：到外面去过夜。

〔19〕反复：指随便加罪。《郑笺》："反复，谓不以正罪见罪。"

〔20〕恒：常。

〔21〕靖：谋划。　共：通"恭"，敬，负责。　尔：你。　位：指本职之事。

〔22〕与：亲近。

〔23〕式：用。　穀：禄。　以：通"与"，给。　女：汝。

〔24〕好：爱好。

〔25〕介：助。　景：大。

鼓　钟

【题解】

这是讽刺周王荒乱、伤今思古的诗。过去有说是刺幽王的，有说是昭王时的作品，都无确证。

鼓钟将将〔1〕，	敲起编钟响叮当，
淮水汤汤〔2〕，	淮水滚滚起波浪，
忧心且伤。	我心忧愁且悲伤。
淑人君子〔3〕，	想起古代好君子，
怀允不忘〔4〕。	叫人思念不能忘。
鼓钟喈喈〔5〕，	敲起编钟声和谐，
淮水湝湝〔6〕，	淮水滔滔流不歇，
忧心且悲。	我心忧愁且悲切。
淑人君子，	想起古代好君子，
其德不回〔7〕。	人品道德不偏邪。

鼓钟伐鼛[8]，	敲钟打鼓声未休，
淮有三洲[9]，	淮河水中三小洲，
忧心且妯[10]。	我心伤悼且忧愁。
淑人君子，	想起古代好君子，
其德不犹[11]。	品德高贵传千秋。
鼓钟钦钦[12]，	敲起编钟声钦钦，
鼓瑟鼓琴，	又鼓瑟来又弹琴，
笙磬同音[13]。	笙磬同奏相和鸣。
以雅以南[14]，	歌唱雅乐和南乐，
以籥不僭[15]。	吹籥伴奏更分明。

【注释】

〔1〕鼓：敲。　将将：同“锵锵”，象声词。

〔2〕淮水：淮河，发源于河南桐柏山，经安徽、江苏两省的北部而入海。　汤汤(shāng)：水大而奔腾的样子。

〔3〕淑：善。

〔4〕怀：思念。　允：诚然，确实。

〔5〕喈喈：声音和谐悦耳。

〔6〕湝湝：水流貌。

〔7〕回：邪。

〔8〕鼛(gāo)：大鼓。

〔9〕三洲：《毛传》：“淮上地。”据后人考证，在历次大水中，淮河上的三个小岛都被淹没，不知所在。三洲可能就是周王会诸侯奏乐的地点。

〔10〕妯(chōu)：亦作“怞”，伤悼。

〔11〕犹：訧的假借字，缺点，毛病。朱骏声《说文通训定声·孚部》：“犹，假借为訧。”

〔12〕钦钦：钟声。

〔13〕笙：编管有簧的乐器。　磬：用石或玉制成的打击乐器。　同

音：音调和谐。

〔14〕以：为。　雅：雅乐，天子之乐曰雅，古称为正乐。周都城在今陕西，雅乐就是当时的陕西调。　南：指南方的乐调。现在河南的南部，湖北的襄阳、宜昌、江陵一带地区，古代属于南夷，它的乐调称为“南”或“任”。章炳麟《大雅小雅说》考证“雅”为乐器名。其形如两端蒙羊皮的漆筒。郭沫若《甲骨文字研究》中，断定南“本钟铸之象形，更变而为铃”。章、郭二家的考证，和旧说不同，录此备考。

〔15〕籥(yuè)：乐器名，似排箫。　僭：乱。

楚　茨

【题解】

这是一首周王祭祀祖先的乐歌。诗中的“我”、“孝孙”，都是指周王。它所叙述的典章制度，也都是天子用的。

楚楚者茨〔1〕，	蒺藜丛丛长满地，
言抽其棘〔2〕。	我拿锄头除荆棘。
自昔何为？	从前开荒为的啥？
我艺黍稷〔3〕。	我种高粱和小米。
我黍与与〔4〕，	我的小米多茂盛，
我稷翼翼〔5〕。	我的高粱多整齐。
我仓既盈，	我的仓库已堆满，
我庾维亿〔6〕。	囤里藏粮千百亿。
以为酒食，	粮食用来做酒饭，
以享以祀〔7〕。	用它献神和祭祀。
以妥以侑〔8〕，	请来尸神敬上酒，
以介景福〔9〕。	求神快将大福赐。

济济跄跄[10]，	助祭恭敬又端庄，
絜尔牛羊[11]，	洗净你的牛和羊，
以往烝尝[12]。	准备拿去作祭享。
或剥或亨[13]，	切的切来烧的烧，
或肆或将[14]。	摆开碗盏端上堂。
祝祭于祊[15]，	太祝祭神庙门里，
祀事孔明[16]。	祭事完备又周详。
先祖是皇[17]，	祖宗前来受祭祀，
神保是飨[18]。	神灵来把酒肉尝。
“孝孙有庆[19]，	“主祭少爷有吉庆，
报以介福，	神明酬报洪福降，
万寿无疆！”	赐您万寿永无疆！”
执爨踖踖[20]，	厨师敏捷做菜肴，
为俎孔硕[21]，	案上鱼肉真不少，
或燔或炙[22]。	有的红烧有的烤。
君妇莫莫[23]，	主妇恭敬又小心，
为豆孔庶[24]，	端上佳肴一道道，
为宾为客。	招待宾客真周到。
献酬交错[25]，	主劝客饮杯盏交，
礼仪卒度[26]，	遵守礼节不喧闹，
笑语卒获[27]。	合乎规矩轻谈笑。
神保是格[28]，	祖先神灵已来到，
“报以介福，	“神用大福来酬报，
万寿攸酢[29]！”	赐您长寿永不老！”

我孔熯矣[30]，	我的态度很恭敬，
式礼莫愆[31]。	礼节周到没毛病。
工祝致告[32]：	太祝传下祖宗话：
“徂赉孝孙[33]。	“快去赐福给孝孙。
苾芬孝祀[34]，	祭祀酒菜香喷喷，
神嗜饮食，	神灵爱吃心高兴，
卜尔百福[35]。	赐您百福作报应。
如几如式[36]，	祭祀及时又标准，
既齐既稷[37]，	办事快速又齐整，
既匡既敕[38]。	态度谨慎又端正。
永锡尔极[39]，	永远赐您无量福，
时万时亿[40]。”	福禄亿万数不清。”
礼仪既备，	祭祀仪式都完备，
钟鼓既戒[41]。	钟鼓敲响近尾声。
孝孙徂位[42]，	主祭走回堂下位，
工祝致告：	太祝报告祭礼成：
“神具醉止。”	“神灵都已醉醺醺。”
皇尸载起[43]，	大尸告辞立起身，
鼓钟送尸，	乐队敲钟送尸神，
神保聿归。	祖宗神灵上归程。
诸宰君妇[44]，	烧菜厨师和主妇，
废彻不迟[45]。	撤去祭品不留停。
诸父兄弟[46]，	伯叔兄弟都聚齐，

备言燕私[47]。	阖家宴饮叙天伦。
乐具入奏[48]，	乐队进庙齐奏起，
以绥后禄[49]。	子孙享受祭后食。
尔殽既将[50]，	您的菜殽真美好，
莫怨具庆。	怨言全无乐滋滋。
既醉既饱，	菜饭吃饱酒喝足，
小大稽首[51]。	老小叩头齐致辞。
“神嗜饮食，	“神灵爱吃这饭菜，
使君寿考[52]。	使您长寿百年期。
孔惠孔时[53]，	祭祀又好又顺利，
维其尽之[54]。	主人确实尽礼制。
子子孙孙，	但愿子孙和后代，
勿替引之[55]。”	永把祭礼来保持。”

【注释】

〔1〕楚楚：密密丛生的样子。　茨：蒺藜。

〔2〕抽：除。　棘：刺。指蒺藜。

〔3〕艺：种。

〔4〕与与：茂盛的样子。

〔5〕翼翼：繁盛齐整的样子。

〔6〕庾：用草席制的圆形露天粮囤。　维：是。　亿：《郑笺》：“十万曰亿。”

〔7〕享：献。

〔8〕妥：安坐。　侑：劝酒。古代祭祖时以活人装神，叫做尸。在祭祀的时候，主人迎接拜尸，请他进宗庙安坐在神位上，并献上酒食请尸吃喝。

〔9〕以介景福：见《小明》注〔25〕。

〔10〕济济：庄严恭敬的样子。　跄跄（qiāng）：走路有节奏的样子。

〔11〕絜：同“洁”，洗干净。　牛羊：祭祀用的祭品。

〔12〕烝：冬祭称烝。　尝：秋祭称尝。这里是泛指祭祀。

〔13〕剥，支解宰割。　亨：同“烹”，煮熟，烹调。

〔14〕肆：陈设，即“摆出”的意思。　将：捧进，即“端进”的意思。

〔15〕祝：太祝，官名，掌祭祀祈祷。　祊（bēng）：宗庙门内设祭的地方。

〔16〕孔：很。　明：指祭礼齐备整洁。

〔17〕是：代词，指祊。　皇：借为“往”，来也。《礼记·少仪》：“祭祀之美，齐齐皇皇。”郑玄注：“皇读如归往之往。”《孔疏》：“谓心所系往。”

〔18〕保：依，神所依的意思。“神保”是一个词，好像《楚辞》称“灵”为“灵保”一样，是对先祖神的美称。

〔19〕孝孙：主祭的人，亦称曾孙；实即周王。　有庆：有福。以下三句是太祝的祷词。

〔20〕爨（cuàn）：炊，烧火煮饭。　踖踖（jí）：敏捷谨慎的样子。

〔21〕俎：祭祀时用以盛牲的礼器，形像小方桌，有四脚，铜制。孔硕：指俎内肉很丰富。

〔22〕燔（fán）：烧肉。　炙（zhì）：烤肉。

〔23〕君妇：主妇。　莫莫：恭敬谨慎的样子。

〔24〕豆：古食器名。　庶：多。

〔25〕献：敬酒。　酬：劝酒。

〔26〕卒：尽，完全。　度：法度。

〔27〕获：得其宜，恰到好处。

〔28〕格：至。

〔29〕攸：语助词。　酢：报酬。以上两句也是太祝祈祷的话。

〔30〕熯（nǎn）：通“戁”，敬惧。

〔31〕愆：差错。

〔32〕工祝：即官祝（太祝）。古称官为“工”，如百工为百官，臣工为臣官。

〔33〕徂：往。　赉（lài）：赏赐。以下九句皆太祝将“神”的意思告诉周王。

〔34〕苾芬：犹芬芳。

〔35〕卜：给予。　百：言其多。

〔36〕如：合。　几：借为“期”，指如期祭神。　式：法，制度。

〔37〕齐：整齐。　稷：借为“亟”，敏捷。《说文》：“亟，敏疾也。”

〔38〕匡：端正。　敕：通“饬”，谨慎。

〔39〕锡：赐。　极：至。指最好的福气。

〔40〕时：是。

〔41〕戒：告。祭将毕，奏乐以告礼成。

〔42〕徂位：指走回原位。

〔43〕皇：表示赞美的形容词。　载：则，就。

〔44〕宰：宰夫，亦称膳夫，即厨师。

〔45〕彻：通“撤”。废彻，把席上的祭品收去。　不迟：不慢。

〔46〕诸父：指伯父、叔父等长辈。　兄弟：泛指同姓的同辈。

〔47〕备：俱，完全。　燕：通“宴”。燕私，古代祭祀之后的亲属私宴。

〔48〕乐：指乐队。　具：全部。祭在前庙；庙后有寝，是藏衣冠和宴会的场所。宴会开始，祭时的乐队都移进寝庙，奏乐助宴。

〔49〕绥：安，指安逸享受。　后禄：指共食祭后所余之酒肉。

〔50〕殽：通“肴”。　将：美好。见《广雅·释诂》。

〔51〕大小：长幼。　稽首：叩头。表示向主人告辞。

〔52〕寿考：长寿。自上句以下六句为辞别者对周王的颂词。

〔53〕惠：顺利。　时：善，好。

〔54〕其：指主人。　尽之：指主人在祭祀中完全遵守礼节。

〔55〕替：废。　引：延长。　之：指祭祀礼节。

信南山

【题解】

这首诗也是周王祭祖祈福的乐歌。

信彼南山〔1〕，	绵延不断终南山，
维禹甸之〔2〕。	大禹治过旧封疆。
畇畇原隰〔3〕，	原野平坦又整齐，
曾孙田之〔4〕。	曾孙在此种食粮。
我疆我理〔5〕，	划分田界挖沟渠，

南东其亩[6]。	亩亩方正好丈量。
上天同云[7]，	天上乌云密层层，
雨雪雰雰[8]。	雪花飞舞乱纷纷。
益之以霡霂[9]，	加上细雨濛濛下，
既优既渥[10]，	雨水充足好年成，
既霑既足[11]，	土地潮湿又滋润，
生我百谷。	茁壮茂盛五谷生。
疆埸翼翼[12]，	疆界齐整划井田，
黍稷彧彧[13]。	小米高粱连成片。
曾孙之穑[14]，	曾孙收获粮食多，
以为酒食。	制酒做饭香又甜。
畀我尸宾[15]，	供给神主和宾客，
寿考万年。	神灵赐我寿万年。
中田有庐[16]，	田中有房住人家，
疆埸有瓜。	田边种着青翠瓜。
是剥是菹[17]，	瓜儿切开腌起来，
献之皇祖。	献给祖先请收下。
曾孙寿考，	曾孙寿命长百岁，
受天之祜[18]。	皇天赐福保佑他。
祭以清酒，	神前斟上清清酒，
从以骍牡[19]，	再献赤黄大公牛，

享于祖考。	上供祖先来享受。
执其鸾刀[20]，	拿起锋利金鸾刀，
以启其毛[21]，	分开公牛颈下毛，
取其血膋[22]。	取出牛血和脂膏。
是烝是享[23]，	美酒黄牛已献上，
苾苾芬芬[24]，	烧起脂膏喷喷香，
祀事孔明[25]。	祭事完备又周详。
先祖是皇[26]，	祖宗来临把祭享，
报以介福，	神明酬报洪福降，
万寿无疆！	赐您万寿永无疆！

【注释】

〔1〕信：通“伸”，长而远的样子。　南山：终南山。在今陕西省西安市南。

〔2〕维：是。　禹：大禹。　甸：治理。

〔3〕畇畇(yún)：形容已开垦过的土地平坦整齐的样子。

〔4〕曾孙：周王对祖神的自称。王家祭神时由周王主祭，故曾孙又是主祭者的代称，与《楚茨》的“孝孙”同义。　田：耕种。

〔5〕疆：井田的田界。一井九百亩，每家分一百亩，中间是公田，八家人合种之，其间的田界就叫疆。　理：田中的沟渠。

〔6〕南东：泛指四方。

〔7〕同云：全被云遮。

〔8〕雨雪：下雪。　雰雰：即纷纷。

〔9〕益：加上。　霡霂(mài mù)：小雨。

〔10〕优：充足。　渥：湿。

〔11〕霑：沾湿。　足：浞的假借字，润湿的样子。

〔12〕埸(yì)：田界。何楷《诗经世本古义》：“疆、埸皆田界之名。疆乃八家同井之界畔，埸乃一夫百亩之界畔。”　翼翼：整齐的样子。

〔13〕彧彧(yù)：郁郁的假借，茂盛的样子。

〔14〕穑：收割庄稼。

〔15〕畀(bì)：给予。　尸：祭祀时装神的神主。

〔16〕庐：农民住的房子，建筑在公田中。

〔17〕是：这。指瓜。　剥：切开。　菹(zū)：腌菜。

〔18〕祜(hù)：福。

〔19〕骍牡：赤黄色的公牛。

〔20〕鸾刀：有铃的刀。

〔21〕启：分开。分开牛毛而后下刀宰牛。

〔22〕膋(liáo)：脂膏、牛油。按周人祭礼先用酒降神，然后迎接牲口，周王(曾孙)亲执鸾刀，割开牲口的毛肉，表示这是纯色的。取出牲口的血，表示这是新杀的。又取出它的油，加上黄米、高粱放在艾蒿上烧，使香气四溢。

〔23〕烝：进。有人训烝为冬祭，亦通。　享：献。烝享，即进献。

〔24〕苾苾芬芬：香气浓郁。

〔25〕孔明：很完备整洁。

〔26〕皇：往。见《楚茨》注〔17〕。

甫　田

【题解】

这是周王祭祀土地神、四方神和农神的祈年乐歌。

倬彼甫田〔1〕，	一片大田广无边，
岁取十千〔2〕。	每年收粮万万千。
我取其陈〔3〕，	拿出仓里陈谷子，
食我农人〔4〕。	给我农民把肚填。
自古有年〔5〕。	古来都是丰收年。
今适南亩〔6〕，	我到南亩去巡视，
或耘或耔〔7〕，	锄草培土人不闲，

黍稷薿薿[8]。　小米高粱一大片。
攸介攸止[9]，　庄稼长大收上场，
烝我髦士[10]。　田官向我来进献。

以我齊明[11]，　黍稷装满碗和盆，
与我牺羊[12]，　配上羊羔毛色纯，
以社以方[13]。　祭祀土神四方神。
我田既臧[14]，　我的庄稼长得好，
农夫之庆。　召集农夫同欢庆。
琴瑟击鼓，　击鼓奏瑟又弹琴，
以御田祖[15]，　迎神赛会祭农神，
以祈甘雨[16]，　祈求上天降甘霖，
以介我稷黍，　使我庄稼得丰收，
以穀我士女[17]。　养活老爷小姐们。

曾孙来止[18]，　曾孙来到大田间，
以其妇子，　农民叫他妻和子，
馌彼南亩[19]。　一齐送饭到田边。
田畯至喜，　田官一见心喜欢，
攘其左右[20]，　拿起身边菜和饭，
尝其旨否[21]。　尝尝味道鲜不鲜。
禾易长亩[22]，　满田庄稼密又壮，
终善且有[23]。　既好又多是丰年。
曾孙不怒，　曾孙欢喜笑开颜，
农夫克敏[24]。　农夫干活很勤勉。

曾孙之稼，	曾孙庄稼堆满场，
如茨如梁[25]。	高如屋顶和桥梁。
曾孙之庾[26]，	曾孙粮囤只只满，
如坻如京[27]。	就像小丘和山冈。
乃求千斯仓，	快造仓库成千座，
乃求万斯箱[28]。	快造车子上万辆。
黍稷稻粱，	黍稷稻粱往里装，
农夫之庆。	农夫同庆喜洋洋。
报以介福，	神灵报王以大福，
万寿无疆！	长命百岁寿无疆！

【注释】

〔1〕倬：广阔的样子。　甫田：大田。

〔2〕十千：有二说：一以为十千是虚数，指收成多。一以为十千是确数，指一万亩的公田。

〔3〕我：诗人自称，他可能是周王的祭官或农官。　陈：指陈粮。

〔4〕食(sì)：养。农人在耕种公田的时候，由公家供给农人吃粮。

〔5〕有年：丰年。

〔6〕适：往。

〔7〕耘：除草。　耔：用土培苗根。

〔8〕薿薿：茂盛的样子。

〔9〕攸：乃，就。　介：长大。　止：至。

〔10〕烝：进。　髦士：英俊之士。或指田畯(田官)。

〔11〕齊(zī)明：齍盛的假借，即粢盛，祭器中的谷物。

〔12〕牺：祭祀用的毛色纯一的牲口。

〔13〕以：用。　社：祭土地神。　方：祭四方之神。

〔14〕臧：善。指收成好。

〔15〕御(yà)：迎接。　田祖：指神农。《周礼》郑注："田祖，始耕田者，谓神农也。"

〔16〕祈：祈求。　甘雨：适时好雨。

〔17〕榖：养。　士女：指贵族男女。

〔18〕曾孙：周王对他的祖先和其他的神，都自称曾孙。　来：指来田间视察。　止：语气词。

〔19〕馌（yè）：送饭。

〔20〕攘：取。　左右：指田畯两旁农夫妇子送来的菜饭。

〔21〕旨：味美。

〔22〕易：禾苗茂盛的样子。　长：满。

〔23〕终：既。　有：丰。

〔24〕克：能。　敏：疾。指工作干得又好又快。

〔25〕茨：草房顶。　梁：桥梁。

〔26〕庾：粮囤。

〔27〕坻（chí）：小丘。　京：大丘。

〔28〕箱：车箱。

大　田

【题解】

这是周王祭祀田祖以祈年的诗。它和《楚茨》、《信南山》、《甫田》等诗，反映了西周时期的农业生产关系和生产力的情况，为我们提供了当时社会现实的可靠史料。

大田多稼〔1〕，	大田大，庄稼多，
既种既戒〔2〕，	选种子，修家伙，
既备乃事〔3〕。	事前准备都完妥。
以我覃耜〔4〕，	背起我那锋快犁，
俶载南亩〔5〕。	开始田里干农活。
播厥百谷〔6〕，	播下黍稷诸谷物，
既庭且硕〔7〕，	苗儿挺拔又壮茁，

曾孙是若[8]。	曾孙称心好快活。
既方既皁[9]，	庄稼抽穗已结实，
既坚既好，	籽粒饱满长势好，
不稂不莠[10]。	没有空穗和杂草。
去其螟螣[11]，	害虫螟螣全除掉，
及其蟊贼[12]，	蟊虫贼虫逃不了，
无害我田稚[13]。	不许伤害我嫩苗。
田祖有神[14]，	多亏农神来保佑，
秉畀炎火[15]。	投进大火将虫烧。
有渰萋萋[16]，	凉风凄凄云满天，
兴雨祁祁[17]。	小雨下来细绵绵。
雨我公田，	雨点落在公田里，
遂及我私[18]。	同时洒到我私田。
彼有不获稚[19]，	那儿谷嫩不曾割，
此有不敛穧[20]；	这儿几株漏田间；
彼有遗秉[21]，	那儿掉下一束禾，
此有滞穗[22]，	这儿散穗三五点，
伊寡妇之利[23]。	照顾寡妇任她拣。
曾孙来止，	曾孙视察已光临，
以其妇子，	农民叫他妻儿们，
馌彼南亩，	送饭田头犒饥人，
田畯至喜。	田畯看了真开心。

来方禋祀[24]，	曾孙来到正祭神，
以其骍黑[25]，	黄牛黑猪案上陈，
与其黍稷。	小米高粱配嘉珍。
以享以祀，	献上祭品行祭礼，
以介景福。	祈求大福赐曾孙！

【注释】

〔1〕大田：即甫田，面积广阔的农田。

〔2〕既：已经。　种：选择种子。　戒：音义同械。这里用作动词，修理农具。

〔3〕乃事：这些事。

〔4〕覃(yǎn)：通“剡”，锐利。　耜(sì)：原始的犁。

〔5〕俶：开始。　载：从事工作。

〔6〕厥：其。

〔7〕庭：同“挺”，挺直的意思。　硕：大。

〔8〕若：顺。曾孙是若，顺了曾孙的愿望。

〔9〕方：通“房”，指谷粒已生嫩壳，还没有合满。　皂(zào)：指谷壳已经结成，但还未坚实。

〔10〕稂(láng)：指穗粒空瘪的禾。　莠(yǒu)：形似禾的一种杂草，亦名狗尾草。

〔11〕螟：吃禾心的虫。　螣(tè)：吃禾叶的虫。

〔12〕蟊(máo)：吃禾根的虫。　贼：吃禾节的虫。

〔13〕稚：幼禾。

〔14〕田祖：农神。

〔15〕秉：拿。　畀：给。　炎火：大火。

〔16〕有渰(yǎn)：即渰渰，阴云密布的样子。　萋萋：凄凄的假借字，天气清冷的样子。

〔17〕兴雨：下起雨来。按三家诗作“兴云”。　祁祁：徐徐，慢慢的样子。意指细雨而不是暴雨。

〔18〕私：私田。

〔19〕获：收割。

〔20〕敛：收。　穧(jì)：禾把。不敛穧，指已割而漏掉收的禾把。

〔21〕秉：把，将禾捆成一把把。

〔22〕滞：遗留。

〔23〕伊：是。　利：好处。

〔24〕禋（yīn）祀：古代祭天的一种礼仪。先烧柴升烟，再加上牲体、五谷、玉帛等于柴上焚烧。

〔25〕骍：指赤黄色的牛。　黑：指黑色的猪。

瞻彼洛矣

【题解】

这是周王会诸侯于东都洛阳，检阅六军，诸侯赞美周王的诗。

瞻彼洛矣〔1〕，	站在岸边看洛水，
维水泱泱〔2〕。	茫茫一片无边际。
君子至止〔3〕，	国王车驾已到来，
福禄如茨〔4〕。	福禄厚重如茅茨。
靺韐有奭〔5〕，	皮制蔽膝红艳艳，
以作六师〔6〕。	号召六军齐奋起。
瞻彼洛矣，	远望洛水长又宽，
维水泱泱。	茫茫一片不见边。
君子至止，	国王车驾已到来，
鞞琫有珌〔7〕。	玉饰刀鞘花纹鲜。
君子万年，	敬祝国王万年寿，
保其家室。	保卫国家天下安。

瞻彼洛矣，	洛水岸边举目望，
维水泱泱。	茫茫一片浪打浪。
君子至止，	国王车驾已到来，
福禄既同〔8〕。	福禄俱全世无双。
君子万年，	敬祝国王万年寿，
保其家邦。	保卫国家守边疆。

【注释】

〔1〕洛：水名，源出陕西，经河南洛阳入黄河。

〔2〕泱泱：水深广的样子。

〔3〕君子：指周王。

〔4〕如茨：言福禄之厚重如草屋顶之多层高积。

〔5〕韎韐（mèi gé）：用茜草染成红色的皮制蔽膝。　奭（shì）：通“赩”（xì），赤色。

〔6〕作：起。奋起振作的意思。　六师：六军。陈奂《毛诗传疏》：“《周礼·夏官》：‘凡制军，万有二千五百人为军，王六军。’襄十四年《左传》：‘周为六军。’又襄十一年《穀梁传》：‘古者天子六师。’是六师即六军也。”

〔7〕鞞（bǐ）：刀鞘。　琫（běng）：刀鞘上玉的饰物。　有珌（bì）：即珌珌，形容刀鞘玉饰花纹美丽的样子。

〔8〕同：聚。

裳裳者华

【题解】

这是周王赞美诸侯的诗。《毛序》说是刺幽王的，前人已多评论其不足信。

裳裳者华[1]，	花朵儿鲜明辉煌，
其叶湑兮[2]。	绿叶儿郁郁苍苍。
我觏之子[3]，	我见到各位贤人，
我心写兮[4]。	心里头真是舒畅。
我心写兮，	心里头真是舒畅，
是以有誉处兮[5]。	从此有安乐家邦。
裳裳者华，	花朵儿鲜明辉煌，
芸其黄矣[6]。	叶儿密花儿金黄。
我觏之子，	我见到各位贤人，
维其有章矣[7]。	有才华又有专长。
维其有章矣，	有才华又有专长，
是以有庆矣。	可庆贺国之荣光。
裳裳者华，	花朵儿鲜明辉煌，
或黄或白。	开起来有白有黄。
我觏之子，	我见到各位贤人，
乘其四骆[8]。	驾四马气宇轩昂。
乘其四骆，	驾四马气宇轩昂，
六辔沃若[9]。	马缰绳柔滑溜光。
左之左之[10]，	左手边有个左相，
君子宜之[11]。	他定能安于职掌。
右之右之，	右手边有个右相，
君子有之[12]。	有才干用其所长。

维其有之，	正因为用其所长，
是以似之〔13〕。	继祖业绵延永昌。

【注释】

〔1〕裳裳：堂堂的假借，花丰盛明艳的样子。　华：花。

〔2〕湑（xǔ）：茂盛的样子。

〔3〕觏：见。　之子：此人，指诸侯。

〔4〕写：宣泄。指心中排除忧愁而舒畅。

〔5〕誉：通“豫”，快乐。　处：安居。

〔6〕芸其：即芸芸，花叶盛多的样子。　黄：指花色黄。

〔7〕其：他，指诸侯。　章：文章，有才华。

〔8〕骆：黑鬃黑尾的白马。

〔9〕六辔：古代四匹马驾车有六条缰绳，二匹服马各有二辔，中间两匹骖马各一辔。　沃若：光润的样子。若，同“然”。

〔10〕左：和下边的右，指左右辅弼（君主的帮手），好像后世的左右宰相。　之：语气词。

〔11〕君子：即上三章中的“之子”。有人说，它是指“古之明王”，亦通。　宜：安。　之：指左右辅弼。

〔12〕有：取。有之，取他的所长。

〔13〕似：通“嗣”，继承。

桑　扈

【题解】

这是周王宴会诸侯的诗。

交交桑扈〔1〕，	小巧玲珑青雀鸟，
有莺其羽〔2〕。	彩色羽毛多俊俏。
君子乐胥〔3〕，	祝贺诸位常欢乐，

受天之祜〔4〕。　　上天赐福运气好。

交交桑扈，　　小小青雀在飞翔，
有莺其领〔5〕。　　头颈彩羽闪闪亮。
君子乐胥，　　祝贺诸位常欢乐，
万邦之屏〔6〕。　　各国靠你当屏障。

之屏之翰〔7〕，　　为国屏障为骨干，
百辟为宪〔8〕。　　诸侯把你当典范。
不戢不难〔9〕，　　克制自己守礼节，
受福不那〔10〕。　　受福多得难计算。

兕觥其觩〔11〕，　　牛角酒杯弯又弯，
旨酒思柔〔12〕。　　美酒香甜性儿软。
彼交匪敖〔13〕，　　不求侥幸不骄傲，
万福来求〔14〕。　　万福齐聚遂心愿。

【注释】

〔1〕交交：小小的样子。一说，鸟鸣声。　桑扈：鸟名，亦名窃脂、青雀。

〔2〕有莺：莺莺，有文彩的样子。

〔3〕君子：指周王的诸侯群臣。　胥：语助词。

〔4〕祜：福。

〔5〕领：颈。

〔6〕屏：屏障。喻保卫国家的重臣。

〔7〕之：是。　翰：干的假借，筑墙时支撑在两边的木柱。

〔8〕辟(bì)：国君。百辟：即诸侯。　宪：法度，典范。

〔9〕不：语助词，无义。下句同。　戢(jí)：收敛，克制。　难

(nuó)：通“傩”。《颜氏家训》引这句诗作“傩”，守礼节的意思。

〔10〕那(nuó)：多。

〔11〕兕觥：用犀牛角制的酒杯。一说是形如卧牛的酒杯。 觩(qiú)：角弯曲的样子。

〔12〕旨酒：美酒。 思：语气词。 柔：指酒性不烈。

〔13〕彼：通“匪”，非。 交：《汉书·五行志》引作“儌”，侥幸之意。 敖：通“傲”，傲慢。

〔14〕求：王引之《经义述闻》：“求，读与逑同。逑，聚也，谓福禄来聚。”

鸳 鸯

【题解】

这是祝贺贵族新婚的诗。鸳鸯是成双成对的鸟，秣马是古代亲迎之礼，诗的起兴都与新婚有关。

鸳鸯于飞〔1〕，	鸳鸯双飞不分开，
毕之罗之〔2〕。	用网用罗捕回来。
君子万年，	敬祝君子寿万年，
福禄宜之〔3〕。	安享福禄永相爱。
鸳鸯在梁〔4〕，	鸳鸯对对在鱼梁，
戢其左翼〔5〕。	嘴插左翅睡得香。
君子万年，	敬祝君子寿万年，
宜其遐福〔6〕。	美满家庭福禄长。
乘马在厩〔7〕，	棚中四马拴得牢，

摧之秣之[8]。	粮草把它喂喂饱。
君子万年，	敬祝君子寿万年，
福禄艾之[9]。	福禄助您永和好。
乘马在厩，	迎亲四马系在槽，
秣之摧之。	喂它粮食又喂草。
君子万年，	敬祝君子寿万年，
福禄绥之[10]。	安享福禄永偕老。

【注释】

〔1〕于：语助词。

〔2〕毕：有长柄的捕鸟小网。　罗：张在地上无柄的捕鸟大网。

〔3〕宜：安。

〔4〕梁：拦鱼的水坝。

〔5〕戢：《经典释文》引《韩诗》曰："戢，捷也，捷其噣（鸟嘴）于左也。"指鸳鸯休息时把它的嘴插在左边的翅膀里。一说戢为收敛，亦通。

〔6〕遐：远。

〔7〕乘马：四匹马。　厩（jiù）：马棚。

〔8〕摧（cuò）：通"莝"，铡草。此指铡草喂马。　秣：以谷喂马。

〔9〕艾：辅助。《国语·周语》："树于有礼，艾人必丰。"一说艾为养，亦通。

〔10〕绥：安。

頍　弁

【题解】

这是写周王宴请兄弟亲戚的诗。诗中以寄生草依赖于松柏，比喻贵族依赖于周王。末章反映了西周末年统治集团对国家前途悲观失望和及时行乐的心情。

有頍者弁[1]，	皮帽尖尖顶有角，
实维伊何[2]？	戴着它来做什么？
尔酒既旨[3]，	您的酒味既甘醇，
尔殽既嘉[4]。	您的菜肴也不错。
岂伊异人[5]？	难道来的是外人？
兄弟匪他[6]。	兄弟非他同一桌。
茑与女萝[7]，	攀藤茑草和女萝，
施于松柏。	蔓延依附松和柏。
未见君子[8]，	还没见到君主时，
忧心弈弈[9]；	心神不定难诉说；
既见君子，	如今见到君主面，
庶几说怿[10]。	心里舒畅又快活。
有頍者弁，	皮帽尖尖角在上，
实维何期[11]？	戴着它是为哪桩？
尔酒既旨，	您的酒味既甘醇，
尔殽既时[12]。	您的菜肴喷喷香。
岂伊异人？	难道来的是外人？
兄弟具来[13]。	至亲兄弟聚一堂。
茑与女萝，	攀藤茑草和女萝，
施于松上。	蔓延缠绕松枝上。
未见君子，	还没见到君主时，

忧心怲怲[14]；	心里痛苦又忧伤；
既见君子，	如今见到君主面，
庶几有臧[15]。	希望能够得赐赏。
有頍者弁，	新制皮帽尖尖顶，
实维在首。	戴在头上正相称。
尔酒既旨，	您的酒味既甘醇，
尔殽既阜[16]。	您的菜肴更丰盛。
岂伊异人？	难道来的是外人？
兄弟甥舅[17]。	兄弟舅舅和外甥。
如彼雨雪[18]，	人生好比下场雪，
先集维霰[19]。	先霰后雪终融尽。
死丧无日[20]，	不知何日命归阴，
无几相见[21]。	能有几番叙天伦。
乐酒今夕，	不如今夜痛饮酒，
君子维宴[22]。	及时宴乐各尽兴。

【注释】

〔1〕有頍（kuǐ）：即頍頍，形容皮帽顶上尖尖有角的样子。 弁：皮制的帽，是当时一般贵族戴的。

〔2〕实：是。 维：为。 伊：语中助词，无义。

〔3〕尔：指请客的周王。

〔4〕殽：同“肴”。 嘉：美。

〔5〕伊：是。 异人：别人，外人。

〔6〕匪：非。

〔7〕茑（niǎo）：一种寄生攀缘植物，叶微圆，有长柄；夏日开花，色淡绿带红；秋日结实，有酸味。 女萝：亦名兔丝、松萝。也是攀缘植物，附生在大树上。

〔8〕君子：指周王。

〔9〕弈弈：心神不定的样子。

〔10〕庶几：差不多。　说：通“悦”。　怿(yì)：和“悦”同义。说怿，欢喜。

〔11〕期：同“其(jī)”，语末助词。

〔12〕时：善，美。

〔13〕具：通“俱”。

〔14〕怲怲：很忧愁的样子。

〔15〕臧：善。有臧，有好处。

〔16〕阜：丰富。

〔17〕甥舅：古代称女婿为甥，岳父为舅；姊妹的儿子为甥，母亲的兄弟为舅。这里泛指异姓亲戚。

〔18〕雨雪：下雪。

〔19〕集：聚。　维：是。　霰(xiàn)：雪珠。下雪之前先下雪珠，最终同样融化，比喻人生虽有先后，最终不免一死。

〔20〕无日：不知哪一天。

〔21〕无几：没有多少时候。

〔22〕维：同“惟”，只有。

车　舝

【题解】

这是一位诗人在迎娶途中赋的诗。《左传》昭公二十五年：“叔孙婼如宋迎女，赋《车辖》。”可见它确是咏新婚的诗。

间关车之舝兮〔1〕，	迎亲车轮响格格，
思娈季女逝兮〔2〕。	美丽少女要出阁。
匪饥匪渴〔3〕，	不再似饥又似渴，
德音来括〔4〕。	娶来姑娘有美德。
虽无好友，	宴会虽然没好友，

式燕且喜[5]。	大家喝酒也快乐。
依彼平林[6]，	密密丛林莽苍苍，
有集维鷮[7]。	野鸡栖息树枝上。
辰彼硕女[8]，	善良姑娘身材高，
令德来教[9]。	美德教我家增光。
式燕且誉[10]，	酒宴热闹又快乐，
好尔无射[11]。	永远爱你恩情长。
虽无旨酒，	虽然酒味不算美，
式饮庶几[12]；	希望您也干几杯；
虽无嘉殽，	虽然小菜不好吃，
式食庶几。	希望您也尝尝味。
虽无德与女[13]，	虽无美德来相配，
式歌且舞。	望您歌舞庆宴会。
陟彼高冈[14]，	登上山冈巍巍高，
析其柞薪[15]；	砍下柞树当柴烧；
析其柞薪，	砍下柞树当柴烧，
其叶湑兮[16]。	柞叶长满嫩枝梢。
鲜我觏尔[17]，	今天有幸见到您，
我心写兮[18]。	心花怒放百忧消。
高山仰止[19]，	高山仰望才见顶，
景行行止[20]。	大路平坦凭人行。

四牡騑騑〔21〕，	四马迎亲快快奔，
六辔如琴〔22〕。	缰绳齐如调丝琴。
觏尔新昏〔23〕，	望着车上新婚人，
以慰我心。	甜蜜幸福我欢欣。

【注释】

〔1〕间关：象声词，形容车轮转动时车辖的格格声。　舝：同“辖”，车轴两头的铁键。

〔2〕思：发语词。　娈：美好的样子。　季女：少女。　逝：往。指乘车出嫁。

〔3〕匪：非，没有。

〔4〕德音：美德，善名。　括：通“佸”，聚会。

〔5〕式：发语词。　燕：通“宴”，宴饮。

〔6〕依：树木茂盛的样子。　平林：平原上的树林。

〔7〕鷮(jiāo)：鸟名，野鸡的一种，体形及尾羽都很像环颈雉。

〔8〕辰：善良(从马瑞辰说)。　硕女：美女。古代以身材高大为美。

〔9〕令德：美德，指季女。

〔10〕誉：通“豫”，欢乐。

〔11〕好：爱。　尔：指季女。　射(yì)：通“斁”，厌弃。见《周南·葛覃》注〔9〕。

〔12〕庶几：一些；含有希望之意。

〔13〕与：助，这里含有相配之意。　女：通“汝”。

〔14〕陟：登。

〔15〕析：劈。　柞：树名。古人结婚时劈柴作火把，因此以析薪代指结婚迎亲。

〔16〕湑(xǔ)：树叶柔嫩茂盛的样子。

〔17〕鲜：善。　觏：遇见。

〔18〕写：宣泄。指消除忧愁。

〔19〕仰：仰望。　止：语尾助词，和“之”通用。古人引这两句诗“止”亦作“之”。

〔20〕景行：大路。行，走。

〔21〕騑騑：马走不停的样子。

〔22〕如琴：形容六条马缰绳像琴弦那样整齐调和。

〔23〕昏：同“婚”。

青　蝇

【题解】

这是一首斥责谗人害人祸国的诗。

营营青蝇〔1〕，	苍蝇飞舞声营营，
止于樊〔2〕。	飞上篱笆把身停。
岂弟君子〔3〕，	平易近人的君子，
无信谗言。	害人谗言您莫听。
营营青蝇，	苍蝇飞舞声营营，
止于棘〔4〕。	飞上枣树把身停。
谗人罔极〔5〕，	谗人说话没定准，
交乱四国〔6〕。	搅乱各国不太平。
营营青蝇，	苍蝇飞舞声营营，
止于榛〔7〕。	飞上榛树把身停。
谗人罔极，	谗人说话没定准，
构我二人〔8〕。	离间我们老交情。

【注释】

〔1〕营营：摹声词，苍蝇来回飞的声音。

〔2〕止：停。　樊：篱笆。

〔3〕岂弟：和气，平易近人。

〔4〕棘：酸枣树。棘和下章的榛，都是筑篱笆的材料。

〔5〕罔：无。　极：准则。

〔6〕交：俱。　四国：四方诸侯之国。

〔7〕榛：榛树，一种丛生小灌木。

〔8〕构：陷害。　二人：指作者和听谗者。魏源《诗古微》认为“构我二人”指幽王与母后(即申后)，“交乱四国”谓戎、缯、申、吕。说亦可通。

宾之初筵

【题解】

这是讽刺统治者饮酒无度失礼败德的诗。

宾之初筵〔1〕，	来宾入座开宴席，
左右秩秩〔2〕。	宾主谦让守礼节。
笾豆有楚〔3〕，	杯盘碗盏摆整齐，
殽核维旅〔4〕。	鱼肉干果全陈列。
酒既和旨〔5〕，	醴酒味浓醇又美，
饮酒孔偕〔6〕。	觥筹交错真热烈。
钟鼓既设，	钟鼓乐器都齐备，
举酬逸逸〔7〕。	往来敬酒杯不绝。
大侯既抗〔8〕，	虎皮靶子竖起来，
弓矢斯张〔9〕。	张弓搭箭如满月。
射夫既同〔10〕，	射手云集靶场上，
献尔发功〔11〕。	表演技术逞英杰。

发彼有的〔12〕，　　人人争取中目标，
以祈尔爵〔13〕。　　要叫对手罚一爵。

籥舞笙鼓〔14〕，　　执籥起舞笙鼓响，
乐既和奏。　　众乐齐奏声铿锵。
烝衎烈祖〔15〕，　　祖宗灵前进娱乐，
以洽百礼〔16〕。　　按礼行事神来享。
百礼既至〔17〕，　　祭礼周到又完备，
有壬有林〔18〕。　　隆重盛大又堂皇。
锡尔纯嘏〔19〕，　　神灵赐你大福气，
子孙其湛〔20〕。　　子孙个个都欢畅。
其湛曰乐〔21〕，　　人人欢喜又快乐，
各奏尔能〔22〕。　　各献其能射靶场。
宾载手仇〔23〕，　　来宾各自找对手，
室人入又〔24〕。　　主人相陪比短长。
酌彼康爵〔25〕，　　斟上满满一杯酒，
以奏尔时〔26〕。　　祝你胜利进一觞。

宾之初筵，　　客来入席叫声请，
温温其恭。　　态度温雅又恭敬。
其未醉止〔27〕，　　酒过一巡人未醉，
威仪反反〔28〕；　　仪表庄重又自矜；
曰既醉止，　　酒过三巡醉态露，
威仪幡幡〔29〕。　　举止失措皆忘形。
舍其坐迁〔30〕，　　离开坐席乱走动，

屡舞仙仙[31]。	手舞足蹈不肯停。
其未醉止，	他们还没喝醉时，
威仪抑抑[32]；	看来谨慎又文静；
曰既醉止，	待到喝得醉酩酊，
威仪怭怭[33]。	嬉皮笑脸骨头轻。
是曰既醉，	还说这是喝醉酒，
不知其秩[34]。	不守规矩不要紧。
宾既醉止，	客人已经喝醉了，
载号载呶[35]。	又是叫来又是闹。
乱我笾豆，	打翻杯盘和碗盏，
屡舞僛僛[36]。	跌跌撞撞把舞跳。
是曰既醉，	还说这是喝醉酒，
不知其邮[37]。	糊里糊涂不害臊。
侧弁之俄[38]，	头上歪戴鹿皮帽，
屡舞傞傞[39]。	疯疯癫癫跳舞蹈。
既醉而出，	如果喝醉就出门，
并受其福[40]；	大家托福都叫好；
醉而不出，	有的醉了不肯走，
是谓伐德[41]。	那就叫做缺德佬。
饮酒孔嘉[42]，	宴会喝酒本好事，
维其令仪[43]。	只是要有好礼貌。
凡此饮酒[44]，	参加宴会尽阔佬，
或醉或否。	有人清醒有醉倒。

既立之监[45]，	设立酒监察礼节，
或佐之史[46]。	又设史官写报导。
彼醉不臧[47]，	酗酒本来是坏事，
不醉反耻。	反说不醉是脓包。
式勿从谓[48]，	不要随人乱劝酒，
无俾大怠[49]。	害他失礼又胡闹。
匪言勿言[50]，	别人不问别多嘴，
匪由勿语[51]。	语涉非礼勿乱道。
由醉之言[52]，	醉汉话儿不可靠，
俾出童羖[53]。	胡说公羊没犄角。
三爵不识[54]，	饮限三杯也不懂，
矧敢多又[55]。	何况多喝更糟糕。

【注释】

〔1〕筵：古人席地而坐，筵是铺在地上的竹席。初筵，宾客初入座的时候。

〔2〕左右：指筵席的东西两边。主人的座位在东，客人的座位在西。秩秩：恭敬而有秩序的样子。

〔3〕笾、豆：都是古代食器名。见《常棣》注〔13〕。 有楚：即楚楚，摆设整齐的样子。

〔4〕殽：盛在豆里的鱼肉。 核：盛在笾里的干果。 维：是。旅：陈列。

〔5〕和旨：醇和甜美。

〔6〕孔：很。 偕：普遍。

〔7〕酬：敬酒。 逸逸：同“绎绎”，往来不断的样子。

〔8〕侯：箭靶。古人射箭时，用兽皮或布制成皮侯或布侯，将侯张在木架上，侯上加上圆形或方形的布块，叫做“的”，或叫做“质”、“鹄”、“正”，即箭靶的中心，射者以中“的”为胜。 大侯，周王大射时用的箭靶，用虎、熊、豹三种皮制成。 抗：竖起、

张挂。

〔9〕斯：语助词。　张：弓加弦再搭上箭曰张。

〔10〕射夫：射手。　同：会齐。

〔11〕献：逞，表现。　发功：射技。

〔12〕有：语助词。

〔13〕祈：求。　尔：指比赛者的对手。　爵：古酒器名，形如雀头，下有三脚。青铜制成，盛行于殷商四周。

〔14〕籥(yuè)：古乐器名。籥舞：执籥而舞。

〔15〕烝：进，指进乐。　衎(kàn)：娱乐。　烈祖：创业的祖先。

〔16〕洽：配合。

〔17〕至：完备。

〔18〕壬：大。　林：盛。有壬有林，即壬壬林林，形容百礼盛大的样子。

〔19〕锡：赐。　纯嘏(gǔ)：大福。

〔20〕湛(dān)：喜悦。

〔21〕曰：语助词。

〔22〕奏：献。

〔23〕载：则，就。　手：取，选择。　仇：匹偶，指比赛射箭的对手。

〔24〕室人：主人。　入又：进入射场又和宾客射箭。

〔25〕康：大。康爵，大杯。

〔26〕奏：进。　时：善，指射中者。

〔27〕止：语气词。下同。

〔28〕威仪：仪表行为。　反反(fàn)：庄重而谨慎的样子。

〔29〕幡幡：轻佻不庄重的样子。

〔30〕舍：离开。　坐：座位。　迁：移动，这里指礼法所许可的活动范围。

〔31〕仙仙：同“跹跹”，舞姿轻盈的样子。

〔32〕抑抑：谨慎而严肃的样子。

〔33〕怭怭(bì)：轻薄而粗鄙的样子。

〔34〕秩：规矩。有人认为“秩”与“失”通。失：过失。说亦可通。

〔35〕号：大叫。　呶(náo)：喧哗。

〔36〕僛僛(qī)：身体歪歪斜斜的样子。

〔37〕邮：通“訧”，过失。

〔38〕弁：皮帽。侧弁，歪戴着帽子。　俄：倾斜。
〔39〕傞傞(suō)：醉舞盘旋不停的样子。
〔40〕并：全都。
〔41〕伐德：败德，犹今言“缺德”。
〔42〕孔嘉：很好。
〔43〕维：同“惟”，只是。　令仪：好礼节。
〔44〕凡此：所有这些。　饮酒：指饮酒者。
〔45〕监：亦名司正，宴会上督察仪礼的官。
〔46〕史：记事记言的史官。其任务是记载宴会进行的情况。
〔47〕臧：善。
〔48〕式：发语词。　从：跟着。　谓：指劝酒。
〔49〕大：通“太”。　怠：怠慢失礼。
〔50〕匪言：匪，非；言，讯、问。
〔51〕由：法式。
〔52〕由：听从。　醉：指醉者。
〔53〕俾：通“譬”，譬如(从林义光《诗经通解》说)。有人训俾为使，亦通。　童：秃。　羖(gǔ)：黑色公羊。童羖：没有角的公羊。
〔54〕三爵：古代君臣小宴的礼节，以三爵为度。　不识：指不知三爵之礼。
〔55〕矧(shěn)：况且。　多又：指又多喝。

鱼　藻

【题解】

这是赞美周王在镐宴饮安乐的诗。

鱼在在藻，	水藻丛中鱼藏身，
有颁其首〔1〕。	不见尾巴见大头。
王在在镐〔2〕，	周王住在镐京城，
岂乐饮酒〔3〕。	逍遥快乐饮美酒。

鱼在在藻，	水藻丛中鱼儿藏，
有莘其尾[4]。	长长尾巴左右摇。
王在在镐，	镐京城中住周王，
饮酒乐岂。	喝喝美酒乐陶陶。
鱼在在藻，	鱼儿藏在水藻中，
依于其蒲[5]。	贴着蒲草岸边游。
王在在镐，	周王在镐住王宫，
有那其居[6]。	居处安逸好享受。

【注释】

〔1〕有颁(fén)：颁颁，头大的样子。

〔2〕镐：镐京，西周都城。在今陕西西安市西。

〔3〕岂：通“恺”。岂乐，欢乐。

〔4〕有莘(shēn)：莘莘，尾巴长长的样子。

〔5〕蒲：蒲草，一种水生植物。

〔6〕有那(nuó)：那那，安逸的样子。

采　菽

【题解】

这是赞美诸侯来朝，周王赏赐诸侯的诗。

采菽采菽[1]，	采大豆呀采豆忙，
筐之筥之[2]。	方筐圆筐往里装。
君子来朝[3]，	诸侯来朝见我王，

何锡予之[4]？	天子用啥去赐赏？
虽无予之[5]，	纵使没有厚赏赐，
路车乘马[6]。	一辆路车四马壮。
又何予之？	此外还有什么赏？
玄衮及黼[7]。	花纹礼服画龙裳。

觱沸槛泉[8]，	在那翻腾涌泉旁，
言采其芹[9]。	采下芹菜味儿香。
君子来朝，	诸侯来朝见我王，
言观其旂[10]。	遥看龙旗已在望。
其旂淠淠[11]，	旗帜飘飘随风扬，
鸾声嘒嘒[12]。	铃声不断响叮当。
载骖载驷[13]，	三马四马各驾车，
君子所届[14]。	诸侯乘它到明堂。

赤芾在股[15]，	红皮蔽膝垂到股，
邪幅在下[16]。	绑腿斜缠小腿上。
彼交匪纾[17]，	不急不慢风度好，
天子所予。	这是天子所奖赏。
乐只君子[18]，	诸侯公爵真快乐，
天子命之[19]。	天子策命赐嘉奖。
乐只君子，	诸侯公爵真快乐，
福禄申之[20]。	洪福厚禄从天降。

维柞之枝[21]，	柞树枝条长又长，

其叶蓬蓬[22]。	叶子茂密多兴旺。
乐只君子，	诸侯公爵真快乐，
殿天子之邦[23]。	辅佐天子镇四方。
乐只君子，	诸侯公爵真快乐，
万福攸同[24]。	万种福禄都安享。
平平左右[25]，	左右臣子很能干，
亦是率从[26]。	顺从君命国安康。
泛泛杨舟[27]，	杨木船儿河中漾，
绋缅维之[28]。	系住不动靠船缆。
乐只君子，	诸侯公爵真快乐，
天子葵之[29]。	天子准确来衡量。
乐只君子，	诸侯公爵真快乐，
福禄膍之[30]。	厚赐福禄有嘉奖。
优哉游哉[31]，	优游闲适过日子，
亦是戾矣[32]。	生活安定清福享。

【注释】

〔1〕菽：大豆。

〔2〕筐：方形的盛物竹器。　筥：圆形的盛物竹器。

〔3〕君子：指诸侯。

〔4〕锡：赐。

〔5〕虽：即使。有人训虽为“谁”，亦通。

〔6〕路车：古代诸侯坐的一种车子。　乘马：四匹马。

〔7〕玄衮：画着卷龙的黑色礼服。　黼（fǔ）：画着黑白相间的斧形花纹的礼服。

〔8〕觱（bì）沸：泉水涌出翻腾的样子。　槛：借为滥，涌。

〔9〕言：语首助词。　芹：芹菜。

〔10〕旂：古时旗的一种，旗上有铃，画有交龙。《周礼·春官·司常》："交龙为旂。"《尔雅·释天》："有铃曰旂。"《周颂·载见》："龙旂阳阳，和铃央央。"

〔11〕淠淠（pèi）：旗帜飘动的样子。

〔12〕鸾：车铃。　嘒嘒：车铃声。

〔13〕载：则，就。　骖：一车驾三马。　驷：一车驾四马。

〔14〕所：指事的词。　届：来到。

〔15〕芾（fú）：蔽膝。古制诸侯用赤芾。

〔16〕邪幅：今名绑腿。　在下：指在膝盖的下面。

〔17〕彼：通"匪"，不是。　交：侥的假借，侥幸急躁（从马瑞辰《毛诗传笺通释》说）。　纾：缓。

〔18〕只：语气词。

〔19〕命之：策命。古代帝王对臣下封土、授爵或赏赐，将命令写在简册上然后宣读。

〔20〕申：重复。指福上加福。

〔21〕维：语首助词。　柞：树名。

〔22〕蓬蓬：茂盛的样子。

〔23〕殿：镇定，安抚。

〔24〕攸：所。　同：聚。

〔25〕平平：《释文》引《韩诗》作"便便"，长于口才、办事能干的样子。　左右：指左右臣下。

〔26〕亦：发声词。　率：遵循。

〔27〕泛泛：漂流的样子。

〔28〕绋：系船的麻绳。　䌫：拉船用的竹索。　维：系。

〔29〕葵：通"揆"，估量。指估量诸侯的才德。

〔30〕膍（pí）：厚，指厚赐。

〔31〕优游：闲暇自得的样子。

〔32〕戾：安定。

角　弓

【题解】

这是劝告王朝贵族不要疏远兄弟亲戚而亲近小人的诗。

骍骍角弓[1]，	角弓调和绷紧弦，
翩其反矣[2]。	卸弦就向反面弯。
兄弟昏姻[3]，	兄弟骨肉和亲戚，
无胥远矣[4]。	相亲相爱别疏远。
尔之远矣，	你若疏远亲和眷，
民胥然矣[5]。	人民都会学坏样。
尔之教矣，	你若言教加身教，
民胥效矣。	人民也会来模仿。
此令兄弟[6]，	兄弟和好不倾轧，
绰绰有裕[7]；	平安和气少闲话；
不令兄弟，	兄弟关系搞不好，
交相为瘉[8]。	相互残害成冤家。
民之无良[9]，	如今人们不善良，
相怨一方，	不责自己怨对方，
受爵不让；	接受官爵不谦让；
至于已斯亡[10]。	事关私利道理忘。
老马反为驹[11]，	老马反当驹使唤，
不顾其后。	后果如何你不管。
如食宜饇[12]，	如请吃饭该吃饱，
如酌孔取[13]。	如请喝酒该斟满。

毋教猱升木[14]，	猴子上树哪用教，
如涂涂附[15]。	泥浆涂墙粘得牢。
君子有徽猷[16]，	只要君子有美政，
小人与属[17]。	人民自会跟着跑。
雨雪瀌瀌[18]，	纷纷雪花满天飘，
见晛曰消[19]。	太阳出来就融消。
莫肯下遗[20]，	小人对下不谦虚，
式居娄骄[21]。	态度神气要骄傲。
雨雪浮浮[22]，	纷纷雪花飘悠悠，
见晛曰流[23]。	太阳一出化水流。
如蛮如髦[24]，	小人无知像蛮髳，
我是用忧[25]。	为此使我心烦忧。

【注释】

〔1〕骍骍：调和的样子。　角弓：两端镶牛角的弓。

〔2〕翩：偏字的假借。偏其，偏偏，反过来弯曲的样子。弓上弦后，两端向内曲；卸弦后，两端向反面弯曲。

〔3〕昏姻：指异姓的亲戚。

〔4〕胥：通“疏”。

〔5〕胥：都。和上章的胥字意义不同。　然：如是，这样。

〔6〕此：这些。　令：善；指兄弟关系好。

〔7〕绰绰：宽裕舒缓的样子。　有裕：裕裕，气量宽大的样子。

〔8〕瘉：病。

〔9〕民：当作“人”。刘向《说苑·建本篇》引这句诗作“人之无良”。

〔10〕至于己：临到自己身上。　斯：语助词。　亡：通“忘”。

〔11〕驹：小马。这句说把老臣当青年使用，压以重担。

〔12〕饇(yù)：饱。
〔13〕酌：喝酒。　孔取：多给。
〔14〕毋：发声词，无义。　猱(náo)：猴子。　升木：上树。
〔15〕如：而。　涂：泥土。　涂附：用泥浆涂在上面。
〔16〕徽：美好。　猷：道。指修养、本事。
〔17〕小人：指人民。　与：从。　属：跟随。
〔18〕雨雪：下雪。　瀌瀌：雪大的样子。
〔19〕晛(xiàn)：日气。　曰：同“聿”，语助词。
〔20〕遗：《荀子》引这句诗作“莫肯下隧”。隧与随通，随顺。
〔21〕式：发语词。　居：通“倨”，傲慢。　娄：屡的假借字，屡次。
〔22〕浮浮：与“瀌瀌”同义。
〔23〕流：指雪化成流水。
〔24〕蛮：周人称南方的部族为南蛮。　髦：亦作“髳”，古代西南的部族名。这儿以蛮髦比小人的无知粗野。
〔25〕是用：因此。

菀　柳

【题解】

这是一个被周王流放的大臣的怨诗。他曾被周王信任，商议过国政，后被撤职流放。有人说诗中的“上帝”是暗指厉王，有的说指幽王。似以幽王近是。

有菀者柳[1]，	柳树枯萎叶焦黄，
不尚息焉[2]。	莫到树下去乘凉。
上帝甚蹈[3]，	周王喜怒太无常，
无自暱焉[4]。	莫去做官惹祸殃。
俾予靖之[5]，	当初邀我商国事，

后予极焉[6]。	而今贬我到异乡。
有菀者柳，	柳树枯萎枝叶稀，
不尚愒焉[7]。	莫到树下去休息。
上帝甚蹈，	周王喜怒太无常，
无自瘵焉[8]。	莫去做官找晦气。
俾予靖之，	当初邀我商国事，
后予迈焉[9]。	而今流放到边地。
有鸟高飞，	鸟儿展翅高飞翔，
亦傅于天[10]。	最高不过到天上。
彼人之心[11]，	那人心思难捉摸，
于何其臻[12]？	到啥地步怎估量？
曷予靖之[13]，	为啥邀我商国事，
居以凶矜[14]？	却置我于凶险场？

【注释】

〔1〕菀（yùn）：通“苑”，枯萎。

〔2〕不尚：含有不可之意。

〔3〕上帝：朱熹《诗集传》：“上帝，指王也。” 蹈：喜怒变动无常之意。

〔4〕暱：病。《广雅·释诂》：“暱，病也。”

〔5〕俾：使。 靖：谋划，治理。 之：指国事。

〔6〕极：殛的假借字，放逐。

〔7〕愒（qì）：休息。

〔8〕瘵（zhài）：病。

〔9〕迈：行。指放逐。

〔10〕傅：至，到。

〔11〕彼人：指周王。
〔12〕臻：至。
〔13〕曷：为什么。
〔14〕以：于。　矜：危。指危险的境地。

都人士

【题解】

这是周都的一首恋歌。诗中有两个形象：一个是都人士，当为诗人自己。一个是君子女，当为诗人所追求的对象。过去有说它是刺诗的，有说它是怀旧诗的，都不合诗意。这首诗《毛诗》是五章，三家诗都只有后四章，没有第一章。前人已经提及后四章士女对文，而首章单言士，不及女，而且文意也和后四章缺乏照应，怀疑第一章是混入的逸诗。汉熹平石经《鲁诗》残石中《都人士》篇也没有首章。看来《毛诗》确是因逸诗与《都人士》的首句相同而妄合为一诗了。

彼都人士〔1〕，　　那位先生真漂亮，
狐裘黄黄〔2〕。　　狐皮袍子罩衫黄。
其容不改〔3〕，　　他的容貌没变样，
出言有章〔4〕。　　讲话出口就成章。
行归于周〔5〕，　　将要回到镐京去，
万民所望〔6〕。　　万千人们心仰望。

彼都人士，　　那位先生真时髦，
台笠缁撮〔7〕。　　戴着草笠黑布帽。
彼君子女〔8〕，　　那位姑娘好容貌，

绸直如发[9]。	头发密直真俊俏。
我不见兮，	不能见到姑娘面，
我心不说[10]。	心中郁闷多苦恼。
彼都人士，	那位先生真漂亮，
充耳琇实[11]。	充耳宝石坚又亮。
彼君子女，	那位美丽好姑娘，
谓之尹吉[12]。	芳名尹姞叫得响。
我不见兮，	不能见到姑娘面，
我心苑结[13]。	心中忧郁实难忘。
彼都人士，	那位先生真时髦，
垂带而厉[14]。	冠带下垂两边飘。
彼君子女，	那位姑娘真美貌，
卷发如虿[15]。	鬓发卷如蝎尾翘。
我不见兮，	不能见到姑娘面，
言从之迈[16]。	真想跟她在一道。
匪伊垂之[17]，	不是故意垂冠带，
带则有余。	冠带本来细又长。
匪伊卷之，	不是故意卷鬓发，
发则有旟[18]。	鬓发天生高高扬。
我不见兮，	不能见到姑娘面，
云何盱矣[19]！	心中怎么不悲伤！

【注释】

〔1〕都人：美人。

〔2〕黄黄：形容狐皮袍上的罩衫颜色。《礼记·玉藻》："狐裘黄衣以裼之。"黄衣就是黄色罩衫，是诸侯穿的冬衣。

〔3〕容：容貌态度。

〔4〕章：有系统的辞藻。

〔5〕行：将。　周：指周都镐京。

〔6〕望：仰望。

〔7〕台：通"苔"，沙草。台笠，沙草编的草帽。　缁：黑色的绸或布。缁撮，黑布制成的束发小帽。

〔8〕君子：指贵族。君子女，贵族小姐。

〔9〕绸：鬗的假借字，发多的样子。　直：发直。　如：乃，其。这句相当于说"其发绸直"。

〔10〕说：通"悦"。

〔11〕充耳：冠旁的耳饰物，亦名瑱。　琇：美石。　实：坚。

〔12〕尹吉：《郑笺》："吉读为姞。尹氏姞氏，周室婚姻之旧姓也。"这位女子，可能她的夫家姓尹（或父亲的氏、字为尹），母亲姓姞，如《左传》里的狐姬、孔姞之类。

〔13〕苑（yù）结：即郁结，心中忧郁成结。

〔14〕垂带：下垂的冠带。　而：音义同"如"。《礼记·内则》郑注引这句诗作"垂带如厉"。　厉：《郑笺》："厉字当作裂。"裂，绸布的残余，即布条。

〔15〕卷（quán）发：女子两鬓旁边向上卷曲的短发。　虿（chài）：蝎子。蝎行走时尾部向上翘，诗人用它比卷发。

〔16〕言：语首助词。　迈：行。

〔17〕匪：非。　伊：是。

〔18〕有旟：旟旟，扬起的样子。

〔19〕盱（xū）：忧伤。

采　绿

【题解】

这是一位妇女思念外出的丈夫的诗。丈夫逾期不返，她无心采绿采蓝，也无心打扮。她想象如果丈夫回来，就赶紧洗发欢迎，陪他打猎钓鱼，时刻跟他在一起不相分离。

终朝采绿[1]，	整个早上采荩草，
不盈一匊[2]。	采了一捧还不到。
予发曲局[3]，	我的长发乱糟糟，
薄言归沐[4]。	回去洗头梳梳好。
终朝采蓝[5]，	蓝草采了一早上，
不盈一襜[6]。	撩起衣襟兜不满。
五日为期，	丈夫约好五天归，
六日不詹[7]。	如今六天仍不还。
之子于狩[8]，	丈夫如果想打猎，
言韔其弓[9]。	我就为他装弓箭。
之子于钓，	丈夫如果想钓鱼，
言纶之绳[10]。	我就陪他缠钓线。
其钓维何[11]？	丈夫钓的什么鱼？
维鲂及鱮[12]。	既有花鲢又有鳊。
维鲂及鱮，	既有花鲢又有鳊，
薄言观者[13]。	他钓我看意绵绵。

【注释】

〔1〕绿：草名，即荩草，可以染黄。

〔2〕盈：满。　匊(jū)：古掬字，一捧。

〔3〕曲局：卷曲。
〔4〕薄言：语助词。此句薄字，含有急忙之意。　沐：洗头发。
〔5〕蓝：草名，可以染青。
〔6〕襜(chān)：衣服的前襟。
〔7〕詹：到。
〔8〕之子：指丈夫。　于：往。　狩：打猎。
〔9〕言：发语词。　韔(chàng)：弓袋。这里作动词装进用。
〔10〕纶：钓绳，用丝制成。这里作动词纠缠用。　之：其。
〔11〕维：是。
〔12〕鲂：鳊鱼。　鱮(xù)：鲢鱼。
〔13〕者：通“诸”，之乎二字的合音。

黍　苗

【题解】

周宣王封他的母舅于申，命召伯虎带领官兵，装载货物，经营申地，建筑谢城，作为国都。这首诗就是随从召伯建设申国的人完成任务后在归途中所唱的歌。《大雅·崧高》也叙述这件事，可参考。

芃芃黍苗〔1〕，	黍苗蓬勃多喜人，
阴雨膏之〔2〕。	全靠好雨来滋润。
悠悠南行〔3〕，	南行虽然路遥远，
召伯劳之〔4〕。	召伯慰劳暖人心。
我任我辇〔5〕，	有的拉车有的扛，
我车我牛〔6〕。	马车牛车运输忙。
我行既集〔7〕，	建筑谢城已完工，
盖云归哉〔8〕！	何不大家回家乡！

我徒我御[9]，	你走路来我驾马，
我师我旅[10]。	编好队伍就出发。
我行既集，	建筑谢城已完工，
盖云归处[11]！	何不回乡安居家！
肃肃谢功[12]，	快速修建谢邑城，
召伯营之[13]。	召伯苦心来经营。
烈烈征师[14]，	出工群众真热烈，
召伯成之[15]。	召伯用心组织成。
原隰既平[16]，	高地低地已治平，
泉流既清。	泉水河流都疏清，
召伯有成[17]，	召伯大功已告成，
王心则宁。	宣王欢喜心安宁。

【注释】

〔1〕芃芃(péng)：草木茂盛的样子。

〔2〕膏：润泽。

〔3〕悠悠：遥远的样子。

〔4〕召伯：姓姬名虎，封于召国，亦称召穆公。周初召公奭之后。周厉王、宣王、幽王时的大臣。 劳：慰劳。

〔5〕任：背负。 辇：拉车。

〔6〕车：驾马车。 牛：驾牛车。

〔7〕集：完成。

〔8〕盖：通“盍”，何不。 云：语中助词。

〔9〕徒：步行。 御：驾驭车马。

〔10〕师、旅：都作动词用，指带领一师的军队和一旅的军队。

〔11〕归处：回家安居。

〔12〕肃肃：快速的样子。 谢：邑名，在今河南信阳。 功：通

"工"，工程。

〔13〕营：经营。

〔14〕烈烈：火热的样子。

〔15〕成：组成。

〔16〕原：高平之地。　隰：低湿之地。　平：治理。

〔17〕有成：成功。

隰　桑

【题解】

这是一位妇女思念丈夫的诗。

隰桑有阿[1]，	低地桑树多婀娜，
其叶有难[2]。	枝干茂盛叶子多。
既见君子[3]，	如果见了我夫君，
其乐如何！	我的心里多快活！
隰桑有阿，	低地桑树舞婆娑，
其叶有沃[4]。	叶子柔润又肥沃。
既见君子，	如果见了我夫君，
云何不乐[5]！	我心怎会不快活！
隰桑有阿，	低地桑树姿态柔，
其叶有幽[6]。	叶子肥厚黑黝黝。
既见君子，	如果见了我夫君，
德音孔胶[7]。	互诉衷情意相投。

心乎爱矣，	我爱你啊在心里，
遐不谓矣[8]？	为啥总不告诉你？
中心藏之，	思念之情藏心底，
何日忘之？	哪有一天能忘记？

【注释】

〔1〕隰桑：长在低湿地里的桑树。　阿：通“婀”，柔美的样子。王先谦《诗三家义集疏》：“有阿，即阿阿也。故《笺》中读为阿阿。经中累字(叠字)多参用‘有’字，与累字无异。”

〔2〕难(nuó)：通“傩”。有难，难难，茂盛的样子。

〔3〕君子：指丈夫。《诗经》中的君子有二义：一为称贵族，一为妻称夫。

〔4〕沃：肥厚柔润。

〔5〕云：发语词，无义。

〔6〕幽：通“黝”，黑色。《说文》：“黝，微青黑色也。”

〔7〕德音，互诉衷情的好话。按《诗经》中德音有二义：一为好名誉，如《秦风·小戎》的“秩秩德音”。一为好听的话，如《邶风·谷风》的“德音莫违”。这里乃指后者而言。　孔胶：很牢固。

〔8〕遐：通“何”。　谓：告。

白　华

【题解】

这是一首贵族弃妇的怨诗。历来认为是周幽王娶申女以为后，又得褒姒，就把申后废黜了，诗写的就是申后之怨。前人有认为是申后自作，有认为是周人所作。从诗意看，似为申后所作。

白华菅兮[1]，	菅草细细开白花，
白茅束兮[2]。	白茅紧紧捆着它。

之子之远[3]，	恨他变心抛弃我，
俾我独兮！	使我空房度年华。
英英白云[4]，	天上白云降甘露，
露彼菅茅[5]。	地下菅茅受润濡。
天步艰难[6]，	怨我命运太不济，
之子不犹[7]。	恨他白云还不如。
滮池北流[8]，	滮池水啊向北流，
浸彼稻田。	灌得稻田绿油油。
啸歌伤怀[9]，	边哭边唱心伤痛，
念彼硕人[10]。	冤家还在我心头。
樵彼桑薪[11]，	桑枝本是好柴薪，
卬烘于煁[12]。	我烧行灶来暖身。
维彼硕人[13]，	想起那个壮健人，
实劳我心。	实在煎熬我的心。
鼓钟于宫，	宫廷里面敲大钟，
声闻于外。	钟声总要传出宫。
念子懆懆[14]，	想你想得心不安，
视我迈迈[15]。	你却对我怒冲冲。
有鹙在梁[16]，	秃鹙堰边把鱼吞，
有鹤在林。	白鹤挨饿在树林。

维彼硕人，	想起那个壮健人，
实劳我心。	实在煎熬我的心。
鸳鸯在梁，	堰上鸳鸯雌伴雄，
戢其左翼[17]。	嘴巴插在左翼中。
之子无良，	可恨这人没良心，
二三其德[18]。	三心两意爱新宠。
有扁斯石[19]，	扁平垫石地上摆，
履之卑兮[20]。	石头虽贱他常踩。
之子之远，	恨他变心抛弃我，
俾我疷兮[21]。	忧思成病将我害。

【注释】

〔1〕华：同“花”。　菅(jiān)：茅的一种，亦名芦芒。

〔2〕束：捆。

〔3〕之子：指幽王。　远：疏远。指离弃。

〔4〕英英：云白的样子。

〔5〕露：润泽。

〔6〕天步：命运。　艰难：不幸的意思。

〔7〕犹：如。

〔8〕滮(biāo)池：古水名，在今陕西西安市西北。

〔9〕啸歌：号哭而歌。

〔10〕硕：高大。朱熹《诗集传》：“硕人，尊大之称，亦谓幽王也。”

〔11〕樵：砍伐。

〔12〕卬(áng)：我，女子的自称。　烘：烤。　煁(shén)：不带锅可以移动的灶，古人称为“行灶”，用它烤东西而不烧饭菜。桑柴是烧饭的好柴，现在用它烘烤，是失所。

〔13〕维：惟的假借，思。

〔14〕懆懆：忧愁不安的样子。

〔15〕迈迈：《释文》引《韩诗》作“怖怖”（pèi）。《说文》：“怖，恨怒也。”

〔16〕鹙(qiū)：水鸟，又名秃鹙，似鹤而性贪残好斗。　梁：水坝。

〔17〕戢(jí)：收敛。这句指鸳鸯把嘴插在翅膀下休息。

〔18〕二三其德：指爱情不专一，三心两意。

〔19〕有扁：扁扁。　斯：此。　石：指周王登车时用的垫脚石。

〔20〕履：踩。　卑：低下。

〔21〕疷(qí)：忧病。

绵　蛮

【题解】

这是一位行役的人路遇一位大臣，二人之间对唱的诗。有人认为每章后四句是诗人愿望之词，说亦可通。

“绵蛮黄鸟〔1〕，	“黄鸟喳喳不住唱，
止于丘阿〔2〕。	停在路边山坡上。
道之云远〔3〕，	道路实在太遥远，
我劳如何！”	奔波劳累真够呛！”
“饮之食之，	“给他水喝给他饭，
教之诲之；	教他劝他要坚强；
命彼后车〔4〕，	副车御夫停一停，
谓之载之〔5〕。”	让他坐上也不妨。”

“绵蛮黄鸟，	“黄雀喳喳叫得急，

止于丘隅[6]。	山坡角落把脚息。
岂敢惮行，	哪敢害怕走远路，
畏不能趋[7]。”	只怕慢了来不及。”
“饮之食之，	“给他喝的给他吃，
教之诲之；	教他劝他别泄气；
命彼后车，	副车御夫停一停，
谓之载之。”	让他坐上别着急。”
“绵蛮黄鸟，	“黄雀喳喳叫得欢，
止于丘侧。	停在路旁山坡边。
岂敢惮行，	哪敢畏惧走远路，
畏不能极[8]。”	就怕难以到终点。”
“饮之食之，	“给他喝的给他吃，
教之诲之；	教他劝他好好干；
命彼后车，	副车御夫停一停，
谓之载之。”	让他坐上把路赶。”

【注释】

〔1〕绵蛮：鸟鸣声。一说是鸟毛文彩细密的样子。

〔2〕丘阿：山坡弯曲处。

〔3〕云：句中语助词。

〔4〕后车：后边的车，亦名副车。

〔5〕谓：命，叫。　载：装载。　之：代词，前一个代后车的御夫，后一个代行役者。

〔6〕隅：角。

〔7〕趋：快走。

〔8〕极：至。

瓠 叶

【题解】

这是写贵族请客饮酒的诗。作者可能是客人之一。

幡幡瓠叶[1]，	风吹葫芦叶乱翻，
采之亨之[2]。	采来做菜好佐餐。
君子有酒[3]，	君子藏有好陈酒，
酌言尝之。	请客一尝杯斟满。
有兔斯首[4]，	几头野兔鲜又嫩，
炮之燔之[5]。	有煨有烤香喷喷。
君子有酒，	君子藏有好陈酒，
酌言献之。	斟满一杯敬客人。
有兔斯首，	几头野兔鲜又嫩，
燔之炙之[6]。	有的烤来有的薰。
君子有酒，	君子藏有好陈酒，
酌言酢之[7]。	宾客回敬满杯斟。
有兔斯首，	几头野兔嫩又肥，
燔之炮之。	有的烤来有的煨。
君子有酒，	君子藏有好陈酒，

酌言酬之。　　　　宾主酬酢都干杯。

【注释】

〔1〕幡幡：犹翩翩，反复翻动的样子。　瓠(hù)：冬瓜、葫芦等的总名。

〔2〕亨：同“烹”，煮熟。　之：指瓠。

〔3〕君子：指主人。

〔4〕斯：语中助词。　首：头，只。

〔5〕炮：用烂泥包连毛的兔、鸡、鸭等在炭火上煨熟。　燔：把肉放在火上烤熟。

〔6〕炙：把肉穿起来架在火上熏熟。

〔7〕酢(zuò)：以酒回敬。

渐渐之石

【题解】

这是征人从军，慨叹路上劳苦而作的诗。诗里的“武人”，可能是将帅，也可能是士兵，两说旧皆有之，难以确定。

渐渐之石〔1〕，　　　　满山石头真陡峭，
维其高矣〔2〕。　　　　那样危险那样高。
山川悠远，　　　　山又多来水又遥，
维其劳矣〔3〕。　　　　日夜行军路迢迢。
武人东征，　　　　将帅士兵去东征，
不皇朝矣〔4〕。　　　　军情紧急天未晓。

渐渐之石，　　　　巉巉怪石堆满山，

维其卒矣[5]。	那样高峻那样险。
山川悠远，	山又高来水又长，
曷其没矣[6]？	征途何时能走完？
武人东征，	将帅士兵去东征，
不皇出矣[7]。	勇往直前不想还。
有豕白蹢[8]，	有只白蹄大肥猪，
烝涉波矣[9]。	跳进水里渡清波。
月离于毕[10]，	月亮靠近毕星边，
俾滂沱矣[11]。	大雨滂沱积水多。
武人东征，	将帅士兵去东征，
不皇他矣[12]。	其他事情没空做。

【注释】

〔1〕渐渐：今作巉巉，山石高峻的样子。

〔2〕维：是。

〔3〕劳：辽的假借字，广阔。

〔4〕皇：通“遑”，闲暇。　朝：早上。马瑞辰《通释》：“古者战多以朝。诗言不遑朝者，甚言其东征急迫，言不暇至朝也。”

〔5〕卒(zú)：崒的假借字，高峻而危险。

〔6〕没：尽头。

〔7〕不皇出：指只知深入敌阵不计能否生还。

〔8〕蹢(dí)：蹄。

〔9〕烝：进。　涉波：渡水。古人传说天将下大雨猪就下水游泳。

〔10〕离：通“丽”，靠近。　毕：星宿名。见《大东》注〔42〕。

〔11〕俾：使。　滂沱：大雨的样子。古人传说月亮靠近毕星就要下大雨。

〔12〕他：其他的事。

苕之华

【题解】

这是一位饥民自伤不幸的诗。反映了当时荒年饥馑，人自相食的惨象。

苕之华[1]，	凌霄藤开花，
芸其黄矣[2]。	颜色是深黄。
心之忧矣，	心里真忧愁，
维其伤矣[3]！	痛苦又悲伤！
苕之华，	开花凌霄藤，
其叶青青[4]。	叶子密又青。
知我如此，	早知这样苦，
不如无生[5]！	不如不降生！
牂羊坟首[6]，	身瘦头大一雌羊，
三星在罶[7]，	空空鱼篓闪星光。
人可以食，	灾荒年头人吃人，
鲜可以饱[8]！	靠这怎能填饥肠！

【注释】

〔1〕苕(tiáo)：植物名，又名凌霄。蔓生，开黄花。　华：花。

〔2〕芸：黄色深浓的样子。

〔3〕维：是。

〔4〕青青：同"菁菁"，茂盛的样子。

〔5〕无生：不出生。

〔6〕牂(zāng)羊：母羊。 坟：大。母羊头本来较小，因饥饿身体瘦小，就显得头大。

〔7〕三星：即参星。有人说，三是虚数，泛指星光。有人说，三星指参宿、心宿、河鼓。说均可通。 罶(liǔ)：鱼篓。朱熹《诗集传》："罶，笱也。罶中无鱼而水静，但见三星之光而已。"

〔8〕鲜：少。

何草不黄

【题解】

这是一首征夫苦于行役的怨诗。

何草不黄，	哪有草儿不枯黄，
何日不行。	哪有一天不奔忙。
何人不将〔1〕，	哪个人啊不出征，
经营四方。	往来经营奔四方。
何草不玄〔2〕，	哪有草儿不腐烂，
何人不矜〔3〕。	哪个不是单身汉。
哀我征夫，	可怜我们出征人，
独为匪民〔4〕。	偏偏不被当人看。
匪兕匪虎〔5〕，	不是野牛不是虎，
率彼旷野〔6〕。	为啥旷野常出入。

哀我征夫，	可怜我们出征人，
朝夕不暇。	整天劳累受辛苦。
有芃者狐[7]，	狐狸尾巴毛蓬松，
率彼幽草。	钻进路边深草丛。
有栈之车[8]，	高高役车征夫坐，
行彼周道[9]。	走在漫长大路中。

【注释】

〔1〕将：行。指出征。

〔2〕玄：赤黑色，百草由枯而烂的颜色。

〔3〕矜(guān)：通“鳏”，无妻者。征夫离家，等于无妻。

〔4〕匪：非。匪民，不是人。

〔5〕兕(sì)：野牛。

〔6〕率：循，沿着。

〔7〕有芃(péng)：芃芃，兽毛蓬松的样子。

〔8〕有栈：栈栈，役车高高的样子。

〔9〕周道：大路。

大雅

文王

【题解】

这是诗人追述文王事迹以诫成王的诗。诗的作者，后人多认为是周公旦。

这首诗的艺术特点，主要是运用了“顶真”的修辞手法，在句与句、章与章之间相互衔接、彼此呼应，产生语意联贯和音调谐和的效果，这对后世文学影响颇大。

文王在上[1]，	文王神灵在天上，
於昭于天[2]。	在天上啊放光芒。
周虽旧邦[3]，	岐周虽是旧邦国，
其命维新[4]。	接受天命新气象。
有周不显[5]，	周朝前途无限量，
帝命不时[6]。	上帝意志光万丈。
文王陟降[7]，	文王神灵升又降，
在帝左右。	常在上帝的身旁。

亹亹文王[8]，	勤勤恳恳周文王，
令闻不已[9]。	美好声誉传四方。
陈锡哉周[10]，	上帝赐他兴周国，
侯文王孙子[11]。	文王子孙常兴旺。
文王孙子，	文王子孙都蕃衍，
本支百世[12]。	大宗小宗百世昌。
凡周之士[13]，	天子臣仆周朝官，
不显亦世[14]。	世代显贵沾荣光。
世之不显，	世代显贵沾荣光，
厥犹翼翼[15]。	谋事谨慎又周详。
思皇多士[16]，	贤士众多皆俊杰，
生此王国。	此生有幸在周邦。
王国克生[17]，	周邦能出众贤士，
维周之桢[18]。	都是国家好栋梁。
济济多士[19]，	济济一堂人才多，
文王以宁。	文王安宁国富强。
穆穆文王[20]，	端庄恭敬周文王，
於缉熙敬止[21]。	谨慎光明又善良。
假哉天命[22]，	上天意志多伟大，
有商孙子。	殷商子孙来归降。
商之孙子，	殷商子孙蕃衍多，
其丽不亿[23]，	数字上亿难估量，
上帝既命，	上帝已经下命令，

侯于周服[24]。	殷商称臣服周邦。

侯服于周，	殷商称臣服周邦，
天命靡常[25]。	可见天命并无常。
殷士肤敏[26]，	殷人后代美而敏，
祼将于京[27]。	来京助祭陪周王。
厥作祼将，	看他助祭行灌礼，
常服黼冔[28]。	冠服仍是殷时装。
王之荩臣[29]，	成王所用诸臣下，
无念尔祖[30]。	牢记祖德永勿忘。

无念尔祖，	牢记祖德永勿忘，
聿修厥德[31]。	继承祖德发荣光。
永言配命[32]，	常顺天命不相违，
自求多福。	要求幸福靠自强。
殷之未丧师[33]，	殷商未失民心时，
克配上帝。	能应天命把国享。
宜鉴于殷[34]，	借鉴殷商兴亡事，
骏命不易[35]。	国运永昌不寻常。

命之不易，	国运永昌不寻常，
无遏尔躬[36]。	切勿断送你身上。
宣昭义问[37]，	发扬光大好名声，
有虞殷自天[38]。	须知殷鉴是天降。
上天之载[39]，	上天意志难猜测，

无声无臭[40]。	无声无息真渺茫。
仪刑文王[41]，	只有认真学文王，
万邦作孚[42]。	万国诸侯都敬仰。

【注释】

〔1〕文王：周文王昌，姬姓。

〔2〕於(wū)：叹美词。　昭：光明。

〔3〕旧邦：旧国。周从文王的祖父古公亶父由豳迁岐建国，所以称周为旧邦。

〔4〕命：指天命。　维：是。

〔5〕有：词头，无义。　不：通“丕”，大。　显：光明。

〔6〕帝：上帝。帝命，指上帝命周为天子。　时：马瑞辰《通释》：“时读为烝，烝，美也。”

〔7〕陟降：升降。

〔8〕亹亹(wěi)：勤勉的样子。

〔9〕令闻：好声誉。

〔10〕陈：申的借字，一再，重复。　锡：通“赐”。　哉：与“载”通用。(《左传》宣十五年、昭十年和《国语·周语》引这句诗都作“陈锡载周”。)载：造。造周：即建设周国的意思。

〔11〕侯：维，只有。

〔12〕本支：树木的根干和枝叶。引申为本宗和支系的意思。

〔13〕士：指周朝的百官群臣。

〔14〕亦世：同“奕世”，累世。

〔15〕厥：其，他的。　犹：计谋。　翼翼：忠敬的样子。

〔16〕思：语助词。　皇：美。

〔17〕克：能。

〔18〕维：是。　桢：干，骨干。

〔19〕济济：众多的样子。

〔20〕穆穆：仪表美好，态度端庄恭敬的样子。

〔21〕於：叹美词。　缉熙：形容文王品德光明正大的样子。　敬：谨慎负责。　止：语尾助词。

〔22〕假：大。王先谦《诗三家义集疏》：“《汉书·刘向传》引孔子读此诗而释之曰：‘大哉天命。’则‘假’宜从《尔雅》训‘大’，鲁说如此。”

〔23〕丽：数目。　不：语助词，无义。

〔24〕侯于周服：为侯服于周的倒文。侯：乃，就。服：臣服。

〔25〕靡常：无常。

〔26〕殷士：据《汉书·刘向传》及《白虎通义·三正篇》，刘向和班固都认为殷士即指殷的后代微子。　肤：壮美。　敏：敏捷。

〔27〕祼将：是将祼的倒文。将，举行。祼(guàn)，灌祭，祭礼的一种仪式。　于：往。　京：周京师。

〔28〕常：与“尚”通，还是。　服：穿戴。　黼(fǔ)：殷商的礼服，上面刺着白黑相间的花纹。　冔(xǔ)：殷商的礼帽。

〔29〕王：指成王。　荩：进。荩臣，进用之臣。诗人不便对成王说话，故意借荩臣对他说话。

〔30〕无：用作一句的发声，无义。

〔31〕聿：述(从《毛传》)。《说文》：“述，循也。”

〔32〕言：语助词。　配命：配合天命。

〔33〕师：众，指群众、军队。

〔34〕鉴：镜子，借鉴。

〔35〕骏：大的意思。　不易：不容易。

〔36〕遏：停止，断绝。

〔37〕宣昭：宣明，发扬光大。　义：善。　问：通“闻”。义问，好名誉。

〔38〕有：同“又”。　虞：度，鉴戒。陈奂《毛诗传疏》：“度殷自天，言度殷之未丧师者，皆自天也。度：犹鉴也。”

〔39〕载：事。这二字古音近而通用，如《尧典》的“熙帝之载”，《史记·五帝本纪》“载”作“事”。

〔40〕臭：气息，气味。

〔41〕仪刑：效法。

〔42〕作：则，就。　孚：信。

大　明

【题解】

这是周代史诗之一，叙述王季和太任、文王和太姒结婚以及武王伐纣的事。它和《生民》、《公刘》、《绵》、《皇矣》、《文王》等篇性质一样，都可作史诗读。

明明在下[1]，	文王明德四海扬，
赫赫在上[2]。	赫赫神灵显天上。
天难忱斯[3]，	天命确实难相信，
不易维王。	国王也真不易当。
天位殷適[4]，	上帝有意王殷纣，
使不挟四方[5]。	却又使他失四方。
挚仲氏任[6]，	挚国任家二姑娘，
自彼殷商，	从那遥远的殷商，
来嫁于周，	嫁到我们周国来，
曰嫔于京[7]。	来到京都做新娘。
乃及王季[8]，	她跟王季配成双，
维德之行。	专做好事美名扬。
大任有身[9]，	太任怀孕降吉祥，
生此文王。	生下这个周文王。
维此文王，	就是这个周文王，
小心翼翼。	小心谨慎很善良。
昭事上帝[10]，	明白怎样侍上帝，
聿怀多福[11]。	招来幸福无限量。
厥德不回[12]，	他的德行真不坏，
以受方国[13]。	各国归附民所望。

天监在下[14]，	上天监视看下方，
有命既集[15]。	天命已经属文王。
文王初载[16]，	文王即位初年间，
天作之合。	上天给他配新娘。
在洽之阳[17]，	新娘住在洽水北，
在渭之涘[18]。	就在莘国渭水旁。
文王嘉止[19]，	文王将要行婚礼，
大邦有子[20]。	大国有位好姑娘。
大邦有子，	大国有位好姑娘，
伣天之妹[21]。	好比天上仙女样。
文定厥祥[22]，	定下聘礼真吉祥，
亲迎于渭。	文王亲迎渭水旁。
造舟为梁[23]，	联结木船当桥梁，
不显其光[24]。	婚礼显耀真辉煌。
有命自天，	上天有命示下方，
命此文王，	命令这个周文王，
于周于京。	周国京师建家邦。
缵女维莘[25]，	莘国有位好姑娘，
长子维行[26]，	她是长女嫁周邦，
笃生武王[27]。	婚后生下周武王。
保右命尔[28]，	天命所属天保佑，
燮伐大商[29]。	让他出兵伐殷商。

殷商之旅[30]，	殷商派出军队来，
其会如林[31]。	军旗密密树林样。
矢于牧野[32]：	武王誓师在牧野：
"维予侯兴[33]，	"我周兴起军心壮，
上帝临女[34]，	上帝监视看你们，
无贰尔心！"	休怀二心要争光！"
牧野洋洋[35]，	广阔牧野作战场，
檀车煌煌[36]，	檀木兵车亮堂堂，
驷骠彭彭[37]。	四马威武又雄壮。
维师尚父[38]，	三军统帅师尚父，
时维鹰扬[39]。	好像雄鹰在飞扬。
凉彼武王[40]，	协助武王带军队，
肆伐大商[41]，	指麾三军击殷商，
会朝清明[42]！	一朝开创新气象！

【注释】

〔1〕明明：光明的样子。

〔2〕赫赫：显盛的样子。

〔3〕忱：与"谌"通，相信。《汉书·贡禹传》和《后汉书·胡广传》、《说文》引此句诗均作谌。　斯：语助词。

〔4〕適：通"嫡"，即嫡子。正妻叫做嫡，正妻生的长子叫做嫡子。殷嫡：指殷纣王。

〔5〕挟：拥有。

〔6〕挚：殷的一个属国名，在今河南汝宁地方。　仲氏：次女。　任：姓。

〔7〕曰：语首助词。　嫔：嫁。　京：指周的京师。周太王自豳迁岐，其地名周，王季仍建都于周。

〔8〕王季：太王之子，文王的父亲。

〔9〕大(tài)任：即上章的挚仲氏任。　有身：怀孕。

〔10〕昭：明白。

〔11〕聿：语助词。　怀：来，招来。

〔12〕回：邪僻。

〔13〕方国：商代、周初对周围诸侯国的称呼。

〔14〕监：监视。

〔15〕有：词头。有命，指天命。

〔16〕初载：指文王即位的初年。

〔17〕洽：亦作合或郃，河水名，在今陕西合阳县西北。洽阳，洽水的北岸，即古莘国的所在地。

〔18〕渭：渭水。　涘(sì)：水边。

〔19〕止：礼(用《相鼠》诗《毛传》之说)。嘉止：嘉礼，即婚礼。

〔20〕大邦：大国。指莘国。　子：指莘国国君的女儿。

〔21〕伣(qiàn)：好比。　妹：少女。

〔22〕文：礼。指“纳币”之礼。文定，定婚。

〔23〕造舟为梁：联舟以成浮桥。

〔24〕不：通“丕”，大。

〔25〕缵：嫧的假借，美好。　维：是。　莘(shēn)：古国名。

〔26〕长子：即长女，指太姒。　维行：即有行，出嫁的意思。

〔27〕笃：语助词。

〔28〕保右：即保佑。　命：命令。　尔：指武王。

〔29〕燮：袭的假借字。燮伐：即袭伐。《左传》：“有钟鼓曰伐，无曰袭。”

〔30〕旅：军队。

〔31〕会：借作旝，军中之旗。

〔32〕矢：发誓。　牧野：殷商郊外地名，在今河南淇县西南。

〔33〕维：发语词。　予：武王自称。　侯：是。　兴：兴起。

〔34〕临：监视着。　女：汝，指参加誓师的军队。

〔35〕洋洋：广大的样子。

〔36〕檀车：檀木制的战车，取其坚固。　煌煌：鲜明的样子。

〔37〕骠(yuán)：赤毛白腹的马。　彭彭：强壮有力的样子。

〔38〕师：太师，官名。　尚父，吕尚的尊称。后世俗称姜太公。

〔39〕时：是。

〔40〕凉：辅佐。

〔41〕肆伐：进击。

〔42〕会朝：一朝，即一个早上。《毛传》："会，甲也。"陈奂《毛诗传疏》："甲朝，犹《彤弓》云一朝耳。甲者，十之首；一者，数之始。"

绵

【题解】

这是周族史诗之一。诗从古公亶父迁岐叙起，描写他开国奠基的功业；一直写到文王能继承古公的遗烈，修建宫室，平定夷狄，外结邻邦，内用贤臣，使周族日益强大。

绵绵瓜瓞〔1〕。	大瓜小瓜藤蔓长。
民之初生〔2〕，	周族人民初兴旺，
自土沮漆〔3〕。	从杜来到漆水旁。
古公亶父〔4〕，	古公亶父功业创，
陶复陶穴〔5〕，	挖洞筑窑风雨挡，
未有家室〔6〕。	没有宫室没有房。
古公亶父，	古公亶父迁居忙，
来朝走马〔7〕；	清早快马离豳乡；
率西水浒〔8〕，	沿着渭水向西走，
至于岐下〔9〕。	岐山脚下土地广。
爰及姜女〔10〕，	他与妻子名太姜，
聿来胥宇〔11〕。	勘察地址好建房。
周原朊朊〔12〕，	周原肥沃又宽广，

堇荼如饴[13]。	堇葵苦菜像饴糖。
爰始爰谋[14]，	大伙计划又商量，
爰契我龟[15]；	刻龟占卜望神帮；
曰止曰时[16]，	神灵说是可定居，
筑室于兹。	此地建屋最吉祥。
廼慰廼止[17]，	这才安心住岐乡，
廼左廼右[18]；	这边那边同开荒；
廼疆廼理[19]，	丈量土地定田界，
廼宣廼亩[20]。	翻地松土垅成行。
自西徂东，	从西到东一片地，
周爰执事[21]。	男女老少干活忙。
乃召司空[22]，	找来司空管工程，
乃召司徒[23]，	人丁土地司徒掌，
俾立室家[24]。	他们领工建新房。
其绳则直[25]，	拉开绳墨直又长，
缩版以载[26]，	树起夹板筑土墙，
作庙翼翼[27]。	建成宗庙好端庄。
捄之陾陾[28]，	铲土噌噌掷进筐，
度之薨薨[29]，	倒土轰轰声响亮，
筑之登登[30]，	捣土一片登登声，
削屡冯冯[31]。	括刀乒乓削平墙。
百堵皆兴[32]，	百堵土墙齐动工，

鼛鼓弗胜〔33〕。	声势压倒大鼓响。
迺立皋门〔34〕,	建起周都外城门,
皋门有伉〔35〕。	城门高大好雄壮。
迺立应门〔36〕,	建起宫殿大正门,
应门将将〔37〕。	正门庄严又堂皇。
迺立冢土〔38〕,	堆起土台作祭坛,
戎丑攸行〔39〕。	大众祈祷排成行。
肆不殄厥愠〔40〕,	狄人怒气虽未消,
亦不陨厥问〔41〕。	文王声誉并无伤。
柞棫拔矣〔42〕,	柞棫野树都拔尽,
行道兑矣〔43〕。	交通要道无阻挡。
混夷駾矣〔44〕,	昆夷夹着尾巴逃,
维其喙矣〔45〕。	气喘吁吁狼狈相。
虞芮质厥成〔46〕,	虞国芮国不再相争,
文王蹶厥生〔47〕。	文王感化改其本性。
予曰有疏附〔48〕,	我有贤臣相率来附,
予曰有先后〔49〕,	我有人才参预国政,
予曰有奔奏〔50〕,	我有良士奔走效力,
予曰有御侮〔51〕。	我有猛将克敌制胜。

【注释】

〔1〕绵绵:连绵不绝。 瓞(dié):小瓜。《孔疏》:“大者曰瓜,小

者曰瓞。”朱熹《诗集传》：“小曰瓞。瓜之近本初生者常小。”

〔2〕民：指周族。

〔3〕自：从。　土：《齐诗》作杜，水名。　沮：徂的借字，到。漆：水名。杜水、漆水都在豳地（今陕西旬邑县西）。

〔4〕古公亶父：文王的祖父，初居豳，后被戎狄侵略，迁居在岐山之下，定国号曰周。到武王伐纣定天下，追尊他为太王。古公，号。亶父，名或字。

〔5〕陶：借为掏。　复：三家诗作寝，从山崖旁往里掏的洞叫寝，如窑洞。向下掏的洞叫穴，即地洞。

〔6〕家室：房屋。

〔7〕来朝：即第二天早上。　走马：驰马。《玉篇》引诗作“趣马”，快马。

〔8〕率：循，沿着。　西：豳之西。　浒（hǔ）：水边，指渭水的岸边。

〔9〕岐下：岐山之下。岐山在今陕西省岐山县东北。

〔10〕爰：乃。　姜女：古公亶父的妻，姓姜，亦称太姜。

〔11〕聿：发语词。　胥：相，视察。　宇：居处。指建筑房屋的地址。

〔12〕周：地名，在岐山南。　原：广平的土地。　膴膴：肥美。

〔13〕堇（jǐn）：植物名，野生，亦名苦堇、堇葵，味苦。　荼：苦菜。　饴（yí）：饴糖，俗称麦芽糖。

〔14〕爰：于是。　始：和谋同义，都是计划的意思。马瑞辰《通释》：“始亦谋也。……《尔雅》基、肇皆训为始，又皆训谋。则始与谋义正相成耳。”

〔15〕契：钻刻。　龟：指占卜所用的龟甲。龟甲先要钻孔，然后用火来烤，看龟甲的裂纹来断吉凶，并在其上刻上卜辞。

〔16〕曰：发语词。　止：居住。　时：借为跱，和止同义，也是居住的意思。

〔17〕廼：乃。　慰：安居。《方言》：“慰，居也。”

〔18〕左、右：指划定左右区域。

〔19〕疆：划定田地的疆界。　理：整治土地。

〔20〕宣：用农具开垦土地并松土。　亩：开沟筑垄。

〔21〕周：普遍。　爰：语助词。　执事：从事工作。

〔22〕司空：掌管建筑工程的官。

〔23〕司徒：掌管土地和调配劳力的官。

〔24〕俾：使。 立：建立，即建筑。

〔25〕绳：指绳墨，建筑前用它正地基经界的工具。

〔26〕缩版：捆束而成的直板，筑土墙用的夹板。 载：读作栽，本义是筑墙用的木柱。引申作动词“树立”用。

〔27〕庙：宗庙。 翼翼：严正的样子。

〔28〕捄(jiū)：把土铲进筐里。 陾陾(réng)：铲土声。

〔29〕度(duó)：投，指投土在直板内。 薨薨：填土声。

〔30〕筑：捣土使墙坚实。 登登：捣土声。

〔31〕屡：古“娄”字，和“隆”是双声通用，土墙隆起的地方。削屡：将土墙隆起的地方刮平。 冯冯(píng)：括土墙声。

〔32〕百堵：许多墙面。 兴：动工。

〔33〕鼛(gāo)鼓：大鼓名，长一丈二尺。 弗胜：胜不过。建筑的时候敲鼛鼓，为了给劳动者助兴劝役，但劳动时人多声大，大鼓声反而不能胜过劳动声。

〔34〕皋：《毛传》：“王之郭门曰皋门。”郭门：即城门。

〔35〕有伉(kàng)：即伉伉，形容城门高大的样子。

〔36〕应门：《毛传》：“王(宫)之正门曰应门。”

〔37〕将将(qiāng)：庄严堂皇的样子。

〔38〕冢：大。冢土，大社。指祭土神的坛。

〔39〕戎：大。 丑：众。朱熹《诗集传》：“戎丑，大众也。” 攸：所。王引之训攸为“用”，亦通。 行：往。

〔40〕肆：故，所以。 殄(tiǎn)：杜绝，消灭。 厥：其，指狄人。愠：愤怒。

〔41〕陨：坠，丧失。 厥：指文王。 问：声闻，名誉。

〔42〕柞：柞树，灌木类，丛生有刺。 棫(yù)：丛生小木，亦有刺。 拔：拔除干净。

〔43〕兑：畅通。

〔44〕混(kūn)夷：古种族名，西戎之一，亦作昆夷。 駾(tuì)：受惊奔逃。

〔45〕维其：何其。 喙(huì)：通“瘃”，气短病困的样子。

〔46〕虞、芮：当时二国名。虞在今山西省平陆县东北，芮在今山西省芮城县西。 质：评断。 成：指虞、芮两国平息纠纷，互相结好。《毛传》：“虞、芮之君，相与争田，久而不平。乃相谓曰：‘西伯(周文王)，仁人也，盍往质焉。’乃相与朝周。入其境，则耕者让畔，行者让路。入其邑，男女异路，斑白不提挈。入其朝，士让为大夫，大夫让为

卿。二国之君，感而相谓曰：‘我等小人，不可以履君子之庭。’乃相让，以其所争田为闲田而退。天下闻之而归者四十余国。”

〔47〕蹶(guì)：动，感动。 生：通“性”。

〔48〕曰：助词。 疏附：指团结群臣亲近归附之臣。

〔49〕先后：指在王前后参谋政事之臣。

〔50〕奔奏：指奔走效力之臣。

〔51〕御侮：指抵御外侮之臣。

棫 朴

【题解】

这是一首写文王郊祭天神后领兵伐崇的诗。古代天子每将兴师征伐，总要先郊祭以告天。崇是商的侯国。伐崇是为伐商作准备。

芃芃棫朴〔1〕，	棫树朴树枝叶茂，
薪之槱之〔2〕。	砍下当作祭柴烧。
济济辟王〔3〕，	周王恭谨走在前，
左右趣之〔4〕。	左右群臣跟着跑。
济济辟王，	周王恭敬又严肃，
左右奉璋〔5〕。	群臣手捧玉酒壶。
奉璋峨峨〔6〕，	捧着酒壶真端庄，
髦士攸宜〔7〕。	英俊贤士有气度。
淠彼泾舟〔8〕，	泾水行船哗哗响，
烝徒楫之〔9〕。	众人用力齐举桨。

周王于迈[10]，	周王将要去远征，
六师及之[11]。	六军云集威风扬。
倬彼云汉[12]，	银河漫漫广无边，
为章于天[13]。	星光灿烂布满天。
周王寿考[14]，	周王长寿在位久，
遐不作人[15]？	何不树人用百年？
追琢其章[16]，	精雕细刻有才华，
金玉其相[17]。	质如金玉无疵瑕。
勉勉我王[18]，	勤奋勉力我周王，
纲纪四方[19]。	治理四方保国家。

【注释】

〔1〕芃芃(péng)：茂盛的样子。　棫、朴：二种丛生灌木。

〔2〕槱(yóu)：堆积木柴，点火烧起，用它祭祀天神。

〔3〕济济：庄严恭敬的样子。　辟(bì)：君。辟王，君王。指周文王。

〔4〕左右：指周王左右诸臣。　趣：通“趋”，疾走。

〔5〕奉：捧。　璋：指璋瓒，祭祀时盛酒的器具，用玉制柄。

〔6〕峨峨：盛服端庄的样子。

〔7〕髦士：英俊之士。指助祭的诸侯、卿士。　攸：所。　宜：适合。

〔8〕淠(pì)：舟行貌。　泾：水名。

〔9〕烝：众。　徒：服役的人，这里指船夫。　楫：划船。

〔10〕于：往。　迈：行。

〔11〕师：古代二千五百人为一师。《毛传》：“天子六军。”　及：与，和。　之：指周王。

〔12〕倬：广大。　云汉：银河。

〔13〕章：花纹。
〔14〕寿考：长寿。
〔15〕遐：通“何”。 作：培养，造就。
〔16〕追(duī)：雕的假借字。
〔17〕相：本质。
〔18〕勉勉：勤勉不懈的样子。
〔19〕纲纪：治理。

旱 麓

【题解】

这是歌颂周文王祭祖得福、知道培养人才的诗。

瞻彼旱麓〔1〕，	遥望旱山那山麓，
榛楛济济〔2〕。	密密丛生榛与楛。
岂弟君子〔3〕，	平易近人好君子，
干禄岂弟〔4〕。	品德高尚有福禄。
瑟彼玉瓒〔5〕，	祭神玉壶有光彩，
黄流在中〔6〕。	香甜美酒流出来。
岂弟君子，	平易近人好君子，
福禄攸降〔7〕。	祖宗赐你福和财。
鸢飞戾天〔8〕，	鹞鹰展翅飞上天，
鱼跃于渊。	鱼儿跳跃在深渊。
岂弟君子，	平易近人好君子，

遐不作人[9]。	培养人才万万千。
清酒既载[10]，	摆好清醇美味酒，
骍牡既备[11]。	备好红色大公牛。
以享以祀，	虔诚上供祭祖先，
以介景福[12]。	祈祷神灵把福求。
瑟彼柞棫[13]，	密密一片柞棫林，
民所燎矣[14]。	砍下烧火祭神灵。
岂弟君子，	平易近人好君子，
神所劳矣[15]。	神灵保佑百事成。
莫莫葛藟[16]，	茂密葛藤长又柔，
施于条枚[17]。	蔓延缠绕树梢头。
岂弟君子，	平易近人好君子，
求福不回[18]。	不违祖德把福求。

【注释】

〔1〕旱：山名，在陕西省南郑县。王应麟《诗地理考》引《汉书·地理志》："汉中郡、南郑县旱山，沱水所出，东北入汉。"　麓：山脚。

〔2〕榛：树名，结实似栗而小。　楛(hù)：树名，似荆而赤。榛和楛都是丛生小灌木。　济济：众多。

〔3〕岂(kǎi)弟：亦作恺悌，和易近人。　君子：指文王。

〔4〕干：求。　禄：福。

〔5〕瑟：洁净鲜明的样子。　玉瓒：即圭瓒，天子祭神时所用的酒器。

〔6〕黄流：陈奂《毛诗传疏》："黄，即勺；流，即酒。黄流在中，言秬鬯之酒(黑黍捣郁金香草制成的酒)，自勺中流出也。"

〔7〕攸：所。
〔8〕鸢(yuān)：老鹰。　戾：至。
〔9〕见上篇注〔15〕。
〔10〕载：陈设。
〔11〕骍牡：赤色的公牛。周人尚赤，故用毛色赤黄的牛祭祀。
〔12〕介：求。　景：大。
〔13〕瑟：众多的样子。　柞、棫：均树名。
〔14〕燎：同“尞”，烧柴祭神(见《说文》)。
〔15〕劳：劳来，保佑。
〔16〕莫莫：茂密的样子。　葛藟：葛藤。
〔17〕施(yì)：蔓延。　条：树枝。　枚：树干。
〔18〕回：违。《郑笺》：“不回者，不违先祖之道。”有人训不回为“不邪”，亦通。

思　齐

【题解】

这是歌颂文王善于修身、齐家、治国的诗。

思齐大任〔1〕，	太任端庄又严谨，
文王之母。	文王之母有美名。
思媚周姜〔2〕，	周姜美好有德行，
京室之妇〔3〕。	太王贤妻居周京。
大姒嗣徽音〔4〕，	太姒继承好遗风，
则百斯男〔5〕。	多子多男王室兴。
惠于宗公〔6〕，	文王为政顺祖宗，
神罔时恕〔7〕，	祖宗欢喜无怨容，

神罔时恫[8]。	祖宗放心不伤痛。
刑于寡妻[9]，	文王以礼待正妻，
至于兄弟，	对待兄弟也相同，
以御于家邦[10]。	以此治国事事通。
雝雝在宫[11]，	和和睦睦一家好，
肃肃在庙[12]。	恭恭敬敬在宗庙。
不显亦临[13]，	认真观察明显事，
无射亦保[14]。	警惕阴暗不辞劳。
肆戎疾不殄[15]，	西戎祸患已断根，
烈假不瑕[16]。	害人瘟疫不发生。
不闻亦式[17]，	良计善策乐于用，
不谏亦入[18]。	忠言劝告记在心。
肆成人有德[19]，	所以成人品德好，
小子有造[20]。	儿童个个可深造。
古之人无斁[21]，	文王育才永不倦，
誉髦斯士[22]。	人才济济皆英豪。

【注释】

〔1〕思：发语词。　齐：齋之假借，端庄。　大任：即太任，王季之妻，文王之母。

〔2〕媚：美好。这里指德行美好。　周姜：即太姜，古公亶父之妻，王季之母。

〔3〕京室：王室。

〔4〕大姒：即太姒，文王之妻。 嗣：继续。 徽音：美誉。

〔5〕百：虚数，言其多。 斯：语助词。

〔6〕惠：孝顺。 宗公：宗庙中的先公，即祖宗。

〔7〕神：指祖先之神。 罔：无。 时：所。

〔8〕恫（tōng）：伤心。

〔9〕刑：法。这里作动词用，说文王以礼法对待其妻（从《郑笺》说）。 寡妻：嫡妻。胡承珙《毛诗后笺》：“適（嫡）与庶对，庶为众，则適为寡矣。”

〔10〕御：治理。

〔11〕雝雝：和睦的样子。 宫：家。古代的家不论贵贱同称宫，秦汉以后，只有国王的住所才称宫。

〔12〕肃肃：严肃恭敬的样子。

〔13〕不显：即丕显，指明显的事。 亦：语助词。 临：临视，视察。

〔14〕无：语助词。 射：阴暗，隐蔽，对“显”言。 保：保守。

〔15〕肆：所以。 戎疾：西戎的祸患。 不：语助词。下句同。殄：断绝。

〔16〕烈：《公羊传》引作“痢”（何注：痢者，民疾苦也），厉的假借字。《说文》作“疠”，“疠，恶疾也。” 假：瘕的假借字，即蛊字。《集韵》引诗作“厉假不瑕”，汉《唐公房碑》作“厉蛊不遐”。 烈假，害人的瘟疫。 瑕：与遐同音通用，远去。

〔17〕不、亦：语助词。 闻：听。 式：用。

〔18〕入：采纳。

〔19〕有德：有好的品德。

〔20〕小子：儿童。 有造：有造就。

〔21〕古之人：指文王。 斁（yì）：厌。

〔22〕誉：有声望。 髦：俊、出类拔萃的人才。 斯：这些。

皇 矣

【题解】

这是周人叙述自己开国历史的史诗之一。先述太王开辟岐山，打退昆夷。次述王季继承先祖德业，传位给文王。末述文王伐崇伐密的胜利事迹。

皇矣上帝〔1〕，	上帝光焰万丈长，
临下有赫〔2〕。	俯视人间真明亮。
监观四方〔3〕，	洞察全国四方事，
求民之莫〔4〕。	了解民间疾苦状。
维此二国〔5〕，	想起夏商两朝末，
其政不获〔6〕。	不得民心国危亡。
维彼四国〔7〕，	思量四方诸侯国，
爰究爰度〔8〕。	天下重任谁能当。
上帝耆之〔9〕，	上帝意在岐周国，
憎其式廓〔10〕。	有心扩大它封疆。
乃眷西顾〔11〕，	于是回头望西方，
此维与宅〔12〕。	同住岐山佑周王。
作之屏之〔13〕，	砍掉杂树辟农场，
其菑其翳〔14〕。	枯枝朽木全扫光。
修之平之〔15〕，	精心修剪枝和叶，
其灌其栵〔16〕。	灌木丛丛新枝长。
启之辟之〔17〕，	开出道路辟土地，
其柽其椐〔18〕。	除尽柽椐路通畅。
攘之剔之〔19〕，	剔去坏树留好树，
其檿其柘〔20〕。	留下山桑和黄桑。
帝迁明德〔21〕，	上帝卫护明德主，

串夷载路[22]。	犬戎败逃走仓皇。
天立厥配[23]，	上天立他当天子，
受命既固[24]。	政权巩固国兴旺。
帝省其山[25]，	上帝视察岐山阳，
柞棫斯拔[26]，	柞棫小树都拔光，
松柏斯兑[27]。	松柏直立郁苍苍。
帝作邦作对[28]，	上帝建立周王国，
自大伯王季[29]。	太伯王季始开创。
维此王季，	这位王季好品德，
因心则友[30]。	对兄友爱热心肠。
则友其兄，	王季热心爱兄长，
则笃其庆[31]，	他使周邦福无疆，
载锡之光[32]。	天赐王位显荣光。
受禄无丧[33]，	永享福禄保安康，
奄有四方[34]。	统一天下疆域广。
维此王季，	这位王季真善良，
帝度其心[35]，	天生思想合政纲，
貊其德音[36]。	他的美名播四方。
其德克明[37]，	他能明辨是和非，
克明克类[38]，	区别坏人和善良，
克长克君[39]。	堪称师范好君王。
王此大邦[40]，	在此大国当君主，
克顺克比[41]。	上下和顺人心向。

比于文王[42]，	到了文王接王位，
其德靡悔[43]。	人民爱戴德高尚。
既受帝祉[44]，	既受上帝赐福禄，
施于孙子[45]。	子孙万代绵绵长。

帝谓文王，	上帝启示周文王，
无然畔援[46]，	不要暴虐休狂妄，
无然歆羡[47]，	莫羡他人当自强，
诞先登于岸[48]。	先据高位路康庄。
密人不恭[49]，	密人态度不恭顺，
敢距大邦[50]，	竟敢抗拒周大邦，
侵阮徂共[51]。	侵阮袭共太猖狂。
王赫斯怒[52]，	文王勃然大震怒，
爰整其旅[53]，	整顿军队去抵抗，
以按徂旅[54]。	阻止敌人向莒闯。
以笃于周祜[55]，	周族福气才巩固，
以对于天下[56]。	民心安稳定四方。

依其在京[57]，	周京军队真强壮，
侵自阮疆[58]。	从阮班师凯歌扬。
陟我高冈，	登上岐山远瞭望，
无矢我陵[59]，	没人敢占我山冈，
我陵我阿；	高山大陵莽苍苍；
无饮我泉，	没人敢饮我泉水，
我泉我池。	清泉绿池水汪汪。

度其鲜原[60]，	规划山头和平原，
居岐之阳，	定居岐山面向阳，
在渭之将[61]。	紧靠渭水河边旁。
万邦之方[62]，	你为万国作榜样，
下民之王。	天下人民心向往。
帝谓文王，	上帝告诉周文王，
予怀明德[63]，	美好品德我赞赏，
不大声以色[64]，	从不疾言和厉色，
不长夏以革[65]；	遵从祖训依旧章；
不识不知[66]，	好像不知又不觉，
顺帝之则[67]。	顺乎天意把国享。
帝谓文王，	上帝又对文王说，
询尔仇方[68]，	团结邻国多商量，
同尔弟兄[69]；	联合同姓众国王；
以尔钩援[70]，	用你大钩和戈刀，
与尔临冲[71]，	临车冲车赴战场，
以伐崇墉[72]。	讨伐崇国削殷商。
临冲闲闲[73]，	临车冲车声势壮，
崇墉言言[74]。	崇国城墙高又长。
执讯连连[75]，	捉来俘虏连成串，
攸馘安安[76]。	割下敌耳装满筐。
是类是祃[77]，	祭祀天神祈胜利，
是致是附[78]，	安抚残敌招他降，

四方以无侮。	各国不敢侮周邦。
临冲茀茀[79]，	临车冲车威力强，
崇墉仡仡[80]。	崇国城墙高又广。
是伐是肆[81]，	冲锋陷阵士气旺，
是绝是忽[82]，	消灭崇军有威望，
四方以无拂[83]。	各国不敢再违抗。

【注释】

〔1〕皇：光明伟大。

〔2〕有赫：即赫赫，明亮的样子。

〔3〕监：和视同义，视察。

〔4〕莫：通“瘼”，疾苦。

〔5〕维：通“惟”，想到。　二国：指夏、商。当时人多以夏商的盛衰为监戒，如《尚书·召诰》：“我不敢不监于有夏，亦不可不监于有殷。”

〔6〕获：得。不获：指不得民心。

〔7〕四国：四方的国家。指殷商时各诸侯国。

〔8〕爰：于是。　究：谋，考虑。　度：估计。

〔9〕耆：通“恉”、“指”。王符《潜夫论》引这句诗作“指”。意向。

〔10〕憎：通“增”，增加。　式廓：规模。

〔11〕眷：念，关心。有人训为“回头看”，亦通。　西顾：指注意西方的岐周。

〔12〕此：指周王。　维：是。　宅：居住。上帝与周王同住即福佑周王之意。

〔13〕作：通“斫”，砍伐树木。　之：指草木。　屏：除去。

〔14〕菑(zì)：直立未倒的枯木。　翳：通“殪”，倒在地上的枯木。

〔15〕修：修剪。　平：治理。

〔16〕灌：灌木。　栵(lì)：从老树桩上发出再生的树。

〔17〕启：开发。　辟：开辟。

〔18〕柽(chēng)：柽柳，木名，又名西河柳、观音柳。　椐：木名，又名灵寿木，树枝节大，可作马鞭、手杖。

〔19〕攘：除去。　剔：挑选。

〔20〕檿（yǎn）：木名，亦名山桑。　柘（zhè）：木名，亦名黄桑。

〔21〕帝：上帝。　迁：迁就，降格相就。　明德：品德光明的人，指太王。

〔22〕串夷：昆夷，亦称犬戎。当时太王居豳，犬戎为患，因而迁岐，后击退犬戎。　载：则，就。　路：通“露”，失败。

〔23〕厥：其。　配：立君配天。古人认为帝王是接受上天的命令而当天子（天的儿子）的，所以《荀子·大略篇》说：“配天而有天下。”

〔24〕固：指政权巩固。

〔25〕省：视察。　其山：周的岐山。

〔26〕柞、棫：都是树名。　斯：语助词。

〔27〕兑：直立。

〔28〕作：建立。　邦：指周国。　对：配。指配天的君主。

〔29〕大伯：即太伯，太王的长子。据《韩诗外传》，太王（古公亶父）有三子：长子太伯，次子仲雍，少子季历（王季）。季历之子昌，有才，太王想让他继承王位。太伯和仲雍知道太王的意思，想让位于季历，逃往吴地（今苏南一带）。太王死后，季历为君，后传位给昌，是为文王。

〔30〕因：古姻字。姻心，亲热的心。　友：友爱。

〔31〕笃：厚，多。　庆：福。

〔32〕载：乃，就。　锡：赐。　光：指光荣的王位。

〔33〕丧：丧失。指丧失王位。

〔34〕奄：覆盖，包括。

〔35〕度：法度。这里作动词用，说上帝使王季的心合于法度。

〔36〕貊（mò）：亦作莫，通“漠”，广大。

〔37〕克：能。　明：指明辨是非。

〔38〕类：指善恶的种类。

〔39〕克长：能当人们的师长。　克君：能作人们的君主。

〔40〕大邦：指周。

〔41〕顺：和顺。　比：《礼记·乐记》引作“俾”，比、俾古通用，服从的意思。

〔42〕比：及，到。

〔43〕靡悔：陈奂《毛诗传疏》：“谓文王之德，不为人恨。”

〔44〕祉：福。

〔45〕施（yì）：延续。

〔46〕畔援：跋扈，专横暴虐。

〔47〕歆羡：羡慕。

〔48〕诞：发语词。 岸：喻高位。这句指先据有利之地位。

〔49〕密：密须，古国名，在今甘肃灵台县西。《尚书大传》："文王受命三年，伐密须。"

〔50〕距：通"拒"，抗拒。 大邦：指周国。文王在殷末被封为西伯，三分天下有其二。

〔51〕阮：古国名，在今甘肃泾川县。 徂：到。 共：古国名，在今甘肃泾川县北。

〔52〕赫怒：勃然大怒。 斯：语助词。

〔53〕爰：于是。 旅：军队。

〔54〕按：通"遏"，阻止。 旅：通"莒"，古国名。

〔55〕笃：巩固。 于：犹乎。 祜(hù)：福。

〔56〕对：通"遂"，安。有人释为答，亦通。

〔57〕依其：依依，原有茂盛的意思，这里引申为强盛的样子。 京：周京。

〔58〕侵：寝的假借字，指息兵、停战。

〔59〕矢：陈。指陈兵。

〔60〕度：计划。 鲜：通"巘"，小山。 原：平地。

〔61〕将：侧，旁边。

〔62〕方：法则，榜样。

〔63〕怀：归向，趋向。 明德：美德的人。指文王。

〔64〕以：与。 色：指严厉的脸色。

〔65〕长夏：长大。 革：变革。

〔66〕不识不知：不知不觉。

〔67〕顺：遵循。 则：法则。

〔68〕询：谋，含有商量、征求意见的意思。 仇：匹。仇方，邻国。

〔69〕弟兄：指同姓的诸侯国。

〔70〕钩：古兵器，似剑而曲。 援：古兵器，戈上的横刃。

〔71〕临：临车，可居高临下攻城的战车。 冲：冲车，可从旁冲破城墙的战车。

〔72〕崇：古国名，在今陕西西安沣水西。 墉：城墙。

〔73〕闲闲：强盛的样子。

〔74〕言言：高大的样子。

〔75〕执：捉。 讯：俘虏。 连连：接连不断的样子。

〔76〕攸：所。　馘（guó）：割下敌人的左耳用以计功。　安安：从容不迫的样子。

〔77〕类：通“禷”，出师前祭天。　祃（mà）：出师后军中祭天。

〔78〕致：招致敌人投降。　附：通“拊”，安抚。

〔79〕茀茀：强盛的样子。

〔80〕仡仡：同“屹屹”，高大的样子。

〔81〕肆：攻击。

〔82〕忽：消灭。

〔83〕拂：违，抗拒。

灵　台

【题解】

这是一首记述周文王建成灵台和游赏奏乐的诗。

经始灵台〔1〕，	开始规划造灵台，
经之营之。	仔细经营巧安排。
庶民攻之〔2〕，	黎民百姓都来干，
不日成之〔3〕。	灵台建成进度快。
经始勿亟〔4〕，	建台本来不着急，
庶民子来〔5〕。	百姓起劲自动来。
王在灵囿〔6〕，	国王游览灵园中，
麀鹿攸伏〔7〕。	母鹿伏在深草丛。
麀鹿濯濯〔8〕，	母鹿肥大毛色润，
白鸟翯翯〔9〕。	白鸟洁净羽毛丰。
王在灵沼〔10〕，	国王游览到灵沼，

於牣鱼跃〔11〕。	啊！满池鱼儿欢跳动。

虡业维枞〔12〕，	木架大版崇牙耸，
贲鼓维镛〔13〕。	挂着大鼓和大钟。
於论鼓钟〔14〕，	啊！钟声鼓声配合匀，
於乐辟廱〔15〕。	啊！国王享乐在离宫。

於论鼓钟，	啊！鼓声钟声配合匀，
於乐辟廱。	啊！国王享乐在离宫。
鼍鼓逢逢〔16〕，	敲起鼍鼓响蓬蓬，
矇瞍奏公〔17〕。	瞽师奏乐祝成功。

【注释】

〔1〕经始：开始规划营造。　灵台：台名，故址在今陕西西安西北。

〔2〕攻：建造。

〔3〕不日：不几天。

〔4〕亟：同“急”。

〔5〕子来：像儿子似的来建筑灵台。朱熹《诗集传》：“虽文王心恐烦民，戒令勿急，而民心乐之，如子趣父事，不召自来也。”

〔6〕囿：古代帝王畜养禽兽的园林。

〔7〕麀（yōu）鹿：母鹿。　攸：语助词。

〔8〕濯濯（zhuó）：肥美的样子。

〔9〕翯翯（hè）：洁白的样子。

〔10〕灵沼：池名。

〔11〕於（wū）：叹美声。三章和四章的“於”同。　牣（rèn）：满。

〔12〕虡（jù）：悬挂钟磬的木架。　业：装在虡（木架）上的一块大版。　维：与。　枞：亦名崇牙，大版上的一排锯齿，用以悬挂钟磬。

〔13〕贲（fén）：大鼓。　镛：大钟。

〔14〕论：通“伦”，有次序的意思。形容鼓和钟配合得有节奏，很协调。

〔15〕辟(bì)廱：文王离宫名。辟即璧字，廱是水泽池沼。离宫中有圆的池沼如璧，因而将辟廱作为离宫的名字。按这里的辟廱和汉儒所说的指皇家学校而言的辟廱不同，戴震《毛郑诗考证》对此有详细辩说，可参考。

〔16〕鼍(tuó)：即扬子鳄，皮坚，可以制鼓面。 逢逢(péng)：鼓声。

〔17〕矇、瞍：都是古代盲人的专称。古代乐师常以盲人充任。公：通“功”，成功。指灵台落成。

下　武

【题解】

这是赞美武王、成王能继承先王功德的诗。

下武维周〔1〕，	周人能继祖先业，
世有哲王〔2〕。	代代都有好国王。
三后在天〔3〕，	三代先王灵在天，
王配于京〔4〕。	武王在镐把国享。
王配于京，	武王在镐把国享，
世德作求〔5〕。	堪与祖德共增光。
永言配命，	永远顺应上天命，
成王之孚〔6〕。	成王守信有威望。
成王之孚，	成王守信有威望，
下土之式〔7〕。	身为天下好榜样。

永言孝思[8]，	永遵祖训尽孝道，
孝思维则[9]。	效法先人建周邦。
媚兹一人[10]，	人们爱戴周成王，
应侯顺德[11]。	能承祖德国运昌。
永言孝思，	永遵祖训尽孝道，
昭哉嗣服[12]。	后代争气名远扬。
昭兹来许[13]，	后代争气名远扬，
绳其祖武[14]。	继承祖业世永昌。
於万斯年[15]，	啊！国祚绵绵万年长，
受天之祜[16]。	受天之福永兴旺。
受天之祜，	受天之福永兴旺，
四方来贺。	四方来贺庆吉祥。
於万斯年，	啊！国祚绵绵万年长，
不遐有佐[17]！	怎无辅佐作屏障！

【注释】

〔1〕下：后。　武：继承。

〔2〕哲：明智。

〔3〕三后：指太王、王季、文王。

〔4〕王：指武王。　配：指配天。　京：镐京，周的都城。

〔5〕作：为。　求：与“逑”通（从马瑞辰《通释》说），配合三王的意思。

〔6〕成王：武王子，名诵。　孚：信。按《噫嘻》“成王”二字，《毛传》释为“完成武王的威望”，亦通。

〔7〕式：法式，榜样。
〔8〕言、思：均为语助词。
〔9〕则：法则。
〔10〕媚：爱。　兹：此。　一人：指成王。
〔11〕应：当。　侯：是。《水经注》等书认为应侯是武王的儿子，可备一说。
〔12〕昭：昭明，宣扬。　嗣服：后进，指成王。
〔13〕兹：与“哉”通。古书引这句诗多作“昭哉”。　来许：和上句嗣服同义，也是“后进”的意思(从马瑞辰《通释》说)。
〔14〕绳：继续。　武：迹。祖武：祖先的事业。
〔15〕於：叹美词。　斯：语助词。
〔16〕祜：福。
〔17〕遐：胡，何。不遐：“遐不”的倒文，即“何不”。

文王有声

【题解】

这是歌颂文王、武王迁都丰、镐的诗。

文王有声〔1〕，	文王已有好名望，
遹骏有声〔2〕。	大名鼎鼎四海扬。
遹求厥宁〔3〕，	力求人民得安宁，
遹观厥成。	终见成功国富强。
文王烝哉〔4〕！	人人赞美周文王！
文王受命〔5〕，	文王受命封西伯，
有此武功。	立下武功真辉煌。
既伐于崇〔6〕，	举兵讨伐崇侯虎，

作邑于丰[7]。	迁都丰邑好地方。
文王烝哉！	人人赞美周文王！
筑城伊淢[8]，	按照旧河筑城墙，
作丰伊匹[9]。	丰邑规模也相当。
匪棘其欲[10]，	个人欲望不贪图，
遹追来孝[11]。	孝顺祖先兴周邦。
王后烝哉[12]！	人人赞美周文王！
王公伊濯[13]，	文王功业真辉煌，
维丰之垣[14]。	他是丰都的城墙。
四方攸同[15]，	四方同心齐归附，
王后维翰[16]。	扶持天下是栋梁。
王后烝哉！	人人赞美周文王！
丰水东注[17]，	沣水东流入黄河，
维禹之绩[18]。	大禹之功不可磨。
四方攸同，	四方同心齐归附，
皇王维辟[19]。	君临天下是楷模。
皇王烝哉！	英明武王美名播！
镐京辟廱[20]，	离宫落成在镐京，
自西自东，	诸侯朝见来观光，
自南自北，	东西南北都到齐，
无思不服[21]。	哪个不服我周邦。

皇王烝哉!	人人赞美周武王!
考卜维王[22],	国王卜居问上苍,
宅是镐京[23]。	定居镐京最吉祥。
维龟正之[24],	迁都决策神龟定,
武王成之。	武王完成功无量。
武王烝哉!	英明伟大周武王!
丰水有芑[25],	沣水水芹长得旺,
武王岂不仕[26]?	难道武王在闲逛?
诒厥孙谋[27],	留下安民好谋略,
以燕翼子[28]。	保护儿子把国享。
武王烝哉!	英明伟大周武王!

【注释】

〔1〕声:名声。

〔2〕遹(yù):发语词,与“聿”、“曰”同。　骏:大。

〔3〕厥:其。指人民(下句的“厥”,指周家)。

〔4〕烝:美。

〔5〕受命:指受纣王命被封为西伯。有人说,是受天命。亦通。

〔6〕崇:殷纣所封的诸侯国,殷末其国君为崇侯虎。

〔7〕丰:在今陕西西安北沣水西。原为崇地,文王由岐迁都于此。

〔8〕淢(xù):通“洫”,护城河。

〔9〕伊:为。

〔10〕棘:和“亟”、“革”通用,都是急的意思。

〔11〕追孝:孝顺已死的祖先。　来:语助词。

〔12〕王后:君王。朱熹《诗集传》:“王后,亦指文王也。”

〔13〕公:同“功”。王公:即王事。　濯:显著。

〔14〕维:是。　垣:墙。

〔15〕攸：语助词。　同：指天下的人同心归周。

〔16〕翰：桢干，骨干。

〔17〕丰水：即沣水，源出今陕西省西安西南秦岭山，与渭水合流注入黄河。

〔18〕绩：功绩。

〔19〕皇：大。皇王，指武王。　辟：法则。

〔20〕镐京：西周国都，在今陕西省西安西南沣水东岸。　辟廱：离宫。见《灵台》注〔15〕。

〔21〕思：语助词。

〔22〕考：完成。　维：是。下同。　王：武王。

〔23〕宅：定居。

〔24〕龟：龟兆。　正：决定。

〔25〕芑：通“芹”，水芹菜(从马瑞辰《通释》说)。

〔26〕仕：通“事”。《晏子春秋·谏下篇》引诗作“武王岂不事”。

〔27〕诒：通“贻”，留下。　孙：音义同“逊”，顺。

〔28〕燕：安定。　翼：庇护。　子：指武王之子成王。

生　民

【题解】

这是周人史诗之一，追述周始祖后稷的事迹，可说是一篇很生动的后稷传记。后稷生在上古的原始社会，处于母系氏族制，男女关系不固定，人们知有母而不知有父，姜嫄“履帝武敏歆”孕而生弃的传说，正是这种历史事实的反映。后稷虽是传说中的人物，但写他从事农业生产的情况，也反映了我国古代农业发达的事实。

厥初生民，	周族祖先谁所生？
时维姜嫄[1]。	姜嫄娘娘有声望。
生民如何？	如何生下周族人？
克禋克祀[2]，	祈祷神灵祭上苍，

以弗无子[3]。	乞求生子后嗣昌。
履帝武敏歆[4]，	踩了上帝拇趾印，
攸介攸止[5]。	神灵保佑赐吉祥。
载震载夙[6]，	十月怀胎行端庄，
载生载育，	一朝生子勤扶养，
时维后稷。	就是后稷周先王。
诞弥厥月[7]，	怀孕足月期限满，
先生如达[8]。	头胎生子真顺当。
不坼不副[9]，	产门没破也没裂，
无灾无害，	无灾无难身健康，
以赫厥灵[10]。	显出灵异和吉祥。
上帝不宁，	上帝原来心不定，
不康禋祀[11]，	姜嫄心慌祭祀忙，
居然生子。	结果居然生儿郎。
诞置之隘巷[12]，	把他丢在小巷里，
牛羊腓字之[13]。	牛羊爱护喂养他。
诞置之平林[14]，	把他丢在树林中，
会伐平林[15]。	樵夫砍柴救了他。
诞置之寒冰，	把他丢到寒冰上，
鸟覆翼之。	大鸟展翅温暖他。
鸟乃去矣，	后来大鸟飞走了，
后稷呱矣[16]。	后稷啼哭声哇哇。
实覃实訏[17]，	哭声不止嗓门大，

厥声载路[18]。	声音满路人惊讶。
诞实匍匐[19]，	后稷刚会地上爬，
克岐克嶷[20]，	就很聪明又乖巧，
以就口食[21]。	能够觅食吃得饱。
蓺之荏菽[22]，	稍长就会种大豆，
荏菽旆旆[23]。	大豆一片长得好。
禾役穟穟[24]。	种出谷子穗垂垂，
麻麦幪幪[25]，	麻麦茂密无杂草，
瓜瓞唪唪[26]。	瓜儿累累真不少。
诞后稷之穑[27]，	后稷种地种得好，
有相之道[28]。	他有生产好门道。
茀厥丰草[29]，	保护禾苗勤除草，
种之黄茂[30]。	选择良种播得早。
实方实苞[31]，	种籽渐白露嫩芽，
实种实褎[32]，	禾苗窜出向上冒，
实发实秀[33]，	拔节抽穗渐结实，
实坚实好[34]，	谷粒饱满成色好，
实颖实栗[35]。	禾穗沉沉产量高。
即有邰家室[36]。	定居邰地乐陶陶。
诞降嘉种[37]：	后稷推广好种籽：
维秬维秠[38]，	秬子秠子是良黍，
维穈维芑[39]。	穈子高粱植株粗。

恒之秬秠[40]，	遍地秬子和秠子，
是获是亩[41]；	收割完毕堆垄亩；
恒之穈芑，	遍地穈子和高粱，
是任是负[42]，	挑着背着忙运输，
以归肇祀[43]。	归来神前祭先祖。
诞我祀如何？	说起祭祀怎个样？
或舂或揄[44]，	有的舂米有舀粮，
或簸或蹂[45]。	有的搓米有扬糠。
释之叟叟[46]，	淘米声音嗖嗖响，
烝之浮浮[47]。	蒸饭热气喷喷香。
载谋载惟[48]，	祭祀大事同商量，
取萧祭脂[49]。	烧脂烧艾味芬芳。
取羝以軷[50]，	肥大公羊剥去皮，
载燔载烈[51]。	又烧又烤供神享。
以兴嗣岁[52]。	祈求来年更丰穰。
卬盛于豆[53]，	我把祭品装碗盘，
于豆于登[54]，	木碗瓦盆都用上，
其香始升。	香气马上升满堂。
上帝居歆[55]，	上帝降临来尝尝，
胡臭亶时[56]。	菜饭味道真正香。
后稷肇祀，	后稷开创祭祀礼，
庶无罪悔[57]，	幸蒙神佑没灾殃，
以迄于今。	至今流传好风尚。

【注释】

〔1〕时：是。　姜嫄：传说中有邰氏之女，帝喾之妃，周始祖后稷之母。

〔2〕克：能，善于(第二个克字是衬字)。　禋(yīn)祀：古代祭天神的一种礼仪，先烧柴升烟，再加牲体及玉帛于柴上焚烧。

〔3〕弗：祓的假借字，用祭祀来除去灾难。祓无子：即祈求除去不育之灾。

〔4〕履：践踏。　帝：上帝。　武：足迹。　敏：通“拇”，大拇指。　歆：心有所感的样子。《郑笺》：“时则有大神之迹，姜嫄履之，足不能满，履其拇指之处，心体歆歆然，如有人道感己者也。于是遂有身。”

〔5〕攸：语助词。　介：通“祄”，神保佑。《集韵》：“祄，祐也。”　止：通“祉”，神降福。《尔雅·释诂》：“祉，福也。”

〔6〕载：语助词。　震：通“娠”，怀孕。　夙：通“肃”，指生活严肃，不再和男子交往。

〔7〕诞：发语词。　弥：满。

〔8〕先生：头生，即第一胎。　如：同“而”。　达：滑利(从胡承珙《毛诗后笺》说)。

〔9〕坼：裂开。　副(pì)：破裂。

〔10〕赫：显示。

〔11〕不康：指姜嫄因踩上帝大脚印而怀孕深感不安。

〔12〕置：弃置。

〔13〕腓：庇护。　字：养育，指给他奶吃。

〔14〕平林：平原上的树林。

〔15〕会：值，恰好碰上。

〔16〕呱(gū)：小儿哭声。

〔17〕实：是。　覃(tán)：长。　讦(xū)：大。

〔18〕载：充满。

〔19〕匍匐：手足着地爬行。

〔20〕岐、嶷：《毛传》：“岐，知意也。嶷，识也。”

〔21〕就：趋往。

〔22〕蓺：种植。　荏菽：大豆，亦称黄豆。

〔23〕旆旆：茂盛的样子。

〔24〕役：颖的假借字，《说文》两次引这句诗均作“禾颖穟穟”。禾颖，即禾穗。　穟穟(suì)：禾穗丰硕下垂的样子。

〔25〕幪幪：茂密的样子。

〔26〕瓞（dié）：小瓜。 唪唪：果实累累的样子。

〔27〕穑：指种植五谷。

〔28〕相：助。 道：方法。

〔29〕茀：拔除。

〔30〕黄茂：嘉谷。

〔31〕方：谷种开始露白。 苞：谷种吐芽，苗将出未出时。

〔32〕种：谷种生出短苗。 褎（yòu）：禾苗渐渐长高。

〔33〕发：指禾茎舒发拔节。 秀：禾初生穗结实。

〔34〕坚：指谷粒灌浆饱满。

〔35〕颖：指禾穗末梢下垂。 栗：犹言栗栗，形容收获众多的样子。《尔雅·释训》："栗栗，众也。"

〔36〕即：往。 有邰（tái）：当时氏族，其地在今陕西武功县。传说帝尧因为后稷对农业生产有贡献而封他于邰。有，词头。

〔37〕降：赐与。指后稷将好的种籽赐给人民。

〔38〕维：是。 秬（jù）：黑黍。 秠（pī）：黍的一种，一个黍壳中含有两粒黍米。

〔39〕穈（mén）：谷子的一种，初生时叶纯赤，生三四叶后，赤青相间，七八叶后色始纯青。 芑（qǐ）：一种白苗的高粱。

〔40〕恒：亘的借字，遍的意思。

〔41〕获：收割。 亩：堆在田里。

〔42〕任：挑。

〔43〕肇：始。

〔44〕揄（yóu）：从臼中将舂好的米舀出。

〔45〕簸：扬弃糠皮。 蹂（róu）：通"揉"，指用两手反复揉搓。

〔46〕释：淘米。 叟叟：淘米的声音。

〔47〕烝：同"蒸"。 浮浮：形容蒸饭时热气上升的样子。

〔48〕谋：计划。 惟：考虑。

〔49〕萧：香蒿，今名艾。 脂：牛肠脂。古时祭祀用艾和牛油合烧，取其香气。

〔50〕羝（dī）：公羊。 軷（bó）：剥，剥羊的皮（从于省吾《诗经新证》说）。

〔51〕燔（fán）：将肉放在火里烧炙。 烈：将肉贯穿起来架在火上烤。

〔52〕兴：兴旺。 嗣岁：来年。

〔53〕卬（áng）：我。 豆：古代一种高脚碗，盛肉用的。

〔54〕登：瓦制的碗，盛汤用的。
〔55〕居：语助词。　歆：飨，享受。
〔56〕胡：大。　臭（xiù）：香气。　亶：确实。　时：善，好。
〔57〕庶：幸。

行　苇

【题解】

这是写周统治者和族人宴会、比射的诗。

敦彼行苇[1]，　　路边芦丛发嫩芽，
牛羊勿践履[2]。　　别让牛羊践踏它。
方苞方体[3]，　　苇心紧裹初成形，
维叶泥泥[4]。　　叶儿柔润将长大。
戚戚兄弟[5]，　　兄弟骨肉应友爱，
莫远具尔[6]。　　互相亲近莫分家。
或肆之筵[7]，　　铺上筵席请客人，
或授之几[8]。　　敬老茶几端给他。

肆筵设席[9]，　　摆好酒菜铺上席，
授几有缉御[10]。　　侍者轮番端上几。
或献或酢[11]，　　主人献酒客回敬，
洗爵奠斝[12]。　　洗杯捧觞来回递。
醓醢以荐[13]，　　献上肉糜请客尝，
或燔或炙[14]。　　烧肉烤羊美无比。

嘉殽脾臄[15]，	牛胃牛舌也不差，
或歌或咢[16]。	唱歌击鼓人人喜。
敦弓既坚[17]，	雕弓拉起劲儿大，
四鍭既钧[18]；	利箭匀直质量佳；
舍矢既均[19]，	放手一箭就中的，
序宾以贤[20]。	各按胜负来坐下。
敦弓既句[21]，	雕弓张开如满月，
既挟四鍭[22]。	箭儿上弦准备发。
四鍭如树[23]，	箭箭竖在靶子上，
序宾以不侮[24]。	败者也不怠慢他。
曾孙维主[25]，	宴会主人会当家，
酒醴维醹[26]；	美酒醇厚味不差；
酌以大斗[27]，	斟上美酒一大杯，
以祈黄耇[28]。	敬祝老人寿无涯。
黄耇台背[29]，	老者龙钟行不便，
以引以翼[30]。	侍者引路扶着他。
“寿考维祺[31]，	“长命百岁最吉利，
以介景福。”[32]	神明赐您福分大。”

【注释】

〔1〕敦（tuán）彼：犹敦敦，草聚生的样子。　行（háng）：道路。　苇：芦苇。

〔2〕践履：践踏。

〔3〕方：开始。　苞：包而未放之形。　体：成形。

〔4〕维：发语词。　泥泥：叶润泽的样子。

〔5〕戚戚：亲热的样子。

〔6〕远：疏远。　具：通“俱”。　尔：通“迩”，近。

〔7〕肆：陈，铺上。　筵：筵席。

〔8〕几：矮脚小木桌，用以端放食物或凭靠身体。

〔9〕设席：古人席地而坐，在席上加席，使踞在席上的宾客更加舒适。《礼记·礼器》：“天子之席五重，诸侯之席三重，大夫再重。”

〔10〕缉：继续。　御：侍者。

〔11〕献：主人给客人敬酒。　酢：客人回敬。

〔12〕洗：主人在敬酒前，从几上拿起一个酒杯，先洗一洗，然后斟酒。客人饮毕，置酒杯于几上。　爵：古代青铜制酒器，有三足。　奠：置。　斝(jiǎ)：古代青铜制酒器，形制略似爵而较简朴。

〔13〕醓(tǎn)：多汁的肉酱。　醢(hǎi)：把肉剁成酱。　荐：献。

〔14〕燔：烧肉。　炙：烤肉。

〔15〕殽：荤菜。　脾：通“膍”，牛的胃，俗称牛百叶。　臄(jué)：牛舌。

〔16〕咢(è)：只打鼓，不歌唱。

〔17〕敦弓：即雕弓。用五彩画在弓上作装饰，是周代天子用的弓。

〔18〕镞：古代箭名，金属箭头，后段以羽毛为饰。　钧：调和。指金属箭头和中段后段的重量都能调和。

〔19〕舍矢：发箭。　均：中。既均，已经射中。

〔20〕序：指座位排列的次序。　贤：贤才。指射中的次数最多者。

〔21〕句(gōu)：彀的假借字，张弓。

〔22〕挟：接。指箭与弓弦相接，箭上弦之谓(从段玉裁《说文解字注》说)。

〔23〕树：竖立。指箭射中靶子，像竖立在靶上一样。

〔24〕不侮：不怠慢。

〔25〕曾孙：贵族主人的称呼。　维：是。　主：主人。

〔26〕醴：甜酒。酒体，泛指酒。　醹(rú)：酒味醇厚。

〔27〕斗：古代酒器。

〔28〕黄耇(gǒu)：老人，形容长寿老人发黄面垢。

〔29〕台：亦作鲐。鲐，鱼名，背上有黑的花纹。老年人背有黑纹，故称老人为台背。

〔30〕引：引导。　翼：辅助。

〔31〕祺：吉祥。

〔32〕介：祈求。　景：大。

既　醉

【题解】

这是周王祭祀祖先，祝官代表神主(尸)对主祭者周王的祝词。

既醉以酒，	美酒喝得醉醺醺，
既饱以德。	饱尝您的好恩情。
君子万年，	但愿主人寿万年，
介尔景福。	神赐大福享不尽。
既醉以酒，	美酒喝得醉酩酊，
尔殽既将〔1〕。	您的佳殽数不清。
君子万年，	但愿主人寿万年，
介尔昭明〔2〕。	神赐前程多光明。
昭明有融〔3〕，	前程远大又光明，
高朗令终〔4〕。	善终会有好名声。
令终有俶〔5〕，	善终必有好开头，
公尸嘉告〔6〕。	神主好话仔细听。
其告维何？	神主好话说什么？
笾豆静嘉〔7〕。	碗碗祭品洁而精。

朋友攸摄[8]，	朋友宾客来助祭，
摄以威仪[9]。	祭礼隆重心虔诚。
威仪孔时[10]，	祭祀礼节无差错，
君子有孝子[11]。	主人又尽孝子情。
孝子不匮[12]，	孝子孝心永不竭，
永锡尔类[13]。	神灵赐您好章程。
其类维何？	赐您章程是什么？
室家之壸[14]。	治理家庭常安宁。
君子万年，	但愿主人寿万年，
永锡祚胤[15]。	子孙幸福永继承。
其胤维何？	子孙后嗣怎么样？
天被尔禄[16]。	上天命您当国王。
君子万年，	但愿主人寿万年，
景命有仆[17]。	天赐妻妾和儿郎。
其仆维何？	妻妾儿郎怎么样？
厘尔女士[18]。	天赐才女做新娘。
厘尔女士，	天赐才女做新娘，
从以孙子[19]。	随生子孙传代长。

【注释】

〔1〕将：美。

〔2〕昭明：光明。

〔3〕有融：即融融，长远的样子。

〔4〕朗：明。高朗，指高明的名誉。　令：善。令终，好结果。

〔5〕俶：始。

〔6〕公：君。　尸：古人祭祀祖先的时候，以一人装作祖先的形象接受祭祀，叫做尸。后世改用画像而废尸（据《仪礼·士虞礼》郑注）。祖先是君主，故称公尸。　嘉告：善言。指祝官代表尸向主祭者致嘏辞（“尸”致福于主人之词叫嘏辞）。

〔7〕笾、豆：均古代食器，见《伐柯》注〔6〕。　静嘉：美好。

〔8〕攸：语助词。　摄：佐，辅助。这里指助祭。

〔9〕威仪：指典礼的仪式。

〔10〕时：善。孔时，很好。

〔11〕有：通“又”。

〔12〕匮：竭。

〔13〕锡：赐。　类：法则。

〔14〕壸（kǔn）：本义是宫中道，引申为“齐”，这里又引申作动词用，指“齐家”，治理家庭。

〔15〕祚：福。　胤：嗣。指子孙。

〔16〕被：覆盖，加的意思。　禄：禄位。指王位。

〔17〕景命：大命。指天命。　仆：与“朴”通，附着，附属。指下章女士、孙子，都是国王的附属（从马瑞辰《通释》说）。

〔18〕厘：通“赉”，赐予。　女士：才女。

〔19〕从：随。　孙子：即子孙。

凫　鹥

【题解】

这是周王祭祀祖先的第二天，为酬谢公尸请其赴宴（古称“宾尸”）时所唱的诗。

凫鹥在泾[1]，　　　　河里野鸭鸥成群，

公尸来燕来宁[2]。	神主赴宴慰主人。
尔酒既清[3]，	您的美酒那样清，
尔殽既馨[4]。	您的佳殽香喷喷。
公尸燕饮，	神主光临来赴宴，
福禄来成[5]。	福禄降临您家门。
凫鹥在沙[6]，	野鸭鸥鸟在水滨，
公尸来燕来宜[7]。	神主赴宴主人请。
尔酒既多，	您的美酒那样多，
尔殽既嘉。	您的佳殽鲜又新。
公尸燕饮，	神主光临来赴宴，
福禄来为[8]。	大福大禄又添增。
凫鹥在渚[9]，	野鸭鸥鸟在沙滩，
公尸来燕来处[10]。	神主赴宴心喜欢。
尔酒既湑[11]，	您的美酒清又醇，
尔殽伊脯[12]。	下酒肉干煮得烂。
公尸燕饮，	神主光临来赴宴，
福禄来下。	天降福禄保平安。
凫鹥在潨[13]，	野鸭鸥鸟在港汊，
公尸来燕来宗[14]。	神主赴宴尊敬他。
既燕于宗[15]，	宴席设在宗庙里，
福禄攸降。	神赐福禄频降下。
公尸燕饮，	神主光临来赴宴，

福禄来崇[16]。	福禄绵绵赐您家。

凫鹥在亹[17]，	野鸭鸥鸟在峡门，
公尸来止熏熏。	神主赴宴心欢欣。
旨酒欣欣[18]，	美酒畅饮味芳馨，
燔炙芬芬。	烧肉烤羊香诱人。
公尸燕饮，	神主光临来赴宴，
无有后艰[19]。	今后无灾无苦闷。

【注释】

〔1〕凫(fú)：野鸭。　鹥(yī)：鸥鸟。　泾：水向前直流。这里指河水。

〔2〕公尸：神主。见上篇《既醉》注〔6〕。　燕：通“宴”，指宴饮。　宁：安慰。

〔3〕尔：指主人周王。

〔4〕馨：香气。

〔5〕成：帮助。

〔6〕沙：指水边沙滩。

〔7〕宜：顺的意思。来宜，应顺主人的邀请。

〔8〕为：助。

〔9〕渚：水中沙洲。

〔10〕处：安乐(从林义光《诗经通解》说)。

〔11〕湑(xū)：滤过的酒，引申为清。

〔12〕脯：干肉，咸肉。

〔13〕潨(zhōng)：众水相会处，即港汊。

〔14〕宗：尊敬。

〔15〕宗：宗庙。

〔16〕崇：重，指重重的福禄。

〔17〕亹(mén)：峡中两岸对峙如门的地方。

〔18〕欣欣：《毛传》：“欣欣然乐也。”旨酒怎么会欣欣地快乐呢？说不可通。俞樾《古书疑义举例》：“熏熏、欣欣，字当互易，‘公尸来

止欣欣’，言公尸之和悦也。‘旨酒熏熏’，此熏字，乃‘薰’之假借。《说文》：‘薰，香草也。’盖因草之香而引申之，则见香者皆得言薰也。欣、熏字音相同，古书多口授，误倒其文耳。”

〔19〕艰：艰难，不幸。

假乐

【题解】

这是周王宴会群臣，群臣歌功颂德的诗。

假乐君子〔1〕，	周王令人爱又敬，
显显令德〔2〕。	品德高尚心光明。
宜民宜人〔3〕，	能用贤臣能安民，
受禄于天。	接受福禄从天庭。
保右命之〔4〕，	上帝下令多保佑，
自天申之〔5〕。	多赐福禄国兴盛。
干禄百福〔6〕，	千禄百福齐降临，
子孙千亿。	子子孙孙数不清。
穆穆皇皇〔7〕，	个个正派又光明，
宜君宜王。	当君当主都相称。
不愆不忘〔8〕，	不犯过错不忘本，
率由旧章〔9〕。	遵循旧制国太平。
威仪抑抑〔10〕，	仪表堂堂威凛凛，

德音秩秩[11]。	政教法令真清明。
无怨无恶，	没人怨来没人恨，
率由群匹[12]。	依靠群臣受欢迎。
受禄无疆，	受天福禄无穷尽，
四方之纲[13]。	四方万国遵王命。
之纲之纪[14]，	君临天下王为首，
燕及朋友[15]。	大宴宾客请朋友。
百辟卿士[16]，	诸侯卿士都赴宴，
媚于天子[17]。	爱戴天子齐敬酒。
不解于位[18]，	勤于职守不惰怠，
民之攸塈[19]。	万民归附国长久。

【注释】

〔1〕假：嘉的假借字，赞美。《左传》文公三年、襄公二十六年和《礼记·乐记》引这句诗均作“嘉乐”。 乐：喜爱。 君子：指周王。

〔2〕显显：光明的样子。 令德：美德。

〔3〕宜：适合。 民：庶民。 人：指在位的贵族。

〔4〕右：通“佑”，助。

〔5〕申：重复，一再。

〔6〕干：可能是后人传写之误，应作“千”。

〔7〕穆穆：肃敬的样子。 皇皇：光明的样子。

〔8〕愆：过失。

〔9〕率由：遵循。 章：典章制度。

〔10〕威仪：仪表风度。 抑抑：通“懿懿”，庄美的样子。

〔11〕德音：这里指政教法令。 秩秩：清明的样子。

〔12〕群匹：指群臣。

〔13〕纲：法则。

〔14〕之：这。

〔15〕燕：宴请。
〔16〕辟：君。百辟，指众诸侯。 卿士：泛指文武大臣。
〔17〕媚：爱戴。
〔18〕解：通“懈”。
〔19〕攸：所。 塈(jì)：通“暨”，归附。《左传》成公二年引这句诗作“暨”。

公 刘

【题解】

这是周人史诗之一，上承《生民》，下接《绵》诗，叙述周人祖先公刘带领周民由邰迁豳的故事。公刘是后稷的后代，约生于夏末商初，因避夏桀而迁豳，在发展农业生产上有一定的贡献。前人认为《公刘》是豳诗，大约是可靠的。

笃公刘[1]，	忠实厚道的公刘，
匪居匪康[2]。	不敢安居把福享。
迺埸迺疆[3]，	划分疆界治田地，
迺积迺仓[4]。	收割粮食装进仓。
迺裹糇粮[5]，	揉面蒸饼备干粮，
于橐于囊[6]。	装进小袋和大囊。
思辑用光[7]。	紧密团结争荣光。
弓矢斯张[8]，	张弓带箭齐武装，
干戈戚扬[9]，	盾戈斧钺拿手上，
爰方启行[10]。	开始动身向前方。

笃公刘，	忠实厚道的公刘，

于胥斯原[11]。	豳地原野视察忙。
既庶既繁[12]，	百姓众多紧相随，
既顺迺宣[13]，	民心归顺多舒畅，
而无永叹。	长吁短叹一扫光。
陟则在巘[14]，	忽而登上小山坡，
复降在原。	忽而下到平原上。
何以舟之[15]？	身上佩带何物件？
维玉及瑶[16]，	美玉宝石尽琳琅，
鞞琫容刀[17]。	佩刀玉鞘闪闪亮。
笃公刘，	忠实厚道的公刘，
逝彼百泉[18]，	来到泉水岸边上，
瞻彼溥原[19]；	眺望平原宽又广；
迺陟南冈，	登上南边高山冈，
乃觏于京[20]。	发现京师好地方。
京师之野[21]，	京师田野形势好，
于时处处[22]，	于是定居建新邦，
于时庐旅[23]，	于是规划造住房，
于时言言，	谈笑风生喜洋洋，
于时语语。	七嘴八舌闹嚷嚷。
笃公刘，	忠实厚道的公刘，
于京斯依[24]。	定居京师新气象。
跄跄济济[25]，	犒宴群臣威仪盛，
俾筵俾几[26]。	入席就坐招待忙。

既登乃依[27]，	安排宾主都坐定，
乃造其曹[28]。	先祭猪神求吉祥。
执豕于牢[29]，	圈里捉猪做佳殽，
酌之用匏[30]。	葫芦瓢儿斟酒浆。
食之饮之，	酒醉饭饱皆欢喜，
君之宗之[31]。	共推公刘做君长。
笃公刘，	忠实厚道的公刘，
既溥既长，	开垦豳地广又长，
既景迺冈[32]，	看了平原又上山，
相其阴阳[33]，	山南山北勘察忙，
观其流泉。	查明水源和流向。
其军三单[34]，	组织军队分三班，
度其隰原[35]，	测量土地扎营房，
彻田为粮[36]。	开垦田亩为种粮。
度其夕阳[37]，	又到山西去丈量，
豳居允荒[38]。	豳地确实大又广。
笃公刘，	忠实厚道的公刘，
于豳斯馆[39]。	营建宫室在豳原。
涉渭为乱[40]，	横渡渭水开石料，
取厉取锻[41]。	捶石磨石都采全。
止基迺理[42]，	基地既定治田地，
爰众爰有[43]。	民康物阜笑语欢。
夹其皇涧[44]，	住在皇涧两岸边，

溯其过涧[45]。	面向过涧住处宽。
止旅乃密[46]，	移民定居人口密，
芮鞫之即[47]。	河岸两边都住满。

【注释】

〔1〕笃：忠实厚道。　公刘：后稷的后代，周族首领。《释文》引《尚书大传》云：“公，爵。刘，名也。”

〔2〕匪：不。　康：安乐。

〔3〕埸(yì)：田界。

〔4〕积：露天堆积粮食的地方，亦名庾。　仓：仓库。

〔5〕糇粮：干粮。

〔6〕橐(tuó)：没底的口袋。装上东西后，用绳扎住两头。　囊：有底的口袋。

〔7〕思：发语词。　辑：和睦团结。　用：以为。　光：光荣。

〔8〕斯：语助词。　张：准备好。

〔9〕干：盾。　戚：斧。　扬：亦名钺，大斧。

〔10〕爰：于是。　方：开始。　启行：动身，出发。

〔11〕于：在。　胥：视察。　斯：这。

〔12〕庶、繁：都是众多的意思。

〔13〕顺：民心归顺。　宣：舒畅。

〔14〕陟：登。　巘(yǎn)：小山。

〔15〕舟：佩带。

〔16〕维：是。　瑶：似玉的美石。玉和瑶是腰带上的饰物。

〔17〕鞞(bǐng)：刀鞘。　琫(běng)：刀鞘口的玉饰。　容刀：装着刀。

〔18〕逝：往。　百泉：指泉水多的地方。

〔19〕溥(pǔ)：广大。

〔20〕觏：看见。　京：豳的地名。

〔21〕京师：京邑。后世用它专称帝王所住的都城。

〔22〕于时：于是。　处处：居住。

〔23〕庐旅：庐旅二字古通用，即旅旅，寄居之意(从马瑞辰《通释》说)。

〔24〕依：就地(造房)。

〔25〕跄跄：走路有节奏的样子。　济济：态度从容端庄的样子。朱

熹《诗集传》："跄跄济济，群臣有威仪貌。"

〔26〕俾：使。　筵：铺在地上坐的席。这里用如动词，指登席。几：古代席地而坐时依靠或放食物的小桌。这里指靠着几。

〔27〕依：靠。

〔28〕造：三家诗作"告"，告祭。　曹：褿之假借，祭猪神。

〔29〕执：捉。　牢：猪圈。

〔30〕酌：斟酒。　之：指众宾。　匏：葫芦。葫芦一剖为二作酒器，称匏爵。

〔31〕君、宗：二字均用作动词，君，指当君主；宗，指当族主。

〔32〕景：古与"竟"同音通用，今作"境"。

〔33〕相：视察。　阴：山北。　阳：山南。

〔34〕单：通"禅"，轮流代替的意思。分军为三，只用一军服役，轮流代替，节用民力。《毛传》："三单，相袭也。"

〔35〕度：测量。　隰原：低平之地。

〔36〕彻：治，指开垦荒地。

〔37〕夕阳：指山的西面。《尔雅·释山》："山西曰夕阳。"

〔38〕允：确实。　荒：大。

〔39〕馆：用如动词，指建筑房屋。

〔40〕渭：渭水。　为：作用同"而"。　乱：横流而渡。

〔41〕厉：同"砺"，粗糙坚硬的磨石。　锻：捶物的大石。

〔42〕止：既。　基：基地。　理：治理。

〔43〕爰：助词。　众：指人多。　有：指富有。

〔44〕皇涧：豳地涧名。

〔45〕溯：面向。　过涧：涧名。

〔46〕旅：寄居。　密：众多。

〔47〕芮：通"汭"，水边向内凹处。　鞫(jū)：水边向外凸处。二者连用，泛指水边。　之：这，指芮、鞫。　即：往就。

泂　酌

【题解】

这是歌颂统治者能得民心的诗。具体指的是谁，史无确证。

泂酌彼行潦[1]，	远舀路边积水潭，
挹彼注兹[2]，	把这水缸都装满，
可以馈饎[3]。	可以蒸菜也蒸饭。
岂弟君子[4]，	君子品德真高尚，
民之父母。	好比百姓父母般。
泂酌彼行潦，	远舀路边积水坑，
挹彼注兹，	舀来倒进我水缸，
可以濯罍[5]。	可把酒壶洗清爽。
岂弟君子，	君子品德真高尚，
民之攸归[6]。	百姓归附心向往。
泂酌彼行潦，	远舀路边积水洼，
挹彼注兹，	舀进水瓮抱回家，
可以濯溉[7]。	可供洗涤和抹擦。
岂弟君子，	君子品德真高尚，
民之攸塈[8]。	百姓归附爱戴他。

【注释】

〔1〕泂（jiǒng）：远。　行潦（lǎo）：路边的积水。

〔2〕挹：舀。　彼：指行潦。　注：灌。　兹：此，指盛水的器皿。

〔3〕馈（fēn）：蒸。　饎（chì）：酒食。

〔4〕岂弟（kǎi tì）：这里不作和气、平易近人解，训为“德行高大”（从《吕氏春秋》说）。

〔5〕濯（zhuó）：洗。　罍：古代酒器，形似壶而大。

〔6〕攸：所。

〔7〕溉：清。濯溉，《孔疏》：“谓洗之使清洁。”有人说，溉当读为

概，是盛酒的漆器，亦通。

〔8〕塈(xì)：归附。

卷 阿

【题解】

这是周王出游卷阿，诗人陈诗答王的歌。诗里歌颂周王礼贤求士，写了君臣出游、群臣献诗的盛况。旧说作者是召康公，周王是成王，姑从之。

有卷者阿〔1〕，	曲折丘陵风光好，
飘风自南〔2〕。	旋风南来声怒号。
岂弟君子，	和气近人的君子，
来游来歌，	至此遨游歌载道，
以矢其音〔3〕。	大家献诗兴致高。
伴奂尔游矣〔4〕，	江山如画任你游，
优游尔休矣〔5〕。	悠闲自得且暂休。
岂弟君子，	和气近人的君子，
俾尔弥尔性〔6〕，	终生辛劳何所求，
似先公酋矣〔7〕。	继承祖业功千秋。
尔土宇昄章〔8〕，	你的版图和封疆，
亦孔之厚矣〔9〕。	一望无际遍海内。
岂弟君子，	和气近人的君子，
俾尔弥尔性，	终生辛劳有作为，

百神尔主矣[10]。	主祭百神最相配。
尔受命长矣，	你受天命长又久，
茀禄尔康矣[11]。	福禄安康样样有。
岂弟君子，	和气近人的君子，
俾尔弥尔性，	终生辛劳百年寿，
纯嘏尔常矣[12]。	天赐洪福永享受。
有冯有翼[13]，	贤才良士辅佐你，
有孝有德，	品德崇高有权威，
以引以翼[14]。	匡扶相济功绩伟。
岂弟君子，	和气近人的君子，
四方为则。	垂范天下万民随。
颙颙卬卬[15]，	贤臣肃敬志高昂，
如圭如璋[16]，	品德纯洁如圭璋，
令闻令望[17]。	名声威望传四方。
岂弟君子，	和气近人的君子，
四方为纲。	天下诸侯好榜样。
凤皇于飞，	高高青天凤凰飞，
翙翙其羽[18]，	百鸟展翅紧相随，
亦集爰止[19]。	凤停树上百鸟陪。
蔼蔼王多吉士[20]，	周王身边贤士萃，
维君子使[21]，	任您驱使献智慧，

媚于天子〔22〕。

爱戴天子不敢违。

凤皇于飞，
翙翙其羽，
亦傅于天〔23〕。
蔼蔼王多吉人〔24〕，
维君子命，
媚于庶人〔25〕。

青天高高凤凰飞，
百鸟纷纷紧相随，
直上晴空迎朝晖。
周王身边贤士萃，
听您命令不辞累，
爱护人民行无亏。

凤凰鸣矣，
于彼高冈。
梧桐生矣，
于彼朝阳〔26〕。
菶菶萋萋〔27〕，
雝雝喈喈〔28〕。

凤凰鸣叫示吉祥，
停在那边高山冈。
高冈上面生梧桐，
面向东方迎朝阳。
枝叶茂盛郁苍苍，
凤凰和鸣声悠扬。

君子之车，
既庶且多〔29〕。
君子之马，
既闲且驰〔30〕。
矢诗不多〔31〕，
维以遂歌〔32〕。

迎送贤臣马车备，
车子既多又华美。
迎送贤臣有好马，
奔驰熟练快如飞。
贤臣献诗真不少，
为答周王唱歌会。

【注释】

〔1〕卷（quán）：曲。有卷，即卷卷。　阿：大的丘陵。《汲冢纪

年》："成王三十三年，游于卷阿，召康公从。"

〔2〕飘风：旋风。

〔3〕矢：陈。

〔4〕伴奂：纵弛、尽情的意思。

〔5〕优游，闲暇自得的样子。

〔6〕俾：使。 尔：你，指周王。 弥：终，尽。 性：音义同"生"，指生命(从林义光《诗经通解》说)。

〔7〕似：通"嗣"，继承。 先公：先君，指文王、武王。 酋：完成，成就。

〔8〕土宇：封疆。 昄：音义同"版"。昄章，犹版图(从朱熹《诗集传》引"或曰"说)。

〔9〕厚：广大辽阔。

〔10〕主：指主祭者。

〔11〕茀禄：即福禄。 康：安。

〔12〕纯：大。 嘏：福。

〔13〕冯(píng)：辅。 翼：助。

〔14〕引：引导。 翼：护助。

〔15〕颙颙(yóng)：庄重恭敬的样子。 卬卬(áng)：气概轩昂的样子。

〔16〕圭、璋：古代玉制礼器。

〔17〕令：好。

〔18〕翙翙(huì)：众多的样子。 羽：鸟的代称。

〔19〕爰：于。爰止，指凤凰所停止的地方。

〔20〕蔼蔼：众多的样子。 吉士：善士。指群臣。

〔21〕维：通"惟"。

〔22〕媚：爱戴。

〔23〕傅：至。

〔24〕吉人：犹吉士。

〔25〕庶人：平民。

〔26〕朝阳：指山的东面，因早晨被太阳所照，故称朝阳。

〔27〕菶菶(běng)：萋萋，形容梧桐枝叶茂盛的样子。

〔28〕雝雝喈喈：形容凤凰鸣声和谐的样子。

〔29〕多：通"侈"，车饰侈丽的意思(从俞樾说)。

〔30〕闲：熟练。

〔31〕不多："不"是语词，无义。《毛传》："不多，多也。"

〔32〕遂：对，答。

民　劳

【题解】

这是诗人劝告厉王安民防奸的诗。厉王是成王的七世孙，为政暴虐，徭役繁重，人民不堪其苦，终于起来造反，厉王出奔于彘(今山西省霍县)，国人推共伯和行天子事。这就是《民劳》这首诗的时代背景。

民亦劳止〔1〕，	人民劳累真苦死，
汔可小康〔2〕。	要求稍稍喘口气。
惠此中国〔3〕，	国家搞好京师富，
以绥四方〔4〕。	安抚诸侯不费力。
无纵诡随〔5〕，	别听狡诈欺骗话，
以谨无良〔6〕。	不良之辈要警惕。
式遏寇虐〔7〕，	制止暴虐与劫掠，
憯不畏明〔8〕。	胆大妄为违法纪。
柔远能迩〔9〕，	爱民不分远和近，
以定我王。	国王安定心中喜。
民亦劳止，	人民劳苦莫提起，
汔可小休。	要求稍稍得休息。
惠此中国，	国家搞好京师富，
以为民逑〔10〕。	人民才能心满意。

无纵诡随，	别听狡诈欺骗话，
以谨惛怓[11]。	争权夺利要警惕。
式遏寇虐，	制止暴虐与劫掠，
无俾民忧。	莫使人民心悲凄。
无弃尔劳[12]，	从前功劳休抛弃，
以为王休[13]。	成就国王好名气。
民亦劳止，	人民劳苦莫提起，
汔可小息。	要求稍稍松口气。
惠此京师[14]，	国家搞好京师富，
以绥四国。	安抚诸侯就顺利。
无纵诡随，	别听狡诈欺骗话，
以谨罔极[15]。	两面三刀要警惕。
式遏寇虐，	制止暴虐与劫掠，
无俾作慝[16]。	不使作恶把人欺。
敬慎威仪[17]，	立身端正讲礼节，
以近有德。	亲近贤德勤学习。
民亦劳止，	人民劳苦莫提起，
汔可小愒[18]。	要求稍为歇歇力。
惠此中国，	国家搞好京师富，
俾民忧泄[19]。	使民消忧除怨气。
无纵诡随，	别听狡诈欺骗话，
以谨丑厉[20]。	险恶之人要警惕。
式遏寇虐，	制止暴虐与劫掠，

无俾正败[21]。	莫使政局生危机。
戎虽小子[22]，	你虽是个年轻人，
而式弘大[23]。	作用很大当估计。
民亦劳止，	人民劳苦莫提起，
汔可小安。	要求稍稍得安逸。
惠此中国，	国家搞好京师富，
国无有残[24]。	社会安定好风气。
无纵诡随，	别听狡诈欺骗话，
以谨缱绻[25]。	结党营私要警惕。
式遏寇虐，	制止暴虐与劫掠，
无俾正反[26]。	莫将政权轻丧弃。
王欲玉女[27]，	我王贪财爱美女，
是用大谏[28]。	所以深深规劝你。

【注释】

〔1〕亦、止：都是语助词。

〔2〕汔(qì)：通“乞”，求。　康：安居。

〔3〕惠：爱。　中国：指西周王朝直接统治的区域，即王畿，因四方都有诸侯，故称为中国。

〔4〕绥：安。　四方：指各诸侯国。

〔5〕纵：应作从，“听从”的意思。　诡随：狡诈欺骗的人。

〔6〕谨：慎，小心提防。

〔7〕式：发语词。　遏：制止。　寇虐：指掠夺残害人民的人。

〔8〕憯(cǎn)：犹曾、乃。　明：法。陈奂《毛诗传疏》：“明，犹法也。”

〔9〕柔：安抚。　远：指住在远处的人们。　能：亲善。　迩：近。指住在近处的人们。

〔10〕逑：聚合。民逑，指人民欢聚安居乐业。

〔11〕惛怓(náo)：喧扰争吵。

〔12〕尔：指当时在位者。　劳：功劳。

〔13〕休：美。

〔14〕京师：都城，即此诗其他章节中的“中国”。

〔15〕罔极：行为不正，没有准则。

〔16〕慝(tè)：邪恶。

〔17〕敬慎：严肃谨慎。　威仪：容貌举止礼节。

〔18〕愒(qì)：休息。

〔19〕泄：发泄，消除。

〔20〕丑厉：恶人。

〔21〕正：通“政”。

〔22〕戎：你。　小子：年轻人。指周王。

〔23〕式：作用。　弘：大。

〔24〕残：害。

〔25〕缱绻：固结不解的意思。这里指结党营私。

〔26〕正反：政事颠覆。

〔27〕玉：指金玉财宝。　女：指女色。林义光《诗经通解》：“玉女，谓财货与女色也。”阮元释“玉女”为畜女、爱汝，亦通。

〔28〕是用：因此。　大谏：深切劝告。

板

【题解】

这是诗人假托劝告同事、实际上是劝告厉王的诗。旧说是周公的后代凡伯所作。有人考证凡伯就是共伯和，世称他修德行，好贤仁。周厉王失政逃亡到彘地时，诸侯就立他为周王。后人对这首诗是他所作并无异议。

上帝板板〔1〕，	上帝发疯不正常，
下民卒瘅〔2〕！	下界人民都遭殃！

出话不然[3]，	话儿说得不合理，
为犹不远[4]。	政策订来没眼光。
靡圣管管[5]，	不靠圣人太自用，
不实于亶[6]。	光说不做真荒唐。
犹之未远，	执政丝毫没远见，
是用大谏！	所以作诗劝我王。
天之方难[7]，	老天正把灾难降，
无然宪宪[8]。	不要这般喜洋洋。
天之方蹶[9]，	老天正在降骚乱，
无然泄泄[10]。	不要多嘴说短长。
辞之辑矣[11]，	政令协调缓和了，
民之洽矣[12]。	民心协和国力强。
辞之怿矣[13]，	政令混乱败坏了，
民之莫矣[14]。	人民受害难安康。
我虽异事[15]，	你我职务虽不同，
及尔同寮[16]。	毕竟同事在官场。
我即尔谋[17]，	我到你处商国事，
听我嚣嚣[18]。	忠言逆耳白开腔。
我言维服[19]，	我提建议为治国，
勿以为笑。	切莫当作笑话讲。
先民有言[20]：	古人有话说得好：
“询于刍荛[21]。”	“有事请教斫柴郎。”

天之方虐[22]，	老天正把灾难降，
无然谑谑[23]。	切莫喜乐太放荡。
老夫灌灌[24]，	老夫恳切尽忠诚，
小子跻跻[25]。	小子骄傲不像样。
匪我言耄[26]，	不是我说糊涂话，
尔用忧谑[27]。	你开玩笑太轻狂。
多将熇熇[28]，	多做坏事难收拾，
不可救药。	不可救药国将亡。
天之方懠[29]，	老天正在生怒气，
无为夸毗[30]。	你别这副奴才相。
威仪卒迷[31]，	君臣礼节都乱套，
善人载尸[32]。	好人闭口不开腔。
民之方殿屎[33]，	人民痛苦正呻吟，
则莫我敢葵[34]。	对我不敢妄猜想。
丧乱蔑资[35]，	社会纷乱国库空，
曾莫惠我师[36]。	抚恤群众谈不上。
天之牖民[37]，	老天诱导众百姓，
如壎如篪[38]，	如吹壎篪和音响，
如璋如圭[39]，	如像玄圭配玉璋，
如取如携[40]。	如提如携来相帮。
携无曰益[41]，	培育扶植不设防，
牖民孔易。	因势利导很顺当。
民之多辟[42]，	如今民间多乱子，

无自立辟[43]。	枉自立法没用场。
价人维藩[44]，	好人好比是藩篱，
大师维垣[45]，	大众好比是围墙，
大邦维屏[46]，	大国好比是屏障，
大宗维翰[47]。	同族好比是栋梁。
怀德维宁[48]，	关心人民国安泰，
宗子维城[49]。	宗子就像是城墙。
无俾城坏，	别让城墙受破坏，
无独斯畏[50]。	不要孤立自遭殃。
敬天之怒[51]，	老天发怒要敬畏，
无敢戏豫[52]。	不敢嬉戏太放荡。
敬天之渝[53]，	老天灾变要敬畏，
无敢驰驱[54]。	不敢任性太狂放。
昊天曰明[55]，	老天眼睛最明亮，
及尔出王[56]。	和你一起同来往。
昊天曰旦[57]，	老天眼睛最明朗，
及尔游衍[58]。	和你一起共游逛。

【注释】

〔1〕上帝：喻周厉王。　板板：乖戾、不正常的样子。

〔2〕卒瘅（cuì dǎn）：疲病。卒为悴的省借，亦作“瘁”，《韩诗外传》引这句诗作“瘁瘅”。

〔3〕不然：不对。

〔4〕犹：同“猷”，谋，政策。　不远：无远见。

〔5〕靡圣：眼里没有圣人。　管管：没有依据，自以为是的样子。
〔6〕不实：不实行。　亶：诚信。
〔7〕方：正在。　难：灾难。
〔8〕无然：不要这样。　宪宪：犹欣欣，喜悦的样子。
〔9〕蹶：动，扰乱。
〔10〕泄泄(yì)：亦作呭呭，多嘴的样子。
〔11〕辞：指政治教令。　辑：和缓协调。
〔12〕洽：协和团结。
〔13〕怿：借为“殬”，败坏。
〔14〕莫：通“瘼”，病，疾苦。
〔15〕异事，指职务不同。
〔16〕及：和。　同寮：同事。
〔17〕即：往就。　谋：商量。
〔18〕嚣嚣(áo)：傲慢而不肯接受别人意见的样子。
〔19〕维：是。　服：用，治。
〔20〕先民：古人。
〔21〕刍：草。　荛：柴。刍荛指割草砍柴者，即樵夫。
〔22〕虐：暴虐。指降灾。
〔23〕谑谑：嬉笑快乐的样子。
〔24〕老夫：诗人自称。《礼记·曲礼》：“丈夫七十自称老夫。”灌灌：犹款款，诚恳的样子。
〔25〕小子：指厉王(从陈奂《毛诗传疏》说)。　跻跻：骄傲的样子。
〔26〕匪：非。　耄：昏乱糊涂。
〔27〕忧：借为“优”。忧谑：调笑(从俞樾《群经平议》说)。
〔28〕将：行。多将，多做。　熇熇(hè)：火势炽盛的样子。这里指不可收拾。
〔29〕侪：怒。
〔30〕夸毗：卑躬屈膝，谄媚顺从。
〔31〕威仪：这里指君臣之间的礼节。　卒：尽，都。　迷：迷乱。
〔32〕载：则。　尸：神主。《孔疏》：“尸，谓祭时之尸，以为神象，故终祭不言。贤人君子则如尸不复言语，畏政故也。”
〔33〕殿屎(xī)：痛苦呻吟。
〔34〕葵：通“揆”，猜疑。
〔35〕蔑：无，没有。　资：资财。

〔36〕惠：施恩。　师：指民众。

〔37〕牖：通“诱”，诱导。

〔38〕埙(xūn)：古代陶制的椭圆形吹奏乐器。　篪(chí)：古代竹制的一种管乐器。

〔39〕圭、璋：都是玉制的礼器，圭为长条形薄版，上端三角形。《孔疏》：“半圭为璋，合二璋则成圭。”

〔40〕携：提。

〔41〕曰：语助词，无义。　益：通“隘”，阻碍。无益：即不阻碍。

〔42〕辟：通“僻”，邪僻。

〔43〕辟(bì)：法。立辟，立法。

〔44〕价：音义同“介”，善。　维：是。　藩：篱笆。

〔45〕大师：大众。　垣：墙。

〔46〕大邦：指诸侯中的大国。　屏：屏障。

〔47〕大宗：周王同姓的宗族。　翰：桢干，栋梁。

〔48〕怀德：有好的德行。　宁：指国家安宁。

〔49〕宗子：周王的嫡子。

〔50〕独：孤立。　斯：此，这。　畏：可怕。

〔51〕敬：敬畏。《鲁诗》作“畏”。

〔52〕无：同“毋”。《鲁诗》作“不”。　戏豫：嬉戏娱乐。

〔53〕渝：变。指天灾。

〔54〕驰驱：指任性放纵。

〔55〕曰：语助词。　明：光明。

〔56〕及：与。　王：通“往”。出王，进出来往。

〔57〕旦：和“明”同义。

〔58〕游衍：游逛。

荡

【题解】

这是诗人哀伤厉王无道、周室将亡的诗。全诗借托文王指斥殷纣王的手法以刺厉王，这种托古刺今的表现手法，可算是咏史诗的滥觞。

荡荡上帝[1]，	上帝骄纵又放荡，
下民之辟[2]。	他是下民的君王。
疾威上帝[3]，	上帝贪心又暴虐，
其命多辟[4]。	政令邪僻太反常。
天生烝民[5]，	上天生养众百姓，
其命匪谌[6]。	政令无信尽撒谎。
靡不有初[7]，	万事开头讲得好，
鲜克有终[8]。	很少能有好收场。
文王曰咨[9]，	文王开口叹声长，
咨女殷商[10]！	叹你殷商末代王！
曾是强御[11]，	多少凶暴强横贼，
曾是掊克[12]，	敲骨吸髓又贪赃，
曾是在位[13]，	窃据高位享厚禄，
曾是在服[14]。	有权有势太猖狂。
天降慆德[15]，	天降这些不法臣，
女兴是力[16]。	助长国王逞强梁。
文王曰咨，	文王开口叹声长，
咨女殷商！	叹你殷商末代王！
而秉义类[17]，	你任善良以职位，
强御多怼[18]。	凶暴奸臣心怏怏。
流言以对[19]，	面进谗言来诽谤，
寇攘式内[20]。	强横窃据朝廷上。
侯作侯祝[21]，	诅咒贤臣害忠良，

靡届靡究[22]。	没完没了造祸殃。

文王曰咨，	文王开口叹声长，
咨女殷商！	叹你殷商末代王！
女炰烋于中国[23]，	跋扈天下太狂妄，
敛怨以为德[24]。	却把恶人当忠良。
不明尔德[25]，	知人之明你没有，
时无背无侧[26]。	不知叛臣结朋党。
尔德不明，	知人之明你没有，
以无陪无卿[27]。	不知公卿谁能当。

文王曰咨，	文王开口叹声长，
咨女殷商！	叹你殷商末代王！
天不湎尔以酒[28]，	上天未让你酗酒，
不义从式[29]。	也未让你用匪帮。
既愆尔止[30]，	礼节举止全不顾，
靡明靡晦。	没日没夜灌黄汤。
式号式呼[31]，	狂呼乱叫不像样，
俾昼作夜。	日夜颠倒政事荒。

文王曰咨，	文王开口叹声长，
咨女殷商！	叹你殷商末代王！
如蜩如螗[32]，	百姓悲叹如蝉鸣，
如沸如羹[33]。	恰如落进沸水汤。
小大近丧[34]，	大小事儿都不济，

人尚乎由行〔35〕。	你却还是老模样。
内奰于中国〔36〕，	全国人民怒气生，
覃及鬼方〔37〕。	怒火蔓延到远方。
文王曰咨，	文王开口叹声长，
咨女殷商！	叹你殷商末代王！
匪上帝不时〔38〕，	不是上帝心不好，
殷不用旧〔39〕。	是你不守旧规章。
虽无老成人〔40〕，	虽然身边没老臣，
尚有典刑〔41〕。	还有成法可依傍。
曾是莫听〔42〕，	这样不听人劝告，
大命以倾〔43〕。	命将转移国将亡。
文王曰咨，	文王开口叹声长，
咨女殷商！	叹你殷商末代王！
人亦有言：	古人有话不可忘：
“颠沛之揭〔44〕，	“大树拔倒根出土，
枝叶未有害，	树叶虽然暂不伤，
本实先拨〔45〕。”	树根已坏难久长。”
殷鉴不远〔46〕，	殷商镜子并不远，
在夏后之世。	应知夏桀啥下场。

【注释】

〔1〕荡荡：任意骄纵、不守法制的样子。　上帝：托指周王。

〔2〕辟（bì）：君主。

〔3〕疾威：贪暴。

〔4〕命：政令。　辟：通“僻”，邪僻。

〔5〕烝：众。

〔6〕谌(chén)：诚。匪谌，不诚，不守信用。

〔7〕靡：无。

〔8〕鲜：少。　克：能。

〔9〕咨：嗟叹声。

〔10〕女：汝。当时厉王暴虐，作者不敢批评他，假托文王批评殷纣，来抒发自己的意见。

〔11〕曾：乃。　是：这样。　强御：凶暴。这里作名词用，指凶暴的臣子。

〔12〕掊克：聚敛。这里指搜括人民的臣子。

〔13〕在位：指处于统治地位。

〔14〕服：任。在服和在位对文，在位是有职无权的官，在服是有职有权的官(从陈奂《毛诗传疏》说)。

〔15〕慆：通“滔”，和荡荡同义。慆德，指强御、掊克等不法臣子而言(从方玉润《诗经原始》说)。

〔16〕女：汝；指不法之臣。　兴：助长。　力：勤。

〔17〕而：通“尔”，你。　秉：操持，用。　义类：善类。

〔18〕怼(duì)：怨恨。

〔19〕流言：谣言。

〔20〕寇攘：盗窃国家资财。　式：于，在。　内：指朝廷内。

〔21〕侯：有。　作：借为诅。　祝：通“咒”字。诅咒，祈求鬼神加祸于敌对的人。

〔22〕届：尽。　究：穷。

〔23〕女：汝，影射厉王。　炰烋(páo xiāo)：亦作咆哮，怒吼。

〔24〕敛：聚集。　怨：可恨的人。

〔25〕不明：没有知人之明，不辨善恶。

〔26〕时：《韩诗》作“以”，所以。　背：背叛。　侧：不正派。

〔27〕陪：辅佐。　卿：卿大夫。

〔28〕湎：沉溺于酒。

〔29〕从：听从。　式：任用。

〔30〕愆(qiān)：过失，错误。　止：容止，行为。

〔31〕式：助词。

〔32〕蜩(tiáo)：蝉。　螗：蝉的一种，亦名蝘。

〔33〕羹：菜汤。

〔34〕小大：指大小事。　丧：失败。
〔35〕人：指厉王。　由行：照老样子做。
〔36〕奰(bì)：怒。
〔37〕覃：延。　鬼方：远方。
〔38〕不时：不好。
〔39〕旧：指旧的典章制度。
〔40〕老成人：旧臣，意指诗人自己。
〔41〕典刑：旧法。
〔42〕曾：乃，可是。　是：这些。指上面所说的话。
〔43〕大命：指国家的命运。
〔44〕颠沛：跌倒。这里指被拔倒的树木。　揭：高举。指树木倒地后根部翻出。
〔45〕拨：败的假借字，《列女传》引这句诗作“败”。
〔46〕鉴：同“镜”。

抑

【题解】

这是周王朝一位老臣劝告、讽刺周王的诗。诗可能是西周末年一位元老所作，有人说是卫国的武公，他劝告周王守礼修德，谨言慎行；刺他昏庸骄满，愚昧无知。反映了当时统治者的腐朽无能、社会面临崩溃的情况。

抑抑威仪[1]，	仪表堂堂礼彬彬，
维德之隅[2]。	为人品德很端正。
人亦有言：	古人有句老俗话：
“靡哲不愚[3]。”	“智者看来像愚笨。”
庶人之愚[4]，	常人显得不聪明，
亦职维疾[5]。	那是本身有毛病。

哲人之愚，	智者看似不聪明，
亦维斯戾[6]。	那是装傻避罪刑。
无竞维人[7]，	有了贤人国强盛，
四方其训之[8]。	四方诸侯来归诚。
有觉德行[9]，	君子德行正又直，
四国顺之。	诸侯顺从庆升平。
讦谟定命[10]，	建国大计定方针，
远犹辰告[11]。	长远国策告群臣。
敬慎威仪，	举止行为要谨慎，
维民之则。	人民以此为标准。
其在于今，	如今天下乱纷纷，
兴迷乱于政[12]。	国政混乱不堪论。
颠覆厥德[13]，	你的德行已败坏，
荒湛于酒[14]。	沉湎酒色醉醺醺。
女虽湛乐从[15]，	只知吃喝和玩乐，
弗念厥绍[16]。	继承帝业不关心。
罔敷求先王[17]，	先王治道不广求，
克共明刑[18]。	怎能明法利众民。
肆皇天弗尚[19]，	皇天不肯来保佑，
如彼泉流，	好比泉水空自流，
无沦胥以亡[20]。	君臣相率一齐休。
夙兴夜寐，	应该起早又睡晚，

洒埽廷内[21]，	里外洒扫除尘垢，
维民之章[22]。	为民表率要带头。
修尔车马，	整治你的车和马，
弓矢戎兵[23]，	弓箭武器认真修，
用戒戎作[24]，	防备一旦战事起，
用逷蛮方[25]。	征服国外众蛮酋。
质尔人民[26]，	安定你的老百姓，
谨尔侯度[27]，	谨守法度莫任性，
用戒不虞[28]。	以防祸事突然生。
慎尔出话，	说话开口要谨慎，
敬尔威仪，	行为举止要端正，
无不柔嘉[29]。	处处温和又可敬。
白圭之玷[30]，	白玉上面有污点，
尚可磨也；	尚可琢磨除干净；
斯言之玷，	开口说话出毛病，
不可为也！	再要挽回也不成！
无易由言[31]，	不要随口把话吐，
无曰“苟矣[32]，	莫道“说话可马虎，
莫扪朕舌[33]”，	没人把我舌头捂”，
言不可逝矣[34]。	一言既出难弥补。
无言不雠[35]，	没有出言无反应，
无德不报。	施德总能得福禄。
惠于朋友[36]，	朋友群臣要爱护，

庶民小子。	百姓子弟多安抚。
子孙绳绳[37]，	子子孙孙要谨慎，
万民靡不承[38]。	人民没有不顺服。
视尔友君子[39]，	看你招待贵族们，
辑柔尔颜[40]，	和颜悦色笑盈盈，
不遐有愆[41]。	小心过失莫发生。
相在尔室[42]，	看你独自处室内，
尚不愧于屋漏[43]。	做事无愧于神明。
无曰“不显[44]，	休道“室内光线暗，
莫予云觏[45]”。	没人能把我看清”。
神之格思[46]，	神明来去难预测，
不可度思[47]，	不知何时忽降临，
矧可射思[48]。	怎可厌倦自遭惩。
辟尔为德[49]，	修明德行养情操，
俾臧俾嘉[50]。	使它高尚更美好。
淑慎尔止[51]，	举止谨慎行为美，
不愆于仪。	仪容端正有礼貌。
不僭不贼[52]，	不犯过错不害人，
鲜不为则[53]。	很少不被人仿效。
投我以桃，	人家送我一篮桃，
报之以李。	我把李子来相报。
彼童而角[54]，	胡说秃羊头生角，
实虹小子[55]。	实是乱你周王朝。

荏染柔木[56]，	又坚又韧好木料，
言缗之丝[57]。	制作琴瑟丝弦调。
温温恭人，	温和谨慎老好人，
维德之基。	根基深厚品德高。
其维哲人，	如果你是明智人，
告之话言[58]，	古代名言来奉告，
顺德之行。	马上实行当作宝。
其维愚人，	如果你是糊涂虫，
覆谓我僭[59]，	反说我错不讨好，
民各有心。	人心各异难诱导！
於乎小子[60]，	可叹少爷太年青，
未知臧否[61]！	不知好歹与重轻！
匪手携之[62]，	非但搀你互谈心，
言示之事[63]。	也曾教你办事情。
匪面命之[64]，	非但当面教导你，
言提其耳。	还拎你耳要你听。
借曰未知[65]，	假使说你不懂事，
亦既抱子。	也已抱子有儿婴。
民之靡盈[66]，	人们虽然有缺点，
谁夙知而莫成[67]？	谁会早慧却晚成？
昊天孔昭，	苍天在上最明白，
我生靡乐。	我这一生没愉快。

视尔梦梦[68]，	看你那种糊涂样，
我心惨惨[69]。	我心烦闷又悲哀。
诲尔谆谆[70]，	反复耐心教导你，
听我藐藐[71]。	你既不听也不睬。
匪用为教，	不知教你为你好，
覆用为虐[72]。	反当笑话来编排。
借曰未知，	如果说你不懂事，
亦聿既耄[73]！	怎会骂我是老迈！

於乎小子，	叹你少爷年幼王，
告尔旧止[74]，	听我告你旧典章，
听用我谋，	你若听用我主张，
庶无大悔[75]。	不致大错太荒唐。
天方艰难[76]，	上天正把灾难降，
曰丧厥国[77]。	只怕国家要灭亡。
取譬不远，	让我就近打比方，
昊天不忒[78]。	上天赏罚不冤枉。
回遹其德[79]，	如果邪僻性不改，
俾民大棘[80]！	黎民百姓要遭殃！

【注释】

〔1〕抑抑：慎密。　威仪：容止礼节。

〔2〕隅：本义是屋角，引申为方正。

〔3〕哲：指聪明而知识丰富的人。

〔4〕庶人：众民，一般人。

〔5〕亦：语首助词。　职：主要。　维：是。　疾：毛病。

〔6〕戾：罪。欺戾：避罪。

〔7〕无：发语词。 竞：强。 维：亦作惟，由于。 人：指贤人。

〔8〕训：顺从。

〔9〕觉：通“梏”，高大、正直的样子。《礼记·缁衣》引诗作“梏”。

〔10〕訏(xū)：大。 谟：谋。

〔11〕犹：同“猷”，谋略。 辰：时。

〔12〕兴：语首助词。

〔13〕颠覆：败坏。 厥：其，指周王。

〔14〕荒湛(dān)：沉湎。

〔15〕女：汝，指周王。 虽：与“惟”通，只。 湛乐：吃喝玩乐。从：从事。

〔16〕绍：继，继承先人传统。

〔17〕罔：无，不。 敷：广。 先王：指先王的治国之道。

〔18〕克：能。 共：通“拱”，执行。 刑：法。

〔19〕肆：发声词。有人训为“故今”，亦通。 尚：保佑。

〔20〕无：发声词(从王引之《经义述闻》说)。 沦：率。 胥：相。沦胥，相率。 以：而。

〔21〕廷：通“庭”，庭院。 内：室内。

〔22〕维：为。 章：法则，模范。

〔23〕戎兵：指武器。

〔24〕戒：准备。 戎：战事。 作：起。

〔25〕逷(tì)：剪除，治服。 蛮方：指远方异族。

〔26〕质：安定。

〔27〕侯：语助词。 度：法度。

〔28〕不虞：不测。

〔29〕柔嘉：柔和妥善。

〔30〕玷(diàn)：玉上的斑点。

〔31〕易：轻易。 由：于。

〔32〕苟：苟且，随便。

〔33〕扪：执持。 朕：我。上古一般人多自称为朕，到秦始皇才定朕为皇帝的自称。

〔34〕逝：及，追。刘向《说苑·丛谈篇》说：“口者，关也；舌者，机也。出言不当，四马不能追也。”

〔35〕雠：答。

〔36〕朋友：指在朝的群臣。

〔37〕绳绳：谨慎的样子。

〔38〕承：顺从。

〔39〕友：这里作动词“招待”用。　君子：指在朝的群臣。

〔40〕辑：和。

〔41〕遐：何。　愆：过错。

〔42〕相：看。

〔43〕屋漏：白天屋里日光从天窗漏入(《孔疏》引孙炎说)。王先谦《诗三家义集疏》引黄山云：“不愧屋漏，即言不愧于神明。神不可知，以天明之，犹言不愧于天。天亦不可知，以日明之。”据黄说，屋漏即指神明。

〔44〕无：同“毋”。

〔45〕云：语助词。　觏：看见。

〔46〕格：至。　思：语助词。

〔47〕度：揣测。

〔48〕矧(shěn)：况且。　射(yì)：通“斁”，讨厌。

〔49〕辟：修明。　为：语助词。

〔50〕臧、嘉：善。

〔51〕淑：美好。　止：举止，行为。

〔52〕僭：差错。　贼：残害。

〔53〕鲜：少。　则：法则。

〔54〕童：秃。指无角的羊。　而：以。而角，以……为有角。

〔55〕虹：通“讧”，溃乱。　小子：指年青的周王。《郑笺》：“天子未除丧称小子。”

〔56〕荏染：坚韧。　柔木：指椅、桐、梓、漆等做琴瑟乐器的树木。

〔57〕言：语首助词。　缗：按上。　丝：指琴瑟的丝弦。

〔58〕话言：经后人考证，认为话言恐为“诂言”之误。陈奂《毛诗传疏》：“话，当为诂字之误也。《释文》引《说文》作‘告之诂言’，云：‘诂，故言也。’是陆(陆德明)所见《说文》，据诗作‘诂言’，可据以订正。”诂言，古老话。

〔59〕覆：反而。　僭：错。

〔60〕於(wū)乎：即呜呼，叹词。

〔61〕否(pǐ)：恶。

〔62〕匪：非但，不但。　携：搀着。

〔63〕示：指点。

〔64〕面：当面。　命：教导。
〔65〕借曰：假如说。　未知：没有知识。
〔66〕民：泛指人。　盈：盈满。含有没有缺点样样都好的意思。
〔67〕夙：早。夙知，早慧。　莫：音义同“暮”。莫成，晚成。
〔68〕梦梦：昏昏，糊涂。
〔69〕惨惨：忧愁烦闷的样子。
〔70〕谆谆：教诲不倦的样子。
〔71〕藐藐：轻视而听不进的样子。
〔72〕虐：谑的借字，戏谑，开玩笑。
〔73〕聿：助词。　耄：老。
〔74〕旧：指旧的典章制度。　止：语气词。有人说，旧止，指先王的礼法，亦通。
〔75〕庶：幸，含有希望之意。
〔76〕艰难：灾难。
〔77〕曰：发语词。
〔78〕忒（tè）：偏差。
〔79〕回遹（yù）：邪僻。
〔80〕棘：通“急”。

桑　柔

【题解】

这是周厉王的大臣芮良夫讽刺厉王的诗。诗中反映了周厉王时国政昏乱、君王无道、奸臣得宠、人民受难的情况。怨恨自己一片忠心得不到厉王重用。作者对“下民”的苦难抱同情态度，但对他们的反抗、暴动则加以诋毁。成诗的时间，过去有不同见解，似作于共和摄政一二年间之说较为正确。

菀彼桑柔[1]，	青青桑叶密又嫩，
其下侯旬[2]，	桑树下面一片荫，

捋采其刘[3]。	采完桑叶剩枝根。
瘼此下民[4]，	害苦百姓难遮身，
不殄心忧[5]。	愁思绵绵缠我心。
仓兄填兮[6]，	社会凄凉乱纷纷，
倬彼昊天[7]，	皇天能把善恶分，
宁不我矜[8]！	怎么不怜我老臣！

四牡骙骙[9]，	四马驾车不住奔，
旟旐有翩[10]。	旌旗翻飞各逃生。
乱生不夷[11]，	祸乱发生不太平，
靡国不泯[12]。	到处纷乱难安宁。
民靡有黎[13]，	百姓死亡人稀少，
具祸以烬[14]。	全都遭难变灰烬，
於乎有哀，	长叹一声心悲痛，
国步斯频[15]！	国运艰危势将倾！

国步蔑资[16]，	民穷财尽国运紧，
天不我将[17]。	老天不助我人民。
靡所止疑[18]，	没有地方可安身，
云徂何往[19]？	想走不知去何村？
君子实维[20]，	君子扪心自思忖，
秉心无竞[21]。	没有争权夺利心。
谁生厉阶[22]？	谁是产生祸乱根？
至今为梗[23]。	至今作梗害人们。

忧心殷殷[24]，	隐隐作痛心忧伤，
念我土宇[25]。	想念故土旧家乡。
我生不辰[26]，	生不逢时真不幸，
逢天僤怒[27]。	碰上老天怒火旺。
自西徂东，	从西到东天地宽，
靡所定处。	没有安居好地方。
多我觏痻[28]，	灾难遭到一连串，
孔棘我圉[29]。	再加敌寇侵边疆。

为谋为毖[30]，	谋划国事要谨慎，
乱况斯削[31]。	祸乱状况会减轻。
告尔忧恤[32]，	你们应当忧国事，
诲尔序爵[33]。	合理授官任贤能。
谁能执热[34]，	好比谁想驱炎热，
逝不以濯[35]？	不去洗澡行不行？
其何能淑，	国事如果不办好，
载胥及溺[36]。	大家淹死都丧命。

如彼溯风[37]，	好比顶着大风跑，
亦孔之僾[38]。	呼吸困难心发跳。
民有肃心[39]，	人民空有进取心，
荓云不逮[40]。	形势使他难效劳。
好是稼穑[41]，	重视春种和秋收，
力民代食[42]。	百姓劳动官吃饱。
稼穑维宝，	农业生产是个宝，

代食维好。	官吏坐吃是正道。

天降丧乱，	死亡祸乱从天降，
灭我立王[43]。	要灭我们所立王。
降此蟊贼[44]，	降下害虫和蟊贼，
稼穑卒痒[45]。	大田庄稼全吃光。
哀恫中国[46]，	哀痛我们全中国，
具赘卒荒[47]。	绵延田地一片荒。
靡有旅力[48]，	大家没有尽力干，
以念穹苍[49]。	怎能感动那上苍。

维此惠君[50]，	通情达理好君王，
民人所瞻。	人民对他就景仰。
秉心宣犹[51]，	心地光明善治国，
考慎其相[52]。	慎重考察择宰相。
维彼不顺，	君主违理不顺民，
自独俾臧，	只管自己把福享，
自有肺肠，	别有一副怪心肠，
俾民卒狂。	使民迷惑而放荡。

瞻彼中林，	看那野外有树林，
甡甡其鹿[53]。	鹿儿成群多相亲。
朋友已谮[54]，	朋友互相反欺骗，
不胥以穀[55]。	不能置腹又推心。
人亦有言：	人们经常这样说：

“进退维谷[56]。”	“进退两难真苦闷。”
维此圣人，	只有圣人有眼力，
瞻言百里[57]；	目光远大望百里；
维彼愚人，	只有蠢人眼近视，
覆狂以喜[58]。	反而狂妄瞎欢喜。
匪言不能[59]，	并非有口不能言，
胡斯畏忌[60]？	为啥害怕有顾忌？
维此良人，	这位君主心善良，
弗求弗迪[61]；	不求名位不争王；
维彼忍心，	那位君主太残忍，
是顾是复。	反复无常理不讲。
民之贪乱，	百姓为啥要作乱，
宁为荼毒[62]。	因遭暴政苦难挡。
大风有隧[63]，	天上呼呼刮大风，
有空大谷。	峡谷从来是空空。
维此良人，	这位君主心善良，
作为式穀[64]；	多做好事人歌颂；
维彼不顺，	那位君主不讲理，
征以中垢[65]。	日夜荒淫不出宫。
大风有隧，	天上大风呼呼吹，
贪人败类[66]。	贪利小人是败类。

听言则对[67]，	顺从话儿你答对，
诵言如醉[68]。	一听忠谏装酒醉。
匪用其良，	忠臣良言不采用，
覆俾我悖[69]。	反而说我老背晦。
嗟尔朋友，	叫声朋友听我说，
予岂不知而作[70]。	我岂不知你所作。
如彼飞虫[71]，	好比天空飞翔鸟，
时亦弋获[72]。	有时射中也被捉。
既之阴女[73]，	你的底细我掌握，
反予来赫[74]。	如今反来恐吓我。
民之罔极[75]，	人心不正好作乱，
职凉善背[76]。	主张刻薄搞反叛。
为民不利，	你做不利人民事，
如云不克[77]。	好像还嫌不凶残。
民之回遹[78]，	人民要走邪僻路，
职竞用力[79]。	竞用暴力解苦难。
民之未戾[80]，	人民不把好事做，
职盗为寇。	主张为盗结成伙。
凉曰不可[81]，	诚恳告你行不通，
覆背善詈[82]。	你反背地咒骂我。
虽曰匪予[83]，	虽然被你来诽谤，
既作尔歌[84]。	终究为你把诗作。

【注释】

〔1〕菀(wǎn)：茂盛的样子。　桑柔：即柔桑。

〔2〕侯：维，是。　旬：树荫遍布。

〔3〕刘：剥落稀疏。指桑树被采后稀疏无叶。

〔4〕瘼：病，害。

〔5〕殄(tiǎn)：断绝。

〔6〕仓兄：同“怆怳”，凄凉纷乱的样子。　填：久。

〔7〕倬彼：倬倬，光明的样子。

〔8〕宁：何。　不我矜：不矜我的倒文。矜，怜。

〔9〕骙骙：马强壮的样子。

〔10〕旟、旐：画有鹰隼龟蛇的旗。　有翩：翩翩，形容旌旗翻飞的样子。

〔11〕夷：平定。

〔12〕泯：乱。

〔13〕黎：众。

〔14〕具：通“俱”。　以：通“而”。

〔15〕国步：国运。　斯：这样。　频：危急。

〔16〕蔑：无。　资：财。

〔17〕将：扶助。

〔18〕疑：通“凝”，定。止疑，停息。

〔19〕云：发语词。　徂：往。

〔20〕君子：指当时贵族们(包括作者在内)。　维：通“惟”，想。

〔21〕秉心：存心。　无竞：无争。

〔22〕厉阶：祸端。

〔23〕梗：灾害。

〔24〕殷殷：心痛的样子。

〔25〕土宇：土地房屋。

〔26〕辰：时。

〔27〕僤(dàn)：大。

〔28〕觏：遇。　痻(mín)：病，灾难。

〔29〕棘：通“急”。　圉：边疆。

〔30〕毖：谨慎。

〔31〕斯：则，乃。　削：减少。

〔32〕尔：指周王及当时执政的大臣。

〔33〕序：次序。这里用如动词，合理安排。　爵：官爵。

〔34〕执热：解救炎热。

〔35〕逝：发语词。　濯：沐浴。

〔36〕载：则，就。　胥：皆，都。

〔37〕溯：逆。

〔38〕亦、之：都是语助词。　僾：呼吸不舒畅的样子。

〔39〕肃心：进取的心。

〔40〕荓(pīng)：使。　云：有。　不逮：不及。

〔41〕稼穑：这里泛指农业劳动。

〔42〕力民：使人民出力劳动。　代食：指不劳动的官僚坐吃粮食。

〔43〕灭我立王：指周厉王被国人赶跑，流放于彘的事。

〔44〕蟊：吃苗根的害虫。　贼：吃苗节的害虫。

〔45〕卒：完全。　痒：病。

〔46〕恫(tōng)：痛。

〔47〕赘(zhuì)：通“缀”，连属。

〔48〕旅：通“膂”。旅力：体力。

〔49〕念：感动。

〔50〕惠：顺。

〔51〕宣：明。　犹：通“猷”，道。宣犹：明道。

〔52〕考慎：慎重考察。　相：辅佐大臣。

〔53〕甡甡(shēn)：同“莘莘”，众多的样子。

〔54〕谮(jiàn)：通“僭”，相欺而不相信。

〔55〕胥：相。　以：同“与”。　穀：善。

〔56〕维：是。　谷：穷。阮元以“谷”为“穀”的假借字，训善；嫌二穀相并为韵，是诗人义同字变之例。可备一说。

〔57〕言：句中助词。

〔58〕覆：反而。

〔59〕匪：非。这句是“非不能言”的倒文。

〔60〕斯：这样。

〔61〕迪：进。《庄子》郭象注：“共和者，周王之孙也。怀道抱德，食封于共。厉王之难，诸侯立之。宣王立，乃废。立之不喜，废之不怒。”《鲁连子》：“共伯，名和。好行仁义，诸侯贤之。厉王奔彘，诸侯奉和以行天子事。十四年，厉王死。共伯使诸侯奉王子靖，是为宣王。共伯复归于卫。”可为此句佐证。

〔62〕宁：乃。　荼毒：残害。

〔63〕有隧：隧隧，风疾速的样子。

〔64〕式：句中助词。

〔65〕征：往。　以：而。　中：内。指宫内。　垢：污秽。中垢，指宫廷秽闻。

〔66〕贪人：贪财犯法的人。指荣夷公之流。《史记·周本纪》："厉王即位三十年，好利，近荣夷公。芮良夫谏不听，卒以荣公为卿士。"败类：有人释为残害同类，有人训类为"善"，均可通。

〔67〕听言：顺从的话。　对：答话。

〔68〕诵言：劝告的话。

〔69〕悖：违理。

〔70〕予：芮良夫自称。　而：你。

〔71〕飞虫：指飞鸟。

〔72〕时：有时。　弋获：射中捉住。

〔73〕既：已经。　之：语助词。　阴：通"谙"，熟悉，了解。女：汝。

〔74〕赫：通"吓"。

〔75〕罔极：无法则。

〔76〕职：主张（下二章同）。　凉：刻薄。　善背：惯于背叛统治者。

〔77〕云：句中助词。　克：胜。

〔78〕回遹（yù）：邪僻。

〔79〕用力：指专用暴力。

〔80〕戾：善。马瑞辰《毛诗传笺通释》："《广雅·释诂》：'戾，善也。'"

〔81〕凉：通"谅"，诚恳。

〔82〕背：背后。

〔83〕曰：语中助词。　匪：通"诽"，诽谤（从林义光《诗经通解》说）。

〔84〕既：终。　作尔歌：为你作歌。

云　汉

【题解】

这是周宣王求神祈雨的诗。旧说作者是大夫仍叔，但也有人怀疑此说。

倬彼云汉[1]，	浩浩银河天上横，
昭回于天[2]。	星光灿烂转不停。
王曰於乎[3]，	国王仰天长叹息：
何辜今之人[4]！	百姓今有啥罪行！
天降丧乱，	上天降下死亡祸，
饥馑荐臻[5]。	饥荒灾难接连生。
靡神不举[6]，	哪位神灵没祭祀，
靡爱斯牲[7]。	何曾吝惜用牺牲。
圭璧既卒[8]，	祭神圭璧已用尽，
宁莫我听[9]！	为啥祷告天不听！
旱既大甚[10]，	旱情已经很严重，
蕴隆虫虫[11]。	酷暑闷热如火熏。
不殄禋祀[12]，	不断祭祀求降雨，
自郊徂宫。	从那郊外到庙寝。
上下奠瘗[13]，	上祭天神下祭地，
靡神不宗[14]。	任何神灵都敬尊。
后稷不克，	后稷不能止灾情，
上帝不临。	上帝圣威不降临。
耗斁下土[15]，	天下田地尽遭害，
宁丁我躬[16]！	灾难恰恰落我身。
旱既大甚，	旱灾已经很不轻，

则不可推[17]。	想要消除不可能。
兢兢业业[18]，	整天提心又吊胆，
如霆如雷。	如防霹雳和雷霆。
周余黎民[19]，	周地剩余老百姓，
靡有孑遗[20]。	将要全部死干净。
昊天上帝，	皇天上帝心好狠，
则不我遗[21]。	不肯赐食把善行。
胡不相畏？	祖先怎么不害怕？
先祖于摧[22]。	子孙死绝祭不成。
旱既大甚，	旱情严重无活路，
则不可沮[23]。	没有办法可止住。
赫赫炎炎[24]，	烈日炎炎如火烧，
云我无所[25]。	哪里还有遮阴处。
大命近止[26]，	大限已到命将亡，
靡瞻靡顾。	神灵仍旧不看顾。
群公先正[27]，	诸侯公卿众神灵，
则不我助。	不肯降临来帮助。
父母先祖，	父母祖先在天上，
胡宁忍予[28]！	为啥忍心看我苦！
旱既大甚，	旱灾来势很凶暴，
涤涤山川[29]。	山秃河干草木焦。
旱魃为虐[30]，	旱魔为害太猖狂，
如惔如焚[31]。	好像遍地大火烧。

我心惮暑，	长期酷热令人畏，
忧心如熏。	忧心如焚受煎熬。
群公先正，	诸侯公卿众神灵，
则不我闻[32]。	毫不过问怎么好。
昊天上帝，	叫声上帝叫声天，
宁俾我遯[33]！	难道要我脱身逃！
旱既大甚，	旱灾来势虽凶暴，
黾勉畏去[34]。	勉力在位不辞劳。
胡宁瘨我以旱[35]？	为啥降旱害我们？
憯不知其故[36]。	不知缘由真心焦。
祈年孔夙[37]，	祈年祭祀不算晚，
方社不莫[38]。	祭方祭社也很早。
昊天上帝，	皇天上帝太狠心，
则不我虞[39]。	不佑助我不宽饶。
敬恭明神[40]。	一向恭敬诸神明，
宜无悔怒[41]。	想来神明不会恼。
旱既大甚，	旱情严重总不已，
散无友纪[42]。	人人散漫无法纪。
鞫哉庶正[43]，	公卿百官都技穷，
疚哉冢宰[44]。	宰相盼雨空焦虑。
趣马师氏[45]，	趣马师氏都祈雨，
膳夫左右[46]；	膳夫大臣来助祭；
靡人不周[47]，	没有一人不出力，

无不能止。	没人停下喘口气。
瞻卬昊天[48]，	仰望晴空无片云，
云如何里[49]！	我心忧愁何时止！
瞻卬昊天，	仰望高空万里晴，
有嘒其星[50]。	微光闪闪满天星。
大夫君子，	大夫君子很虔诚，
昭假无赢[51]。	祈祷神灵没私情。
大命近止，	大限虽近将死亡，
无弃尔成！	继续祈祷不要停！
何求为我，	祈雨不是为自己，
以戾庶正[52]。	是为安定众公卿。
瞻卬昊天，	仰望皇天默默祷，
曷惠其宁[53]！	何时赐我民安宁！

【注释】

〔1〕倬彼：倬倬，浩大。　云汉：银河。

〔2〕昭：明。指天河的光。　回：旋转。

〔3〕王：指周宣王，厉王子，名静。据说他继王室衰微之后，修明内政，命秦仲征西戎，尹吉甫伐猃狁，方叔征荆蛮，召虎平淮夷，号称周室中兴。在位四十六年。　於乎：即呜呼，叹词。

〔4〕辜：罪。

〔5〕荐：再，屡次。　臻：至。

〔6〕靡：无。　举：祭祀。

〔7〕爱：吝惜。　斯：这些。　牲：祭祀用的牛、羊、猪等。

〔8〕圭、璧：都是玉器，周人用它祭神。祭天神就堆柴烧玉，祭山神、地神就在山脚或地里埋玉，祭水神就沉玉，祭人鬼则藏玉。　卒：尽。

〔9〕宁：何。　我听：即听我。

〔10〕大：音义同“太”。　甚：过。

〔11〕蕴：通“煴”，闷热。　隆：盛。　虫虫：通“爞爞”，热气熏蒸的样子。

〔12〕殄：断。　禋祀：古代祭天的礼节，先烧柴升烟，再加牲体和玉帛在柴上焚烧。这里泛指祭祀。

〔13〕上：指天。　下：指地。　奠：陈列祭品以祭天神。　瘗（yì）：埋，将祭品埋在地下祭地神。

〔14〕宗：尊敬。

〔15〕耗：损耗。　斁（dù）：败坏。

〔16〕丁：遭逢。　躬：身。

〔17〕推：排除。

〔18〕兢兢业业：恐惧而小心的样子。

〔19〕黎民：人民。

〔20〕孑遗：剩余，遗留。

〔21〕遗（wèi）：赠送；指赐给食物。有人训遗为“存问”，亦通。

〔22〕于：而。　摧：灭。

〔23〕沮：止。

〔24〕赫赫：阳光明亮耀目的样子。

〔25〕云：荫，遮蔽。

〔26〕大命：生命。　止：指死亡。

〔27〕群公：指前代的诸侯。　先正：前代的贤臣。

〔28〕忍予：对我忍心。

〔29〕涤涤：指山无草木，川无滴水，光秃干枯的样子。

〔30〕旱魃（bá）：古代传说中的旱魔。

〔31〕惔：火烧。

〔32〕闻：借为问，过问。

〔33〕宁：岂，难道。　遯：逃。

〔34〕黾（mǐn）勉：勉力。　畏去：不敢离去君位。

〔35〕瘨（diān）：病，害。　以：用。

〔36〕憯（cǎn）：曾。

〔37〕祈年：向神祈求丰年。　孔夙：很早。

〔38〕方：祭四方之神。　社：祭土神。　莫：古暮字，晚。

〔39〕虞：助。

〔40〕敬恭：即恭敬。　明神：即神明。

〔41〕宜：应该。　悔：恨。

〔42〕散：散漫。　友：有的假借。　纪：法纪。
〔43〕鞫(jū)：穷困。　正：百官。
〔44〕疚：忧虑。　冢宰：官员，如后世宰相。
〔45〕趣马：掌管国王马匹的官。　师氏：掌管教育的长官。
〔46〕膳夫：主管国王等饮食的官。　左右：指周王左右的大臣。
〔47〕周：赒的假借字，救助。
〔48〕卬：通“仰”。瞻卬：仰望。
〔49〕云：发语词。　里：通“悝”，忧伤。
〔50〕有嘒：嘒嘒，微小而众多的样子。
〔51〕昭：祷。　假：通“格”，到。指神被祭者的虔诚所感而降临。无赢：没有私心（从《孔疏》引王肃说）。
〔52〕戾：安定。
〔53〕曷：何。指什么时候。　惠：赐。

崧　高

【题解】

这是尹吉甫赠送申伯的诗。申伯是厉王妻申后之弟，宣王的母舅。周宣王时，申伯来朝，久留不归。宣王优待母舅，增加他的封地，派召虎带领人员，给申伯建筑谢城和宗庙，治理田地、边界，储备粮食。让傅御代迁家人。临行并赐申伯车马、介圭，饯行于郿，然后他才回到本国。宣王的大臣尹吉甫为此作了这首歌，赠给申伯。

崧高维岳〔1〕，	五岳居中是嵩山，
骏极于天〔2〕。	巍巍高耸入云天。
维岳降神〔3〕，	中岳嵩山降神灵，
生甫及申〔4〕。	吕侯申伯生人间。
维申及甫，	申家伯爵吕家侯，
维周之翰〔5〕。	辅佐周朝是中坚。

四国于蕃[6]，	诸侯靠他作屏障，
四方于宣[7]。	天下靠他作墙垣。
亹亹申伯[8]，	申伯勤勉美名扬，
王缵之事[9]。	继承祖业佐周王。
于邑于谢[10]，	赐封于谢建新都，
南国是式[11]。	南国诸侯有榜样。
王命召伯[12]，	周王命令召伯虎，
定申伯之宅[13]。	去为申伯建住房。
登是南邦[14]，	建成南方一邦国，
世执其功[15]。	子孙世守国祚长。
王命申伯：	王对申伯下令讲：
“式是南邦。	“要在南国当榜样。
因是谢人[16]，	依靠谢地众百姓，
以作尔庸[17]。”	建筑你国新城墙。”
王命召伯，	周王命令召伯虎，
彻申伯土田[18]。	治理申伯新封疆。
王命傅御[19]，	命令大傅和侍御，
迁其私人[20]。	助他家臣迁谢邦。
申伯之功[21]，	申伯谢邑工已竣，
召伯是营[22]。	全靠召伯苦经营。
有俶其城[23]，	峨峨谢城坚又厚，
寝庙既成[24]，	寝庙也已建筑成，

既成藐藐[25]。	雕栏画栋院宇深。
王锡申伯[26]，	王赐申伯好礼品，
四牡蹻蹻[27]，	骏马四匹蹄儿轻，
钩膺濯濯[28]。	黄铜钩膺亮晶晶。
王遣申伯[29]，	王遣申伯赴谢城，
路车乘马[30]。	高车驷马快启程。
“我图尔居[31]，	“我细考虑你住处，
莫如南土；	莫如南土最相称；
锡尔介圭[32]，	赐你大圭好礼物，
以作尔宝。	作为国宝永保存。
往近王舅[33]，	叫声娘舅放心去，
南土是保。”	确保南土扎下根。”
申伯信迈[34]，	申伯决定要动身，
王饯于郿[35]。	王到郿郊来饯行。
申伯还南，	申伯要回南方去，
谢于诚归[36]。	决心南下住谢城。
王命召伯，	周王命令召伯虎，
彻申伯土疆；	申伯疆界要划定；
以峙其粻[37]，	沿途粮草备充盈，
式遄其行[38]。	一路顺风不留停。
申伯番番[39]，	申伯威武气昂昂，
既入于谢，	进入谢城好排场，

徒御啴啴[40]。	步骑车御列成行。
周邦咸喜[41]，	全城人民喜洋洋，
戎有良翰[42]。	从此国家有栋梁。
不显申伯[43]，	高贵显赫的申伯，
王之元舅[44]，	周王大舅不寻常，
文武是宪[45]。	能文能武是榜样。
申伯之德，	申伯美德众口扬，
柔惠且直[46]。	和顺正直且温良。
揉此万邦[47]，	安定诸侯达万国，
闻于四国。	赫赫声誉传四方。
吉甫作诵[48]，	吉甫作了这首歌，
其诗孔硕，	含义深切篇幅长，
其风肆好[49]，	曲调优美音锵锵，
以赠申伯。	赠别申伯诉衷肠。

【注释】

〔1〕崧：《韩诗外传》作“嵩”。嵩高，即嵩山，在今河南省登封县。　维：是。　岳：高大的山。嵩山是五岳之一。《尔雅·释山》：“泰山为东岳，华山为西岳，霍山为南岳，恒山为北岳，嵩高为中岳。”

〔2〕骏：峻的假借字，高大。《初学记》、《艺文类聚》、《太平御览》引这二句诗均作“峻”。　极：至。

〔3〕维：发语词。

〔4〕甫：读作吕，国名；指吕侯。其地在今河南省南阳县西。　申：国名，指申伯，其地在今河南省南阳县北。

〔5〕翰：辅佐，栋梁。

〔6〕于：为，是。　蕃：通“藩”，藩篱，屏障。

〔7〕宣：垣的假借，围墙（从马瑞辰《毛诗传笺通释》说）。

〔8〕亹亹（wěi）：勤勉的样子。

〔9〕王：指周宣王。　缵：继承；在这里是使动用法。　之：指申伯。

〔10〕前一“于”：为，建。　谢：地名。《孔疏》：“申伯先封于申，本国近谢；今命为州牧，故改邑于谢。”其地当在今河南省唐河县南。

〔11〕南国：谢在周之南，南国指周南一带诸侯。　式：法。

〔12〕召伯：名虎，亦称召穆公，周宣王大臣。

〔13〕定：确定。

〔14〕登：《尔雅》：“登，成也。”　南邦：谢邑。

〔15〕执：守。　功：事业。

〔16〕因：依靠。　是：这。

〔17〕庸：通“墉”，城。

〔18〕彻：治理，开发。

〔19〕傅：太傅，官员。　御：侍御，侍候周王的官。

〔20〕私人：家臣。

〔21〕功：事。指治土田、筑谢城等工作。

〔22〕营：经营，办理。

〔23〕有俶：俶俶。《说文》：“俶，善也。”

〔24〕寝庙：周代宗庙的建筑有庙和寝两部分，合称寝庙。《月令》郑注：“凡庙，前曰庙，后曰寝。”

〔25〕藐藐：华丽的样子。

〔26〕锡：赐。

〔27〕跻跻：强壮的样子。

〔28〕钩膺：套在马胸前颈上的带饰。　濯濯：光泽的样子。

〔29〕遣：送走。

〔30〕路车：诸侯坐的一种车。　乘马：四匹马。

〔31〕我：作者代宣王自称。　图：考虑。　尔：指申伯。

〔32〕介：亦作玠，大。　圭：古代玉制的礼器，诸侯执此以朝见周王。

〔33〕迈（jì）：语助词，犹哉。

〔34〕信：真。　迈：行。

〔35〕饯：备酒食送行。　郿：地名，在今陕西省郿县东北。

〔36〕谢于诚归：即诚归于谢。

〔37〕以：乃，就。　峙：储备。　粻：粮食。

〔38〕式：用。　遄：迅速。
〔39〕番番(bō)：武勇的样子。
〔40〕徒：步兵。　御：车夫。　啴啴(tān)：众多的样子。
〔41〕周：遍。　邦：指谢邑。
〔42〕戎：你。
〔43〕不：通“丕”，大。　显：显赫。
〔44〕元：大。
〔45〕宪：法式，模范。
〔46〕惠：和顺。
〔47〕揉：亦作柔，安(从马瑞辰《通释》说)。
〔48〕吉甫：尹吉甫，周宣王大臣，官卿士，伐猃狁有功。　诵：歌。
〔49〕风：曲调。　肆好：极好。

烝　民

【题解】

这是尹吉甫送别仲山甫的诗。周宣王派仲山甫筑城于齐，在他临行时，尹吉甫作了这首诗赠他。诗中赞扬仲山甫的美德和他辅佐宣王的政绩。

天生烝民〔1〕，	天生众人性相合，
有物有则〔2〕。	万物本来有法则。
民之秉彝〔3〕，	人心自然赋常情，
好是懿德〔4〕。	全都喜爱好品德。
天监有周〔5〕，	上帝审察我周朝，
昭假于下〔6〕，	周王祈祷意诚恪。
保兹天子，	为保天子能中兴，
生仲山甫〔7〕。	生下山甫辅君侧。

仲山甫之德，	山甫天生好品德，
柔嘉维则。	和气善良有原则。
令仪令色[8]，	仪表堂堂脸带笑，
小心翼翼。	办事谨慎不出格。
古训是式[9]，	遵循古训无差错，
威仪是力[10]。	尽力做到礼节合。
天子是若[11]，	处处承顺天子意，
明命使赋[12]。	颁布命令贯政策。
王命仲山甫，	周王命令仲山甫，
式是百辟。	要作诸侯好榜样。
缵戎祖考[13]，	祖先事业你继承，
王躬是保。	辅佐天子立纪纲。
出纳王命，	受命司令你掌管，
王之喉舌[14]。	作王喉舌代宣讲。
赋政于外[15]，	颁布政令达各地，
四方爰发[16]。	贯彻执行到四方。
肃肃王命[17]，	王命严肃不可抗，
仲山甫将之[18]。	山甫执行很顺当。
邦国若否[19]，	全国政事好和坏，
仲山甫明之。	山甫心里最明亮。
既明且哲，	知识渊博又明理，
以保其身。	保全节操永流芳。
夙夜匪解[20]，	日夜工作不松懈，

以事一人[21]。	全心全意侍周王。
人亦有言：	有句老话经常讲：
“柔则茹之[22]，	“东西要拣软的吃，
刚则吐之。”	硬的吐出放一旁。”
维仲山甫[23]，	只有这位仲山甫，
柔亦不茹，	软的东西他不吃，
刚亦不吐；	硬的不吐真坚强；
不侮矜寡[24]，	见了鳏寡不欺侮，
不畏强御[25]。	遇到强暴不退让。
人亦有言：	有句老话人常道：
“德輶如毛[26]，	“品德即使轻如毛，
民鲜克举之。”	很少有人举得高。”
我仪图之[27]，	细细揣摩暗思考，
维仲山甫举之，	只有山甫能做到，
爱莫助之。	无力帮他表倾倒。
衮职有阙[28]，	周王破了衮龙袍，
维仲山甫补之。	只有山甫能补好。
仲山甫出祖[29]，	山甫远出祭路神，
四牡业业[30]，	四马雄壮如飞奔，
征夫捷捷[31]，	左右随从很勤快，
每怀靡及[32]。	惦念任务还在身。
四牡彭彭[33]，	四马蹄声得得响，

八鸾锵锵[34]。	八铃锵锵车轮滚。
王命仲山甫，	周王命令仲山甫，
城彼东方[35]。	筑城东方立功勋。
四牡骙骙[36]，	四匹骏马奔跑忙，
八鸾喈喈[37]。	八只铜铃响叮当。
仲山甫徂齐[38]，	山甫到齐去平乱，
式遄其归[39]。	望他早日回故乡。
吉甫作诵，	吉甫作歌赠老友，
穆如清风[40]。	和如清风吹人爽。
仲山甫永怀[41]，	山甫临行顾虑多，
以慰其心。	唱诗安慰望心广。

【注释】

〔1〕烝：众。

〔2〕物：事物。　则：法则。

〔3〕秉：禀赋。　彝：常理。民之秉彝，即人之常理。

〔4〕懿德：美德。

〔5〕监：观察。　有：词头。

〔6〕昭假：祈祷降神。

〔7〕仲山甫：宣王时大臣，封于樊（今河南济源县），排行第二，故亦称樊仲、樊仲山甫或樊穆仲。

〔8〕令：善。　仪：仪容，态度。

〔9〕式：效法，榜样。

〔10〕威仪：礼节。　力：勤，勉力做到。

〔11〕若：顺。

〔12〕明命：指政令。　赋：颁布。

〔13〕缵：继承。　戎：你。

〔14〕喉舌：代言人。周代担任周王代言人的，可能是内史的官职，

略同于唐虞时的纳言，秦汉时的尚书。

〔15〕赋政：颁布政令。

〔16〕爰：乃。　发：执行(从马瑞辰《毛诗传笺通释》说)。

〔17〕肃肃：严肃。

〔18〕将：《毛传》："将，行也。"

〔19〕邦国：指国内政事。　若：《尔雅·释诂》："若，善也。"　否(pǐ)：恶。若否，好坏。

〔20〕夙夜：早晚。　匪：不。　解：通"懈"，怠惰。

〔21〕事：侍候。　一人：指周宣王。

〔22〕茹：吃。

〔23〕维：同"惟"，只有。

〔24〕矜：《左传》昭公元年引作鳏。　鳏：老而无妻。　寡：老而无夫。

〔25〕强御：《汉书·王莽传》引作"强圉"，强悍，刚暴。

〔26〕輶：轻。

〔27〕仪、图：二字同义，揣度。

〔28〕衮(gǔn)：古代王侯所穿绣有龙纹的礼服。　职：与适通，偶然。俞樾《群经平议》："职，读为识。识，犹适也。衮职有阙者，衮适有阙也。"　阙：缺破。

〔29〕出：出差。　祖：祭祀道路的神。

〔30〕业业：马高大的样子。

〔31〕捷捷：勤快敏捷的样子。

〔32〕每怀靡及：常念事情尚未办完。

〔33〕彭彭：马不停蹄的样子。

〔34〕鸾：通"銮"，车铃。一马二铃，四马八铃。　锵锵：铃声。

〔35〕城：筑城。　东方：指齐国，齐在镐京之东。

〔36〕骙骙(kuí)：马不停蹄的样子。有人训为壮健，亦通。

〔37〕喈喈：铃声和谐。

〔38〕徂：往。　齐：《汉书·杜钦传》说仲山甫"就封于齐"。经后人考证，认为封齐之说不足据。王质《诗总闻》："据《史记·齐世家》：齐厉公暴虐，齐人杀厉公及胡公诸子等七十人。事在宣王之世，筑城之命，疑在斯时，盖出定齐乱也。"其说近是。

〔39〕式：用。指用这些车马。　遄：快速。

〔40〕穆：和美。

〔41〕永怀：长思。

韩 奕

【题解】

这是一位诗人歌颂韩侯的诗。诗的作者，旧说是尹吉甫，但没有根据，实际上已不可考。诗里叙述韩侯朝周，受王册命，周王赏赐他许多贵重物品。离开镐京后，路经屠邑，抵达蹶里，与韩姞结婚。还描写了韩地物产丰富，韩姞乐得其所。最后周王任命韩侯为统率北方诸侯的方伯。

奕奕梁山[1]，	巍巍高耸梁山冈，
维禹甸之[2]，	大禹治水到此方，
有倬其道[3]。	一条大路通周邦。
韩侯受命[4]，	韩侯入朝受册命，
王亲命之：	周王亲自对他讲：
“缵戎祖考[5]，	“祖先事业你继承，
无废朕命。	我的命令切莫忘。
夙夜匪解[6]，	早夜工作别松懈，
虔共尔位[7]。	忠诚职守勿疏荒。
朕命不易[8]，	我的册命不轻发，
榦不庭方[9]，	望你伐叛正纪纲，
以佐戎辟[10]。”	以此辅佐你君王。”
四牡奕奕，	四匹公马真肥壮，
孔修且张[11]。	又高又大气昂昂。
韩侯入觐[12]，	韩侯入周来朝见，

以其介圭[13]，	手捧大圭上朝堂，
入觐于王。	俯伏丹墀拜周王。
王锡韩侯，	王赐礼物示嘉奖，
淑旂绥章[14]，	锦绣龙旗彩羽装，
簟茀错衡[15]，	缕金彩绘车一辆，
玄衮赤舄[16]，	黑色龙袍大红靴，
钩膺镂锡[17]，	铜制马饰雕文章，
鞹鞃浅幭[18]，	浅色虎皮蒙轼上，
鞗革金厄[19]。	马辔马轭闪金光。
韩侯出祖[20]，	韩侯离朝祭路神，
出宿于屠[21]。	路上住宿在屠城。
显父饯之[22]，	显父设宴为饯行，
清酒百壶。	美酒百壶醇又清。
其殽维何[23]？	席上荤菜是什么？
炰鳖鲜鱼[24]。	清蒸大鳖鲜鱼羹。
其蔌维何[25]？	席上素菜是什么？
维笋及蒲。	嫩蒲烧汤竹笋丁。
其赠维何？	临行赠品是什么？
乘马路车[26]。	高车驷马垂红缨。
笾豆有且[27]，	七盘八碗筵丰盛，
侯氏燕胥[28]。	韩侯宴饮真高兴。
韩侯取妻，	韩侯结婚娶妻房，
汾王之甥[29]，	她的舅父是厉王，

蹶父之子[30]。	司马蹶父小女郎。
韩侯迎止[31]，	韩侯驾车去亲迎，
于蹶之里。	蹶邑大街闹洋洋。
百两彭彭[32]，	百辆新车挤路上，
八鸾锵锵[33]，	车铃串串响丁当，
不显其光[34]。	荣耀显赫真辉煌。
诸娣从之[35]，	陪嫁众妾紧相随，
祁祁如云[36]。	多如彩云巧梳妆。
韩侯顾之[37]，	韩侯举行三顾礼，
烂其盈门[38]。	满门灿烂又堂皇。

蹶父孔武[39]，	蹶父威武又雄壮，
靡国不到[40]；	出使各国游历广；
为韩姞相攸[41]，	他替女儿找婆家，
莫如韩乐。	莫如韩国最理想。
孔乐韩土，	住在韩地欢乐多，
川泽讦讦[42]，	河川水泊很宽广，
鲂鱮甫甫[43]，	鳊鱼鲢鱼多肥大，
麀鹿噳噳[44]，	母鹿公鹿满山冈，
有熊有罴，	深林有熊又有罴，
有猫有虎[45]。	山猫猛虎幽谷藏。
庆既令居[46]，	欢庆得了好地方，
韩姞燕誉[47]。	韩姞安乐心舒畅。

溥彼韩城[48]，	韩国城邑宽又广，

燕师所完[49]。 功程完竣靠燕邦。
以先祖受命[50]， 韩国祖先受王命，
因时百蛮[51]。 节制蛮族控北方。
王锡韩侯， 王赐韩侯复祖业，
其追其貊[52]， 追貊两族由你掌，
奄受北国[53]， 包括北方诸小国，
因以其伯[54]。 你为方伯位居上。
实墉实壑[55]， 城墙城壕替他筑，
实亩实籍[56]。 垦田收税样样帮。
献其貔皮[57]， 他们贡献白狐皮，
赤豹黄罴。 赤豹黄熊好皮张。

【注释】

〔1〕奕奕：高大的样子。　梁山：在今河北省固安县附近。

〔2〕甸：治。

〔3〕有倬：即倬倬，广大。

〔4〕韩侯：春秋前有二韩：一受封于武王之世，在今陕西韩城县南，春秋时被晋国所并。一受封于成王之世，武王子封于此。在今河北固安县东南，即此诗的韩侯（据陈奂的考证）。　受命：受周王的册命（册命，是古代典礼之一，将周王封侯之令，写在简册上）。韩侯的父亲死了，他继位初立，来朝于周。周王在宗庙中举行册命之礼。

〔5〕缵：继承。　戎：你。

〔6〕夙夜：早晚。　解：通“懈”。

〔7〕虔：恭敬而有诚意。　共：奉行。

〔8〕不易：不是轻易给的。

〔9〕榦：正；正通“征”，征伐。　不庭：不来朝见周王。　方：方国。

〔10〕辟：君王。

〔11〕修：长。　张：大。

〔12〕觐（jìn）：朝见。

〔13〕介圭：大圭，玉制的礼器。

〔14〕淑：美。 旂：画有蛟龙的旗。 绥章：指旗竿头上有染色的羽毛。

〔15〕簟茀：遮蔽车厢的竹席。 错衡：画上花纹或涂上金色的车辕前端的横木。按簟茀和错衡都是诸侯所坐的路车装饰。

〔16〕玄衮：黑色画有龙纹的礼服。 赤舄(xì)：贵族穿的红鞋。

〔17〕钩膺：套在马胸前颈上的带饰。 镂：刻。 钖(yáng)：马额上的金属装饰物。

〔18〕鞹(kuò)：去毛的兽皮。 鞃(hóng)：车厢前供人依靠的横木上所盖的兽皮，叫做鞃。 浅幭(miè)：《毛传》："浅，虎皮浅毛也。幭，覆式也。"按式，即轼，车厢前的横木，浅幭即车轼上虎皮制的覆盖物。

〔19〕鞗(tiáo)革：马笼头。 厄：通"轭"，饰辔首的金环。

〔20〕出祖：出行时祭道路之神。

〔21〕屠：地名。即鄠县之杜陵，在今陕西省西安东。

〔22〕显父：人名，余不可考。 饯：设宴送行。

〔23〕殽：荤菜。 维：是。

〔24〕炰(páo)：烹煮。

〔25〕蔌(sù)：蔬菜。

〔26〕乘马：四匹马。

〔27〕笾：盛干果的竹器。 豆：盛菜的器，高足。 且(jū)：多的样子。

〔28〕侯氏：指韩侯。陈奂《诗毛氏传疏》："凡诸侯覲王曰侯氏。" 燕胥：安乐。

〔29〕汾王：即厉王。厉王被国人赶跑，流亡于彘，彘地在汾水旁，所以时人称他为汾王。 甥：韩侯之妻是厉王的外甥女。

〔30〕蹶父(guì fǔ)：周宣王时的卿士，姓姞。

〔31〕迎：亲迎。 止：语气词。

〔32〕两：辆的假借字。 彭彭：众多的样子。

〔33〕鸾：车铃。

〔34〕不：通"丕"，大。

〔35〕娣：古代诸侯嫁女，以同姓诸女陪嫁做妾，叫做娣。

〔36〕祁祁：众多的样子。

〔37〕顾：曲顾；古代贵族男子到女家亲迎，有三次回顾的礼节(从《孔疏》说)。

〔38〕烂其：烂烂，灿烂有光彩的样子。

〔39〕孔武：很威武。据说蹶父担任周司马的官职，掌管军队国防，

所以说他“孔武”（从陈乔枞《三家诗遗说考》）。

〔40〕靡：没有。

〔41〕韩姞：即韩侯之妻。她姓姞，嫁韩侯，故称韩姞。　相：看。攸：住所。

〔42〕讦讦(xū)：广大的样子。

〔43〕魴：鳊鱼。　鱮：鲢鱼。　甫甫：《齐诗》作“诩诩”。鱼大的样子。

〔44〕麀(yōu)：母鹿。　鹿：指公鹿。　噳噳(yǔ)：群鹿相聚的样子。

〔45〕猫：《毛传》：“似虎，浅毛者也。”据后人考证，即今之山猫，其形似虎而小。

〔46〕既：取得。　令居：好住处。

〔47〕燕：安。　誉：通“豫”，乐。

〔48〕溥：大。

〔49〕燕：国名。按周有二燕：一为南燕，在今河南汲县，国君姓姞，传说为黄帝之后。一为北燕，在今河北大兴县，国君姓姬，召公奭始封于此。这里指北燕。

〔50〕以：因为。　先祖：指韩国祖先。　受命：接受周王的册命为诸侯。

〔51〕因：依靠。　时：通“是”，这。　百蛮：指北狄诸部。

〔52〕追、貊(mò)：北狄国名。

〔53〕奄：包括。

〔54〕以：为。　伯：长。一方诸侯之长称方伯。

〔55〕实，是。　墉：城。　壑：城壕。

〔56〕亩：开垦田地。　籍：定收赋税。

〔57〕貔(pí)：一种猛兽，狸类，亦名白狐。

江　汉

【题解】

这是一位诗人叙述周宣王命令召虎带兵讨伐淮夷的诗。诗的最后叙写召虎作簋记事，因此有的人怀疑诗本身就是古器物簋的铭文，作者就是召虎。关于这个问题，还有待进一步探讨。

江汉浮浮[1]，
武夫滔滔[2]。
匪安匪游[3]，
淮夷来求[4]。
既出我车，
既设我旟[5]。
匪安匪舒，
淮夷来铺[6]。

长江汉水流滔滔，
壮士出征逞英豪。
不贪安逸非游遨，
誓把淮夷来征讨。
驾起戎车如飞跑，
树起战旗随风飘。
不求安逸不辞劳，
陈师淮夷除凶暴。

江汉汤汤[7]，
武夫洸洸[8]。
经营四方[9]，
告成于王。
四方既平，
王国庶定[10]。
时靡有争，
王心载宁[11]。

长江汉水流浩荡，
壮士勇猛世无双。
讨伐四方叛乱国，
捷报飞来告周王。
四方叛国已平定，
周邦方得保安康。
时局平定无征战，
周王安宁心舒畅。

江汉之浒[12]，
王命召虎[13]：
“式辟四方[14]，
彻我疆土[15]。
匪疚匪棘[16]，
王国来极[17]。
于疆于理[18]，

长江边啊汉水旁，
王命召虎为大将：
“为我开辟四方地，
为我治理好土疆。
施政宽缓莫扰民，
一切准则学中央。
划定边界治国土，

至于南海[19]。”	直到南海蛮夷乡。”
王命召虎[20]，	宣王册命任召虎，
来旬来宣[21]：	宗庙当中告百官：
“文武受命[22]，	“文王武王受天命，
召公维翰[23]。	召公辅政立朝班。
无曰予小子[24]，	不要说我还年轻，
召公是似[25]。	召公事业你接管。
肇敏戎公[26]，	速立大功来报效，
用锡尔祉[27]。”	赐你福禄示恩眷。
厘尔圭瓒[28]，	赏你玉杓世世传，
秬鬯一卣[29]。	黍酒一壶香又甜。
告于文人[30]，	祭告你的祖先神，
锡山土田[31]。	先王曾赐山和田。
于周受命[32]，	你到岐周受册命，
自召祖命[33]。”	仪式按照你祖先。”
虎拜稽首[34]，	召虎拜谢又叩头，
“天子万年！”	“恭祝天子寿万年！”
虎拜稽首：	召虎拜谢又叩头：
“对扬王休[35]，	“为报王赐礼物厚，
作召公考[36]。	特铸青铜召公簋，
天子万寿！	恭祝天子万年寿！
明明天子[37]，	勤勉不倦周天子，

令闻不已[38]。	名垂千古永不朽。
矢其文德[39]，	施行德政惠万民，
洽此四国[40]。”	协和四方众诸侯。”

【注释】

〔1〕江：长江。　汉：汉水。　浮浮：《鲁诗》作“陶陶”，水流盛长的样子。

〔2〕武夫：指出征淮夷的士卒。　滔滔：顺流的样子。王引之《经义述闻》、陈奂《诗毛氏传疏》都认为这二句“当作‘江汉滔滔，武夫浮浮’。《传》当作‘滔滔，广大貌；浮浮，众强貌’。《经》、《传》各本皆误。”可备一说。

〔3〕匪：不。

〔4〕淮夷：当时住在淮水南部的沿岸和近海地方的夷族。胡渭《禹贡锥指》：“淮夷，今淮、扬二府近海之地皆是。”　来：语助词，含有“是”意（从王引之说）。　求：诛求，讨伐。

〔5〕设：树起。　旟：画有鸟隼的旗。

〔6〕铺：陈列军队。朱熹《诗集传》：“铺，陈也。陈师以伐之也。”有人训铺为“止”，停止在淮夷的阵地上。亦通。

〔7〕汤汤（shāng）：水势浩大的样子。

〔8〕洸洸（guāng）：威武的样子。

〔9〕经营：指征伐叛逆。

〔10〕庶：庶几。

〔11〕载：则，就。

〔12〕浒（hǔ）：水边。

〔13〕召虎：召伯，名虎，谥召穆公。

〔14〕式：发语词。　辟：闢的借字，开辟。

〔15〕彻：治。

〔16〕疚：病，害。　棘：通“急”。

〔17〕极：准则。

〔18〕于：往。　疆：划分边界。　理：治理土地。

〔19〕南海：泛指南方近海蛮族所居之地。

〔20〕命：册命。

〔21〕来：是。　旬：通“徇”，当众宣示。古时册命大臣于宗庙中

进行，并向百官宣示。

〔22〕文武：文王和武王。

〔23〕召公：指召虎之先祖召公奭，姬姓，封于召，助武王灭商有功。　翰：桢干，辅佐。

〔24〕无曰：你不要说。　予小子：宣王自称。

〔25〕似：通“嗣”，继承。

〔26〕肇：创建。　敏：速。　戎：大。　公：通“功”。

〔27〕祉：福。

〔28〕厘：通“赉”，赏赐。　圭瓒：用玉做柄的酒勺。

〔29〕秬(jù)：黑黍。　鬯(chàng)：郁金香草。秬鬯，用秬(黑黍)和鬯酿成的香酒。　卣(yǒu)：有柄的酒壶。

〔30〕文人：指召虎祖先有文德的人。

〔31〕锡：赐。

〔32〕于周受命：在周王朝接受册命。

〔33〕召祖：召虎的祖先，指召公奭。　命：册命的典礼。

〔34〕稽首：叩头。

〔35〕对：报答。　扬：颂扬。　休：美。这里指美厚的礼物。

〔36〕考：郭沫若《青铜时代·周代彝器进化观》：“考乃簋之假借字。”簋(guǐ)，亦作毁，古代食器。圆口，圈足，无耳或有两耳，也有四耳、方座，或带盖的。青铜或陶制。盛行于商、周时。

〔37〕明明：犹勉勉，勤勉。

〔38〕令闻：美誉。

〔39〕矢：通“施”，施行。

〔40〕洽：《礼记·孔子闲居》引这句诗作“协”，协和。

常　武

【题解】

这是赞美宣王平定徐国叛乱的诗。这次战役，宣王是否亲征，旧说不一，很难确定。还有认为诗是召穆公(召虎)所作的，更无确据。诗篇为什么名“常武”，后世也有不同的解释。王质《诗总闻》认为“自南仲以来，累世著武，故曰常武”，其说近是。

赫赫明明[1]，	威武英明周宣王，
王命卿士[2]，	命令卿士征徐方，
南仲大祖[3]，	太庙之中命南仲，
大师皇父[4]：	太师皇父同听讲：
“整我六师[5]，	“整顿六军振士气，
以修我戎[6]。	修理弓箭和刀枪。
既敬既戒[7]，	告诫士卒勿扰民，
惠此南国[8]。”	平定徐国惠南邦。”
王谓尹氏[9]，	王令尹氏传下话，
命程伯休父[10]：	策命休父任司马：
“左右陈行[11]，	“士卒左右列好队，
戒我师旅[12]。	训诫六军早出发。
率彼淮浦[13]，	循那淮水岸边行，
省此徐土[14]。	须对徐国细巡察。
不留不处[15]，	大军不必久居留，
三事就绪[16]。”	任毕三卿便回家。”
赫赫业业[17]，	威仪堂堂气概昂，
有严天子[18]。	神圣庄严周宣王。
王舒保作[19]，	王师从容向前进，
匪绍匪游[20]。	不敢延缓不游逛。
徐方绎骚[21]，	徐国闻讯大骚动，
震惊徐方，	王师威力震徐邦，
如雷如霆，	声势恰似雷霆轰，

徐方震惊。	徐兵未战已惊慌。

王奋厥武[22]，	宣王奋发真威武，
如震如怒。	就像天上雷霆怒。
进厥虎臣[23]，	冲锋兵车先进军，
阚如虓虎[24]。	吼声震天如猛虎。
铺敦淮濆[25]，	大军列阵淮水边，
仍执丑虏[26]。	捉获敌方众战俘。
截彼淮浦[27]，	切断徐兵溃逃路，
王师之所。	王师就地把兵驻。

王旅啴啴[28]，	王师势盛世无双，
如飞如翰[29]。	行动神速如鸟翔。
如江如汉，	好比江汉水流长，
如山之苞[30]，	好比青山难摇撼，
如川之流，	好比洪流不可挡，
绵绵翼翼[31]，	连绵不断声威壮，
不测不克[32]，	神出鬼没难估量，
濯征徐国[33]。	大征徐国定南方。

王犹允塞[34]，	宣王计划真恰当，
徐方既来。	徐国已服来归降。
徐方既同[35]，	纳土称臣成一统，
天子之功。	建立功勋是我王。
四方既平，	四方诸侯既平靖，

徐方来庭[36]。	徐君朝拜王庭上。
徐方不回[37]，	徐国从此不敢叛，
王曰还归。	王命班师回周邦。

【注释】

〔1〕赫赫：显耀盛大的样子。 明明：明智昭察的样子。

〔2〕卿士：西周掌管中央各官署和地方的高级官员。

〔3〕南仲：人名，周宣王的大臣。《汉书·古今人表》作南中，列于宣王时，为大将。 大祖：指太祖庙。

〔4〕大师：即太师，官名，西周执政大臣之一，总管军事。 皇父：人名，周宣王的大臣。

〔5〕六师：即六军。《周礼·夏官》司马："凡制军，万有二千五百人为军，王六军，大国三军，次国二军，小国一军。"

〔6〕戎：兵器。

〔7〕敬：通"儆"，和戒同义，警戒。

〔8〕惠：施恩。 南国：南方诸国。

〔9〕尹氏：据马瑞辰《毛诗传笺通释》考证，即上章的皇父，也有认为即尹吉甫(孔颖达《正义》)或掌卿士之官(陈奂《毛诗传疏》)的。

〔10〕程伯：封在程(今陕西省咸阳东)地的伯爵。 休父：程伯之名。

〔11〕陈行：列队。

〔12〕戒：告诫。

〔13〕率：循，沿。 淮浦：淮水边。

〔14〕省：巡视。 徐土：指徐国。故城在今安徽泗县北，亦称徐戎、徐州，属于淮夷中的一个大国。

〔15〕处：居。

〔16〕三事：三卿，即《十月之交》中的"择三有事"，《雨无正》中的"三事大夫"。 就绪：安心各就其业。

〔17〕业业：举止有威仪的样子。

〔18〕有严：严严，威严的样子。

〔19〕舒：徐缓。 保作：安行。

〔20〕匪：非。 绍：缓。

〔21〕绎骚：扰动。

〔22〕奋：奋发，振起。　厥：其。

〔23〕进：进军。　虎臣：古代战争的冲锋兵车，如后世的敢死队。

〔24〕阚(hǎn)如：阚然，虎怒的样子。　虓(xiāo)：亦作哮，虎叫。

〔25〕铺：布阵。　敦：通“顿”，整顿(从胡承珙《毛诗后笺》说)。　濆(fén)：治河的高地。

〔26〕仍：亦作“扔”，拉。　执：捉。　丑虏：对俘虏的蔑称。

〔27〕截：绝。

〔28〕啴啴(tān)：众盛的样子。

〔29〕翰：高飞。

〔30〕苞：茂。引申为攒聚。

〔31〕绵绵：连绵不断的样子。　翼翼：壮盛的样子。

〔32〕不测：不可测度。　不克：不可胜过。

〔33〕濯：大。

〔34〕犹：同“猷”，谋划。　允：真，确实。　塞：踏实(从王先谦《诗三家义集疏》说)。

〔35〕同：一致，一统。

〔36〕来庭：来朝。

〔37〕回：违抗。

瞻　印

【题解】

这是一位诗人讽刺幽王宠幸褒姒、斥逐贤良，以致乱政病民，国运濒危的诗。诗中“乱匪降自天，生自妇人”的说法，反映了当时歧视女性的社会意识。

瞻卬昊天〔1〕，	仰望老天灰冥冥，
则不我惠〔2〕。	老天对我没恩情。
孔填不宁〔3〕，	天下很久不安宁，
降此大厉〔4〕。	降下大祸真不轻。

邦靡有定，	国家无处有安定，
士民其瘵[5]。	害苦士卒和百姓。
蟊贼蟊疾[6]，	好比害虫吃庄稼，
靡有夷届[7]。	没完没了总不停。
罪罟不收[8]，	滥罚酷刑不收敛，
靡有夷瘳[9]。	生灵涂炭无止境。
人有土田，	别人如有好田地，
女反有之[10]。	你却侵占归自己。
人有民人，	别人田里人民多，
女覆夺之[11]。	你却夺来做奴隶。
此宜无罪，	这些本是无辜人，
女反收之[12]。	你却捕他不讲理。
彼宜有罪，	那些本是有罪人，
女覆说之[13]。	你却开脱去包庇。
哲夫成城[14]，	男子有才能立国，
哲妇倾城[15]。	妇女有才毁社稷。
懿厥哲妇[16]，	可叹此妇太逞能，
为枭为鸱[17]。	她是恶枭猫头鹰。
妇有长舌，	妇有长舌爱多嘴，
维厉之阶[18]。	灾难根源从她生。
乱匪降自天，	祸乱不是从天降，
生自妇人。	出自妇人真不幸。
匪教匪诲[19]，	没人教王施暴政，

时维妇寺[20]。	女人内侍话太听。
鞫人忮忒[21]，	专门诬告陷害人，
谮始竟背[22]。	说话前后相矛盾。
岂曰不极[23]，	难道她还不凶狠，
伊胡为慝[24]？	为啥喜欢这妇人？
如贾三倍[25]，	好比商人会赚钱，
君子是识[26]。	叫他参政难胜任。
妇无公事[27]，	妇女不该管国事，
休其蚕织[28]。	她却蚕织不躬亲。
天何以刺[29]？	上天为啥罚我苦？
何神不富[30]？	神明为啥不赐福？
舍尔介狄[31]，	放任武装夷狄人，
维予胥忌[32]；	只是对我很厌恶；
不吊不祥[33]，	人们遭难不抚恤，
威仪不类[34]。	礼节不修走邪路。
人之云亡[35]，	良臣贤士都跑光，
邦国殄瘁[36]。	国运艰危将倾覆。
天之降罔[37]，	上天把那刑罚降，
维其优矣[38]。	多如牛毛不胜防。
人之云亡，	良臣贤士都逃光，
心之忧矣。	心中忧伤对谁讲。
天之降罔，	上天无情降法网，

维其几矣[39]。	国家危险人心慌。
人之云亡，	良臣贤士都逃光，
心之悲矣。	回天乏术心悲伤。
觱沸槛泉[40]，	泉水翻腾往外喷，
维其深矣。	源头一定非常深。
心之忧矣，	我心忧伤由来久，
宁自今矣[41]？	难道只是始于今？
不自我先，	祸乱不先也不后，
不自我后。	恰恰与我同时辰。
藐藐昊天[42]，	老天浩茫又高远，
无不克巩[43]。	约束万物定乾坤。
无忝皇祖[44]，	不要辱没你祖先，
式救尔后[45]。	匡救王朝为子孙。

【注释】

〔1〕卬：通“仰”。 昊天：指周幽王。《毛传》：“斥王也。”

〔2〕惠：爱。

〔3〕填(chén)：通“尘”，长久。

〔4〕厉：祸患。

〔5〕士民：士卒和人民。 瘵(zhài)：病。

〔6〕蟊贼：吃庄稼的害虫。 疾：害。 蟊疾：啃害庄稼的害虫。

〔7〕夷：语助词。 届：终极。

〔8〕罟：网。罪罟：指条目繁多的酷刑。

〔9〕瘳(chōu)：病愈。

〔10〕女：你。 有：《广雅・释诂》：“有，取也。”

〔11〕覆：反。

〔12〕收：拘捕。

〔13〕说：通“脱”，开脱。

〔14〕哲夫：才能见识超越常人的男子。　城：指国。成城：立国。

〔15〕哲妇，指幽王的宠妃褒姒。

〔16〕懿：通“噫”，叹词。有人训懿为美，亦通。

〔17〕枭：相传长大后食母的恶鸟。　鸱(chī)：猫头鹰。古人认为猫头鹰是不祥之鸟。

〔18〕维：是。　阶：阶梯，含有根源的意思。

〔19〕匪教匪诲：指并非另外有人教诲幽王做坏事。

〔20〕时：是。　维：只。　妇：指褒姒。　寺：通“侍”。指周王的近侍。

〔21〕鞫人：告人。林义光《诗经通解》：“鞫读为告，告、鞫古同音。”　忮：亦作伎，害人。见《邶风·雄雉》注〔9〕。　忒(tè)：差错。

〔22〕谮(zèn)：进谗言。　始：开始。　竟：终。　背：违背，自相矛盾。

〔23〕极：狠。

〔24〕伊：发语词。　胡：何。　慝：通“嫕”，悦，欢喜(据《韩诗》)。

〔25〕贾(gǔ)：商人。　三倍：指得三倍的利润。

〔26〕君子：指贵族从政者。　识：通“职”。林义光《诗经通解》：“识，读为职，识与职古通用。言如贾利三倍之人而主君子之事(君子，谓从政者)。盖商贾之不能参预政事，与蚕织者不能参预政事，其理正同也。”

〔27〕公事：政事。

〔28〕休：停止。　蚕织：蚕桑纺织。

〔29〕天：指幽王，下同。　刺：责罚。

〔30〕富：借为福。

〔31〕舍：同“捨”。　介：甲。介狄：披甲的夷狄。有人训介为大，亦通。

〔32〕维：同“惟”，只。　胥：相。　忌：恨。

〔33〕吊：慰问抚恤。　不祥：指天灾人祸。

〔34〕威仪：礼节。　类：善。

〔35〕人：指贤人。　云：助词。　亡：逃亡。

〔36〕殄(tiǎn)瘁：困病，憔悴。

〔37〕罔：同“网”。降罔，下网，加人罪名之意。

〔38〕优：厚，多。

〔39〕几：《毛传》："几，危也。"
〔40〕觱(bì)沸：泉水翻腾上涌的样子。　槛：滥的借字，泛滥。
〔41〕宁：岂，难道。
〔42〕藐藐：高远的样子。
〔43〕克：能。　巩：巩固，约束。
〔44〕忝：辱没，有愧于。
〔45〕式：用。　后：指子孙后代。

召　旻

【题解】

这是一位老臣讽刺幽王任用奸邪，朝政昏乱，以致外患严重，国土日削，即将灭亡的诗。作者可能是一位不得志的官吏。诗以"召旻"名篇，后世解者不一。比较合理的说法是最后一章提到召公，所以取名"召旻"，以别于《小旻》。

旻天疾威〔1〕，	老天暴虐难提防，
天笃降丧〔2〕。	接二连三降灾荒。
瘨我饥馑〔3〕，	饥馑遍地灾情重，
民卒流亡〔4〕。	十室九空尽流亡。
我居圉卒荒〔5〕。	国土荒芜生榛莽。
天降罪罟，	天降罪网真严重，
蟊贼内讧〔6〕。	蟊贼相争起内讧。
昏椓靡共〔7〕，	谗言乱政职不供，
溃溃回遹〔8〕，	昏溃邪僻肆逞凶，
实靖夷我邦〔9〕。	想把国家来断送。

皋皋訿訿[10]，	欺诈攻击心藏奸，
曾不知其玷[11]。	却不自知有污点。
兢兢业业，	君子兢兢又业业，
孔填不宁[12]，	对此早就心不安，
我位孔贬[13]。	可惜职位太低贱。
如彼岁旱，	好比干旱年头到，
草不溃茂[14]，	地里百草不丰茂，
如彼栖苴[15]。	像那枯草歪又倒。
我相此邦[16]，	看看国家这个样，
无不溃止[17]。	崩溃灭亡免不了。
维昔之富不如时[18]，	从前富裕今天穷，
维今之疚不如兹[19]。	时弊莫如此地凶。
彼疏斯粺[20]，	人吃粗粮他白米，
胡不自替[21]？	何占茅房不出恭？
职兄斯引[22]。	情况越来越严重。
池之竭矣[23]，	池水枯竭非一天，
不云自频[24]？	岂不开始在边沿？
泉之竭矣，	泉水枯竭源头断，
不云自中？	岂不开始在中间？
溥斯害矣[25]，	这场灾害太普遍，
职兄斯弘[26]，	这种情况在发展，
不烖我躬[27]？	难道我不受牵连？

昔先王受命〔28〕，	先王受命昔为君，
有如召公〔29〕。	有像召公辅佐臣。
日辟国百里〔30〕，	当初日辟百里地，
今也日蹙国百里〔31〕。	如今土地日瓜分。
於乎哀哉〔32〕！	可叹可悲真痛心！
维今之人，	不知如今满朝人，
不尚有旧〔33〕？	是否还有旧忠臣？

【注释】

〔1〕旻(mín)天：《尔雅·释天》："秋为旻天。"这里是泛指上天。《郑笺》："天，斥王也。" 疾威：暴虐。

〔2〕笃：厚，严重。

〔3〕瘨(diān)：降灾，灾害。

〔4〕卒：尽，全。

〔5〕居：朱熹《诗集传》："居，国中也。" 圉(yǔ)：边疆。

〔6〕内讧(hòng)：内部自相争斗。

〔7〕昏：乱。 椓：通"诼"，谗毁。 共：通"供"，供职。

〔8〕溃溃：昏乱的样子。 回遹(yù)：邪僻。

〔9〕实：是。 靖：图谋。 夷：灭。

〔10〕皋皋：通"�谇"，欺诳的样子。 訿訿(zǐ)：毁谤的样子。

〔11〕玷(diàn)：玉上的斑点。借指人的污点。

〔12〕填(chén)：久。

〔13〕贬：低下。

〔14〕溃茂：溃和茂同义，丰茂。《郑笺》："溃茂之溃当作汇。汇，茂貌也。"

〔15〕栖：指草偃伏在地如栖息。 苴(chá)：枯草。

〔16〕相：看。

〔17〕溃：崩溃。 止：陷，沦陷(从胡承珙《毛诗后笺》说)。有人训止为语气词，亦通。

〔18〕维：发语词。 时：是，指今时。

〔19〕疚：《释文》："疚，音救，病也。字或作宊。"《说文》："宊，

贫病也。” 兹：此，指此地。

〔20〕疏：稷，高粱（从程瑶田《九谷考》说）。 斯：此。 粺（bài）：精米。

〔21〕替：废弃。

〔22〕职：主，含有“此”意。 兄：同“况”，情况。 斯：语助词。 引：延长。

〔23〕竭：干涸。

〔24〕云：语助词。 频：《鲁诗》作“滨”，水边。

〔25〕溥：通“普”，普遍。 斯：此。指上述周王无贤臣辅佐及王朝内部的腐败。

〔26〕弘：大。

〔27〕烖：同“灾”。 躬：身。

〔28〕先王：《郑笺》：“谓文王、武王时也。” 受命：承受天命为王。

〔29〕召公：召康公，亦称召公奭，文王、武王、成王时的大臣。

〔30〕日：一天；夸张之词。 辟：开辟。

〔31〕今也：指幽王时。 蹙（cù）：缩小。指犬戎入侵，诸侯外叛。

〔32〕於乎：即呜呼。

〔33〕尚：犹，还。 旧：指先朝旧臣。

颂

颂四十篇，其中《周颂》三十一篇，《鲁颂》四篇，《商颂》五篇。颂是宗庙祭祀的乐歌，不但配合乐器，用的是皇家的乐调，而且带有扮演、舞蹈的艺术。它和风、雅不同，风、雅只清唱，歌辞有韵，声音短促，叠章复唱。颂诗有一部分无韵，由于配合舞步，声音缓慢，也不分章。

《周颂》是《诗经》中最早的诗，据后人考证，作于武王、成王、康王、昭王时代大约一百多年间(公元前1100—前950年)，都是西周初期的作品，其中以“大武舞歌”的《武》、《赉》、《桓》等为最早。其产生地是西周的首都镐京。

《鲁颂》的《閟宫》有“奚斯所作”一句，奚斯是鲁僖公时人(公元前650年左右)。《駉》篇《毛序》认为“史克作是颂”，史克是鲁襄公时人(公元前570年左右)，可见《鲁颂》是春秋时代的作品，产生于春秋鲁国的首都(今山东曲阜)。

《商颂》即“宋颂”，是宋人正考父依据商的名颂改写的，用来歌颂宋襄公，所以它也是春秋时代作品，产生在春秋宋国首都河南商邱。

颂都是宣扬德威、粉饰太平的庙堂乐章，具有很大虚伪性。诗歌缺乏生动描写，艺术价值也不高。但其中少数篇章，如写农业生产的《载芟》、《良耜》，写畜牧、渔业生产的《駉》、《潜》，写古代各种乐器的《有瞽》，以及保存了关于殷商的神话和史实的《长发》、《玄鸟》等，作为史料都还有可取之处。

周　颂

清　庙

【题解】

这是周统治者祭祀文王于宗庙的诗。

於穆清庙[1]，	啊，在那深沉清庙中，
肃雝显相[2]。	助祭端庄又雍容。
济济多士[3]，	众士祭祀行列齐，
秉文之德[4]。	文王德教记在胸。
对越在天[5]，	遥对文王在天灵，
骏奔走在庙[6]。	奔走在庙疾如风。
不显不承[7]，	光照上天延后世，
无射于人斯[8]。	人们仰慕无时穷。

【注释】

〔1〕於（wū）：赞叹词。　穆：形容清庙深远的样子。《毛传》训穆为“美”，亦通。　清：清明。《郑笺》：“清庙者，祭有清明之德者之宫也，谓祭文王也。”有人训清为清静，亦通。

〔2〕肃雝：态度严肃雍容。　显：高贵显赫。　相：助祭的公侯。
〔3〕济济：多而整齐的样子。　多士：众士，指参加祭祀的人。
〔4〕秉：怀着。　文：周文王。
〔5〕越：于。
〔6〕骏：迅速。
〔7〕不：同“丕”，发声词。　显：光明。　承：继承。
〔8〕无射(yì)：不厌，没有厌足。　斯：语气词。

维天之命

【题解】

这也是周王祭祀文王的诗。关于成诗之时，郑玄认为在周公摄政五年之冬。而陈奂却考证说，诗当作于周公居摄的六年之末制礼作乐之后，即公元前1110年的时候。

维天之命〔1〕，	想那天道在运行，
於穆不已〔2〕。	庄严肃穆永不停。
於乎不显〔3〕，	啊，多么显赫多光明，
文王之德之纯！	文王品德真纯正！
假以溢我〔4〕，	仁政使我得安宁，
我其收之。	我们一定要继承。
骏惠我文王〔5〕，	遵循文王踏过路，
曾孙笃之〔6〕。	子子孙孙要力行。

【注释】

〔1〕维：同“惟”，想。
〔2〕於(wū)：赞叹词。　穆：肃敬。　不已：不停。
〔3〕於乎：呜呼，赞叹词。　不显：即丕显，光明显赫。

〔4〕假：嘉，善。指仁政。　溢：通“谧”，安宁，平静。

〔5〕骏惠：驯顺。马瑞辰《毛诗传笺通释》：“惠，顺也。骏，当为驯之假借，驯亦顺也。骏惠二字平列，皆为顺。”

〔6〕曾孙：自孙以下均称曾孙。　笃：厚，即笃行的省略，专心诚意地实行。

维　清

【题解】

这篇也是周王祭祀文王的诗。文王在位七年，先将商纣的属国如密、崇等都消灭掉，孤立商纣，为武王灭纣的成功奠定基础。成王时，周公制礼作乐，作这首《维清》的歌舞诗祭祀文王，纪念他征伐的功绩。歌舞时，用人打扮成文王的样子，表演他击刺打仗之状。按古代舞有文、武二种，这首诗属于武舞。

维清缉熙〔1〕，	想我周朝政清明，
文王之典〔2〕。	因为文王善用兵。
肇禋〔3〕，	由他始行祭天礼，
迄用有成〔4〕，	直到武王才功成。
维周之祯〔5〕。	这是我周的祥祯。

【注释】

〔1〕维：想。　清：清明。　缉熙：光明的样子。

〔2〕典：法。此指用兵之法。

〔3〕肇：开始。　禋：祭天。

〔4〕迄：至。

〔5〕维：是。　祯：吉祥。

烈　文

【题解】

这是成王祭祀祖先时戒勉助祭诸侯的诗。关于诗的作者，有人认为是周公。

烈文辟公〔1〕，	功德双全诸侯公，
锡兹祉福〔2〕。	赐给你们助祭荣。
惠我无疆〔3〕，	对我周朝永驯顺，
子孙保之。	子孙长保福无穷。
无封靡于尔邦〔4〕，	莫在你国造大孽，
维王其崇之〔5〕。	我王对你才尊重。
念兹戎功〔6〕，	应念你祖立战功，
继序其皇之〔7〕。	继承祖业更恢宏。
无竞维人〔8〕，	强盛莫过得贤士，
四方其训之〔9〕。	四方才会竞相从。
不显维德〔10〕，	光明最是先王德，
百辟其刑之〔11〕。	诸侯应该学此风。
於乎，前王不忘！	先王典范永铭胸。

【注释】

〔1〕烈文：有功有德。　辟公：诸侯。

〔2〕锡：赐。　祉：福。

〔3〕惠：顺。

〔4〕无：毋。　封靡：大罪。《毛传》："封，大也。靡，累也。"累

即缧绁的意思，引申为犯罪。

〔5〕维：乃。　崇：尊重。

〔6〕戎功：武功。

〔7〕序：古和“叙”、“绪”通用，继序即继承的意思。　皇：光大。

〔8〕无：含有莫的意思。　竞：强。　人：指贤人。

〔9〕四方：指天下诸侯。　训：顺。

〔10〕不显：大显。

〔11〕百辟：众诸侯。　刑：通“型”，典范，效法。

天　作

【题解】

这是周统治者祭祀岐山的诗。

天作高山〔1〕，	天生巍峨岐山冈，
大王荒之〔2〕。	太王经营地更广。
彼作矣〔3〕，	上天在此生万物，
文王康之〔4〕。	文王安抚定周邦。
彼徂矣〔5〕，	人心所向来归顺，
岐有夷之行〔6〕，	岐山大道坦荡荡，
子孙保之！	子孙永保这地方！

【注释】

〔1〕作：生。　高山：指岐山，在今陕西省岐山县东北。

〔2〕大王：即太王古公亶父，周文王的祖父。初居豳，为戎狄所侵，迁居于岐山之下，豳人皆从之，定国号曰周。到武王时，追尊为太王。　荒：扩大治理的意思。

〔3〕彼：指上天。　作：生。

〔4〕康：安乐。
〔5〕彼：指人民。　徂：往，到。指归周。　矣：《后汉书·西南夷传》引此诗作“者”。
〔6〕夷：平坦。　行：道路。按平坦的道路又含有政治清明之意。

昊天有成命

【题解】
这是祭祀成王的诗。诗的写作年代，当在康王之时。

昊天有成命〔1〕，	天命昭昭自上苍，
二后受之〔2〕。	受命为君文武王。
成王不敢康〔3〕，	成王不敢图安逸，
夙夜基命宥密〔4〕。	日夜谋政志安邦。
於缉熙〔5〕，	啊，多么光明多辉煌，
单厥心〔6〕，	忠诚厚道热心肠，
肆其靖之〔7〕。	国家巩固民安康。

【注释】
〔1〕昊天：即苍天，皇天。　成命：明白的命令。马瑞辰《毛诗传笺通释》：“古文明、成二字同义。”
〔2〕后：君。二后，指文王、武王。
〔3〕成王：武王子，名诵。即位时年幼，由叔周公旦摄政，七年后亲自执政。　康：安乐。
〔4〕夙夜：早夜。　基：《尔雅·释诂》：“基，谋也。”　命：政令。宥：宽大。　密：安定。宥密，形容政教的宽大而又能安定人心。
〔5〕於：叹美词。　缉熙：见《大雅·文王》注〔21〕。
〔6〕单：诚厚。　厥：其。

〔7〕肆：巩固。 靖：安定。

我 将

【题解】

这篇是祭祀上帝、配祭文王的乐歌。

我将我享[1]，	我要祭祀先烹调，
维羊维牛[2]，	祭品牛羊不算少，
维天其右之[3]。	上帝保佑好运道。
仪式刑文王之典[4]，	典章制度效文王，
日靖四方[5]。	治理天下日操劳。
伊嘏文王[6]，	伟大神圣我文王，
既右飨之。	享受祭祀神灵到。
我其夙夜，	我要日夜勤祭祷，
畏天之威，	崇敬天威遵天道，
于时保之[7]。	这才能把天下保。

【注释】

〔1〕将：烹的意思。 享：祭献。

〔2〕维：是。维羊维牛，或作“维牛维羊”，恐系传写之误。

〔3〕右：同“祐”。

〔4〕仪、式、刑：三字同义，都是效法的意思。 典：典章制度。

〔5〕靖：安定，治理。

〔6〕伊：发语词。 嘏(jiǎ)：伟大。

〔7〕时：通“是”。 之：指国家。

时 迈

【题解】

这是武王巡视各诸侯国和祭祀山川的乐歌。旧说多认为周公所作。

时迈其邦〔1〕，	出发巡视大小邦，
昊天其子之〔2〕，	上帝视我如儿郎，
实右序有周〔3〕。	佑我大周国运昌。
薄言震之〔4〕，	才始发兵讨纣王，
莫不震叠〔5〕。	天下诸侯皆惊慌。
怀柔百神〔6〕，	为悦众神备祭享，
及河乔岳〔7〕。	遍及河山及四望。
允王维后〔8〕！	武王不愧天下长！
明昭有周〔9〕，	大周昭明照四方，
式序在位〔10〕。	满朝称职尽贤良。
载戢干戈〔11〕，	收起干戈没用场，
载櫜弓矢〔12〕。	装好弓箭袋里藏。
我求懿德〔13〕，	我去访求有德士，
肆于时夏〔14〕。	遍施善政国兴旺。
允王保之。	周王定能保封疆。

【注释】

〔1〕时：是，语助词。　迈：行。指巡狩。

〔2〕子之：视同儿子。

〔3〕右：同“佑”。　序：助。　吴闿生《诗义会通》：“右、序，皆助也。”

〔4〕薄、言：都是语助词，薄还含有开始的意思。　震：指以武力震慑。

〔5〕叠：通“慑”，恐惧。

〔6〕怀柔：安抚，取悦。

〔7〕乔岳：高山。

〔8〕允：确实。　维：是。　后：君主。

〔9〕明昭：光明显著。

〔10〕式：发语词。　序在位：各称其职。

〔11〕载：则，就。　戢：收藏。

〔12〕櫜(gāo)：盛弓矢的袋。

〔13〕懿德：指有美德的人。

〔14〕肆：陈设，施行。　时：是，此。　夏：中国。

执　竞

【题解】

这是祭祀武王的诗。

执竞武王[1]，	制服强梁称武王，
无竞维烈[2]。	克商功业世无双。
不显成康[3]，	功成名就国安康，
上帝是皇[4]。	上帝对他也赞赏。
自彼成康[5]，	由于功成国安康，
奄有四方[6]，	一统天下有四方，
斤斤其明[7]。	武王英明坐朝堂。
钟鼓喤喤[8]，	敲钟擂鼓咚咚响，

磬筦将将[9]，	击磬吹箫声锵锵，
降福穰穰[10]。	上天赐福降吉祥。
降福简简[11]，	无边洪福从天降，
威仪反反[12]。	祭礼隆重又端庄。
既醉既饱，	武王神灵醉又饱，
福禄来反[13]。	报你福禄绵绵长。

【注释】

〔1〕执：服。　竞，强。执竞，指武王能制服强暴。

〔2〕无竞：无比。　维：其。　烈：功业。指克商的功业。

〔3〕康：安。　成康：成就安定的局面。

〔4〕皇：美，嘉。

〔5〕自：由于。

〔6〕奄：覆盖，包括。

〔7〕斤斤：昕昕的省借，精明的样子。

〔8〕喤喤：锽的假借字，钟鼓声。

〔9〕磬：古代的一种打击乐器。　筦：同“管”，指竹制的管乐器。将将(qiāng)：同“锵锵”，象声词。

〔10〕穰穰(rǎng)：众多。

〔11〕简简：盛大的样子。

〔12〕反反：昄昄的假借字，慎重的样子。

〔13〕反：同“返”，还报。

思　文

【题解】

这是郊祀后稷以配天的乐歌。前人有认为是周公所作的，有认为是豳地之颂的。按周自后稷发明播种百谷后，公刘和古公亶父都是以农建国的人物，豳民作诗祭祀后稷，这是很可能的事。到周公时，加以润色配乐，定为祭祀后稷配天的乐章，也有此可能。

思文后稷[1]，　　想起后稷先王，
克配彼天[2]。　　功德能配上苍。
立我烝民[3]，　　养育我们百姓，
莫匪尔极[4]。　　谁未受你恩赏。
贻我来牟[5]，　　留给我们麦种，
帝命率育[6]。　　天命充民供养。
无此疆尔界，　　农政不分疆界，
陈常于时夏[7]。　　全国普遍推广。

【注释】

〔1〕思：想。有人训思为语助词，亦通。　文：有文德。文德对“武功”言，指建设国内的功德。

〔2〕克：能。　克配彼天：能够配享那上帝。

〔3〕立：当作粒。这里用作动词，有养育的意思。　烝民：众民。《郑笺》：“立当作粒。烝，众也。昔尧遭洪水，黎民阻饥。后稷播殖百谷，烝民乃粒，万邦作乂。”

〔4〕极：最。指最大的好处。

〔5〕贻：留下。　来牟：“麦”的析声。来为小麦，牟为大麦。

〔6〕率：用。　育：养。

〔7〕陈：遍布。　常：常规；指农政。　时：此。　夏：中国。

臣　工

【题解】

这是周王耕种藉田并告诫农官的诗。所谓藉田，是周王拥有的一大片由农奴耕种的土地。每年春天，周王带领群臣到藉田上去耕几下，装装样子，以表示对农业的重视。然后祭祀土谷(社稷)之神。这首诗就是在藉田祭祀时所唱的乐歌。诗的产生年代，大约和成王时的《噫嘻》相去不远。

嗟嗟臣工〔1〕，	群臣百官听我言，
敬尔在公〔2〕。	对待公事要谨严。
王厘尔成〔3〕，	周王赐你耕作法，
来咨来茹〔4〕。	你应考虑细钻研。
嗟嗟保介〔5〕，	农官你要忠职守，
维莫之春〔6〕。	暮春农事应早筹，
亦又何求〔7〕？	你们还有啥要求？
如何新畬〔8〕？	如何对待新田畴？
於皇来牟〔9〕，	美好麦籽壮又圆，
将受厥明〔10〕。	秋来定能获丰收。
明昭上帝〔11〕，	光明上帝真灵验，
迄用康年〔12〕。	一直赐我丰收年。
命我众人〔13〕，	就该命令众农夫，
庤乃钱镈〔14〕，	锄锹你要备齐全，
奄观铚艾〔15〕。	他日一同看开镰。

【注释】

〔1〕嗟嗟：发语词。　臣工：即臣官，通指诸侯卿大夫而言。

〔2〕敬：慎。　尔：指群臣百官。　在公：指公职。

〔3〕王：指周王。有人释王为“往”，亦通。　厘：通“赉”，赐。成：成法。指耕种的成法。

〔4〕来：是。　咨：商量，询问。　茹：忖度。

〔5〕保介：田官，亦称田畯。郭沫若《由周代农事诗论到周代社会》：“介者界之省，保介者保护田界之人。”

〔6〕维：是。　莫：同“暮”。

〔7〕亦：助词。　又：有。

〔8〕新畬(yú)：开垦了三年的熟田。古时实行轮种，种过的田在休闲几年后再种，故称新畬。

〔9〕於：赞叹词。　皇：美好。指麦种壮实饱满。　来牟：麦。见《思文》注〔5〕。

〔10〕厥：其，它的。　明：成。指收成。

〔11〕明昭：光明显赫。

〔12〕迄：至。　用：以。　康年：乐岁丰年。

〔13〕众人：指农人。

〔14〕庤(zhì)：储备。　乃：你。　钱(jiǎn)：古农具名，似今之铁锹。　镈(bó)：锄头。

〔15〕奄：同。　铚(zhì)艾：收割。铚本义是割禾的短镰刀，这里作动词“割”用。　艾：乂的假借字，亦作刈，收割。

噫　嘻

【题解】

《噫嘻》疑是成王春天祈谷、祭祀上帝，告诫农官的诗。内容叙述成王既祀上帝，即令田官带领农夫播耕百谷，让农夫开垦田官的私田，号召他们大规模地参加劳动。旧说“春夏祈谷”，其实“夏”字并无着落。诗反映了周初农夫的劳动情况和公田、私田的制度。

噫嘻成王〔1〕，	成王祈呼向苍穹，
既昭假尔〔2〕。	一片虔诚与神通。
率时农夫〔3〕，	率领农夫同下地，
播厥百谷。	安排农事快播种。
骏发尔私〔4〕，	迅速开发私邑田，
终三十里〔5〕。	三十里地尽完工。

亦服尔耕〔6〕，	从事耕作须抓紧，
十千维耦〔7〕。	万人耦耕齐劳动。

【注释】

〔1〕噫嘻：祈祷天神时呼叫的声音。原句是“成王噫嘻”的倒文。

〔2〕昭：明，表明。 假：格的假借字，至、达于的意思。昭假，表明人的诚敬上达于天帝。《诗经》中凡言昭假，都是指祭祀上帝而言。尔：语助词，与“矣”同。有人说，诗中三个“尔”字，都是指先王先公。有人说都是指田官。可参考。

〔3〕率：带领。 时：是，此。

〔4〕骏：迅速。 发：开发。 尔：你，指田官。 私：田官的私田。

〔5〕终：尽。 三十里：指私田。据《郑笺》的说法，万人所耕之田，共三十三平方里面积挂零。此处的三十里，但举成数而已。程瑶田《沟洫考》证明这种大规模的万人耕种三十里的大田，并非井田，间接证明了这只是农官的私田。

〔6〕亦：发声词。 服：从事。 尔：指田官。

〔7〕十千：一万人。 维：其。 耦：两人并肩用犁耕地。

振　鹭

【题解】

《振鹭》疑是殷商后代宋微子来周助祭时的乐歌。姚际恒对此有较详的论述(见《诗经通论》)，可以参考。

振鹭于飞〔1〕，	白鹭成群展翅翔，
于彼西雝〔2〕。	在那西边大泽上。
我客戾止〔3〕，	我有贵客喜光临，
亦有斯容。	也穿高洁白衣裳。

在彼无恶[4]，	他在本国无人怨，
在此无斁[5]。	很受欢迎到我邦。
庶几夙夜[6]，	望您日夜多勤勉，
以永终誉[7]。	众口交誉美名扬。

【注释】

〔1〕振：群飞的样子。　鹭：白鹭。

〔2〕雝：水泽。

〔3〕戾：至。　止：语尾助词。

〔4〕无恶，没有人怨恨。

〔5〕斁(yì)：厌。无斁：没有人讨厌。

〔6〕夙夜：早夜。

〔7〕终：众的假借字。马瑞辰《毛诗传笺通释》："终与众古通用。《后汉书·崔骃传》：'岂可不庶几夙夜，以永众誉。'义本三家诗。"

丰　年

【题解】

这篇是秋收以后祭祀祖先时所唱的乐歌。

丰年多黍多稌[1]。	丰年多产糜和稻，
亦有高廪[2]，	粮仓堆得高又高，
万亿及秭[3]。	万斛亿斛真不少。
为酒为醴[4]，	酿成醇酒和甜醪，
烝畀祖妣[5]，	献给先妣与先考，
以洽百礼[6]，	牺牲玉帛同敬孝，
降福孔皆[7]。	恩泽普降福星照。

【注释】

〔1〕黍：糜子，小米。 稌(tú)：稻谷。

〔2〕亦：语首助词。 廪：粮仓。

〔3〕亿：周代十万为亿。 秭(zǐ)：《尔雅》："秭，数也。"郭注："今以十亿为秭。"

〔4〕醴：一种甜酒。

〔5〕烝：进献。 畀(bì)：给予。 祖妣：男女祖先。

〔6〕洽：配合。 百礼：后人对它的解释有三：一、指用酒以合飨(祭死人)、燕(宴生人)等各种礼节(陈奂说)。二、指以酒配合牲、玉、币、帛之类的祭品(《孔疏》说)。三、指用酒合祭上帝百神的各种仪式(胡承珙说)。三说均可通。由于古礼已废，祭祀制度不易考实，从文义揣之，似当以孔说为近。

〔7〕孔：很，甚。 皆：普遍。

有　瞽

【题解】

这是一首合乐祭祖的诗。

有瞽有瞽〔1〕，	盲乐师啊盲乐师，
在周之庭。	排列宗庙大庭上。
设业设虡〔2〕，	钟架鼓架都摆好，
崇牙树羽〔3〕。	架上钩子彩羽装。
应田县鼓〔4〕，	小鼓大鼓悬挂起，
鞉磬柷圉〔5〕。	鞉磬柷圉列成行。
既备乃奏，	乐器齐备就演奏，
箫管备举〔6〕。	箫管并吹音绕梁。
喤喤厥声〔7〕，	众乐同发声洪亮，

肃雝和鸣[8]，	肃穆和谐调悠扬，
先祖是听。	祖宗神灵来欣赏。
我客戾止，	我有贵宾也光临，
永观厥成[9]。	曲终不觉奏时长。

【注释】

〔1〕瞽：盲人。周代常以盲人充任乐官。

〔2〕业：悬钟、磬的木架横梁上面的大版，刻如锯齿状。　虡(jù)：悬钟、磬的直木架。

〔3〕崇牙：业上突出的木钉，弯曲高耸，用它挂乐器。　树羽：植立五彩的羽毛作为崇牙的装饰。

〔4〕应田：小鼓名。《郑笺》："田当作朄，朄，小鼓，在大鼓旁。应，鞞之属也。"　县：即悬。县鼓，一种悬挂而击的大鼓。

〔5〕鞉(táo)：亦作鼗，一种有柄有二耳的摇鼓。　磬：玉石制的版状打击乐器。　柷(zhù)：乐器名。《尔雅·释乐》郭注："柷如漆桶，方二尺四寸，深一尺八寸，中有椎柄连底，挏之令左右击。"《释名》："柷以作乐。"是击柷表示奏乐的开始。　圉(yǔ)：亦作敔，乐器名。形如伏虎，背上有二十七锯齿，以木尺划之发声。《释名》："敔以止乐。"是乐章奏毕时击敔以止乐。

〔6〕箫、管：竹制乐器。古箫是排箫，一种编管乐器。管，如笛。

〔7〕喤喤(huáng)：形容乐声洪亮和谐。

〔8〕肃雝：形容乐声的徐缓肃穆。

〔9〕成：指一曲奏毕。

潜

【题解】

这是周王用鱼献祭于宗庙时所唱的乐歌。

猗与漆沮[1]，	啊，在那漆沮二水中，
潜有多鱼[2]：	鱼儿繁多藏柴丛：
有鳣有鲔[3]，	也有鳣鱼也有鲔，
鲦鲿鰋鲤[4]。	鲦鲿鲇鲤多品种。
以享以祀，	用来祭祀供祖宗，
以介景福[5]。	求降洪福永无穷。

【注释】

〔1〕猗与：赞叹词。 漆、沮：周二水名。漆水源出陕西省大神山，西南流至耀县会沮水。沮水出陕西分水岭，东南流会漆水。两水既合，亦称石州河，东南流入渭水。

〔2〕潜：通“槮”，放在水中供鱼栖息的柴堆。一说潜为潜藏在水中，亦通。

〔3〕鳣(shàn)：鳇鱼。 鲔(wěi)：鲟鱼。

〔4〕鲦：白条鱼。 鲿：亦名黄鲿鱼。 鰋：鲇鱼。

〔5〕介：助。 景：大。

雝

【题解】

这是武王祭文王的诗。据说，是在祭毕撤去祭品时唱的。

有来雝雝[1]，	来时节雍容和睦，
至止肃肃[2]。	到此地恭敬严肃。
相维辟公[3]，	助祭是诸侯群公，
天子穆穆[4]。	周天子端庄静穆。
於荐广牡[5]，	献一口肥大公畜，

相予肆祀[6]。	相助我办好“肆祀”。
假哉皇考[7]！	伟大啊光荣先父！
绥予孝子[8]。	您安抚我这孝子。
宣哲维人[9]，	用贤臣聪明仁智，
文武维后[10]。	圣主兼武功文治。
燕及皇天[11]，	安周邦上及皇天，
克昌厥后[12]。	能昌盛子孙后世。
绥我眉寿[13]，	赐与我长命百岁，
介以繁祉[14]。	又助我大福大祉。
既右烈考[15]，	既拜请父饮一杯，
亦右文母[16]。	又敬请先母太姒。

【注释】

〔1〕雝雝：和睦的样子。

〔2〕肃肃：严肃恭敬的样子。

〔3〕相：助祭。　维：是。　辟公：指诸侯。

〔4〕天子：指周武王。　穆穆：容止端庄肃穆的样子。

〔5〕於：赞叹词。　荐：献祭。　广：大。

〔6〕相：助。　予：周王自称。　肆：陈列。肆祀，祭名。

〔7〕假：嘉。假哉：美哉，赞美之词。　皇考：对已死父亲的美称。指文王。

〔8〕绥：安抚。　孝子：武王自称。

〔9〕宣哲：明智。　维人：是臣。

〔10〕后：君。

〔11〕燕：安。

〔12〕克：能。　昌：昌盛。　厥后：其后代。

〔13〕绥：赐。　眉寿：长寿。

〔14〕介：助。　繁祉：多福。

〔15〕右：通“侑”，劝侑。拜劝神灵吃祭物。　烈：光明。烈考，光明的先父。指文王。

〔16〕文母：有文德的母亲，指文王的妻大姒。王引之《经义述闻》：“《传》以文母为大姒者，以上文皇考是文王，则文母当为大姒。非谓因文王而称文母也。”

载　见

【题解】

这是诸侯来朝，助祭周武王时所唱的乐歌。

载见辟王〔1〕，	诸侯始来朝周王，
曰求厥章〔2〕。	求赐车服众典章。
龙旂阳阳〔3〕，	龙纹旗子真漂亮，
和铃央央〔4〕。	车上和铃响叮当。
鞗革有鸧〔5〕，	辔头装饰金辉煌，
休有烈光〔6〕。	华丽耀目亮晃晃。
率见昭考〔7〕，	率领你们祭武王，
以孝以享〔8〕。	隆重献祭在庙堂。
以介眉寿，	祈求赐我寿无疆，
永言保之〔9〕，	保佑天命永久长，
思皇多祜〔10〕。	成王得福又吉祥。
烈文辟公〔11〕，	英明有德诸侯公，
绥以多福〔12〕，	君王受福靠你帮，
俾缉熙于纯嘏〔13〕。	使他前程光明福无量。

【注释】

〔1〕载：始。　辟王：君王。指成王。

〔2〕曰：语首助词。　章：指车、服的典章制度。

〔3〕阳阳：文采美丽的样子。

〔4〕和铃：挂在车轼上的铃称和，挂在车衡上的铃称铃。　央央：铃声。

〔5〕鞗（tiáo）革：马缰绳。　有鸧（qiāng）：即鸧鸧，形容马缰绳上金饰美盛的样子。

〔6〕休：美。　烈光：光明。

〔7〕率：带领。　昭考：指武王。周代宗庙制度，始祖的庙居中，其他祖宗依次左右排列，左称为昭，右称为穆。周武王的庙在左，所以称为昭考。

〔8〕孝、享：二字同义，都是献祭的意思。

〔9〕言：助词。

〔10〕思：语首助词。　皇：君。指成王。　多祜：多福。

〔11〕烈文：光明而有文德。

〔12〕绥：安。

〔13〕俾：使。　缉熙：光明。　纯嘏（gǔ）：大福。

有　客

【题解】

这是宋微子朝周，周王设宴饯行时所唱的乐歌。

有客有客〔1〕，	远方客人来我家，
亦白其马〔2〕。	跨着一匹白骏马。
有萋有且〔3〕，	随从人员一大串，
敦琢其旅〔4〕。	个个品德无疵瑕。
有客宿宿〔5〕，	客人头夜这儿宿，
有客信信〔6〕。	二夜三夜再留下。
言授之絷〔7〕，	最好拿根绳索来，

以縶其马[8]。	把他马儿四蹄扎。
薄言追之[9]，	我为客人来饯行，
左右绥之[10]。	群臣百官欢送他。
既有淫威[11]，	客人既然受优待，
降福孔夷[12]。	天赐福禄会更大。

【注释】

〔1〕客：指宋微子。《左传》僖二十四年："皇武子曰：宋先代之后也，于周为客。"

〔2〕亦：语助词。

〔3〕有萋有且(jū)：即萋萋且且，形容随从众多的样子。

〔4〕敦琢：即雕琢，引申有选择之意。 旅：通"侣"，伴侣。指微子的随从众臣。

〔5〕宿：住一夜。

〔6〕信：住二夜。信信，用叠字形容客人住了几天的意思。

〔7〕言：语首助词。 縶(zhí)：绳索。

〔8〕縶：用作动词，用绳绊住马足。

〔9〕薄言：语助词。 追：饯送。 之：指微子。下句同。

〔10〕左右：指周王左右群臣。 绥：安抚。

〔11〕淫：大。 威：德。淫威，大德，引申为优待的意思。《毛传》："淫，大。威，则。"《郑笺》："既有大则，谓用殷正朔行其礼乐，如天子也。"其说亦通。

〔12〕夷：大。

武

【题解】

这是叙述武王克商的《大武》乐歌，据《吕氏春秋》，为周公所作。《左传》宣十二年："武王克商，作《武》，其卒章曰'耆定尔功’。”有人根据诗有“於皇武王”之句，认为不是武王时代作品。据王国维和郭沫若的考证，周代尚无谥法，文、武、成、康都是生时称号，到战国时才规定谥法。因此可定为是武王时代的作品。

於皇武王〔1〕，	赞叹伟大周武王，
无竞维烈〔2〕。	他的功业世无双。
允文文王〔3〕，	诚信有德周文王，
克开厥后〔4〕。	能为子孙把业创。
嗣武受之〔5〕，	嗣子武王承遗业，
胜殷遏刘〔6〕，	战胜敌人灭殷商，
耆定尔功〔7〕。	巩固政权功辉煌。

【注释】

〔1〕於：赞叹词。　皇：伟大。

〔2〕竞：强。无竞，莫强。　维：其。　烈，功绩。维烈，指伐商诛纣的功绩。

〔3〕允：诚信。　文：文德。指文王所施行的政教。

〔4〕克：能。　厥后：他的后代子孙。

〔5〕武：指武王。有人训嗣为继，训武为道，说亦可通。

〔6〕遏刘：二字同义，消灭的意思。

〔7〕耆：致使，达到。

闵予小子

【题解】

这是成王遭武王之丧告于祖庙的诗。有人疑这篇和以下三篇都是成王所自作。有人说可能是周公托为成王之词以进谏的诗。

闵予小子[1]，	念我嗣位年纪轻，
遭家不造[2]，	家中遭难真不幸，
嬛嬛在疚[3]。	整天忧伤叹孤零。
於乎皇考，	放声赞我先父亲，
永世克孝！	能尽孝道终其生！
念兹皇祖[4]，	想我祖父国初兴，
陟降庭止[5]。	任用群臣很公平。
维予小子，	我今嗣位未成丁，
夙夜敬止。	日夜勤劳坐朝廷。
於乎皇王，	叫声先祖听我禀，
继序思不忘[6]！	誓继遗业永记铭！

【注释】

〔1〕闵：通“悯”，怜念。　予小子：成王自称。

〔2〕不造：不善。即不祥、不幸的意思。

〔3〕嬛嬛（qióng）：《说文》及《汉书·匡衡传》引此诗均作“茕茕”，孤独无依。　疚：忧伤。

〔4〕皇祖：指文王。

〔5〕陟：升。陟降：上下，即提升和降级的意思。　庭：亦作“廷”，公正。　止：语助词。

〔6〕序：绪。即事业。　思：语助词。

访　落

【题解】

这是成王朝武王庙和群臣商议国政的诗。

访予落止[1]，	即位始初须计议，
率时昭考[2]。	遵循先王志不移。
於乎悠哉[3]，	真是任重道远啊，
朕未有艾[4]。	我少经验水平低。
将予就之[5]，	助我遵行先王法，
继犹判涣[6]。	继承宏业定大计。
维予小子，	想我如今年纪轻，
未堪家多难[7]。	家国多难担不起。
绍庭上下[8]，	先父善将祖道承，
陟降厥家[9]。	用人得当国康熙。
休矣皇考[10]，	想我皇父多英明，
以保明其身[11]。	以此保身勉自己。

【注释】

〔1〕访：谋，商讨。　落：始。

〔2〕率：遵循。　时：是。　昭考：指武王。

〔3〕悠：远。

〔4〕朕：我，成王自称。　艾：阅历。《尔雅·释诂》："艾，历也。"

〔5〕将：助。　就：因袭。　之：指先人的法典。

〔6〕犹：通"猷"，图谋，计划。　判涣：大。马瑞辰《毛诗传笺通释》："判涣，叠韵，字当读与《卷阿》诗'伴奂尔游矣'同。伴、奂皆大也，《说文》：'伴，大貌。'奂字注：'一曰，大也。'"

〔7〕多难：指遭父武王之丧及管叔、蔡叔、武庚叛乱和淮夷之难。

〔8〕绍：继。指武王继承文王。　庭：公正。　上下：即升降官吏。

〔9〕陟降厥家：即正确地任免臣下以安定家国。

〔10〕休：美。　皇考：指武王。

〔11〕明：勉。

敬　之

【题解】

这是成王自诫并告群臣的诗。林义光《诗经通解》:"按诗言'维予小子',又言'示我显德行',则是嗣王告群臣,非群臣戒嗣王也。"

敬之敬之〔1〕,	为人处事常警惕,
天维显思〔2〕,	天理昭彰不可欺,
命不易哉〔3〕!	保全国运实不易!
无曰高高在上,	莫说苍天高在上,
陟降厥士,	升黜群臣即天意,
日监在兹〔4〕。	每天监视在此地。
维予小子,	我刚即位年纪轻,
不聪敬止。	不明不戒受蒙蔽。
日就月将〔5〕,	日积月累常学习,
学有缉熙于光明〔6〕。	由浅入深明事理。
佛时仔肩〔7〕,	众臣辅我担重任,
示我显德行〔8〕。	美德向我多启示。

【注释】

〔1〕敬:警戒。

〔2〕显:明著。　思:语助词。

〔3〕命:天命。指国运。

〔4〕日:天天。　监:监视。　兹:此。指人间。

〔5〕就:久。《广雅》:"就,久也。"　将:长。

〔6〕缉熙：积渐广大，犹今云深广。与《昊天有成命》的“缉熙”训“光明”不同义。

〔7〕佛(bì)：弼的假借字，辅助。　时：是。　仔肩：责任。

〔8〕显：光明。

小　毖

【题解】

这是成王诛管蔡、消灭武庚以后，自我惩戒并求助于群臣的诗。诗当作于武庚作乱、淮夷继叛的时候。诗句多用比喻，故较含蓄生动。后代常用的“惩前毖后”的成语，即出于此诗。

予其惩而毖后患〔1〕，	惩前毖后不摔跤，
莫予荓蜂〔2〕，	缺少辅佐我心焦，
自求辛螫〔3〕。	只能独自操辛劳。
肇允彼桃虫〔4〕，	开始以为小鹪鹩，
拚飞维鸟〔5〕。	谁知飞出大海雕。
未堪家多难，	家国多难受不了，
予又集于蓼〔6〕。	今陷困境更难熬。

【注释】

〔1〕惩：警戒。　毖：谨慎。这句的标点，有人在“而”后断句。段玉裁《诗小笺》：“《疏》于‘而’字断句，各本皆云《小毖》一章八句。”胡承珙《毛诗后笺》以为《唐石经》中作“予其惩而毖彼后患”，故这句可能原作“予其惩而，毖彼后患”二句，否则各本不会说《小毖》一章八句。

〔2〕荓(píng)蜂：牵引扶助的意思(从《孔疏》)。

〔3〕螫(shì)：赦的假借字，勤劳。《尔雅·释诂》：“赦，劳也。”

〔4〕肇：始。　允：信。也有人说，允是语助词。　桃虫：即鷦鷯，一种极小的鸟。

〔5〕拚：通“翻”，翻飞。二句比喻武庚开始很弱小，后来羽毛丰满，勾结管叔蔡叔起来叛乱。

〔6〕蓼：水草名，其味苦辣。此句喻陷入困境。

载　芟

【题解】

这是周王在春天藉田的时候，祭祀土神、谷神的舞歌。

载芟载柞〔1〕，	开始除草又砍树，
其耕泽泽〔2〕；	用力耕地松泥土；
千耦其耘〔3〕，	上千对人齐耕耘，
徂隰徂畛〔4〕。	走下洼地踏小路。
侯主侯伯〔5〕，	田主带着大儿子，
侯亚侯旅〔6〕，	小儿晚辈也相助，
侯强侯以〔7〕。	壮汉雇工同挥锄。
有嗿其馌〔8〕，	大家吃饭声音响，
思媚其妇〔9〕，	温顺柔美好农妇，
有依其士〔10〕。	她的儿子健如虎。
有略其耜〔11〕，	犁头雪亮又锋利，
俶载南亩〔12〕。	先耕南面那块地。
播厥百谷，	各色种子撒下去，
实函斯活〔13〕。	颗颗粒粒含生气。

驿驿其达〔14〕，	苗儿不断冒出来，
有厌其杰〔15〕。	高大粗壮讨人喜。
厌厌其苗〔16〕，	庄稼茂盛一色齐，
绵绵其麃〔17〕。	穗儿连绵把头低。
载获济济〔18〕，	开始收获丰硕果，
有实其积〔19〕，	场上粮食堆成垛，
万亿及秭〔20〕。	千担万斛上亿箩。
为酒为醴，	酿成美酒味醇和，
烝畀祖妣〔21〕，	祖妣灵前先献酢，
以洽百礼。	祭祀宴享礼节多。
有飶其香〔22〕，	黍稷热气真芬芳，
邦家之光；	家门荣幸国增光；
有椒其馨〔23〕，	美酒醇厚真馨香，
胡考之宁〔24〕。	敬给老人得安康。
匪且有且〔25〕，	耕作不从今日始，
匪今斯今，	丰收并非破天荒，
振古如兹〔26〕。	从古到今就这样。

【注释】

〔1〕载：开始。 芟（shān）：除草。 柞（zé）：砍伐树木。

〔2〕泽泽（shì）：土松散的样子。

〔3〕耦：二人并耕。

〔4〕徂：往。 隰：低湿的田地。 畛（zhěn）：田边的小路。指田界。

〔5〕侯：发语词。 主：家长。 伯：长子。

〔6〕亚：次。指老二老三等。 旅：众。指晚辈。

〔7〕强：指强壮有余力来助耕的人。 以：雇佣的劳动力。《孔疏》：“以者，佣赁之人，以意驱用，故云用也。”

〔8〕嗿(tǎn)：众饮食声。　馌(yè)：送到田间的饭菜。

〔9〕思：发语词。　媚：美顺的样子。

〔10〕依：通“殷”，壮盛的样子(从王引之《经义述闻》说)。士：和上句的妇，都是送饭的人；士比喻儿子有如武士。

〔11〕略：“䂮”之假借，锋利。　耜：犁头。

〔12〕俶：起土。　载：翻草。

〔13〕实：指种子。　函：同“含”。　斯活：即活活，有生气的样子。

〔14〕驿驿：亦作绎绎，接连不断的样子。　达：长出地面。

〔15〕厌：美好的样子。　杰：特出。

〔16〕厌厌：禾苗茂盛整齐的样子。

〔17〕绵绵：连绵不断的样子。　麃(biāo)：穮的借字，禾谷的梢末，即穗。

〔18〕济济：众多的样子。

〔19〕实：满。　积：指堆积在场上。

〔20〕万亿及秭：见《丰年》注〔3〕。

〔21〕烝：献。　畀(bì)：给。

〔22〕飶(bì)：与苾、馝通用，形容黍稷的香气盛大。

〔23〕椒：与俶、淑通用，香气浓厚。　馨：传播很远的香气。

〔24〕胡考：寿考。指老年人。

〔25〕匪：非。　且：此。指耕种。

〔26〕振古：自古。　兹：此。

良　耜

【题解】

这是周王在秋收以后祭祀土神谷神的乐歌。

畟畟良耜〔1〕，	犁头雪亮又锋利，
俶载南亩〔2〕。	先耕南亩那块地。
播厥百谷，	各色种子撒下去，

实函斯活[3]。	颗颗粒粒含生气。
或来瞻女，	那边有人来看你，
载筐及筥[4]，	背着方筐挎着筥，
其饷伊黍[5]。	送来米饭冒热气。
其笠伊纠[6]，	头戴草编圆斗笠，
其镈斯赵[7]，	挥锄翻土人心齐，
以薅荼蓼[8]。	除去杂草清田畦。
荼蓼朽止[9]，	杂草腐烂在田里，
黍稷茂止。	庄稼长得更茂密。
获之挃挃[10]，	挥舞镰刀刷刷响，
积之栗栗[11]。	场上粮食如山积。
其崇如墉[12]，	粮垛高高像城墙，
其比如栉[13]，	栉比鳞次多又密，
以开百室[14]。	大小仓库都开启。
百室盈止，	仓库全部都装满，
妇子宁止。	老婆孩子心安贴。
杀时犉牡[15]，	杀了那头大公牛，
有捄其角[16]。	双角弯弯美无比。
以似以续[17]，	用来祭祀社稷神，
续古之人[18]。	前人传统后人继。

【注释】

〔1〕畟畟(cè)：形容快利的样子。　耜：犁头。

〔2〕见《载芟》注〔12〕。

〔3〕见《载芟》注〔13〕。

〔4〕载：背。　筐、筥(jǔ)：都是竹制的盛器，筐形方，筥形圆。

〔5〕饷：送食物。　伊：是。　黍：指小米饭。
〔6〕笠：笠帽。　纠：编织。
〔7〕镈（bó）：锄头。　赵：通"掉"，撬的意思。
〔8〕薅（hāo）：除草。　荼蓼：二种野草名。
〔9〕朽：腐烂。　止：语气词。
〔10〕挃挃（zhì）：收割作物的声音。
〔11〕栗栗：众多的样子。
〔12〕崇：高。　墉：城墙。
〔13〕比：密的意思。　栉：篦子。
〔14〕室：指仓库。
〔15〕时：是，这。　犉（rún）：牛长七尺为犉。
〔16〕捄：觩的假借字，兽角弯曲的样子。
〔17〕似：通"嗣"，与续同义，这里有每年不断祭祀之意。
〔18〕古之人：指社稷之神。

丝　衣

【题解】

这是周王祭神的歌舞诗。所祭何神，很难确定，古说不一，皆无确证，只得存疑。

丝衣其紑[1]，	身穿白衣是丝绸，
载弁俅俅[2]。	漂亮帽子戴在头。
自堂徂基[3]，	庙堂直到门槛外，
自羊徂牛；	有的献羊有献牛；
鼐鼎及鼒[4]，	大鼎中鼎加小鼎，
兕觥其觩[5]。	兕角酒杯弯如钩。
旨酒思柔[6]。	美酒醇厚又和柔。

不吴不敖[7]，	轻声细语不骄傲，
胡考之休[8]！	保佑我们都长寿！

【注释】

〔1〕丝衣：装神受祭的尸所穿的衣服（见杜佑《通典》引刘向《五经通义》）。 其紑（fóu）：紑紑，洁白鲜明的样子。

〔2〕载：通“戴”。 弁：皮帽子。 俅俅：形容冠上修饰美丽的样子。《说文》：“俅，冠饰貌。”

〔3〕堂：庙堂。 徂：同“且”、“而”（从陈奂《毛诗传疏》说）。基：畿的假借，门槛（从马瑞辰《通释》说）。

〔4〕鼐（nài）：大鼎。 鼒（zī）：小鼎。都是古代的食器，下有三脚，旁有两耳。

〔5〕兕觥：用兕牛角做的酒杯。 觩（qiú）：兽角弯曲的样子。

〔6〕旨酒：美酒。 思柔：即柔柔，指酒味柔和。

〔7〕吴：大声说话。 敖：通“傲”。

〔8〕胡考：老寿。 休：吉庆。

酌

【题解】

这是成王时《大武》乐歌之一。《大武》的乐章在春秋、战国时代还存在着，其数有六。陆侃如的《诗史》说：“据《左传》宣公十二年所载楚庄王的话，知道《武》、《桓》、《赉》三篇均在其中。但还有三篇呢？我们想大约即《我将》、《酌》、《般》三篇。”篇名为《酌》，王质《诗总闻》说：“寻诗无酌字，亦无酌意，恐‘铄’是‘灼’字。陆（德明）氏：‘酌亦作汋。’与‘酌’同意，而与‘灼’同形。恐初传是灼字，已而渐渐作汋，又渐渐作酌。”王质是从字的形体方面去说明“酌”的。《汉书·礼乐志》：“周公作《勺》，‘勺’言能酌先祖之道也。”班固是从意义方面去说明“酌”的。《礼·燕礼》：“若舞则勺。”郑注：“《勺》，颂篇。告成大武之乐歌也。万舞而奏之，所以美王侯，劝有功也。”可见《大武》都是歌舞剧。这首诗主要歌颂武王伐纣取得天下的功绩。

於铄王师[1]，	王师战绩多辉煌，
遵养时晦[2]。	挥兵东征灭殷商。
时纯熙矣[3]，	局势明朗国运昌，
是用大介[4]。	上天降下大吉祥。
我龙受之[5]，	光宠先业我承受，
蹻蹻王之造[6]。	归功英勇周武王。
载用有嗣[7]，	后世子孙要牢记，
实维尔公允师[8]。	先公是你好榜样。

【注释】

〔1〕於(wū)：叹美词。　铄(shuò)：通“烁”，辉煌的意思。

〔2〕遵：率。指率兵。　养：《毛传》：“养，取。”　时：是，这。晦：晦昧，糊涂。指昏聩的商纣。

〔3〕纯：大。　熙：光明。

〔4〕介：善。大介，大祥。马瑞辰《毛诗传笺通释》：“《尔雅·释诂》：‘介，善也。’大介即大善，犹大祥也。”

〔5〕我：祭者自称，疑为成王。有人解为“我周”，亦通。　龙：宠的借字，光荣的意思。　受：承受。

〔6〕蹻蹻(jué)：勇武的样子。　造：为，事功。

〔7〕载：则。　有：助词。　嗣：继承。

〔8〕维：同“惟”，只有。　尔公：你的先公。指武王。　允：用，语助词(从马瑞辰《通释》说)。　师：师法，榜样。

桓

【题解】

这是歌颂武王克商以后，各国安定，年谷常丰，天下太平。它是

《大武》的第六章。

绥万邦[1]，	平定天下万邦，
娄丰年[2]。	连年丰收吉祥。
天命匪解[3]。	天命在周久长。
桓桓武王[4]，	武王英明威武，
保有厥士[5]。	保有辽阔封疆。
于以四方[6]，	于是用武四方，
克定厥家。	齐家治国永昌。
於昭于天，	啊，光辉照耀天上，
皇以间之[7]！	君临天下代商！

【注释】

〔1〕绥：安定。　万邦：指密、崇、奄等属国。

〔2〕娄：同“屡”。

〔3〕解：通“懈”。匪懈，不懈怠。

〔4〕桓桓：威武的样子。

〔5〕士：疑为“土”之误。马瑞辰《毛诗传笺通释》：“士与土形近，古多互讹。……保土，犹言‘保邦’也。作士者，盖以形近而讹。”

〔6〕于：于是。　以：用。

〔7〕皇：君王。　间：代。　之：指商。

赉

【题解】

这是武王克商还都，祭祀文王封功臣的乐歌。赉(lài)：赐予的意思，可能是指武王承文王赐予勤劳之德而得天下，而诸臣又承受周赐予封有功之命而言。这篇是《大武》的第三章。

文王既勤止[1]，	文王一生多勤劳，
我应受之[2]。	我要继承治国道。
敷时绎思[3]，	推广实行常思考，
我徂维求定[4]。	天下安定最紧要。
时周之命[5]，	你们受封承周命，
於绎思[6]！	文王功德要记牢！

【注释】

〔1〕止：语气词。

〔2〕我：武王自称。　应：与“承”同义。应受，即承受。

〔3〕敷：铺，《左传》引此诗作“铺”，布的意思。　时：是，这。指文王的勤劳。　绎(yì)：寻绎、不断的意思。　思：想。

〔4〕徂：往。

〔5〕时：与“承”通。

〔6〕於：叹美词。

般

【题解】

这是周王巡狩祭祀山川的乐歌。它是《大武》的第四章。《般》的命名和《酌》、《桓》、《赉》很相像，都是以一字名篇。般是“昪”的假借字。《说文》：“昪，喜乐也。”抒写普天之下都归服于周的喜乐。

於皇时周[1]，	啊，多么壮丽我大周，

陟其高山，	登上高山望九州，
嶞山乔岳[2]，	不论大山或小丘，
允犹翕河[3]。	与河合祭献旨酒。
敷天之下[4]，	普天之下诸神灵，
裒时之对[5]，	同聚合祭齐享受，
时周之命。	大周受命运长久。

【注释】

〔1〕於：叹美词。　皇：美。　时：是，这。

〔2〕嶞(duò)山：小山。　乔岳：大山。

〔3〕允：语助词。　犹：还是。　翕(xì)：合，指合祭。

〔4〕敷：同“普”。

〔5〕裒(póu)：聚。　对：配。

鲁　颂

駉

【题解】

这是歌颂鲁僖公养马众多，注意国家长远利益的诗。古代的国防力量，主要靠兵车，驾一辆兵车要四匹良马。国防力量的强弱，在很大程度上要看他有多少辆兵车和有多少匹良马。《卫风·定之方中》称赞文公“秉心塞渊，騋牝三千”。指出文公的深谋远虑，养了许多好马。它和这首诗的内容，都反映了春秋时代各国对国防建设的重视。诗的作者，前人多有争论，有的论者认为是稍后于鲁僖公的史克所作，似较可信。

駉駉牡马[1]，	群马雄健高又大，
在坰之野[2]。	放牧远郊近水涯。
薄言駉者[3]：	要问是些什么马：
有驈有皇[4]，	驈马皇马毛带白，
有骊有黄[5]，	骊马黄马色相杂，
以车彭彭[6]。	用来驾车人人夸。
思无疆，	鲁公深谋又远虑，
思马斯臧[7]。	马儿骏美再无加。

驷驷牡马，	群马雄健高又大，
在坰之野。	放牧远郊近水涯。
薄言驷者：	要问是些什么马：
有骓有驱[8]，	黄白称骓灰白驱，
有骍有骐[9]，	青黑骍马赤黄骐，
以车伾伾[10]。	力大能把战车驾。
思无期，	鲁公思虑真到家，
思马斯才。	马儿成材实堪嘉。

驷驷牡马，	群马雄健大又高，
在坰之野。	放牧原野在远郊。
薄言驷者：	请看骏马多么好：
有骅有骆[11]，	骅马青色骆马白，
有駵有雒[12]，	駵马火赤雒乌焦，
以车绎绎[13]。	用来驾车能快跑。
思无斁[14]，	鲁公不倦深思考，
思马斯作[15]。	马儿撒欢腾身跳。

驷驷牡马，	群马雄健大又高，
在坰之野。	放牧原野在远郊。
薄言驷者：	请看骏马多么好：
有骃有騢[16]，	红色骃马灰白騢，
有驔有鱼[17]，	黄脊驔马白眼鱼，
以车祛祛[18]。	身高体壮把车套。
思无邪，	鲁公思虑是正道，

思马斯徂。　　　　　马儿骏美能远跑。

【注释】

〔1〕駉駉（jiōng）：马肥壮的样子。

〔2〕坰（jiōng）：远。

〔3〕薄言：语助词。见《芣苢》注〔2〕。

〔4〕驈（yù）：黑马白胯。　皇：《鲁诗》作"騜"，黄白色的马。

〔5〕骊：纯黑的马。　黄：黄赤色的马。

〔6〕以车：驾车。　彭彭：马强壮有力的样子。

〔7〕思：语首助词。　斯：其，那样。　臧：善。

〔8〕骓（zhuī）：苍白杂毛的马。　駓（pī）：黄白杂毛的马。

〔9〕骍（xīn）：赤黄色的马。　骐：青黑色相间的马。

〔10〕伾伾（pī）：有力的样子。

〔11〕驒（tuó）：青黑色而有白鳞花纹的马。　骆：白色黑鬣的马。

〔12〕骝（liú）：赤身黑鬣的马。　雒（luò）：黑身白鬣的马。

〔13〕绎绎：跑得快的样子。

〔14〕斁：厌倦。

〔15〕作：腾跃。

〔16〕骃（yīn）：浅黑和白色相杂的马。　騢（xiá）：赤白杂毛的马。

〔17〕驔（diàn）：黑色黄脊的马。　鱼：两眼眶有白圈的马。

〔18〕祛祛（qū）：《毛传》："祛祛，强健也。"

有　駜

【题解】

这是颂祷鲁僖公和群臣宴会饮酒的诗。鲁国多年饥荒，自从僖公才采取了一些措施，克服了自然灾害，获得了丰收。所以诗人写了这首诗。

有駜有駜〔1〕，　　　　马儿强健又肥壮，

駜彼乘黄[2]。	强壮马儿四匹黄。
夙夜在公，	早夜办事在公堂，
在公明明[3]。	鞠躬尽瘁为公忙。
振振鹭[4]，	手拿鹭羽起舞，
鹭于下[5]。	好像白鹭飞过。
鼓咽咽[6]，	咚咚不停击鼓，
醉言舞[7]。	酒醉舞态婆娑。
于胥乐兮[8]。	上下人人都快活。

有駜有駜，	马儿强健又肥壮，
駜彼乘牡。	四匹公马气昂昂。
夙夜在公，	早夜办事在公堂，
在公饮酒。	公事之余饮酒浆。
振振鹭，	手拿鹭羽舞蹈，
鹭于飞。	好像白鹭翔翱。
鼓咽咽，	鼓声咚咚狂敲，
醉言归。	喝醉回家睡觉。
于胥乐兮。	上下人人齐欢笑。

有駜有駜，	马儿强健又肥壮，
駜彼乘駽[9]。	四匹青马真昂昂。
夙夜在公，	早夜办事在公堂，
在公载燕[10]。	公余宴饮齐举觞。
自今以始[11]，	打从今年开始，
岁其有[12]。	岁岁都是丰年。

君子有穀[13]，	君子做了好事，
诒孙子[14]。	子孙后世相传。
于胥乐兮。	上下人人笑开颜。

【注释】

〔1〕駜(bì)：马肥壮力强的样子。

〔2〕乘黄：四匹黄马。

〔3〕明明：勉勉的假借。马瑞辰《毛诗传笺通释》："明、勉一声之转，明明即勉勉之假借，谓其在公尽力也。《笺》训为'明明德'，失之。"

〔4〕振振：鸟群飞的样子。 鹭：鹭鸶。古人用它的羽毛作舞具，未舞时，持在手中。见《陈风·宛丘》注〔5〕。

〔5〕于：同"曰"，语助词。

〔6〕咽咽(yuān)：有节奏的鼓声。

〔7〕言：语助词。

〔8〕于：发声词。 胥：皆，都。

〔9〕駽(xuān)：铁青色的马。

〔10〕载：则，就。 燕：通"宴"。

〔11〕以：同"而"。

〔12〕有：丰收。

〔13〕君子：指僖公。 穀：善。

〔14〕诒：留给。

泮 水

【题解】

这是赞美鲁僖公战胜淮夷以后，在泮宫祝捷庆功，宴请宾客的诗。

思乐泮水[1]，	泮水那边喜气盈，

薄采其芹。	人在水边采水芹。
鲁侯戾止[2]，	鲁侯大驾已光临，
言观其旂[3]。	且看大旗绣龙纹。
其旂茷茷[4]，	绣龙旗帜迎风展，
鸾声哕哕。	车铃声儿响叮叮。
无小无大[5]，	百官不论大和小，
从公于迈[6]。	跟着鲁侯随驾行。
思乐泮水，	泮水那边乐陶陶，
薄采其藻[7]。	人在水面采水藻。
鲁侯戾止，	鲁侯大驾已来到，
其马跻跻[8]。	马儿强壮四蹄骄。
其马跻跻，	马儿强壮四蹄骄，
其音昭昭[9]。	铃声清脆多热闹。
载色载笑[10]，	鲁侯温和脸带笑，
匪怒伊教[11]。	从不发怒善教导。
思乐泮水，	泮水那边多愉快，
薄采其茆[12]。	人在水上采莼菜。
鲁侯戾止，	鲁侯大驾已到来，
在泮饮酒。	泮水岸上酒筵摆。
既饮旨酒，	痛饮美酒真开怀，
永锡难老[13]。	永赐不老春常在。
顺彼长道[14]，	沿着漫漫远征路，
屈此群丑[15]。	征服叛贼除灾害。

穆穆鲁侯[16]，	鲁侯威严又端庄，
敬明其德，	修明德行振朝纲，
敬慎威仪，	容貌举止也端方，
维民之则[17]。	确是人民好榜样。
允文允武[18]，	又能文来又能武，
昭假烈祖[19]。	英明能及众先王。
靡有不孝[20]，	事事仿效祖宗法，
自求伊祜[21]。	自求福佑保吉祥。
明明鲁侯[22]，	勤勤恳恳我鲁侯，
克明其德。	能修品德使淳厚。
既作泮宫[23]，	既已建起泮宫来，
淮夷攸服[24]。	征服淮夷众小丑。
矫矫虎臣[25]，	将帅英勇如猛虎，
在泮献馘[26]。	泮宫献耳诛敌酋。
淑问如皋陶[27]，	法官善审如皋陶，
在泮献囚。	泮宫献上阶下囚。
济济多士[28]，	百官济济人才多，
克广德心[29]。	鲁侯善意得远播。
桓桓于征[30]，	三军威武去出征，
狄彼东南[31]。	治服东南除灾祸。
烝烝皇皇[32]，	军容壮观又盛大，
不吴不扬[33]。	肃静无哗列队过。
不告于讻[34]，	对待俘虏不严惩，

在泮献功。	泮宫献功赐玉帛。
角弓其觩[35]，	牛角雕弓硬又强，
束矢其搜[36]。	众箭齐发嗖嗖响。
戎车孔博[37]，	战车奔驰千百辆，
徒御无斁[38]。	官兵上下斗志昂。
既克淮夷，	淮夷已经被征服，
孔淑不逆。	俯首听命不违抗。
式固尔犹[39]，	坚持执行好计谋，
淮夷卒获。	终将淮夷全扫荡。
翩彼飞鸮[40]，	翩翩飞翔猫头鹰，
集于泮林。	停在泮水岸边林。
食我桑黮[41]，	吃罢我家紫桑葚，
怀我好音[42]。	给我唱出悦耳音。
憬彼淮夷[43]，	淮夷悔悟有诚心，
来献其琛[44]。	特地来献宝和珍。
元龟象齿[45]，	呈上大龟和象牙，
大赂南金[46]。	再加巨玉和南金。

【注释】

〔1〕思：发语词。　泮水：水名（从姚际恒《诗经通论》说）。

〔2〕戾止：到达。

〔3〕言：语助词。　旂：画有龙纹的旗。

〔4〕茷茷：音义同旆旆，旗帜飘扬的样子。

〔5〕无：无论。　小、大：指大小官员。

〔6〕于：往。　迈：行。
〔7〕藻：水藻。
〔8〕跻跻：马强壮的样子。
〔9〕昭昭：响亮。
〔10〕载：又。　色：和颜悦色。
〔11〕匪：不。　伊：是。
〔12〕茆（mǎo）：莼菜。
〔13〕锡：赐。　难老：长寿的意思。
〔14〕长道：远路。
〔15〕屈：征服。　群丑：对淮夷的蔑称。
〔16〕穆穆：恭敬端庄的样子。
〔17〕维：是。　则：法则，模范。
〔18〕允：确实。
〔19〕昭：明。　假：格，至。　烈祖：指鲁国有功的祖先，如周公、伯禽等。
〔20〕孝：通"效"，效法。
〔21〕伊：是，此。　祜：福。
〔22〕明明：勉勉。
〔23〕作：建筑。　泮宫：泮水边筑的宫名。
〔24〕攸：语助词。有人训为"所"，亦通。
〔25〕矫矫：勇武的样子。
〔26〕馘（guó）：割下敌尸的左耳以计功。
〔27〕淑问：善于审问。　皋陶（yáo）：舜时有名掌刑狱的官。
〔28〕济济：众多的样子。
〔29〕德心：善意。
〔30〕桓桓：威武的样子。
〔31〕狄（tì）：治理。　东南：指淮夷。
〔32〕烝烝皇皇：形容"多士"的美盛。
〔33〕吴：喧哗。　扬：高声。
〔34〕告：严厉治罪。　讻：凶恶的敌人。
〔35〕其觩：即觩觩，弓弯曲强硬的样子。
〔36〕束矢：五十矢为一束。也有人说是百矢。　其搜：即搜搜，箭一起发射时发出的声音。
〔37〕戎车：兵车。　博：多。
〔38〕徒：步兵。　御：驾车的官兵。　无斁：不厌倦。

〔39〕式：用，因为。　固：坚定。　犹：通“猷”，计谋。
〔40〕鸮（xiāo）：猫头鹰。
〔41〕黮（shèn）：亦作“葚”，桑树的果实。
〔42〕怀：给。
〔43〕憬：觉悟的意思。
〔44〕琛：珍宝。
〔45〕元龟：大龟。
〔46〕大赂：大璐的假借。俞樾《群经平议》：“赂，借为璐，玉也。”　南金：南方出产的金。

閟　宫

【题解】

这是歌颂鲁僖公能兴祖业、复疆土、建新庙的诗。全诗共九章，一百二十句，是《诗经》里最长的一首诗。诗的作者是奚斯，他的名字见于《左传》鲁闵公二年，和僖公是同时人，官大夫，亦名公子鱼。前人早已指出，《鲁颂》是媚上之词，它对后世文人替封建帝王歌功颂德的文章产生过消极的影响。

閟宫有侐〔1〕，	肃穆清静姜嫄庙，
实实枚枚〔2〕。	又高又大人稀到。
赫赫姜嫄〔3〕，	姜嫄光明又伟大，
其德不回〔4〕。	品德纯正无疵瑕。
上帝是依〔5〕，	上帝凭依在她身，
无灾无害。	无灾无害有妊娠。
弥月不迟〔6〕，	怀足十月没拖延，
是生后稷。	后稷诞生她分娩。
降之百福：	上天赐他百种福：

黍稷重穋[7]，	糜子高粱都丰足，
稙稚菽麦[8]。	豆麦先后播下土。
奄有下国[9]，	后稷拥有普天下，
俾民稼穑[10]。	教会百姓种庄稼。
有稷有黍，	高粱小米长得好，
有稻有秬[11]。	还种黑黍和香稻。
奄有下土[12]，	四海都归后稷有，
缵禹之绪[13]。	继承大禹功业守。

后稷之孙，	说起后稷子孙旺，
实维大王[14]，	古公亶父谥太王，
居岐之阳，	住在岐山向阳坡，
实始翦商[15]。	开始准备灭殷商。
至于文武，	传到文王和武王，
缵大王之绪；	太王事业更发扬；
致天之届[16]，	替天行道伐商纣，
于牧之野[17]。	牧野一战商朝亡。
“无贰无虞[18]，	“莫怀二心莫欺诳，
上帝临女[19]！”	人人头顶有上苍！”
敦商之旅[20]，	集合商朝众俘虏，
克咸厥功[21]。	完成大业功辉煌。
王曰“叔父[22]，	成王开口叫“叔父，
建尔元子[23]，	立您长子为侯王，
俾侯于鲁。	封于鲁国守东方。
大启尔宇[24]，	开疆拓土大发展，

为周室辅”。	辅助周室作屏障”。
乃命鲁公，	于是成王命鲁公，
俾侯于东，	东鲁为侯要慎重，
锡之山川，	赐他山川和土地，
土田附庸〔25〕。	还有小国作附庸。
周公之孙〔26〕，	周公子孙鲁僖公，
庄公之子，	庄公之子建殊功，
龙旂承祀〔27〕，	继承祭礼龙旗用，
六辔耳耳〔28〕，	四马六缰青丝鞚，
春秋匪解〔29〕，	四时致祭不懈怠，
享祀不忒〔30〕。	玉帛牺牲按时供。
皇皇后帝〔31〕，	光明伟大的上帝，
皇祖后稷，	先祖后稷神灵通，
享以骍牺〔32〕，	赤色牺牲敬献上，
是飨是宜〔33〕，	飨祭宜祭典礼隆，
降福既多。	天降洪福千百种。
周公皇祖，	伟大先祖周公旦，
亦其福女。	将福赐你真光荣。
秋而载尝〔34〕，	秋天尝祭庆丰收，
夏而楅衡〔35〕，	夏天设栏先养牛，
白牡骍刚〔36〕。	白猪赤牛养几头。
牺尊将将〔37〕，	牺杯相碰盛美酒，
毛炰胾羹〔38〕，	生烤乳猪肉汤稠，

笾豆大房[39]。	大盘大碗皆流油。
万舞洋洋[40]，	场面盛大跳万舞，
孝孙有庆[41]。	子孙祭祀神保佑。
俾尔炽而昌[42]，	使你昌盛又兴旺，
俾尔寿而臧[43]，	使你长寿且安康，
保彼东方，	愿你安抚定东方，
鲁邦是常[44]。	守住国土保鲁邦。
不亏不崩，	如山永固不崩溃，
不震不腾[45]；	如水长流不动荡；
三寿作朋[46]，	寿比三老百年长，
如冈如陵。	犹如巍巍南山冈。
公车千乘[47]，	有车千辆鲁称雄，
朱英绿縢[48]，	红缨长矛丝缠弓，
二矛重弓[49]。	弓矛成双待备用。
公徒三万[50]，	鲁公步卒三万众，
贝胄朱綅[51]，	盔上镶贝垂红绒，
烝徒增增[52]。	排山倒海向前冲。
戎狄是膺[53]，	痛击北狄和西戎，
荆舒是惩[54]，	严惩荆舒使知痛，
则莫我敢承[55]。	谁人胆敢撄我锋。
俾尔昌而炽，	使你兴旺又繁荣，
俾尔寿而富，	使你长寿又年丰，
黄发台背[56]，	鬓发变黄背生纹，
寿胥与试[57]。	高寿无比人中龙。

俾尔昌而大，	使你繁盛又兴隆，
俾尔耆而艾[58]，	使你寿如不老松，
万有千岁[59]，	千秋万岁寿无疆，
眉寿无有害。	长命百岁无病痛。
泰山岩岩[60]，	泰山高峻接苍穹，
鲁邦所詹[61]。	鲁国对它最尊崇。
奄有龟蒙[62]，	龟山蒙山都属鲁，
遂荒大东[63]，	边境直到地极东，
至于海邦[64]，	沿海小国都附庸，
淮夷来同[65]。	淮夷带头来朝贡。
莫不率从，	没人胆敢不服从，
鲁侯之功。	这是鲁侯建大功。
保有凫绎[66]，	保有凫峄两山头，
遂荒徐宅[67]。	又把徐国拿到手。
至于海邦，	沿海小国都归附，
淮夷蛮貊[68]。	东南淮夷齐俯首。
及彼南夷[69]，	势力直达荆楚地，
莫不率从。	莫不顺服来相投。
莫敢不诺[70]，	个个唯唯又诺诺，
鲁侯是若[71]。	人人服帖尊鲁侯。
天锡公纯嘏[72]，	天赐鲁公大吉祥，
眉寿保鲁。	高龄长寿保鲁邦。

居常与许[73]，	收回国土常和许，
复周公之宇[74]。	恢复周公旧封疆。
鲁侯燕喜[75]，	鲁侯举办喜庆宴，
令妻寿母[76]。	贤妻良母受颂扬。
宜大夫庶士[77]，	大夫诸臣尽和睦，
邦国是有[78]。	国家始能保兴旺。
既多受祉，	屡蒙上苍降福禄，
黄发兒齿[79]。	鬓发变黄新齿长。
徂来之松[80]，	徂徕山上千松栽，
新甫之柏[81]，	新甫岭头万棵柏，
是断是度[82]，	砍下树木又劈开，
是寻是尺[83]。	锯成长短栋梁材。
松桷有舄[84]，	松树屋椽粗又大，
路寝孔硕[85]，	宫殿高敞好气派，
新庙奕奕[86]。	新庙和它紧相挨。
奚斯所作，	颂歌一曲奚斯唱，
孔曼且硕，	长篇巨制有文采，
万民是若[87]。	人人赞他好诗才。

【注释】

〔1〕閟(bì)：音义同祕，神的意思。閟宫：神庙，指后稷母亲姜嫄的庙。　有侐(xù)：即侐侐，清净的样子。

〔2〕实实：广大的样子。　枚枚：《释文》：“枚枚，闲暇无人之貌也。”

〔3〕赫赫：显耀。　姜嫄：后稷的母亲。见《大雅·生民》注〔1〕。

〔4〕回：邪。

〔5〕依：凭依。

〔6〕弥：满。

〔7〕见《豳风·七月》注〔56〕。

〔8〕稙（zhí）：早种的谷物。　稚：晚种的谷物。

〔9〕奄：包括。　下国：天下的意思。

〔10〕俾：使。　稼穑：耕种。

〔11〕秬（jù）：黑黍。

〔12〕下土：和“下国”同义。

〔13〕缵：继承。　绪：事业。

〔14〕大（tài）王：即文王的祖父古公亶父。

〔15〕翦：消灭。

〔16〕致：招致。　届：同“殛”，诛戮。

〔17〕牧之野：即牧野，在今河南淇县西南。

〔18〕贰：有二心。　虞：误，欺骗。

〔19〕临：临视。　女：汝。

〔20〕敦：聚集。　旅：军队。

〔21〕咸：完成。

〔22〕王：指成王。　叔父：指周公。

〔23〕建：立。　元子：长子，指周公长子伯禽。

〔24〕宇：居。引申为领土之义。

〔25〕附庸：小国。朱熹《诗集传》：“附庸，犹属城也。小国不能自达于天子，而附于大国也。”

〔26〕周公之孙：指鲁僖公。周公传到庄公共十七君，古代自孙以下都称孙。庄公的儿子只有两个，一个是闵公，一个是僖公。闵公早死，在位只二年。

〔27〕龙旂：画着交龙的旗。古代诸侯祭天祭祖都用这种旗。　承祀：继承祭祀之礼。

〔28〕耳耳：华丽的样子。

〔29〕春秋：代表四时。　解：通“懈”。

〔30〕享祀：祭祀。　忒：差错。

〔31〕皇皇：光明。　后帝：指上帝。鲁国于夏历正月在南郊祭天，配以后稷，祈求农业的丰收。

〔32〕骍（xīn）：赤色。　牺：祭宗庙的牲口。周人崇尚赤色，故用赤色牲口祭神。

〔33〕犆、宜：是两种祭名。

〔34〕载：始。　尝：秋祭名。

〔35〕楅(bí)衡：牛栏。

〔36〕白牡：指白色的公猪。　刚：犅的假借字，公牛。

〔37〕牺尊：状似卧牛的酒杯。　将将(qiāng)：器物相碰撞声。

〔38〕毛炰(páo)：去毛的烤小猪。　胾(zì)羹：肉片汤。

〔39〕笾豆：都是古食器名。见《伐柯》注〔6〕。　大房：一种盛大块肉的食器，形如高足盘。

〔40〕万舞：一种舞蹈名称。　洋洋：形容盛大的样子。

〔41〕孝：享。孝孙，祭祀的孙，指僖公。

〔42〕炽：盛。

〔43〕臧：善，好。

〔44〕常：守。

〔45〕腾：沸腾。

〔46〕三寿：谓上寿、中寿、下寿。《文选》李善注引《养生经》：“上寿百二十，中寿百年，下寿八十。”　朋：比。

〔47〕车：兵车。当时所谓一乘是兵车一辆，配备甲士十人，步卒二十人(鲁国军制)。

〔48〕朱英：指矛头的红缨。　绿縢(téng)：指缠在弓上的绿色丝绳。

〔49〕二矛：夷矛和酋矛。　重弓：两张弓(其中一张是预备弓)。

〔50〕徒：步卒。

〔51〕贝：贝壳。　胄：头盔。　朱綅(qīn)：红线。

〔52〕烝：众。　增增：形容兵士蜂拥前进的样子。

〔53〕戎：西戎。　狄：北狄。　膺：击。

〔54〕荆：楚的别名。　舒：楚的属国，在今安徽庐江县。

〔55〕承：抵当。

〔56〕黄发台背：都是老人的征象。台，同“鲐”，鲐鱼背有黑纹。老人头发由白变黄，皮肤消瘠，背像鲐鱼一样。

〔57〕胥：相。　试：比。

〔58〕耆、艾：都是长寿的意思。《礼·曲礼》：“五十曰艾，六十曰耆。”按《说文》段注，认为七十岁以上的人称“耆”，和《曲礼》说的不同。

〔59〕有：又。

〔60〕岩岩：高峻的样子。

〔61〕詹：瞻的假借字，瞻仰。

〔62〕龟：龟山，在今山东省新泰县西南。 蒙：蒙山，亦名东山，在今山东蒙阴县南。

〔63〕荒：有。 大东：极东。指鲁极东的边境。

〔64〕海邦：鲁东境近海的小国。

〔65〕来同：来朝。

〔66〕凫：凫山，在山东邹县西南。 绎：绎山，亦作峄山、邹山，在邹县东南。

〔67〕徐：徐戎，在今江苏徐州地方。 宅：居。徐宅，徐戎所居，指徐国。

〔68〕淮夷：淮水流域的异族。 蛮貊：东南方的异族，亦指淮夷。

〔69〕南夷：指荆楚。按僖公伐楚事，见《春秋》僖四年。

〔70〕诺：答应，顺从。

〔71〕若：顺。

〔72〕纯嘏：大福。

〔73〕常：地名，在鲁国南境薛城的旁边，曾被齐国侵占，到鲁庄公时才归还鲁国。 许：即“许田”，地名。在鲁的西境，周公庙的地址，曾被郑国所侵占。到僖公时，也归还了鲁国。

〔74〕宇：犹域，疆域。

〔75〕燕：同“宴”。燕喜，即喜燕。

〔76〕令：善。 妻：指僖公妻声姜。 寿：祝寿。 母：指僖公的母亲成风。

〔77〕宜：和顺。 庶士：众士，指众臣。

〔78〕有：保有。

〔79〕兒：齯的假借字。《说文》：“齯，老人齿也。”朱熹认为兒齿是老人齿落更生小者。

〔80〕徂来：山名，亦作徂徕，在山东泰安县东南，山多松柏。

〔81〕新甫：山名，亦名梁父，在泰山之旁。

〔82〕度：剫字的省借。《广雅》：“剫，分也。”即“劈开”的意思。

〔83〕寻：八尺。

〔84〕桷(jué)：亦作“榱”，方的椽子。 舄(xì)：大。

〔85〕路寝：古代君主处理政事的宫室。

〔86〕新庙：指鲁闵公庙。 奕奕：同“绎绎”，相连的样子。

〔87〕若：善。“是若”即“若是”的倒文，马瑞辰《通释》：“若，训善，谓善其作是诗也。”

商　颂

那

【题解】

这是殷商的后代宋国祭祀商的始祖成汤的乐歌。关于《商颂》的写作年代，学者意见多不一致。《国语·鲁语》说："昔正考父校商之名颂十二篇于周太师，以《那》为首。"《史记·宋世家》说："襄公之时，修行仁义，欲为盟主，其大夫正考父美之，故追道契、汤、高宗，殷所以兴，作《商颂》。"王国维利用殷商的甲骨文字，证明《商颂》不是商代作品而是春秋时代的宋诗。反对者则列举种种理由，说《商颂》是成于商代的诗。我认为《国语》和《史记》的记载比较可靠。宋国保存有自己先代颂祖乐歌，这是很可能的；正考父据之改写成颂诗，来祭祀祖先、赞美宋襄公，并到周太师处校对音节、配合乐调。这和屈原据楚民间祭歌而作《九歌》的性质相似。正如《九歌》是战国时代屈原的作品一样，《商颂》的作者应是正考父，它实际上是《宋颂》(《左传》称"宋"或称"商")，是周代宋国的作品。

猗与那与〔1〕，	多盛大啊多繁富，
置我鞉鼓〔2〕。	堂上竖起拨浪鼓。
奏鼓简简〔3〕，	击鼓咚咚响不停，
衎我烈祖〔4〕。	以此娱乐我先祖。

汤孙奏假[5]，	襄公祭祀祈神明，
绥我思成[6]。	赐我顺利拓疆土。
鞉鼓渊渊[7]，	拨浪鼓儿声声响，
嘒嘒管声[8]。	竹管呜呜吹新声。
既和且平，	曲调谐协音和平，
依我磬声[9]。	玉磬一声众乐停。
於赫汤孙[10]，	啊哈显赫宋襄公，
穆穆厥声[11]。	他的乐队真动听。
庸鼓有斁[12]，	铿锵洪亮钟鼓鸣，
万舞有奕[13]。	洋洋万舞场面盛。
我有嘉客[14]，	助祭嘉宾都光临，
亦不夷怿[15]。	无不欢乐喜盈盈。
自古在昔，	遥远古代先民们，
先民有作。	早把祭礼安排定。
温恭朝夕[16]，	态度温文又恭敬，
执事有恪[17]。	管理祭祀需虔诚。
顾予烝尝[18]，	秋冬致祭请光临，
汤孙之将[19]。	襄公奉献表衷情。

【注释】

〔1〕猗（ē）那（nuó）：形容乐队美盛的样子。　与：通“欤”，叹美词。

〔2〕置：通“植”，竖立的意思。　鞉（táo）鼓：一种摇鼓，似今之拨浪鼓。用它表示奏乐开始或终了。

〔3〕鼓：指大鼓。　简简：鼓声。

〔4〕衎（kàn）：欢乐。　烈祖：光荣的祖先，指汤。

〔5〕汤孙：商汤的子孙。此指宋襄公。　奏：进。　假：格，致，祭

者致神的意思。

〔6〕绥：赠予的意思。　思：句中语助词。　成：指生长成功的地方。

〔7〕渊渊：鼓声。

〔8〕嘒嘒：吹管的声音。　管：用大竹制成的一种吹奏乐器。

〔9〕磬：玉制打击乐器。古乐队以磬声止众乐。

〔10〕於(wū)：叹美词。　赫：显盛的样子。

〔11〕穆穆：美好的样子。　声：指音乐。

〔12〕庸：通“镛”，大钟。　有斁(yì)：即斁斁，形容乐器声音盛大的样子。

〔13〕万舞：舞名。　有奕：即奕奕，形容舞蹈场面盛大的样子。

〔14〕嘉客：指宋的同姓附庸小国都来助祭(从魏源《诗古微》说)。

〔15〕夷：通“怡”。夷怿，喜悦。

〔16〕温恭：温文恭敬的样子。　朝夕：早晚。

〔17〕执事：办事人员。指管理祭祀食物的人员。　有恪(kè)：即恪恪，恭敬的样子。

〔18〕顾：光顾。　予：襄公自称。　烝尝：冬祭曰烝，秋祭曰尝。

〔19〕将：奉献。

烈　祖

【题解】

关于这首诗的主题，向有二说：有人认为它是祭中宗的乐歌，有人认为它是祭成汤的诗。就诗论诗，似以后说比较有理。

嗟嗟烈祖〔1〕！	赞叹先祖多荣光！
有秩斯祜〔2〕，	齐天洪福不断降，
申锡无疆〔3〕，	无穷无尽重重赏，
及尔斯所〔4〕。	恩泽遍及宋封疆。

既载清酤[5]，	供上清酒祭先祖，
赉我思成[6]。	赐我疆土兴宋邦。
亦有和羹[7]，	还有调匀美味汤，
既戒既平[8]。	五味平正阵阵香。
鬷假无言[9]，	心中默默暗祷告，
时靡有争。	次序井井不争抢。
绥我眉寿[10]，	赐我长命寿百年，
黄耇无疆[11]。	满头黄发福无疆。
约軧错衡[12]，	彩绘车衡皮缠毂，
八鸾鸧鸧[13]。	四马八铃响叮当。
以假以享[14]，	宋君赴庙来致祭，
我受命溥将[15]。	受周之命封地广。
自天降康，	安定康乐自天降，
丰年穰穰[16]。	五谷丰登粮满仓。
来假来飨，	先祖降临来受飨，
降福无疆。	赐我福分大无量。
顾予烝尝，	秋冬致祭请赏光，
汤孙之将[17]。	宋君奉献情意长。

【注释】

〔1〕嗟嗟：叹美词。　烈祖：见《那》注〔4〕。

〔2〕有秩：即秩秩，福大的样子。　祜：福。

〔3〕申：重，又。　锡：赐。

〔4〕斯所：此处。指宋的国土。

〔5〕载：陈，设置。　酤：酒。

〔6〕赉(lài)：赐。　思成：见《那》注〔6〕。

〔7〕和羹：调制好的汤。

〔8〕戒：完备。指和羹必备五味。　平：和平。指羹味而言。

〔9〕鬷：同“奏”，《礼记·中庸》引此诗作“奏假无言”。奏假，祭祷。

〔10〕绥：赠予。

〔11〕黄耇：黄发老人。

〔12〕约軝(qí)错衡：见《小雅·采芑》注〔14〕。

〔13〕八鸾：见《采芑》注〔15〕。　鸧鸧(qiāng)：铃声。

〔14〕假(gé)：通“格”，祭者上致于神。　享：祭。

〔15〕溥将：广大。

〔16〕穰穰：禾黍众多的样子。

〔17〕顾予烝尝二句，见《那》注〔18〕〔19〕。

玄　鸟

【题解】

这是写宋君祭祀殷高宗的乐歌。高宗即武丁。据《史记·殷本纪》，殷从盘庚中兴，到其弟小乙立，殷又衰微。小乙之子武丁立，用傅说为相，国家大治。伐鬼方、大彭、豕韦，取得胜利。氐、羌都来朝见，殷又复兴。在位五十九年。这首乐歌就是歌颂他中兴的事业。

天命玄鸟〔1〕，	上天命令神燕降，
降而生商〔2〕，	降而生契始建商，
宅殷土芒芒〔3〕。	住在殷土多宽广。
古帝命武汤〔4〕，	当初上帝命成汤，
正域彼四方〔5〕。	治理天下管四方。
方命厥后〔6〕，	广施号令为君王，
奄有九有〔7〕。	九州尽入商封疆。
商之先后〔8〕，	殷商先君受天命，

受命不殆[9]，	国运久长安无恙，
在武丁孙子[10]。	全靠武丁是贤王。
武丁孙子，	后裔武丁是贤王，
武王靡不胜[11]。	成汤大业他承当。
龙旂十乘，	十辆马车插龙旗，
大糦是承[12]。	满载酒食来祭享。
邦畿千里[13]，	领土辽阔上千里，
维民所止[14]，	人民定居这地方，
肇域彼四海[15]。	四海之内是封疆。
四海来假[16]，	四方夷狄来朝见，
来假祁祁[17]。	络绎不绝纷又攘。
景员维河[18]，	景山四周黄河绕，
殷受命咸宜，	殷商受命治国邦，
百禄是何[19]。	邀天之福永呈祥。

【注释】

〔1〕玄鸟：燕子。玄是黑色，燕色黑，故名玄鸟。

〔2〕商：指商的始祖契。传说有娀氏之女简狄吞燕卵而怀孕生契，契建国于商（今河南商丘）。事见屈原《天问》、《吕氏春秋》、《史记》等。

〔3〕宅：居住。　殷土：指商地。殷在盘庚迁都前称商，盘庚迁殷（今河南安阳小屯村）后称殷。后人也称商地为殷土。　芒芒：即茫茫，广大的样子。

〔4〕古：从前。　帝：上帝。　武汤：成汤自号为武王。

〔5〕正：治。　域：封疆。

〔6〕方：通“旁”，普遍的意思。　后：君，指商汤。

〔7〕奄：包括。　九有：九域的假借，即九州。《尔雅·释地》：“两河间曰冀州，河南曰豫州，河西曰雍州，汉南曰荆州，江南曰扬州，济南间曰兖州，济东曰徐州，燕曰幽州，齐曰营州。”

〔8〕先后：先王。指商汤。

〔9〕殆：危险。

〔10〕武丁：殷高宗。武丁孙子即孙子武丁的倒文，指成汤的子孙武丁。

〔11〕胜：胜任。

〔12〕糦：同“饎”，酒食。　承：供奉。

〔13〕邦：封的假借。《文选·西京赋》注引这句诗作“封畿千里”，封畿二字都是疆界的意思。

〔14〕维：是。　止：居。

〔15〕肇：通“兆”。兆域，即疆域。　四海：《尔雅》：“九夷、八狄、七戎、六蛮，谓之四海。”王肃说：“殷道衰，四夷来侵，至高宗，然后始复以四海为境域也。”

〔16〕假(gé)：至，来朝。

〔17〕祁祁：众多的样子。

〔18〕景：景山，在今河南省商丘县，古称亳，商的都城。有人训景为大，亦通。　员：周围。

〔19〕何(hè)：通“荷”，担负，蒙受。

长　发

【题解】

这也是宋君祭祀成汤的诗。诗叙述汤的祖先契、相土的奠定国基，次述汤受命有天下和伐桀的功绩，末叙伊尹相汤。

浚哲维商[1]，	商朝世世有明王，
长发其祥[2]。	上天常常示吉祥。
洪水芒芒，	远古洪水白茫茫，
禹敷下土方[3]。	大禹治水定四方。
外大国是疆[4]，	扩大夏朝拓封疆，

幅陨既长[5]。	幅员从此宽又广。
有娀方将[6]，	有娀氏国也兴旺，
帝立子生商[7]。	简狄为妃生玄王。
玄王桓拨[8]，	商契威武又英明，
受小国是达[9]，	受封小国令能行，
受大国是达。	受封大国能行令。
率履不越[10]，	遵循礼制不越轨，
遂视既发[11]。	遍加视察促实行。
相土烈烈[12]，	契孙相土真威武，
海外有截[13]。	海外诸侯齐听命。
帝命不违，	上帝之命不违抗，
至于汤齐[14]。	代代奉行至成汤。
汤降不迟[15]，	汤王降生正当时，
圣敬日跻[16]。	明慧谨慎日向上。
昭假迟迟[17]，	虔诚祈祷久不息，
上帝是祇[18]。	无限崇敬尊上苍。
帝命式于九围[19]。	帝命九州齐效汤。
受小球大球[20]，	接受上天大小法，
为下国缀旒[21]，	表率诸侯作典范，
何天之休[22]。	蒙天之赐美名传。
不竞不絿[23]，	不相争也不急躁，
不刚不柔，	不强硬也不柔软，

敷政优优[24]，	施行政令很宽和，
百禄是遒[25]。	百样福禄集如山。
受小共大共[26]，	接受上天大小法，
为下国骏厖[27]，	各国诸侯受庇蒙，
何天之龙[28]。	蒙天赐与我荣宠。
敷奏其勇[29]，	大施神威奏战功，
不震不动，	不震惊也不摇动，
不戁不竦[30]，	不胆怯也不惶恐，
百禄是总[31]。	百样福禄都聚拢。
武王载旆[32]，	汤王出兵伐夏后，
有虔秉钺[33]，	锋利大斧拿在手，
如火烈烈，	好比烈火熊熊燃，
则莫我敢曷[34]。	谁敢阻挡和我斗。
苞有三蘖[35]，	一颗树干三个杈，
莫遂莫达[36]。	没有一株枝叶稠。
九有有截[37]，	征服九州成一统，
韦顾既伐[38]，	诛韦灭顾扫敌寇，
昆吾夏桀[39]。	昆吾夏桀也不留。
昔在中叶[40]，	从前中期国兴旺，
有震且业[41]。	威力强大震四方。
允也天子[42]，	汤为天子诚又信，
降于卿士[43]。	卿士贤明自天降。

实维阿衡[44]，	贤明卿士是阿衡，
实左右商王[45]。	是他辅佐商汤王。

【注释】

〔1〕浚(ruì)：睿的假借字，明智的意思。《毛传》和《郑笺》都训浚为深，浚哲训为“深智”，亦通。　维：是。

〔2〕长：常。　发：发现。

〔3〕敷：治理的意思。　方：四方。

〔4〕大国：指夏。　外大国：即夏朝统治区域以外。

〔5〕幅陨：今作幅员，疆域。　长：广大。

〔6〕有娀(sōng)：上古国名。在今山西运城蒲州镇。　将：大。

〔7〕帝：指传说中简狄的丈夫高辛氏。　子：指有娀氏国的女子简狄。　商：指契。契长大了，当尧的司徒，封于商，所以诗人用商代契。

〔8〕玄王：契。《国语》、《荀子》都称契为玄王。　桓：威武。拨：韩诗作“发”，明的意思。

〔9〕达：通。指契能通其教令于民。

〔10〕率：循。　履：礼的假借字。王先谦《集疏》：“三家履作礼。”越：逾越。

〔11〕视：视察。　发：实行。

〔12〕相土：契的孙子。　烈烈：威武的样子。

〔13〕有截：即截截，整齐的样子。

〔14〕齐：齐一，一样。

〔15〕降：出生。

〔16〕圣：聪明智慧。　日跻：天天向上。

〔17〕昭假(gé)：虔诚祈祷。　迟迟：形容长久的样子。

〔18〕祗：敬。

〔19〕帝：上帝。　式：法式，榜样。　九围：即九域，九州的意思。

〔20〕球：本作“捄”，法制。《广雅·释诂》：“拱、捄，法也。”

〔21〕下国：指诸侯。　缀旒：表率、榜样的意思。

〔22〕何：通“荷”，蒙受。　休：指美誉。

〔23〕絿：急躁。

〔24〕敷政：施政。　优优：宽和的样子。

〔25〕遒(qiú)：聚。

〔26〕共：拱的假借字，《鲁诗》作“拱”。《毛传》：“共，法。”

〔27〕骏厖:《荀子·荣辱篇》引作“骏蒙”,《大戴礼·卫将军文子篇》引作“恂蒙”，覆庇保护的意思。

〔28〕龙：通“宠”，荣誉。

〔29〕敷奏：施展。按这句可能是错简，和上章的句次比较，应在“不戁不竦”句后。

〔30〕戁(nǎn)竦(sǒng)：二字同义，都是恐惧的意思。

〔31〕总：聚。

〔32〕武王：指汤。 载：始。 旆：发的假借字，出发。指出兵伐夏后桀。

〔33〕有虔：即虔虔，坚固的样子。 秉：执，拿。 钺(yuè)：大斧。

〔34〕曷：通“遏”，害。

〔35〕苞：树的本。指夏桀。 蘖(niè)：树的枝。三蘖：指韦、顾、昆吾三国。

〔36〕遂、达：都是形容草木生长的样子。

〔37〕九有：九州。

〔38〕韦：亦名豕韦，夏的盟国，在今河南滑县东南。后为商汤所灭。 顾：夏的盟国，在今河南范县东南顾城。后为商汤所灭。

〔39〕昆吾：夏的盟国，在今河南许昌东。后为商汤所灭。 夏桀：夏朝末代的君主，名癸，恃勇暴虐，荒淫无度。汤起兵伐之，败之于鸣条，放之于南巢，夏亡。

〔40〕中叶：中世，指汤的时候。

〔41〕有震：即震震，威武的样子。 业：大。

〔42〕允：诚信。 天子：指汤。

〔43〕降于：天赐与。 卿士：官名。指伊尹，汤的大臣，名挚。

〔44〕阿衡：伊尹的号。

〔45〕左右：左右手，辅助的意思。 商王：指汤。

殷 武

【题解】

这是宋襄公祭祀赞美其父宋桓公的诗。据《春秋》僖公四年，鲁僖公会齐侯、宋公伐楚。诗反映的就是这件事。从诗的结构和文字方面看来，这首诗和前一首《长发》都分章，文字浅近，不像《周颂》的聱牙。这显然是模仿大小《雅》的形式，是春秋时代的作品。

挞彼殷武[1]，	殷商大军疾如风，
奋伐荆楚[2]。	讨伐楚国真奋勇。
罙入其阻[3]，	长驱深入险阻地，
裒荆之旅[4]，	大败楚军擒敌众，
有截其所[5]，	所到之处皆报捷，
汤孙之绪[6]。	汤王子孙赫赫功。
维女荆楚[7]，	荆楚之邦听端详，
居国南乡[8]。	你们住在宋南方。
昔有成汤，	昔我远祖号成汤，
自彼氐羌[9]，	即使遥远如氐羌，
莫敢不来享[10]，	谁敢不来献宝藏，
莫敢不来王[11]，	谁敢不来朝汤王，
曰商是常[12]。	都说服从我殷商。
天命多辟[13]，	天子下令诸侯听，
设都于禹之绩[14]。	禹治水处建都城。
岁事来辟[15]，	年终祭祀来朝见，
勿予祸適[16]，	不给你们加罪名，
稼穑匪解[17]。	但莫松懈误农耕。

天命降监〔18〕，	天子下令去视察，
下民有严〔19〕。	下民肃敬实可嘉。
不僭不滥〔20〕，	不敢妄为违礼法，
不敢怠遑〔21〕。	不敢松劲又拖拉。
命于下国〔22〕，	天子下令我宋国，
封建厥福〔23〕。	努力兴建福禄大。
商邑翼翼〔24〕，	商都繁华又齐整，
四方之极〔25〕。	好给四方作标准。
赫赫厥声〔26〕，	他有赫赫好名声，
濯濯厥灵〔27〕。	光焰灿灿显威灵。
寿考且宁，	他既长寿又安宁，
以保我后生〔28〕。	保我子孙常昌盛。
陟彼景山〔29〕，	登上高高景山巅，
松柏丸丸〔30〕。	苍松翠柏参云天。
是断是迁〔31〕，	锯断松柏搬回去，
方斫是虔〔32〕。	又砍又削把屋建。
松桷有梴〔33〕，	松树椽子长又大，
旅楹有闲〔34〕。	根根柱子粗而圆。
寝成孔安〔35〕。	寝庙建成神灵安。

【注释】

〔1〕挞：迅疾的样子。　殷武：宋的武力。宋是殷的后代。故自称曰殷，殷武即宋武。

〔2〕荆楚：指楚国。楚国在鲁僖公前都称荆，到僖公二年（公元前 658

年)后才称楚。荆楚二字连称，好像后人称殷也连称为“殷商”一样。

〔3〕罙：深的本字。　阻：险要的地方。

〔4〕裒(póu)：俘虏的意思。　旅：众。指兵士。

〔5〕有截：整齐划一的样子。　其所：指楚地。

〔6〕汤孙：指宋桓公。　绪：功业。

〔7〕女：汝。

〔8〕国：指宋国。

〔9〕氐(dī)羌：古代两个民族。约分布在今陕西、甘肃、青海等省。

〔10〕享：奉献。

〔11〕来王：来朝见。

〔12〕常：服从。

〔13〕天：指周天子。　多辟：众诸侯。

〔14〕绩：迹的假借字。禹之迹，指禹治水所经之处。

〔15〕岁事：指每年年终的祭祀大典。　来辟：来王，即来朝。

〔16〕祸：音义同过，罪过。　適：音义同谪，谴责，惩罚。

〔17〕稼穑：指农业生产。　解：通“懈”。

〔18〕监：视察。

〔19〕有严：严严，肃敬庄重的样子。

〔20〕僭：越礼。

〔21〕怠：懒惰。　遑：闲暇。

〔22〕命：指周天子的命令。　下国：宋国自称。

〔23〕封：大。　建：建设。

〔24〕翼翼：整齐繁盛的样子。

〔25〕极：榜样。

〔26〕赫赫：显著的样子。　声：名声。

〔27〕濯濯：光明。　灵：神灵。

〔28〕后：子孙后代。　生：语助词。

〔29〕陟：登。　景山：在宋都内。见《玄鸟》注〔18〕。

〔30〕丸丸：光滑而笔直的样子。

〔31〕断：砍伐。　迁：搬动。

〔32〕方：是。　虔：虔刘，砍削。

〔33〕桷(jué)：方的椽子。　有梴(chān)：即梴梴，木材长长的样子。

〔34〕旅：众多。　楹：柱。　有闲：即闲闲，大的样子。

〔35〕寝：寝庙，祭祖先的庙。

中国古代名著全本译注丛书

周易译注
尚书译注
诗经译注
周礼译注
仪礼译注
礼记译注
大戴礼记译注
左传译注
春秋公羊传译注
春秋穀梁传译注
论语译注
孟子译注
孝经译注
尔雅译注
考工记译注

国语译注
战国策译注
三国志译注
贞观政要译注
吕氏春秋译注
商君书译注
晏子春秋译注
入蜀记译注·吴船录译注

孔子家语译注

孔丛子译注
荀子译注
中说译注
老子译注
庄子译注
列子译注
孙子译注
鬼谷子译注
六韬·三略译注
管子译注
韩非子译注
墨子译注
尸子译注
淮南子译注
说苑译注
近思录译注
传习录译注
齐民要术译注
金匮要略译注
食疗本草译注
救荒本草译注
饮膳正要译注
洗冤集录译注
周髀算经译注
九章算术译注
茶经译注（外三种）修订本

酒经译注
天工开物译注
人物志译注
颜氏家训译注
山海经译注
穆天子传译注・燕丹子译注
博物志译注
搜神记全译
世说新语译注
梦溪笔谈译注
历代名画记译注

楚辞译注
文选译注
六朝文絜译注
玉台新咏译注
唐贤三昧集译注

唐诗三百首译注
花间集译注
绝妙好词译注
宋词三百首译注
古文观止译注
文心雕龙译注
文赋诗品译注
人间词话译注
唐宋传奇集全译
聊斋志异全译
子不语全译
闲情偶寄译注
阅微草堂笔记全译
陶庵梦忆译注
西湖梦寻译注
板桥杂记译注
浮生六记译注